INQUISIÇÃO

OBJETIVA

TOBY GREEN

INQUISIÇÃO

O REINADO DO MEDO

Tradução
Cristina Cavalcanti

OBJETIVA

Todos os direitos desta edição reservados à
Editora Objetiva Ltda.
Rua Cosme Velho, 103
Rio de Janeiro — RJ — Cep: 22241-090
Tel.: (21) 2199-7824 — Fax: (21) 2199-7825
www.objetiva.com.br

Título original
Inquisition: The Reign of Fear

Capa
Rodrigo Rodrigues

Copidesque
Taís Monteiro

Revisão
Marina Couto
Raquel Correa
Tamara Sender

Editoração eletrônica
Abreu's System Ltda.

CIP-BRASIL. CATALOGAÇÃO-NA-FONTE
SINDICATO NACIONAL DOS EDITORES DE LIVROS, RJ

G83i

Green, Toby
Inquisição : o reinado do medo / Toby Green; tradução Cristina Cavalcanti. - Rio de Janeiro: Objetiva, 2011.

Tradução de: *Inquisition: the reign of fear*
463p. ISBN 978-85-390-0221-4

1. Inquisição - Espanha. 2. Inquisição - Portugal. 3. Inquisição - Espanha - Colônias. 4. Inquisição - Portugal - Colônias. I. Título.

10-6488. CDD: 272.2
CDU: 272.2

Para Ian,
sempre uma inspiração

Para todos os que sofreram
nas mãos da Inquisição
em Portugal e na Espanha

Primeiro levaram os judeus,
e eu não protestei porque não sou judeu.
Depois levaram os comunistas,
e eu não protestei porque não sou comunista.
Então levaram os sindicalistas,
e eu não protestei porque não sou sindicalista.
Então me levaram,
e já não havia ninguém para protestar por mim.

Pastor Martin Niemöller

Créditos das ilustrações

Os créditos aparecem de acordo com o número da página, da esquerda para a direita e do alto para baixo.

1 — Biblioteca Nacional, Madri/Biblioteca de Arte Bridgeman; Biblioteca Britânica. 2 — Biblioteca de Imagens Mary Evans. 3 — Libro Rojo, Arquivo Geral da Nação (México)/Biblioteca da Universidade de Cambridge; Biblioteca de Imagens Mary Evans. 4/5 — Academia Real de Belas-Artes de San Fernando, Madri/Biblioteca de Arte Bridgeman. 6/7 — Biblioteca de Imagens Mary Evans (todas). 8 — Biblioteca de Imagens Mary Evans (ambas). 9 — Biblioteca Britânica; Biblioteca de Imagens Mary Evans. 10 — Biblioteca da Universidade Brown, Providence, Rhode Island/Biblioteca de Arte Bridgeman. 11 — Biblioteca de Imagens Mary Evans; Biblioteca Britânica. 12 — Biblioteca Britânica. 13 — Libro Rojo, Arquivo Geral da Nação (México)/Biblioteca da Universidade de Cambridge (todas). 14 — Bonhams, Londres/Biblioteca de Arte Bridgeman. 15 — Museu do Prado, Madri/Biblioteca de Arte Bridgeman (ambas). 16 — Biblioteca de Artes Decorativas, Paris/Biblioteca de Arte Bridgeman; Biblioteca Nacional, Paris/Biblioteca de Arte Bridgeman.

SUMÁRIO

AGRADECIMENTOS

Este livro é fruto de quatro anos de pesquisa e de quase 15 anos vivendo, trabalhando e pensando os mundos ibéricos na África, nas Américas e na Europa. Inúmeras pessoas contribuíram para ele direta e indiretamente e, para minha tristeza, só posso agradecer aqui a alguns poucos.

Este livro nunca teria sido escrito sem o apoio constante de meus maravilhosos agentes, Jamie Crawford e Maggie Pearlstine. Eles acreditaram que eu poderia escrevê-lo antes que eu mesmo acreditasse e passaram muitas horas trabalhando comigo para garantir que ele se tornasse realidade. Sua contribuição foi crucial em uma etapa em que eu ainda me debatia com a ideia.

Na Macmillan, Richard Milner provou mais uma vez que é um editor e amigo maravilhoso. Poucos teriam se esforçado tanto em meio a uma crise de amidalite para se certificar de que poderíamos trabalhar juntos nessa ideia. No processo editorial, ele fez sugestões fundamentais, que melhoraram o livro de maneira significativa. Sei que tive muita sorte por tê-lo no comando dessa difícil empreitada. Gostaria também de agradecer a Lorraine Baxter, Georgina Difford e Bruno Vincent, por ajudarem a conduzir o livro até a publicação, e a Hugh Davis, por sua utilíssima revisão.

Duas de minhas maiores dívidas são com meus professores e amigos Paulo Farias e Tom McCaskie. Seu companheirismo, sua inteligência e sua generosidade me guiaram por trechos difíceis. Eles conseguiram transmitir sua honestidade intelectual em todos os momentos e ensinar-me, de diferentes maneiras, a tornar-me um historiador.

Por diversos motivos, a redação deste livro ocorreu em um momento difícil da minha vida. Gostaria de agradecer a Bob Fowke, Fuschia Fowke e Caroline Glanville, por ceder um pouco de seu tempo para que eu o escrevesse. O Conselho de Pesquisa em Artes e Humanidades forneceu apoio financeiro para algumas pesquisas relevantes; Rahul Jacob contratou artigos meus no sul da Europa, o que me ajudou a financiar outra parte; e Mark Epton teve uma grande ideia em um momento importante.

Meu trabalho foi amplamente beneficiado pela troca de ideias com os historiadores Michael Alpert, Francisco Bethencourt e Philip Havik, entre outros. Um agradecimento especial aos muitos bibliotecários e arquivistas que me ajudaram a encontrar informações relevantes: as equipes da Biblioteca Britânica e da Biblioteca Principal da Universidade de Birmingham; os funcionários do Arquivo Histórico Nacional, em Madri, do Arquivo Geral das Índias, em Sevilha, do Instituto de Arquivos Nacionais da Torre do Tombo e da Biblioteca da Ajuda, em Lisboa, e do Arquivo Secreto Vaticano; também a equipe do Museu do Prado, em Madri, do Museu Nacional de Arte Antiga e do Gabinete de Estudos Olisiponenses (ambos em Lisboa), e Argelía Martínez, da Editora Patria Cultural, na Cidade do México, por ajudar-me com a pesquisa das ilustrações.

Apesar de ter feito todos os esforços para encontrar os detentores dos direitos e obter permissão para citá-los, em um dos casos isso não foi possível. Quaisquer omissões que me forem indicadas serão retificadas em uma futura edição.

Ian Rakoff é sempre um grande amigo durante meu processo de escrita. Dessa vez, no entanto, ele superou até mesmo seus altos padrões de generosidade, ao ler cada capítulo e permitir que eu me beneficiasse de seus muitos anos de experiência em tornar ideias e histórias acessíveis. Para nós dois, foi um processo sem piedade. A fluidez do texto deste livro se deve mais a ele do que a qualquer outra pessoa.

No entanto, a dívida mais profunda e duradoura é com a minha família. Emily, Lily e Flora sempre trazem luz e vida para onde antes havia sobrancelhas franzidas. Elas estavam sempre lá para me apoiar quando eu voltava das minhas viagens de pesquisa, e sem o seu amor eu nunca poderia ter terminado este livro.

GLOSSÁRIO

alcácer — fortaleza
alfama — comunidade de muçulmanos e judeus na Península Ibérica
alfaqui — erudito islâmico
alumbrados — seita religiosa dedicada mais à devoção interna do que ao ritual; os alumbrados foram paulatinamente sendo associados aos excessos sexuais
auto de fé — literalmente "julgamento de fé", cerimônia de punição dos hereges
beata — mulher laica extremamente religiosa, que muitas vezes atraía um grande número de seguidores
canonjía — renda de um posto em cada catedral diocesana da Espanha que era entregue à Inquisição e que foi fundamental para o seu financiamento
cavalete — forma de tortura que consistia em amarrar a pessoa a um cavalete e forçá-la a ingerir água
cepo — complemento do cavalete; buraco do qual pendiam as pernas da vítima de tortura
comissário — oficial pago pela Inquisição, residente em cidades grandes
comuneros — os que se rebelaram contra Carlos IV na Espanha em 1521-1522
convertido — descendente de judeus que passou a professar a fé cristã

convivência — os séculos de vida compartilhada entre cristãos, muçulmanos e judeus na Península Ibérica

Cortes Gerais — parlamento espanhol

criptojudaísmo — fé dos que abandonavam o catolicismo e viviam secretamente como judeus em terras governadas por Portugal e Espanha, de onde os judeus haviam sido expulsos

cristão-velho — católico "puro", sem antepassados muçulmanos ou judeus

dejado — místico do século XVI para quem se entregar a Deus era suficiente para a união mística

édito de fé — convocação feita pelos inquisidores ao chegar a uma cidade que dava aos habitantes trinta dias para confessarem ter faltado com a ortodoxia ou denunciarem as faltas alheias

Estado da Índia — zona de controle português no oceano Índico, que incluía partes da África Oriental, Arábia, Índia e do Oriente

familiar — espião da Inquisição que vigiava o comportamento das pessoas e colaborava com as prisões e caçadas humanas, em povoados e aldeias

germanías — irmandades que lideraram a revolta em Aragão contra Carlos V em 1520-1522

limpeza do sangue — ausência de qualquer "impureza" muçulmana ou judaica na linhagem

mouro — descendente de muçulmanos coagido a se converter ao cristianismo

pertinaz — alguém que se recusava a confessar seus "crimes" aos inquisidores

qualificador — pessoa encarregada de avaliar a ortodoxia dos livros publicados e indicar se deveriam ser censurados pela Inquisição

queimado em efígie — destino dos hereges condenados que tinham morrido ou escapado; seus ossos ou sua efígie eram queimados na fogueira

recogido — místico do século XVI que buscava a paz e a união com Deus mediante a contemplação

reconciliado — aquele que era submetido a penas menores nas mãos da Inquisição, como açoites, encarceramento, galés e confisco de bens, e se "reconciliava" com a Igreja

Reis Católicos — Fernando e Isabel, que uniram os reinos da Espanha no final do século XV

relaxado — termo usado pela Inquisição para designar alguém transferido às autoridades seculares para sofrer a pena de morte, queimado na fogueira ou executado pelo garrote e depois queimado

sambenito — hábito dos penitentes da Inquisição, geralmente uma camisa branca decorada com demônios, usada mesmo depois que o penitente se reconciliava; os sambenitos eram pendurados na igreja paroquial do penitente como uma advertência aos paroquianos e podiam permanecer ali por séculos

Suprema — Conselho Supremo da Inquisição espanhola

toucado — tipo de touca herdada dos mouros e usada por todos na Espanha no século XV e pelas mouras no século XVI

tzedakah — filantropia dos judeus, considerada uma obrigação moral

ultramontano — termo que designa os que apoiavam a infalibilidade papal

CRONOLOGIA

711	Os mouros invadem e conquistam a maior parte da Península Ibérica.
1085	Os cristãos reconquistam Toledo.
1236-1248	Importantes cidades andaluzas, como Córdoba (1236), Múrcia (1241) e Sevilha (1248), são reconquistadas pelos cristãos.
1391	Revoltas contra os judeus na Espanha começam em Sevilha e se espalham por outras partes do país; muitos judeus se convertem ao cristianismo.
1449	Irrompem revoltas contra os convertidos de Toledo; por meio de um édito, as autoridades de Toledo demitem os convertidos dos cargos oficiais.
1453	Forças turcas tomam Constantinopla das mãos dos cristãos.
1474	Morre Henrique IV, rei de Castela; sua meia-irmã Isabel e a filha do rei, a infanta Joana, "a Beltraneja", disputam a Coroa. Joana é apoiada pelos portugueses, mas a facção que apoia Isabel vence a Batalha de Toro, em 1476.
1478	Sixto IV emite uma bula papal autorizando o estabelecimento da Inquisição na Espanha no dia 1º de novembro.
1480	São nomeados os primeiros inquisidores de Castela: Miguel de Murillo e Juan de San Martín.

1481 São realizados os primeiros autos de fé em Sevilha.

1483 Os judeus são expulsos da Andaluzia.

1484 Torquemada elabora as primeiras instruções sobre o funcionamento da Inquisição espanhola.

1485 Pedro de Arbués, inquisidor de Aragão, é assassinado em Saragoça; nos anos seguintes ocorre um grande número de autos de fé.

1492 Em janeiro, Fernando e Isabel conquistam Granada, o último reino mouro da Espanha. Os judeus são expulsos em agosto e muitos fogem para Portugal. Colombo "descobre" a América.

1494 O Tratado de Tordesilhas divide o mundo dos descobrimentos entre Espanha e Portugal; à Espanha cabe a maior parte da América, e a Portugal são destinadas a África e a Ásia.

1497 Judeus são convertidos à força em Portugal.

1502 Todos os muçulmanos são expulsos de Granada.

1504 É criado o Tribunal da Inquisição espanhola nas Canárias.

1504-1506 O inquisidor Lucero condena centenas de pessoas à morte em Córdoba por judaizar; irrompem revoltas e Lucero é forçado a fugir.

1506 Aproximadamente 2 mil convertidos são mortos por uma multidão em Lisboa.

1510 Portugal conquista Goa sob o comando de Afonso de Albuquerque.

1517 No dia 31 de outubro, Martinho Lutero afixa suas 95 *Teses* à porta do castelo de Wittenberg.

1520-1522 Os *comuneros* e as *germanías* lideram guerras civis contra a corte de Carlos V em Aragão e Castela; em Aragão e Valência as *germanías* batizam muitos muçulmanos à força.

1522 Carlos V da Espanha proíbe os convertidos ou mouros de emigrarem legalmente para o Novo Mundo.

1524 Ocorre a primeira prisão de um alumbrado pela Inquisição espanhola.

1525 A Inquisição espanhola emite o primeiro édito de fé sobre os alumbrados.

1526 Todos os muçulmanos são expulsos do reino de Aragão. Uma reunião em Granada estabelece uma série de medidas repressivas contra as práticas culturais dos mouros.

1528 No primeiro auto de fé no Novo Mundo, dois convertidos são queimados na Cidade do México.

1529-1536 Os seguidores de Erasmo são expurgados pela Inquisição na Espanha.

1536 O papa autoriza a criação da Inquisição portuguesa, com poderes limitados.

1540 É realizado o primeiro auto de fé em Lisboa.

1543 A primeira incineração é ordenada de acordo com a lei inquisitorial em Goa.

1547 O papa autoriza uma Inquisição em Portugal com plenos poderes. É promulgado o estatuto sobre a pureza do sangue na catedral de Toledo.

1547-1566 Fernando de Valdés, inquisidor-geral da Espanha, promove várias reformas importantes na Inquisição.

1551 A jurisdição do Tribunal de Lisboa é estendida às ilhas atlânticas portuguesas (Açores e Madeira), a Angola, Brasil, Cabo Verde, Guiné e São Tomé.

1553 O inquisidor-geral Valdés introduz a *Concordia*, que padroniza o emprego de familiares em toda a Espanha.

1557 O sacro imperador romano Carlos V abdica do trono da Espanha e é substituído por seu filho Felipe II.

1559 Grandes autos de fé são realizados em Valladolid e Sevilha. O arcebispo Carranza de Toledo é preso pela Inquisição. É publicado na Espanha o Índex mais detalhado até então.

1560 A Inquisição portuguesa indica os primeiros inquisidores para Goa.

1561 O inquisidor-geral Valdés emite as Instruções Gerais, que padronizam os procedimentos inquisitoriais.

1566	São implementadas as medidas sobre os mouros tomadas em 1526, em Granada.
1568-1570	Os mouros se rebelam na Andaluzia; derrotados, eles se dispersam pela Espanha.
1569	É fundado o Tribunal da Inquisição em Lima, no Peru.
1571	É fundado o Tribunal da Inquisição na Cidade do México.
1576	Em abril, Carranza é finalmente sentenciado a renunciar, em Roma, e morre 18 dias depois.
1580	As Coroas de Portugal e Espanha se unem sob Felipe II.
1591-1595	Lisboa envia oficiais da Inquisição a Açores, Brasil e Madeira para realizar julgamentos e receber denúncias.
1609	É fundado o Tribunal da Inquisição em Cartagena das Índias, na atual Colômbia.
1609-1614	Os mouros são expulsos da Espanha, começando em Valência (1609) e terminando em Múrcia (1614).
1610	Em grande auto de fé em Logroño, ocorre a última queima de bruxas pela Inquisição espanhola.
1618, 1627	São realizadas novas visitações inquisitoriais ao Brasil.
1633	Felipe IV da Espanha ordena que o Conselho da Inquisição crie duas cortes, uma delas para lidar exclusivamente com provas genealógicas.
1636-1649	Comunidades portuguesas são perseguidas pela Inquisição em toda a América Latina. Grandes autos de fé são realizados em Lima (1639) e na Cidade do México (1649).
1640	Portugal inicia sua guerra de independência contra a Espanha.
1648	A Espanha reconhece a independência das Províncias Unidas dos Países Baixos.
1650-1700	O poder português entra em declínio no Estado da Índia.
1668	A Espanha reconhece a independência de Portugal.
1680	Grande auto de fé, talvez o maior na história da Inquisição, é realizado em Madri.
1700-1746	Reinado de Felipe V da Espanha. A Inquisição se reacende, com 54 autos de fé e 79 pessoas "relaxadas".
1701-1714	Guerra de Sucessão espanhola.

1713-1715	Melchor de Macanaz, ministro de Estado de Felipe V da Espanha, propõe reformas na Inquisição; a Inquisição o acusa.
1743-1744	Os franco-maçons são julgados em Portugal.
1751	É promulgado um édito contra os franco-maçons na Espanha.
1755	Um grande terremoto destrói Lisboa no dia 1º de novembro.
1756	As obras de Diderot, Montesquieu, Rousseau e Voltaire são banidas pela Inquisição espanhola.
1759	Os jesuítas são expulsos de Portugal.
1761	Ocorre a última incineração de um relaxado em um auto de fé inquisitorial em Portugal.
1767	Os jesuítas são expulsos da Espanha.
1773	Decreto em Portugal elimina as distinções legais entre cristãos-velhos e convertidos.
1776-1780	Pablo de Olavide é preso, julgado e sentenciado na Espanha.
1789	Revolução Francesa.
1807	Napoleão invade Portugal; a família real portuguesa foge para o Brasil.
1808	Napoleão invade a Espanha e instala seu irmão no trono, como rei fantoche. No dia 4 de dezembro, o novo regime promulga um decreto abolindo a Inquisição.
1810	Um decreto promulgado em Cádiz, em 18 de outubro, autoriza a liberdade de imprensa.
1812	A constituição liberal é promulgada em Cádiz, no dia 12 de março. O Tribunal de Goa é definitivamente abolido em 16 de junho.
1813	Um decreto abolindo a Inquisição espanhola é aprovado pelo parlamento em Cádiz.
1820	Fernando VII é forçado a aceitar a constituição liberal após uma rebelião em Cádiz. No dia 9 de março, ele decreta o fim da Inquisição na Espanha.
1821	A Inquisição é oficialmente abolida em Portugal.
1834	Uma lei abolindo formalmente a Inquisição é aprovada na Espanha.

Cidades ibéricas mencionadas no texto
N
FRANÇA
Santiago de Compostela
Logroño
Benavente
Saragoça
Toro
Valladolid
Barcelona
Mogadouro
Porto
Lamego
Salamanca
Guadalajara
Alcalá de Henares
Teruel
Maiorca
Coimbra
Madri
Cuenca
Segorbe
Plasencia
Toledo
Valência
Palma
Tomar
Guadalupe
Albacete
Lisboa
Cidade Real
Hellín
Évora
Setúbal
Zagra
Múrcia
Beja
Córdoba
Sevilha
Carmona
Granada
Ronda
Cádiz
Mar Mediterrâneo
0 100 200 Milhas
0 100 200 300 Km

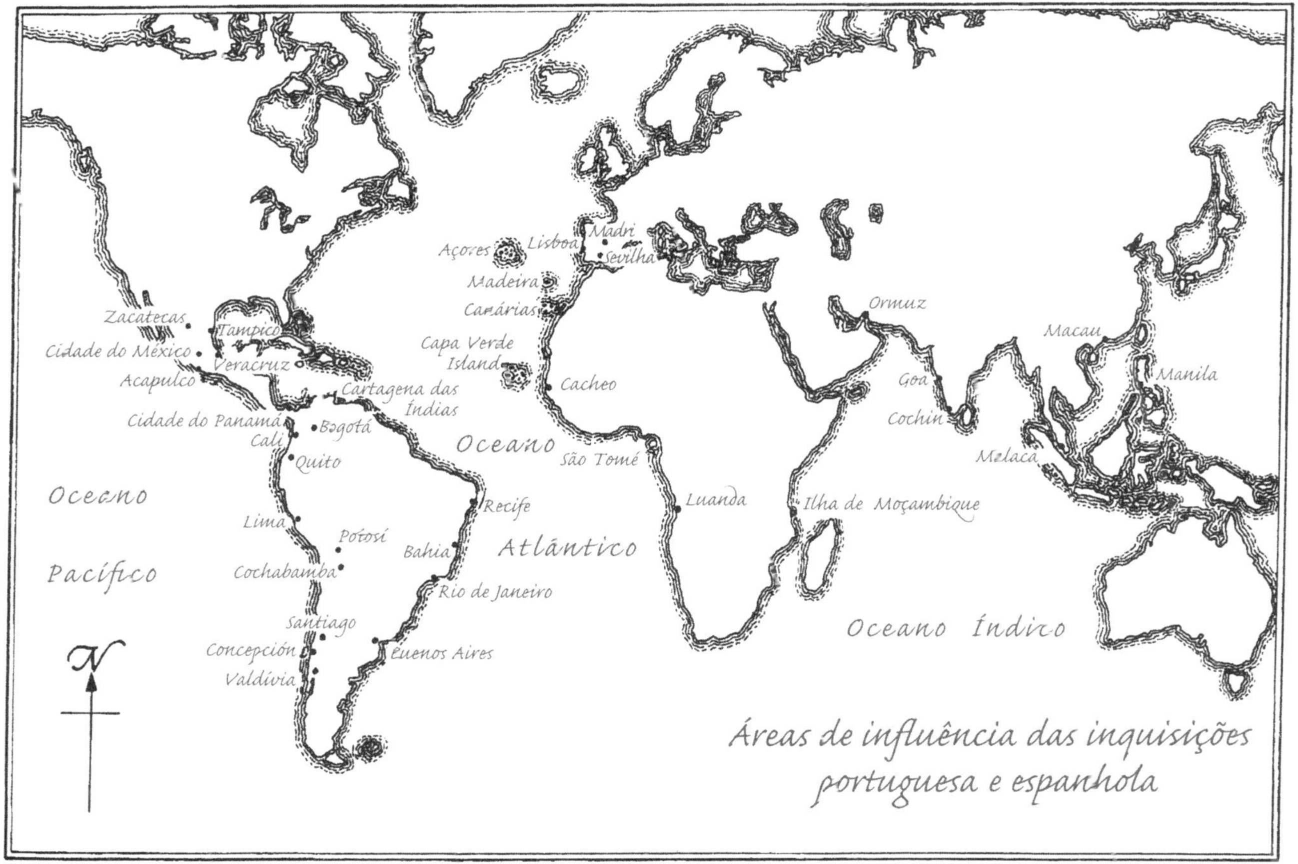

Áreas de influência das inquisições portuguesa e espanhola

PRÓLOGO

Acima de tudo estava sua pacífica conduta.
Ele sempre administra a justiça em uma bela aliança com a paz.
Este poderia ser o emblema de seu pálio:
"A justiça e a paz se beijaram."

Cidade do México, 1649

NA SEGUNDA-FEIRA 11 DE MARÇO DE 1649 uma procissão partiu do quartel-general do Santo Ofício da Inquisição na Cidade do México. A tropa de gala desfilou entre as casas caiadas, animada por músicos vestidos com sedas coloridas que tocavam trompetes, tímpanos e instrumentos de sopro. Os cavalos dos músicos eram seguidos pelos dos sacerdotes do Santo Ofício e pelos dos mais nobres cavalheiros da cidade. Os religiosos portavam os brasões da Inquisição, que refletiam justamente a luta entre a paz e a violência que estava no cerne daquela curiosa instituição: uma cruz no centro, um ramo de oliveira à direita e uma espada à esquerda.[1]

Ao final da procissão vinha dom Juan Aguirre de Soaznavar, o principal encarregado da Inquisição no México. O cortejo seguia pelas ruas de uma das duas mais importantes cidades da América, anunciando com o estrondo dos tímpanos e dos instrumentos de sopro que um grande auto de fé seria realizado em um mês. Avisos haviam sido afixados nos edifícios do Santo Ofício, na casa do arcebispo, diante do palácio do vice-rei, no conselho da cidade e em várias ruas.[2]

Um mês era o tempo mínimo para preparar o grande teatro do auto de fé. Foi construído um cadafalso de cerca de 37 metros de comprimento por 24 metros de largura, em torno do qual foram erguidas oito colunas de mármore, agrupadas em pares. Na pedra angular de um arco acima do cadafalso havia um brasão com o escudo de armas real, e foi construída uma pirâmide decorada com um escudo da fé. Havia pinturas de meninos tocando trombetas acima da porta que levava ao cadafalso, e os prisioneiros seriam mantidos em uma estrutura encimada por uma cúpula. A arena era sombreada por velas de barco fixadas em 43 troncos de aproximadamente 18 metros de altura, e trinta escadas levavam aos apartamentos e outros edifícios, permitindo que o público descansasse das exigências do auto de fé. O conjunto era esplendidamente decorado com pendentes de veludo, tapetes e cortinas vermelhas, e havia tanta atividade que "as pessoas se congregavam todos os dias e ali permaneciam do alvorecer ao anoitecer [...] elas admiravam tudo e sentiam que estavam assistindo a algo que podia se perpetuar através dos tempos".[3]

No dia 10 de abril, após um mês de obras agitadas, mais de 20 mil pessoas lotaram a Cidade do México para assistir à procissão da cruz verde que anunciava o auto de fé do dia seguinte. As ruas entre os gabinetes da Inquisição e a grande arena estavam cheias de palcos menores. As pessoas assistiam em bancos, coches, balcões e janelas quando dom Juan Aguirre de Soaznavar surgiu, às três e meia da tarde, acompanhado de uma guarda de 12 homens, pajens e lacaios. Os sinos de todas as igrejas e monastérios da cidade tocavam enquanto a procissão avançava. Os guardas estavam vestidos de verde e preto, as cores do império, com galões de ouro e prata. Quando a procissão finalmente chegou à Plaza del Volador, os soldados dispararam uma salva de tiros para celebrar, e vinte frades dominicanos caminharam segurando velas brancas para, finalmente, receber a cruz no cadafalso.[4]

Eram sete horas. A noite caíra sobre a cidade, mas havia tantas velas que "faziam parecer que era dia em todo o teatro".[5] As velas eram tão grossas que poderiam queimar durante dois dias. Foram entoadas orações no palco e uma multidão encheu a Plaza del Volador. Todos os assentos estavam ocupados. Poucos dormiam, imaginando as sentenças que seriam aplicadas aos condenados.

Contudo, "enquanto na cidade proliferava todo tipo de rumores, o Santo Ofício [...] prosseguia sua obra em silêncio".[6] Dos gabinetes da

Inquisição foram enviados dois padres para ouvir as confissões de 15 pessoas condenadas à morte pela prática do judaísmo, apesar de terem sido batizadas e declararem professar a fé católica. Eram os chamados relaxados, termo que designava aqueles que seriam entregues pela Inquisição às autoridades laicas para serem executados. Todos os relaxados alegaram inocência e afirmaram serem bons cristãos, menos um deles. A exceção era Tomás Treviño de Sobremonte, um mercador itinerante que admitira ser judeu.[7] Como se negara a aceitar a fé cristã, no dia seguinte seria executado na fogueira, enquanto os outros 14 relaxados obteriam a relativa clemência do estrangulamento antes de serem queimados.

Às quatro da manhã chegou o inquisidor-geral do México, Juan de Mañozca. Os sinos da catedral começaram a tocar para lembrar ao gentio que o auto de fé era uma representação terrena do Juízo Final. Além dos 15 relaxados, foram esculpidas efígies de 67 mortos para serem queimadas no lugar de seus corpos pelas heresias que eles não estavam mais vivos para expiar. As efígies vinham primeiro na procissão, seguidas por 23 caixas com as ossadas, que também eram queimadas. Então vinham os prisioneiros sentenciados a penitências, como o açoite, a prisão, as galés e o confisco dos bens — os reconciliados. Por último, os relaxados eram chamados para receber os estandartes de suas condenações, que "eram sambenitos [o hábito penitencial dos prisioneiros] decorados com chamas e figuras de demônios"; essas imagens aterrorizantes também decoravam as mitras, os capuzes em forma de cone que os prisioneiros usavam a caminho do cadafalso.[8]

A procissão partiu ao amanhecer. Os relaxados receberam uma cruz verde. Alguns iam amordaçados, inclusive Sobremonte, que "caminhava pelas ruas como um vulcão de desespero [...] todos lhe gritavam, tentando persuadi-lo ou rezando por ele. Mas ele não os ouvia, pois estava furioso até consigo mesmo. Sua obstinação era para ele uma questão de honra".[9] Cada relaxado ia acompanhado por dois confessores, que não paravam de orar e exortar o condenado a se arrepender. Muitos confessores choravam, "o que provocava copiosas lágrimas nos olhos da multidão, ao ver o espírito caridoso demonstrado pelos sacerdotes e o pouco interesse demonstrado pelo acusado".[10] Depois dos prisioneiros vinham os padres da Inquisição, acompanhados de uma mula que carregava um baú com os documentos do julgamento e as sentenças dos acusados. A cabeça da mula era enfeitada com placas de prata gravadas com floreios em ouro; do pescoço pendiam sinos de prata e ouro, e o baú com os documentos era lilás, com incrustações japonesas e elaboradas placas de cobre.[11]

Aquela magnífica peça teatral paralisou toda a colônia. As pessoas percorreram mais de 1.500 quilômetros para assistir a ela, então "parecia que toda a Nova Espanha* ficara despovoada e viera para [a Cidade do] México".[12] Os espectadores se penduravam em cercas, andaimes, coches e balcões; ocuparam 16 mil assentos diante do cadafalso, gritando e aplaudindo, atraídos pela religiosidade do acontecimento e fascinados com os prisioneiros. Quando os condenados subiram ao cadafalso para ouvir as sentenças, o frei jesuíta Matias de Bocanegra maravilhou-se com os feitos do inquisidor-geral Mañozca, cuja "gloriosa solenidade, capacidade de compreensão, inteligência sagaz, madura discrição, antiga experiência, zelosa integridade, tudo [...] justificava a sua obra".[13] "Acima de tudo", Bocanegra ressaltava, "estava sua pacífica conduta. Ele sempre administra a justiça em uma bela aliança com a paz. Este poderia ser o lema de seu pálio: 'A justiça e a paz se beijaram.'"[14]

Justiça e paz eram palavras inadequadas para descrever o comportamento usual de Mañozca. Os registros sobre ele revelam uma abordagem mais diversificada da arte da perseguição inquisitorial. Na realidade, a verdadeira personalidade de Mañozca tinha ficado evidente ao longo de quarenta anos, desde sua nomeação como um dos primeiros inquisidores de Cartagena, na Colômbia, em 1609.**

Em Cartagena, Mañozca e seu colega Mateo de Salcedo cultivavam o hábito de deter mercadores e confiscar o que quisessem, jogando-os na prisão da Inquisição caso não concordassem.[15] Em janeiro de 1624,

* No período colonial, a moderna República do México era conhecida como Nova Espanha. Para maior clareza, neste livro refiro-me à Nova Espanha como México.

** A área conhecida atualmente como Colômbia era chamada na época colonial de Novo Reino de Granada. Por uma questão de clareza, refiro-me a ela como Colômbia.

Mañozca foi acusado de contrabandear mercadorias para dentro e para fora de Cartagena e de libertar seus companheiros quando eles eram detidos por transportar contrabando.[16] Ele destruiu os rivais de seus amigos[17] e indicou um amigo para o cargo de prior do monastério dominicano, apesar de ele não saber latim.[18] Quando um açougueiro da casa vizinha à sua provocou um grande alarido ao matar um porco, Mañozca prendeu o mordomo e os empregados dele e jogou-os na prisão inquisitorial.[19] Também era de conhecimento público que ele tinha um caso com uma mulher casada da cidade.[20]

Talvez na tentativa de melhorar as coisas, o Conselho Supremo da Inquisição na Espanha — a Suprema — transferiu Mañozca de Cartagena para Lima, no Peru.[21] Em 1625, ele foi enviado a Quito, no Equador, em uma comissão de inquérito, e imediatamente afastou todos os juízes, exceto o mais jovem, que ele dominava por completo.[22] Um colaborador de Mañozca passou a percorrer as ruas de Quito com um bando armado, às vezes assaltando os oficiais reais na praça, e uma vez esfaqueou um escravo africano com sua própria espada, para verificar se ela estava bem afiada.[23] Mañozca mandou trazer prisioneiros acorrentados de Cali, centenas de quilômetros ao sul da Colômbia, e os manteve encarcerados por oito meses. No total, ele e seus parceiros passaram mais de dois anos acumulando dívidas e praticamente arruinaram as autoridades coloniais da província.[24]

Esse tipo de corrupção encorajava homens como Juan Pérez de Segura, um comerciante do Peru dos anos 1580, a declarar que "os inquisidores deviam ser amarrados ao rabo de um cavalo".[25] Que delícia seria vê-los serem arrastados pelo mesmo esterco ao qual condenavam tantos outros! Mas os inquisidores eram considerados acima da lei. Dificilmente a litania de reclamações impediria que Mañozca fosse indicado para o cargo de inquisidor-geral do México em 1643 e que preparasse os processos que culminaram no grande auto de fé de 1649.

No entanto, os perseguidores não atuavam no vácuo. O talento de Mañozca para a tirania foi beneficiado pelo florescimento do que na época era chamado de criptojudaísmo. Por volta de 1649, havia mais de 150 anos que o judaísmo tinha sido condenado nos domínios espanhóis, e a religião das 25 congregações de judeus secretos no México era um híbrido peculiar de catolicismo, judaísmo e rituais proibidos que, no México, eram associados ao sexo ilícito.[26] Apesar de ter sido encarregada de extirpar essa heresia dos territórios espanhóis, a Inquisição não tinha progredido muito desde sua criação, em 1478. Novas células desses rebeldes religiosos eram constantemente descobertas. Havia até especialistas em detectá-las; homens como Mañozca, que, antes dos acontecimentos no México em 1649, foi um dos que descobriram a "grande conspiração" dos criptojudeus em Lima no final dos anos 1630.[27] Tornou-se impossível separar completamente perseguidores das heresias dos próprios hereges; em algum nível profundo e inconsciente, eles pareciam necessitar uns dos outros.

O auto de fé de 1649 no México foi, em todos os sentidos, uma grandiosa peça teatral, mas não passou de um episódio na história das inquisições ibéricas. Para as vítimas dos inquisidores, como os criptojudeus do México, a resistência pontuava seu sofrimento, e a música às vezes aliviava a tortura. Como dizia uma de suas preces sabáticas:

> Quem canta seus males espanta;
> Quem chora seus males aumenta:
> Eu canto para remediar
> O sofrimento que me atormenta.[28]

É preciso começar reconhecendo a amplitude do tema. De 1478 a meados do século XVIII, a Inquisição foi a mais poderosa instituição da Espanha e de suas colônias nas ilhas Canárias, na América Latina e nas Filipinas. A partir de 1536, no vizinho Portugal e nas colônias portuguesas na África, na Ásia e no Brasil, a Inquisição foi preeminente durante 250 anos. Isso quer dizer que foi uma força significativa em quatro continentes por mais de três séculos; estamos tratando de um período que se estende da unificação da Espanha sob Fernando e Isabel, no século XV, às guerras napoleônicas.

Essa enorme abrangência de tempo e espaço é condizente com o tamanho da classe criminosa observada. Foram instaurados processos contra feiticeiras no México, bígamos no Brasil, franco-maçons sediciosos, hindus, judeus, muçulmanos e protestantes, padres fornicadores e marinheiros sodomitas. No México, a Inquisição baniu o peiote — cacto alucinógeno sobre o qual Carlos Castañeda escreveu entre 1960 e 1970 — em 1620, porque ele "fora levado para aquelas províncias com o propósito de descobrir roubos, adivinhar acontecimentos e fazer previsões".[29] As práticas culturais indígenas, a feitiçaria e a superstição não eram toleradas, ainda que muitos adivinhos e feiticeiros fossem evidentemente medíocres. A Inquisição realmente precisava se incomodar com feiticeiras como Isabel Jiménez, denunciada na Guatemala em 1609 por "prever a sorte lendo mãos [...] contanto que fosse às sextas-feiras".[30]

Uma das principais semelhanças estruturais entre a Inquisição em Portugal e na Espanha era seu interesse por lugares tão remotos quanto Angola, Brasil, Cabo Verde, Goa e México. Só os inquisidores ibéricos contavam com meios para perseguir atos menores de blasfêmia e superstição pelo mundo, atos que seriam motivo de riso em outras partes. Em Salvador da Bahia,* no Brasil, o trabalhador Manuel de Paredes foi denunciado pelo cunhado, Girônimo de Bairros, em 1591; Bairros se ofendera com a insinuação de Paredes de que sua irmã Paula era tão virgem ao casar-se com ele quanto a Virgem Maria ao dar à luz Jesus (a negação da virgindade de Maria tornou o caso digno da Inquisição).[31] Ideia semelhante foi manifestada por um certo Domingo Hernández em Valdívia, no sul do Chile, por volta de 1580: ao falar sobre "como as mulheres de Valdívia dormiam com homens, [Hernández] afirmou que José também havia dormido com Maria".[32]

Manter o controle sobre desrespeitos como esses era uma maneira de sustentar a autoridade sobre aqueles impérios gigantescos. O poder estava no cerne da Inquisição, assim como, inevitavelmente, a religião permeava o campo da política. Não foi por acaso que em 1587, um ano antes de a Armada espanhola rumar em direção à Inglaterra, o primo de Francis Drake, John, foi julgado pela Inquisição em Lima. John Drake perdera seu navio no Rio da Prata e passara 15 meses como prisioneiro dos índios guaranis antes de conseguir fugir em uma canoa e chegar à cidade de Assunção, no Paraguai.[33] De lá foi levado a Buenos Aires,

* Conhecida atualmente como Salvador, mas no período colonial chamada de Bahia, como uso neste livro.

onde foi preso e conduzido ao quartel-general da Inquisição mais próximo, em Lima, a milhares de quilômetros, onde foi "reconciliado" no auto de fé de 1587 e encarcerado no monastério franciscano da cidade, aos 23 anos.[34] Pode-se especular se Francis Drake sabia do destino do primo e se refletiu sobre isso nos meses anteriores à chegada da Armada espanhola.

A longa e triste história da Inquisição revela inúmeros casos similares. Sempre havia outras pessoas a quem perseguir. Mas elas podiam permanecer esquecidas por décadas, e suas heresias podiam continuar imperceptíveis até que algum acontecimento político levava ao seu descobrimento. O desafio para o historiador está na vastidão do tema, o que, nos últimos anos, tem levado os acadêmicos a se concentrar em uma pequena área ou assunto, em detrimento do todo. A intenção deste livro é adotar uma perspectiva mais abrangente e tentar entender o verdadeiro significado de todo este assunto horroroso. Porque a Inquisição não foi nada menos do que a primeira semente dos governos totalitários e da institucionalização do abuso racial e sexual.

Em algum momento, deparamos com números. Nos séculos XVI e XVII, as populações eram muito menores do que são hoje, talvez um quinto ou um sexto dos contingentes atuais, então é preciso levar em conta que qualquer estatística humana representa uma porcentagem muito mais alta da população total do que representaria hoje. Além disso, a Inquisição agia em muitos outros âmbitos além dos tribunais, ao investigar a pureza das genealogias, ao impedir que os descendentes de hereges assumissem uma variedade de cargos ou usassem certos tipos de roupa e ao instilar a cultura do segredo.

A Inquisição atingiu o ápice da violência na Espanha, nos primeiros cinquenta anos após sua criação, em 1478, período em que, segundo estimativas, cerca de 50 mil pessoas foram julgadas e uma parcela significativa desse número foi queimada na fogueira na condição de relaxados.[35] Em alguns anos, como em 1492, 2 mil pessoas podem ter sido "relaxadas" e outras 2 mil podem ter tido suas efígies queimadas.[36] Aproximadamente setecentas pessoas foram mortas só em Sevilha entre 1481 e 1488, e outras cinquenta em Cidade Real entre 1483 e 1484.[37]

Cerca de 10% de toda a população de Toledo foi julgada pela Inquisição entre 1486 e 1499, e 3% foi "relaxada" em vida ou em efígie.[38] Enquanto isso, no reino de Aragão, aproximadamente mil pessoas foram "relaxadas" entre 1485 e 1530.[39]

Após a fúria inicial, a sede de sangue da Inquisição espanhola diminuiu, de modo que entre 1540 e 1700 foram julgadas cerca de 84 mil pessoas.[40] No reinado de Felipe V (1700-1746), houve um ressurgimento da violência após a Guerra de Sucessão espanhola, em 1714, com 1.463 processos e 111 execuções. Mas a instituição entrou em declínio logo em seguida.[41] Enquanto isso, em Portugal, cuja população era menor do que a espanhola, houve aproximadamente 45 mil processos entre 1536 e 1767 (incluídos 13.667 processos em Goa),[42] por meio dos quais pelo menos 1.543 pessoas foram relaxadas.[43]

Não há dúvida de que esses totais são menores do que se crê há muito tempo.[44] Se eliminarmos da equação os primeiros cinquenta anos da história da Inquisição em Portugal e na Espanha, o número de mortes se torna muito menor do que o de pessoas executadas durante a caça às bruxas no norte da Europa entre 1560 e 1680, estimado em, no mínimo, 40 mil.[45] E, enquanto as sangrentas caças às bruxas tomaram conta de Áustria, Inglaterra, França, Alemanha, Holanda, Escócia, Suécia, Suíça e Transilvânia, a Inquisição em Portugal e na Espanha, embora tenha perseguido "bruxas", executou muito poucas delas. Essas comparações levaram os historiadores — antigos e contemporâneos — a afirmar que a Espanha foi vítima de uma "lenda negra", que retrata a violência da Inquisição e da conquista espanhola da América da pior forma possível, ao mesmo tempo que trata excessos similares ou piores em outras partes com condescendência.

A "lenda negra" teve origem em meados do século XVI, depois que o papa libertou Alfonso Díaz, um advogado da corte papal; Díaz havia instigado o assassinato do próprio irmão por ele ter se convertido ao protestantismo enquanto estudava em Paris.[46] O caso ficou amplamente conhecido, e diversos panfletos anticatólicos foram distribuídos em todo o norte da Europa. O número desses livretos aumentou com a publicação, na década de 1560, do livro de um fugitivo espanhol anônimo que escreveu sob o pseudônimo de Reinaldo González Montes. Montes provavelmente foi um monge acusado de protestantismo em Sevilha naquela década e fez um relato vívido e negativo da Inquisição depois de fugir para o norte da Europa.[47] Essas publicações eram aproveitadas por países que temiam e invejavam o poderio espanhol, e rapidamente se tornaram instrumento em campanhas de propaganda que, sem dúvida, demonizaram injustamente as atividades da Inquisição em comparação com as perseguições que então ocorriam na Europa e em outros lugares.[48]

No entanto, há uma diferença entre contextualizar a Inquisição e desculpar os seus excessos. A Inquisição não perseguiu bruxas abertamente, mas não fez isso porque, como veremos, a singular mescla cultural em Portugal e na Espanha oferecia outros bodes expiatórios que dispensavam a invenção de bruxas.[49] O mais grave é que, ao tentar corrigir a lenda negra, algumas pessoas ainda cometem graves erros factuais, como afirmar que a tortura era "muito raramente aplicada, quase exclusivamente nas duas primeiras décadas" (ver Capítulo Três).[50]

Na Espanha, muitos desses historiadores revisionistas foram originalmente treinados durante o regime de Franco, fortemente respaldado pela Igreja católica. A atmosfera intelectual daquela época transparece na visão de Antonio Sierra Corella, autor de um livro de 1947 sobre a censura na Inquisição, que declarou: "Só um autor desprezível, contaminado por um anacrônico liberalismo, poderia argumentar com convicção contra a censura legal da ciência e da literatura, como se essa função social vital fosse uma interferência injusta e incômoda do poder."[51]

Na era franquista, as pessoas escreviam de maneira indireta sobre os acontecimentos presentes, enfocando algum aspecto do passado.[52] Na verdade, a intensificação das visões revisionistas da Inquisição durante o franquismo refletia uma tentativa de higienizar as opiniões sobre o regime do general e seu impacto na Espanha.[53] Contudo, o legado dessas perspectivas não deve ser tratado hoje com o respeito de que ainda goza em alguns círculos — a menos que queiramos descobrir que a lenda negra pode ser substituída por uma branca, e que os perigos de criar um aparato de Estado persecutório não sejam plenamente compreendidos.

Devemos avaliar as Inquisições portuguesa e espanhola em conjunto.[54] Seus procedimentos eram quase idênticos.[55] A Inquisição espalhou-se da Espanha para Portugal, e a primeira bula papal que instituiu o movimento em Portugal foi elaborada por pressão de Carlos V, o governante espanhol da casa de Habsburgo.[56] Além disso, a Inquisição teve origem nos dois países com a perseguição aos criptojudeus, e em ambos esteve subordinada à monarquia.[57] Talvez ainda mais importante seja o fato de que, nos dois países, a instituição se estendeu às suas colônias — diferentemente da Inquisição papal e da Inquisição medieval anterior.

Assim, este livro não trata da Inquisição medieval nem da italiana. Muitos procedimentos do órgão espanhol — como o sigilo processual — foram herdados da Inquisição medieval,*[58] com a diferença crucial de que, enquanto esta foi controlada pelo papado e por seus representantes, os bispos, a Inquisição espanhola de 1478 permaneceu sob o controle direto da Coroa.[59]

Isso fez da Inquisição na Espanha, e depois em Portugal, uma nova empreitada. Os primeiros inquisidores instalavam-se em prédios reais, e o primeiro inquisidor-geral da Espanha, Tomás de Torquemada, destituiu os inquisidores medievais de Aragão e os substituiu.[60] No primeiro auto de fé espanhol, ocorrido em Sevilha no dia 6 de fevereiro de 1481, seis pessoas foram queimadas, apesar de sua sentença não ter fundamento de acordo com os procedimentos inquisitoriais anteriores — um claro sinal de que esse novo tribunal da fé seria diferente.[61]

Portanto, uma das melhores razões para se concentrar na Inquisição em Portugal e na Espanha é o fato de que se trata de uma história de poder e abuso de poder, e não uma desculpa para reprisar a propaganda anticatólica do passado. Durante o estabelecimento da Inquisição em Portugal, o papado foi sempre mais benevolente do que o governo português de João III: o rei proibiu os judeus convertidos de deixarem Portugal em 1532, enquanto o papa Clemente VII lhes concedeu indulto em 1533; após a criação da Inquisição, em 1536, João quis que o bispo de Lamego indicasse um português para o cargo de inquisidor-geral, mas o papado se recusou, temendo que ele fosse violento demais; e quando,

* Fundada no início do século XIII no sul da França e levada para Aragão — mas não para Castela — em 1237.

em 16 de julho de 1547, o papa Paulo III promulgou a bula *Meditatio Corbis* que finalmente outorgou à Inquisição portuguesa as mesmas liberdades que sua correspondente espanhola, ele o fez com a condição de que, pelo período de um ano, todos os que quisessem poderiam deixar Portugal livremente para escapar da perseguição.[62] Da mesma forma, quando a instituição da Inquisição na Espanha levou a excessos de violência, em 1482, o papa Sixto IV tentou arduamente limitar os poderes do novo órgão e queixou-se aos monarcas Fernando e Isabel.[63]

O papel do papado na Inquisição de Portugal e da Espanha foi, de fato, quase sempre moderado. O papado sempre relutou em autorizar os excessos da Inquisição na Península Ibérica e foi desobedecido diversas vezes. Leonardo Donato, um viajante italiano, observou em 1573 que o papa "não se envolvia" com a Inquisição espanhola e que Pio V era incapaz de se impor e conseguir um cargo para alguém de sua confiança.[64] Até as vítimas da Inquisição chegaram a reconhecer a diferença entre a justiça de Roma e a justiça ibérica quando, em 1587, Joana Roba, uma moura (descendente de um muçulmano convertido), foi julgada em Valência por ter dito, entre outras coisas, que "se em Roma o papa permite que cada qual viva de acordo com sua fé, por que as coisas são diferentes [na Espanha]?".[65]

Assim, o abuso do poder inquisitorial na Península Ibérica era mais político do que religioso, e a história das Inquisições ibéricas não precisa ser uma diatribe anticatólica.[66] A perseguição nunca foi monopólio de espanhóis, portugueses ou católicos. Era algo de que todos os povos eram capazes.[67]

Em 1595, seis moradores do pequeno povoado de Hellín, na província de Múrcia, no sudeste da Espanha, fizeram denúncias a um inquisidor. Naquele tempo, as visitas inquisitoriais deviam ser feitas regularmente, para investigar a ortodoxia dos moradores até dos menores vilarejos, e em Hellín o trabalhador Francisco Maestre armara um escândalo considerável.

Maestre fora eleito mordomo da Irmandade de Nossa Senhora do Rosário. Infelizmente, a escolha ocorrera em sua ausência, e quando as insígnias, o cetro e o estandarte foram levados à sua casa, ele ficou com raiva e disse: "Que bosta, merda, que fedor ou porcaria vós me trazeis?" Ao ser informado de que aquelas eram as insígnias de Nossa Senhora do Rosário, ele respondeu: "Isso não passa de merda e mais merda."[68] A resposta não foi bem-recebida. Maestre foi levado aos inquisidores e desculpou-se, explicando que estava cansado e não recebera as insígnias adequadamente quando elas lhe foram entregues.

Como esta história demonstra, para compreender a natureza da Inquisição não são necessárias lendas negras ou brancas. De fato, há um enorme arquivo de registros.[69] Muitas vezes, ao lê-los — como no caso de Maestre —, a reação pode ser tanto alegria quanto tristeza. Às vezes, a alegria é causada pelos diversos exemplos de pessoas que não se deixaram acovardar pelo medo; em outras, é temperada com a admiração pela perspicácia dos prisioneiros diante da adversidade.

Penso, por exemplo, no inglês William Lithgow, detido em 1620 pela Inquisição em Málaga, acusado de ser protestante. A prisão era ilegal, pois à época não havia acordos entre as Coroas inglesa e espanhola que permitissem à Inquisição deter ingleses. Apesar disso, um confessor jesuíta, após lhe dar o prazo de oito dias para se converter ou enfrentar as consequências, deixou sua cela com as palavras: "Veja, meu filho, tu mereces ser queimado logo, mas, pela graça de Nossa Senhora de Loreta, contra a qual blasfemaste, salvaremos teu corpo e tua alma." Em uma audiência com o inquisidor no dia seguinte, Lithgow foi alvo de uma série de acusações. No entanto, em vez de demonstrar medo, respondeu: "Vossa eminência, a natureza da caridade e da religião não consiste em discursos oprobiosos", pelo que foi chutado no rosto pelo inquisidor e, em seguida, torturado.[70]

William Lithgow era um homem de sorte. O cônsul inglês em Málaga ficou sabendo de sua situação, conseguiu que o embaixador em Madri garantisse sua liberdade e, vinte anos depois, Lithgow escreveu suas memórias. É claro que poucos tiveram tanta sorte, e o verdadeiro drama da Inquisição emerge dessa constante luta entre medo e resiliência. Em 1513, apenas 32 anos após o primeiro auto de fé em Sevilha, o embaixador florentino Guicciardini comentou por escrito como os inquisidores, ao "confiscarem os bens dos culpados e às vezes queimá-los, fizeram todos terem medo".[71] O medo perpassava todas as camadas sociais: em 1559, foi aberto um processo contra o arcebispo de Toledo, Bartolomé Carranza, primado de toda a Espanha, por "heresia", provando que ninguém estava livre de suspeitas (ver Capítulo Cinco); no final do século XVI, os mouros de Cuenca mantinham seus bens fora de casa, para que não fossem todos confiscados no caso de eles serem detidos;[72] por volta de 1602, os mouros viviam em tal estado de pavor que alguns desmaiavam ao avistar um colaborador da Inquisição.[73]

Esse terror era cuidadosamente cultivado pelas autoridades inquisitoriais. Em 1564, um advogado escreveu à Suprema para dizer que na Galícia era necessário que as pessoas "alimentassem o medo", respeitando a Inquisição.[74] Em 1578, ao reeditar o *Directorium Inquisitorium*, texto sobre os procedimentos inquisitoriais de Nicolas de Eymeric, inquisidor de Aragão no século XIV, Francisco Peña escreveu: "Devemos recordar que o objetivo essencial do julgamento e da sentença de morte não é salvar a alma do acusado, mas fazer o bem público e aterrorizar as gentes."[75]

É evidente que a Inquisição acreditava que o medo era a melhor forma de alcançar fins políticos. Como afirmou o historiador francês Bartolomé Benassar, tratava-se de uma "pedagogia do medo":[76] uma armadura político-institucional destinada a propagar o terror na população, cujos interesses supostamente deveria defender. O medo transformou-se em mito com o emprego da tortura e da fogueira. Tinha início no momento em que os inquisidores chegavam a um povoado e liam o édito de fé, convocando os que tivessem cometido um pecado de fé, ou conhecessem alguém que o tivesse feito, a se apresentar a eles num período de trinta dias, para se confessar ou fazer uma denúncia.[77] O medo se espalhava no seio da sociedade devido ao poder da Inquisição de provocar a ruína social e econômica, confiscar os bens das vítimas e condená-las à pobreza, expulsá-las de sua cidade natal e decretar que seus descendentes não poderiam ocupar nenhum cargo público nem usar joias, sedas e outros adornos de prestígio.[78] O medo provinha, acima de tudo, do princípio do sigilo, o que significava que o acusado desconhecia o nome de seus acusadores.

No entanto, foi o próprio aparato do medo que acabou destruindo o todo. Como demonstram as histórias de Lithgow em Málaga e de

Maestre em Hellín, a resistência nunca estava longe. As tentativas dos inquisidores de impor sua vontade pela força apenas inspiravam rebeliões, que, por sua vez, criavam mais alvos, formando um círculo vicioso. Era impossível livrar a sociedade de seus inimigos, porque ela própria — e a Inquisição — os estava criando.

A principal visão de mundo das Inquisições ibéricas era que qualquer coisa que fosse diferente representava uma forma de rebelião. Sua extrema diversidade e longevidade e a enorme máquina burocrática com que contavam fizeram delas instituições sem paralelo, por meio das quais é possível estudar a perseguição. Esta é, afinal, a história de como a perseguição pode surgir e como pode ser evitada; uma história cuja relevância nunca desaparece, uma advertência vinda do passado.[79]

Minha esperança é que a violência de algumas questões que apresento seja amenizada, e transcendida, pela recusa dos povos do mundo ibérico em se submeter ao jugo do reino do terror. O fato de que o excesso de poder sempre acaba destruindo seus perpetradores é um consolo e um testemunho da natureza complexa e paradoxal da condição humana que emerge das extraordinárias histórias que enchem os arquivos da Inquisição em Portugal e na Espanha. Ao contá-las, espero cumprir em parte o que o historiador americano Henry Charles Lea descreveu como sua filosofia da história. Lea, cuja história da Inquisição espanhola em três volumes continua sendo a principal obra sobre o tema, publicou seu livro pela Macmillan há exatamente cem anos; sua esperança era que o estudo do passado "nos fizesse mais exigentes quanto ao presente e mais esperançosos quanto ao futuro".[80]

Capítulo Um

O FIM DA TOLERÂNCIA

Quem duvida de que o que, neste tribunal,
parece severidade da justiça não passa de
remédio ministrado pela misericórdia
para a saúde dos delinquentes?

Teruel e Saragoça, 1484-1486

NA CASA DE Juan Garces de Marcilla, o ódio capturou uma presa. Marcilla era um nobre da remota cidade aragonesa de Teruel. Com vergonha da própria pobreza, tinha se casado com Brianda, a filha de um poderoso negociante local, Jaime Martínez Santángel. Marcilla odiava a família e, naquela época, tanto ódio acumulado podia ser levado ao extremo: ele fez de tudo para que eles fossem queimados na fogueira.

O novo inquisidor, Juan de Solibera, chegou a Teruel em maio de 1484. Não teve uma acolhida calorosa. Na verdade, as autoridades locais ficaram assustadas. Provavelmente sabiam que houvera resistência em algumas partes de Castela à introdução da Inquisição[1] e decidiram seguir o exemplo. Com tantas cidades grandes e elegantes no reino de Aragão, por que seu longínquo assentamento no alto de colinas de vegetação rasteira fora escolhido como o primeiro local para a nova instituição? Quais seriam as implicações da expulsão dos antigos inquisidores e da chegada dos novos? Os líderes locais explicaram por escrito seu temor de que a Inquisição causasse o mesmo caos que levara "a Castela, e que [os inquisidores] trouxessem os mesmos procedimentos prejudiciais que haviam empregado por lá, em violação a todas as leis".[2] No entanto, nem todos estavam tão temerosos; alguns, como Marcilla, identificaram uma oportunidade entre as fendas do ódio.

Contudo, inicialmente Marcilla fez parte da minoria. As autoridades resistiram. Ao fazer isso, não estavam só defendendo a autonomia local; talvez pressentissem que a nova Inquisição, planejada para perseguir quem era diferente, destruiria o delicado tecido social que compunha a identidade da cidade. Porque a população de Teruel era mista. Além da maioria católica, havia uma ampla comunidade de descendentes de judeus que passaram a professar a fé cristã — os convertidos.* Entre 1391 e 1413 houve muitas conversões, algumas voluntárias, outras forçadas;[3] a maioria dos filhos e netos desses convertidos era de cristãos verdadeiros, mas mantinham algumas práticas culturais de seus ancestrais judeus. Além desses convertidos, Teruel possuía um grande número de muçulmanos que haviam migrado para o cristianismo junto com os judeus depois de ouvir a pregação de São Vicente Ferrer, no início do século XV. Esses convertidos — conhecidos como mouros — haviam abandonado as vestes muçulmanas e já não falavam árabe; estavam plenamente integrados à sociedade.[4]

A chegada do inquisidor causou pânico. A Inquisição fora criada na Espanha havia pouco tempo para detectar supostos maus cristãos entre os convertidos, e três anos antes o primeiro auto de fé fora encenado em Sevilha. A combinação de medo e resistência oficial local fez com que, ao chegar a Teruel, Solibera fosse encerrado em um monastério por três semanas e impedido de fazer seu sermão inaugural. Finalmente, teve de ser transferido para um vilarejo próximo, de onde disparou excomunhões às autoridades locais.[5] Elas responderam com prazer. Em um claro deboche dos procedimentos inquisitoriais, construíram uma grande fogueira com uma estaca no centro. Em vez de

* Na longa história da Inquisição, diversos termos foram usados para descrever os descendentes de judeus que passaram a professar a fé católica. Para maior clareza, neste livro me refiro a eles como convertidos, ainda que seja necessário recordar que essa palavra geralmente se limita à Espanha do século XV e que o termo cristão-novo era usado em Portugal; no entanto, como na Espanha cristão-novo referia-se aos descendentes de judeus e de muçulmanos, me atenho a "convertido".

queimar hereges, cercaram o fogo com pedras, que atiravam em quem quer que chegasse à cidade com cartas ou decretos reais de apoio à Inquisição.[6]

Marcilla organizou a resposta dos inquisidores. Primeiro, garantiu que Solibera contasse com uma guarda armada. Depois, usou essa guarda para assegurar que as autoridades rebeldes de Teruel fossem presas. Todos foram demitidos. Marcilla tornou-se o capitão da cidade. Ele foi instruído a tomar Teruel, nomear novas autoridades e instalar a nova Inquisição.

Em março de 1485, Marcilla tomou a cidade e a Inquisição deu início a seus trabalhos. Em agosto, foi realizado o primeiro auto de fé, e duas efígies de convertidos foram queimadas; em janeiro de 1486, houve um novo auto, e nove convertidos foram queimados. O mais importante deles era Jaime Martínez Santángel, cunhado de um dos oficiais que se opusera ao inquisidor Solibera no ano anterior. Dois dos filhos de Santángel foram queimados vivos e outro teve sua efígie queimada.[7] Recordemos que Jaime Martínez Santángel era o sogro de Marcilla, e seus filhos eram cunhados dele. Por meio da Inquisição, Marcilla dedicou-se a destruir seus parentes.[8] Ele também apoiara uma instituição que os novos monarcas de Aragão e Castela, Fernando e Isabel — conhecidos como os Reis Católicos —, haviam colocado à frente de sua política interna. Isso foi suficiente para fazê-lo subir de posição, enquanto a família de sua mulher era destruída.

Em pouco tempo os acontecimentos em Teruel ecoaram em Saragoça, a capital do reino de Aragão, às margens do rio Ebro. Saragoça era famosa por sua nobreza e pela beleza de suas mulheres. Oito anos antes da conquista espanhola de Granada, em 1492, ainda havia um grande bairro muçulmano com uma prensa de azeite e uma mesquita em funcionamento,[9] e os viajantes admiravam suas casas de finos tijolos de barro em estilo romano, assim como suas numerosas igrejas.[10]

No entanto, logo haveria sangue. As notícias sobre os acontecimentos em Teruel chegaram à cidade. A raiva crescia entre a comunidade de convertidos. Já era bastante ruim o fato de a Inquisição ter começado seus trabalhos em Castela, mas quem era esse Marcilla para destruir dom Jaime Martínez Santángel? Sem dúvida, esse esforçado defensor da

Inquisição se casara com Brianda por seu dinheiro de convertida: ele a desprezava, embora provavelmente tenha sido a família dela que o humilhou, gabando-se de sua riqueza perante a ostentosa, porém sem recursos, nobreza da qual ele fazia parte.

Sob a raiva pulsava o medo. Porque o que Marcilla realmente fez foi dar um golpe. Com a Inquisição, havia a perspectiva do poder.

O COMPANHEIRO INQUISIDOR DE SOLIBERA era Pedro de Arbués. Arbués nascera em 1441, não muito longe de Saragoça.[11] Tinha estudado em Bolonha, na Itália, e subira na hierarquia da Igreja até ser nomeado inquisidor junto com Solibera, em 1484. Seu compromisso com a ideologia da época transparece em seu discurso inaugural diante do Conselho da Inquisição em Saragoça. "Nosso objetivo", disse ele, "é cuidar da vinha da Igreja como sentinelas atentas, separando as heresias do trigo da religião [...] caso se considere atentamente, ver-se-á que tudo isso, que à primeira vista parece horrível, não passa de misericórdia [...] Quem duvida que aquilo que neste tribunal parece severidade da justiça não passa de remédio, ministrado pela misericórdia para a saúde dos delinquentes?"[12]

Com Arbués e Solibera, a Inquisição instalou-se em Aragão. Quando os éditos de fé foram promulgados, o povo começou a seguir o exemplo rebelde inicial de Teruel. Os católicos sem ascendência judaica ou muçulmana — os chamados cristãos-velhos — e os convertidos começaram a conspirar contra a Inquisição em Saragoça. Eles foram seguidos pelos membros da nobreza e pelos mais ricos da cidade, que reclamavam que a nova Inquisição violava as leis de Aragão ao confiscar bens e manter em segredo os nomes das testemunhas, duas atitudes "muito novas e jamais vistas e por demais prejudiciais ao reino".[13] Em fevereiro de 1485, a indignação era tanta que alguns convertidos decidiram tentar algo extremo: assassinar o temido Arbués.[14]

O plano foi arquitetado na casa do proeminente convertido Luis de Santángel. Decidiu-se oferecer um prêmio de 500 florins pela cabeça de Arbués, e um grupo de seis assassinos foi escolhido. A equipe reunia convertidos — o pai de um deles, Juan de Esperandeu, já havia sido encarcerado pela Inquisição — e cristãos-velhos, inclusive Vidal Duranzo, o criado gascão de Juan de Abadía, outro dos assassinos.[15] A ideia era que, caso Arbués fosse morto, nenhum inquisidor ousasse substituí-lo.[16]

Os rumores corriam soltos. O primeiro auto de fé em Saragoça, com fogueiras, ocorreu em maio. Houve outro em junho. A indignação cresceu entre a comunidade de convertidos. Prevendo uma conspiração, Arbués passou a usar uma cota de malha de ferro sob as vestes e um elmo de ferro sob o chapéu.[17] Certa noite, Juan de Esperandeu tentou serrar uma grade da janela de Arbués enquanto ele dormia, mas foi descoberto e fugiu na escuridão.[18]

Na noite de 14 de setembro de 1485, uma quarta-feira, os assassinos se reuniram perto da catedral. Três deles usaram a entrada principal, e os outros três entraram pela sacristia. Eles sabiam que, naquela noite, Arbués, que era dominicano, apareceria para a missa da meia-noite. Por volta desse horário, o clero da catedral reuniu-se no coro. Arbués entrou pelo claustro com suas vestes canônicas, portando uma lanterna, e foi na direção deles. Ajoelhou-se junto ao púlpito da esquerda e começou a rezar. Saindo das sombras para o ataque, Vidal Duranzo esfaqueou o inquisidor pelas costas com tanta força que perfurou a cota de malha de ferro e cortou sua jugular; Esperandeu, provavelmente entusiasmado demais com a perspectiva de vingar-se do rival de seu pai, esfaqueou sem força e arranhou o braço de Arbués. Duranzo atacou outra vez, o elmo se desprendeu da cabeça de Arbués e o inquisidor caiu no chão.[19]

Arbués foi levado aos seus aposentos. Morreu antes do amanhecer. A notícia se espalhou rapidamente e o grito foi ouvido pela cidade: "*Al fuego con los conversos!*" — "Ao fogo com os convertidos!" Graças à intervenção de dom Alonso de Aragón, vice-rei e arcebispo de Aragão, que cavalgou para o meio da multidão para acalmá-la, o bairro dos convertidos foi salvo das chamas.[20] Assim, ficou decidido que os criminosos seriam punidos pela própria Inquisição, em vez de pela multidão.

As investigações começaram imediatamente. O famoso inquisidor-geral Tomás de Torquemada enviou três inquisidores para substituir Arbués, e os primeiros suspeitos foram interrogados. Um dos detidos era Duranzo, que confessou sob tortura. Quando lhe ofereceram clemência se dissesse os nomes dos cúmplices, ele entregou todos eles; no final, quando reivindicou a clemência que lhe tinha sido prometida, foi informado de que, ao contrário dos demais conspiradores, receberia a misericórdia de não ter as mãos amputadas antes de ser enforcado, arrastado por cavalos e esquartejado.[21]

Assim tiveram início as fogueiras em Saragoça. Em 1486, houve pelo menos 14 autos de fé na região, com 42 pessoas queimadas vivas e 14 em efígie. Para aumentar o temor público e o impacto dos autos, o inquisidor-geral Torquemada ordenou que 15 dias antes de cada auto de fé o evento fosse anunciado publicamente por toda a cidade por uma procissão de oficiais montados.[22] Isso fez com que a Inquisição fosse, pela primeira vez, um assunto verdadeiramente público. O terror da comunidade de convertidos era absoluto, e muitos fugiram. Entre as vítimas estavam os ancestrais do filósofo francês Michel de Montaigne: Juan Fernando López de Villanueva, seu filho Misser Pablo e o primo Ramón López; o restante da família fugiu para França, Antuérpia e Londres, onde o medo se destilou durante várias das gerações seguintes.[23]

De maneira geral, após os acontecimentos em Saragoça, o ódio das pessoas pela Inquisição raramente era maior que o medo. Apesar disso, mesmo antes de a raiva prejudicar seu discernimento, os convertidos não estavam sozinhos ao desconfiar da nova instituição, como demonstram os eventos em Teruel e as reações iniciais em Saragoça.[24] A desconfiança e a resistência com que a Inquisição foi recebida em Aragão ocorreram porque se tratava de uma nova instituição que simbolizava uma maneira exagerada de tratar as pessoas. Mas não tardaria para que o exagero parecesse normal e que o medo da Inquisição se tornasse um modo de vida.

DURANTE O REINADO dos Reis Católicos, a Espanha foi única na Europa. Os judeus haviam chegado antes do nascimento de Cristo,[25] e com a invasão moura, em 711, houve uma imigração massiva proveniente da África do Norte. Mesmo após a Reconquista cristã, cujos triunfos mais decisivos ocorreram em meados do século XIII,* a Espa-

---

* As forças castelhanas tomaram Córdoba (1236), Múrcia (1241), Jaén (1246) e Sevilha (1248), sob o comando de Fernando III.

nha, com sua mescla de culturas, tinha mais afinidade com a sociedade muçulmana do que com o restante da Europa. A geografia física pode ter unido a Península Ibérica às terras ao norte dos Pireneus, mas a importância das noções geográficas de espaço era limitada na época, e o fato de a Espanha se sentir como um lugar mais ou menos islâmico era muito mais importante:[26] para visitantes do norte europeu, o legado de La Convivencia — os séculos de cristianismo, judaísmo e vida muçulmana na Península — era um lugar onde havia o que, aos seus olhos, parecia uma confusão de categorias.

Por exemplo, havia a maneira de se vestir. Estivessem a caminho de uma festa ou fazendo as tarefas domésticas, as mulheres na Espanha cobriam a cabeça com toucados, arranjos elaborados feitos de cetim ou veludo que desciam até o pescoço.[27] Contudo, na indumentária feminina a seda era o tecido preferido, o que remetia às tradições manufatureiras da Andaluzia muçulmana.[28]

Entre os homens, na segunda metade do século XV houve a moda das vestimentas mouras. Durante o reinado de Henrique IV (1454-74), essa maneira de se vestir era tão predominante que "quem melhor imitasse [os mouros] agradava mais ao rei".[29] Em 1497, o rei Fernando se apresentou em Burgos com seu séquito de nobres vestidos no estilo mouro para celebrar o matrimônio de seu filho, o príncipe João.[30] Os acessórios masculinos desse estilo incluíam o *sayo*, uma camisa usada sob outras peças de roupa, e dois tipos de manto com capuz, o albornoz e o *capellar*.[31]

Para os demais europeus, portanto, até os cristãos espanhóis pareciam exóticos. O secretário do barão de Rosmithal, que visitou Burgos em meados do século XV, descreveu a casa de um nobre cristão em que todas as mulheres estavam "ricamente vestidas no estilo mouro, e seguiam os costumes mouros nas vestimentas, na comida e na bebida [...] dançando graciosamente ao estilo mouro, todas escuras, de olhos negros".[32] Os mais de sete séculos da presença muçulmana — e, na maior parte desse tempo, de domínio — na Península Ibérica deixaram fortes marcas, que a conquista de Granada em 1492 não apagou; até a mais conhecida frase espanhola, *¡Olé!*, deriva do árabe *Wa-l-lah*, "por Deus".[33]

As trocas culturais eram numerosas. Em Castela, os judeus frequentemente patrocinavam batismos cristãos, enquanto estes faziam o mesmo nas cerimônias de circuncisão judaicas.[34] No século XIV, os cristãos levavam amigos muçulmanos à missa e até contratavam músicos muçulmanos para tocar nas igrejas durante as vigílias.[35] Até o século XV, cristãos e judeus mandavam seus filhos para morar como aprendizes entre outros grupos religiosos,[36] e judeus se convertiam ao islamismo e muçulmanos se convertiam ao judaísmo.[37] Apesar de serem um tabu, as relações sexuais entre pessoas de crenças diferentes eram bastante comuns; em 1356, o rei de Aragão conferiu autoridade a um monastério local sobre mulheres muçulmanas flagradas fazendo sexo com cristãos, mas no ano seguinte teve que alterar a situação para que não fossem incluídas as mulheres que faziam sexo com os próprios monges.[38]

Porém, apesar de toda essa participação nas vidas uns dos outros, as linhas imprecisas entre as três crenças estavam sempre lá, à espera dos exageros dos extremistas. Muçulmanos e cristãos usavam as casas de banho em dias alternados, por exemplo, e nem judeus nem muçulmanos podiam se converter ao cristianismo.[39] No final do século XV, havia uma considerável pressão para que judeus e muçulmanos fossem separados dos cristãos nas cidades. As barreiras começavam a surgir.

Assim, no final do século XV, quando o furor da Inquisição irrompeu em Aragão, as três comunidades tinham funções bem distintas na sociedade espanhola. Os cristãos eram nobres, clérigos e militares;[40] os judeus eram artesãos, financistas e intelectuais; e os muçulmanos eram predominantemente agricultores e artesãos.[41] Tratava-se de uma sociedade na qual as atividades eram cada vez mais definidas de acordo com a crença — algo que traria consequências desastrosas para a sociedade espanhola, quando duas dessas crenças fossem excluídas.

Na Espanha, a natureza militarizada da sociedade cristã após a Reconquista criou um caráter nacional decididamente petulante. "Eles são orgulhosos e creem que nenhuma nação se compara à sua", escreveu um viajante italiano, "[...] não gostam de estrangeiros e são muito rudes com eles; são muito inclinados a pegar em armas, mais do que qualquer outra nação cristã, e são muito bons em seu manuseio: são hábeis, ágeis, destros e muito rápidos; dão tanto valor à sua honra que preferem a própria morte a manchá-la".[42]

Essas características eram problemáticas. A tendência das sociedades humanas à agressão foi exacerbada na Espanha com o triunfo da classe guerreira durante a Reconquista. Depois de todo o país ser conquistado pela cristandade, o século XV assistiu a uma série de guerras civis. Em 1471, Sevilha foi atacada pelos partidários do duque de Medina Sidônia e do marquês de Cádiz,[43] e a divisão acabou levando a uma guerra civil que se alastrou pela Andaluzia por quatro anos.[44] A situação se agravou de tal maneira que, segundo o cronista Bernáldez, "é impossível escrever sobre as labutas do rei Henrique [IV] naquele momento".[45] Cidades foram destruídas, bens da Coroa foram roubados, e as rendas reais caíram a níveis nunca vistos.[46]

Para que a Espanha sobrevivesse, a agressividade precisava ser dirigida a algum inimigo externo. Era necessário um alvo no qual descarregar toda aquela energia destrutiva. Nas sociedades, grupos ambíguos muitas vezes são considerados perigosos e podem se tornar alvo de violência em épocas de pressão.[47] Os convertidos eram um desses grupos, agora na categoria dos cristãos, mas pouco antes pertencentes à categoria dos judeus. Seria muito fácil difamá-los e destruí-los.

Toledo, 1449

No dia 26 de janeiro de 1449, dom Álvaro de Luna, o meirinho do rei João II de Castela, passou por Toledo. Luna era um homem baixo, com um rosto estranhamente pequeno, mas era um exímio cavaleiro e um grande guerreiro. Era o homem mais poderoso de Castela.[48]

Luna estava a caminho para apoiar João II na luta contra os aragoneses, que recentemente haviam feito um ataque. Ao cruzar o rio Tejo e subir as íngremes encostas que partiam das planícies amareladas em direção à Plaza de Zocódover, ele exigiu de Toledo a taxa de um milhão de morabitinos para a campanha. Os toledanos ficaram furiosos; suspeitando de que o rico convertido Alonso Cota, coletor de impostos, houvesse instigado a exigência da taxa, uma multidão se reuniu no dia seguinte, após a partida de Luna, e saqueou Magdalena, área em que os convertidos mais abastados viviam. A busca por bodes expiatórios começara.[49]

Luna não era exatamente uma figura popular em Toledo. Ao explicar o tumulto ao rei João, o prefeito (*alcalde mayor*) de Toledo, Pero de Sarmiento, contou que, nos últimos trinta anos, Luna havia "devastado e usurpado a cada dia os vossos reinos de um modo tirânico e perdulário [...] atribuindo a si mesmo a tarefa de governar e comandar e a glória e o poder [da] Coroa".[50] Nas proximidades de Toledo, Sarmiento prossegue, Luna destruíra plantações e vinhedos, matara ou capturara os moradores e queimara suas casas, "fazendo guerra contra nós como se fôssemos mouros".[51] Contudo, o crime mais grave de Luna tinha sido a venda de cargos públicos ao melhor licitante; ele negociava abertamente com os convertidos, "que são, na maior parte, hereges e infiéis, e judaizaram e judaízam [eram judeus em segredo, mas cristãos na aparência]".[52]

João II era um dos reis mais fracos que Castela já tivera. Alto, louro e pálido, estava mais interessado em ler, caçar nos bosques, cantar e tocar instrumentos musicais do que em governar.[53] Relegava a administração cotidiana dos assuntos do reino a Luna, o que causava muitas insatisfações. Dizia-se que Luna era mais rico do que todos os nobres e bispos espanhóis juntos.[54] Se houvesse um povoado ou propriedade próximos às suas próprias terras, tinham de ser seus, e, por isso, "suas posses cresciam como uma praga".[55]

Essa era a situação no reino quando Luna chegou a Toledo, no começo de 1449. O poder sob João II ficava cada vez mais centralizado; ocorriam caças às bruxas e a inimigos imaginários, e uns colaboravam para roubar os outros. Era como uma prévia da Inquisição; a fraqueza do rei permitira a criação de perigosos precedentes.[56]

Tendo apoiado a revolta contra os convertidos de Toledo, o prefeito Sarmiento precisava encontrar uma justificativa para seu comportamento. Além disso, o ataque a Cota, aliado convertido de Luna, significava uma ofensa velada ao próprio rei. Quando João II chegou, Sarmiento impediu sua entrada e bombardeou a comitiva real, disparando flechas e pedras do alto do penhasco em que a cidade se assentava.[57] Sarmiento, então, expulsou diversos cavalheiros, damas, monges e freiras da cidade. Era preciso encontrar uma desculpa para tudo aquilo e, seguindo o caminho da revolta inicial de 27 de janeiro, os convertidos serviam perfeitamente a esse propósito.

No dia 5 de junho de 1449, Sarmiento publicou sua *Sentencia-Estatuto* em nome da cidade. Nela, descreveu como os convertidos sacrificavam cordeiros na quinta-feira santa e os comiam "fazendo outros tipos de holocaustos e sacrifícios judeus".[58] Pouco antes, os convertidos haviam se reunido para planejar a tomada da cidade e a aniquilação dos cristãos-velhos. Por causa do poder arbitrário que exerciam sobre os cristãos e da ambiguidade de sua fé cristã, os convertidos foram destituídos de todos os postos oficiais da cidade e proibidos de atuar como testemunhas.[59] Só os que pudessem comprovar a *limpieza de sangre* (a ausência de ancestralidade judaica) poderiam exercer cargos públicos.

Os argumentos dos rebeldes de Toledo não se sustentaram. Se Luna fosse tirano a ponto de indicar convertidos para tiranizar os cristãos-velhos, não poderia ser verdade que os convertidos eram tão poderosos na cidade (já que respondiam a Luna); ao passo que, se fossem realmente todo-poderosos, Luna não seria tão tirânico.[60] Além disso, a acusação de que os convertidos eram financistas sanguessugas era uma generalização absurda, já que a maioria deles, em Toledo e no restante da Espanha, não trabalhava com finanças; eram artesãos.[61] Como acontece em geral nas histórias de bodes expiatórios, as atividades de poucos foram estendidas ao conjunto inteiro.[62]

As inconsistências do argumento sugerem que as falhas religiosas dos convertidos — a suposta justificativa para o estatuto promulgado contra eles — eram simplesmente falsas ou exageradas para promover o próprio plano político dos rebeldes.[63] Se a religião era um fator tão importante no surgimento da violência contra os convertidos, é difícil entender como, após os pogroms de 1391, os judeus conseguiram viver na Espanha do século XV tão tranquilamente que as pessoas migravam para lá de Portugal e da África do Norte, unindo-se às comunidades judaicas.[64] Na verdade, muitos convertidos haviam galgado posições de poder na Igreja e eram cristãos irrepreensíveis; essas acusações não podiam ser imputadas a todos eles em sã consciência.

Na verdade, uma das diferenças cruciais entre judeus e convertidos era que, no século XV, os judeus eram agricultores e viviam em pequenos povoados,[65] enquanto os convertidos tendiam a se congregar em grandes centros urbanos, nos quais o poder cada vez mais se concentrava. O ressentimento contra os convertidos pode, portanto, ser parcialmente atribuído à animosidade dirigida às novas concentrações urbanas de poder.[66]

Os rebeldes de Toledo de 1449 apresentaram diversas explicações para o ataque ao bairro dos convertidos e a suspensão dos direitos deles. Contudo, elas eram incompatíveis umas com as outras e só serviram para mostrar que o ataque fora impulsionado por objetivos distintos e mais sombrios. Nos povoados distantes, poeirentos e atemorizados da Espanha medieval, a sucessão de acontecimentos que levaram ao estabelecimento da Inquisição começara com a invenção de uma ameaça fictícia. Assim surgiu a primeira grande mentira, entre tantas.

A VIOLÊNCIA CONTRA OS CONVERTIDOS espalhou-se rapidamente. Em 18 de junho de 1449, apenas duas semanas após a publicação do estatuto de Sarmiento, os convertidos da vizinha Cidade Real, liderados por Juan Gonçalez, "sabendo que dessa vez certamente seriam roubados", formaram uma milícia de trezentos homens e marcharam pela cidade, gritando que, antes que os saqueassem, eles colocariam fogo na cidade. Essa atitude desesperada — uma prévia dos acontecimentos de Saragoça em 1485 — só serviu para provocar os seus inimigos. Revoltas irromperam na terça-feira, 8 de julho. O bairro dos convertidos foi atacado e saqueado.[67]

A violência contra os convertidos tornou-se uma característica da vida em Castela durante os trinta anos seguintes.* Cidade Real voltou a ser o alvo em 1474. A rebelião começou no dia 6 de outubro, quando uma multidão "saiu de casas e monastérios [...] e assassinou 15 pessoas, roubou e saqueou todas as propriedades das vítimas, levando joias e

* Houve ataques em Medina del Campo (1461), Toledo (1467), Jaén (1468), Valladolid (1470) e Córdoba (1473); este último talvez tenha sido o mais sério, pois a revolta se espalhou pela província ao redor.

mercadorias [...] não houve pertence ou loja que não fossem roubados, e levaram o gado dos campos ao redor da cidade [...] queimaram muitas casas e lojas [...] e quando [os convertidos] tentaram buscar asilo no alcácer [fortaleza] da cidade, junto ao meirinho principal, a multidão lutou e entrou no alcácer, derrubou as torres e matou muitas pessoas [...], e depois de matá-las jogou seus corpos nas covas e pelos campos, para que os cães os comessem".[68] Aqueles convertidos foram mortos, mas o ódio não era universal; oito convertidos se abrigaram na casa de um cristão-velho, Pedro de Torres, que os escondeu e salvou suas vidas.[69]

Teria sido difícil justificar sem bons argumentos a violência dirigida aos convertidos. Felizmente para a população revoltosa de cristãos-velhos, dizia-se que as faltas dos convertidos eram muitas. Seus inimigos pintaram um quadro detalhado para provar que seus costumes "antes da Inquisição eram, nem mais nem menos, os dos próprios judeus fedorentos".[70]

Contudo, se os convertidos eram odiados pelos cristãos, os judeus tampouco gostavam deles. Os rabinos da África do Norte afirmavam com frequência que eles estavam sendo assimilados pela vida cristã e, em meados do século XV, os consideravam convertidos voluntários,[71] enquanto na Espanha os judeus testemunharam em falso contra eles quando a Inquisição foi finalmente instaurada.[72] Portanto, os convertidos estavam na posição nada invejável de serem vistos como judeus pelos cristãos e como cristãos pelos judeus; ambos os consideravam um grupo ambíguo e queriam excluí-los.

Todos os odiavam, mas era impossível generalizar no que se referia à fé dos convertidos. Famílias eram partidas ao meio. Em 1470, uma viúva pediu em seu testamento que a filha cristã Margarita e o filho judeu Vidal "se tratassem de maneira cordial e vivessem unidos em paz e no amor".[73] Em algumas famílias, o marido era judeu e a mulher, cristã. Alguns convertidos se circuncidavam e respeitavam alguns jejuns judaicos, mas não todos, e alguns jejuns cristãos, mas não todos.[74] Uma sátira descreve o convertido com uma cruz aos pés, o Alcorão no peito e a Torá na cabeça, representando a confusão e as ambiguidades provocadas por sua condição de convertido.[75]

A caricatura da vida dos convertidos feita por seus inimigos estava, portanto, longe da verdade; não há evidências de um movimento judaizante secreto e subversivo entre eles naquele período,[76] e em geral os convertidos que mantinham costumes judaicos o faziam por razões mais culturais do que religiosas.[77] Muitos deles, devemos recordar, descendiam de pessoas que haviam se convertido ao cristianismo por sua própria vontade.* Na verdade, quando havia evidências de práticas judaizantes entre convertidos, estas parecem ter sido incitadas pela perseguição que sofriam como "judeus".[78] Enquanto uma abordagem mais branda poderia ter levado a uma assimilação verdadeira, o exagero do comportamento supostamente insubordinado da minoria na verdade criava a ideologia ameaçadora que a Inquisição supostamente deveria erradicar.[79]

Sevilha, 1477-1481

CONSIDEREMOS O PIEDOSO arcebispo de Santiago de Compostela, Rodrigo de Luna, que, em uma festa de casamento,[80] violentou uma menina da qual deveria cuidar, ou as grandes chamas avistadas no céu e as pedras que caíram sobre as planícies da Velha Castela pouco antes da morte de Henrique IV, em 1474, ou o curioso comportamento dos leões de estimação de Henrique IV (os mais jovens atacaram o animal dominante e o devoraram).[81] Os presságios do mal estavam por toda parte. Os fiéis saíam em procissões. Faziam promessas, tentando afastar os perigos que os cercavam. Mas os sinais da desgraça pioravam. Em 29 de julho de 1478, surgiu o mais terrível deles: um eclipse total do Sol fez tudo ficar escuro, e as estrelas apareceram no céu como se fosse noite. As pessoas correram para as igrejas e parecia que a Espanha estava prestes a ser vítima de um grande terror.[82]

Havia uma fonte de esperança: o reino dos Reis Católicos, que haviam conquistado Castela em 1476. Fernando tinha estatura mediana, um comportamento que oscilava entre a seriedade e o riso, e era conhecido pelo raciocínio superior e pela paixão pela caça. Isabel se

---

* Ver página 42.

tornara rainha da Espanha após a morte do meio-irmão, Henrique IV. Era alta e graciosa, e escolhera Fernando, entre todos os pretendentes, aparentemente por amor. Durante a maior parte de sua vida em comum, Isabel dormia com as criadas e aias quando o marido viajava, para preservar sua reputação de esposa fiel.[83] Ela adorava usar verdugos, saias muito amplas com uma armação rígida que escandalizaram os clérigos da época por serem "fúteis e sem benefício [...] indecentes e sem recato, porque facilmente permitem que os pés e as pernas se revelem",[84] segundo afirmou o confessor de Isabel, Fernando de Talavera, em 1477.

Com Fernando como herdeiro da Coroa aragonesa* e Isabel no controle de Castela, havia a esperança de que unissem a Espanha e dessem fim às divisões. No entanto, circulavam rumores de que Isabel confiava mais em seus cortesãos convertidos do que nos cristãos-velhos.[85] Durante os anos 1470 dos anticonvertidos, isso era algo com que os Reis Católicos teriam que lidar se quisessem obter o apoio universal dos castelhanos. Em Sevilha surgiu sua primeira oportunidade de fazê-lo.

Sevilha estava, na época, no limite entre as identidades moura e cristã. Desafiando a atmosfera ainda presente da velha medina,** *plazas* minúsculas surgiam por toda parte — havia mais de oitenta delas —, de forma que "não [havia] cavalheiro em Sevilha que [não] contasse com uma pequena praça diante de casa, nem uma igreja que não tivesse uma ou duas".[86] A cidade era cercada por uma imensa muralha com mais de 6 quilômetros de extensão, construída no século XII pelos governantes muçulmanos almôades.[87] A muralha protegia a cidade de uma cheia súbita do Guadalquivir, mas também separava a sociedade urbana dos pomares que se estendiam ao longo do leito do rio. Isso caracterizava uma mentalidade preparada para o combate.

Em 1477, um ano depois de tomar o poder em Castela, Fernando e Isabel foram à Andaluzia, a fim de tentar acabar com as guerras civis que se sucediam na região desde 1471. Ao chegar a Sevilha, hospedaram-se no velho alcácer mouro, junto à enorme catedral. Todos os dias a rainha sentava-se em uma alta plataforma coberta com tecido dourado

* Ele se tornou rei de Aragão em 1479.

** Antiga cidade muçulmana protegida por muros. (N. da T.)

e, num plano abaixo, sentavam-se, de um lado, os bispos e a nobreza, e do outro os membros de seu conselho e de sua corte. Por dois meses, seu secretário lhe apresentou as reivindicações de querelantes, que Isabel tentava resolver em no máximo três dias. Ali a rainha viu de perto as inimizades que haviam dilacerado a região durante as guerras entre os seguidores do marquês de Cádiz e o duque de Medina Sidônia.[88]

Um visitante, súdito da corte aragonesa, chegou da Sicília. Felipe de Barberis era ligado à antiga Inquisição medieval na Sicília e sugeriu que os Reis Católicos fundassem uma instituição na Espanha. Foi apoiado pelo prior dos dominicanos em Sevilha, Alonso de Ojeda, que incitava uma ação contra os convertidos.[89] A ideia de uma Inquisição circulava na corte havia alguns anos, desde os escritos do frei franciscano Alonso de Espina, nos anos 1450.[90] Dessa vez, as ideias de Espina foram acolhidas. Conta-se que os Reis Católicos foram apresentados ao panorama da cidade em uma sexta-feira à noite: não saía fumaça de nenhuma chaminé no bairro dos convertidos. Significativamente, a religião proibia os judeus de acender fogos no sabá, que dura da noite de sexta-feira à noite de sábado.

Fernando e Isabel se convenceram. Enviaram representantes ao Vaticano para defender sua causa. No dia 1º de novembro de 1478, o papa Sixto IV proclamou a bula *Exigit Sincerae Devotionis Affectus*, fundando a Inquisição espanhola. Seguindo o padrão da desordem reinante na Andaluzia, as motivações políticas e religiosas da nova Inquisição se confundiam na bula: "Estamos cientes de que, em diversas cidades de vossos reinos da Espanha, muitos dos que se regeneraram por vontade própria mediante as sagradas águas batismais retornaram secretamente à obediência às leis e aos costumes dos judeus [...] devido aos crimes desses homens e à tolerância da Santa Sé, a guerra civil, os assassinatos e inúmeros males afligem os vossos reinos."[91]

Como ocorrera em Toledo em 1449, as motivações políticas e religiosas sugeridas para a Inquisição são reveladoras. Não se tratava do mero desejo de Fernando de confiscar os bens dos convertidos ou da vontade do papado de estender sua influência a Castela.[92] As forças modernizadoras que impulsionavam a urbanização e, mais tarde, a expansão em direção à América criaram discórdia e lutas sociais que precisavam ser deslocadas. Os monarcas viram isso em Sevilha em primeira mão e então foram apresentados à solução: a violência seria desviada e dirigida aos convertidos por meio da Inquisição. Isso, aliado a um novo ataque aos muçulmanos em Granada — financiado em parte pelos bens confiscados dos convertidos "judaizantes" —,[93] serviria para unir os cristãos e curar as feridas das disputas que então os dividiam.[94]

Ah, Espanha, gloriosa, valente e aventureira! Ao passear pelas ruínas caiadas das cidades imperiais, do México ao Peru, do Equador ao Uruguai, pode-se conjeturar como esse árido apêndice do continente europeu alcançou tanto em tão pouco tempo. Mas a questão acabou sendo muito simples: a grande potência que a Espanha viria a ser forjou seu sentido de missão em parte através da invenção de um inimigo; a perseguição aos convertidos e a reconquista de Granada deram à Espanha um sentido renovado de união nacional e de força.[95]

Os primeiros inquisidores castelhanos foram designados em 27 de setembro de 1480. Quando os dois homens, Miguel de Murillo e Juan de San Martín, se aproximaram de Sevilha, os pregadores locais e os membros da nobreza saíram da cidade para recebê-los. Alguns foram até a cidade de Carmona, a um dia de viagem, para lhes oferecer presentes e hospitalidade.[96] As boas-vindas devem ter indicado aos inquisidores que sua tarefa era popular. Seu poder, e a deferência com que alguns estavam dispostos a tratá-los, era algo que nenhum dos dois havia experimentado antes. O édito de graça foi lido na catedral de Sevilha, e a guerra oficial contra os convertidos começou.

Enquanto os inquisidores chegavam, algumas pessoas fugiam. Muitos convertidos cruzaram a fronteira de Portugal; outros foram para a Itália e o Marrocos, e outros até para a Índia.[97] Um dos refugiados era Yahuda Ben Verga, que fugiu para Portugal assim que a Inquisição foi criada. Antes de partir, deixou três pombas na janela de sua casa em Sevilha, todas com as asas quebradas. Junto à primeira, depenada e com a garganta cortada, havia um bilhete que dizia: "Estes são os que esperaram demais para partir." Na segunda, depenada, porém viva, outro bilhete dizia: "Estes são os procrastinadores." Na terceira, uma ave saudável com toda a plumagem, o bilhete dizia: "Estes são os que saíram primeiro."[98]

Muitos compartilhavam os sentimentos de Ben Verga. Os negócios afundaram quando as pessoas fugiram levando seu dinheiro. A fuga de capitais causou um colapso na renda tributária, enquanto os credores dos convertidos — que incluíam várias instituições da Igreja e mercadores estrangeiros — ficaram com dívidas a receber.[99] Dizia-se que o fato de haver judeus na Andaluzia piorava as heresias dos convertidos; portanto, em 1483, os judeus foram expulsos de Córdoba e Sevilha.[100] Contudo, a Inquisição não tinha poder sobre os judeus nem, na verdade, sobre não cristãos; ela só podia perseguir os cristãos batizados que tivessem cometido heresias contra a Igreja.

Alguns convertidos quiseram lutar. Um grupo se reuniu na casa de Diego de Susán, um dos mercadores mais importantes de Sevilha, descendente de uma família outrora proeminente em Toledo.[101] Entre os outros envolvidos estavam Abolafia, "o cheiroso", que administrava a alfândega dos Reis Católicos; Pero Fernández Benadova, um dos mais antigos personagens da catedral; e a família Adalfe, de Triana, que vivia no castelo do outro lado do rio Guadalquivir.[102]

Eles disseram uns para os outros: "Vamos permitir que eles venham nos atacar dessa maneira? Não somos os mais ricos da cidade, amados pelo povo? Formemos uma milícia! Tu consegues reunir tantas pessoas; tu podes conseguir outras tantas etc. [...] E, se vierem para nos pegar, com nossos guardas criaremos um tumulto e os mataremos a todos e nos vingaremos dos nossos inimigos" [...]. Então um velho judeu que estava presente elevou a voz: "Crianças, nobres varões, pela minha vida, acho que está tudo pronto. Mas onde estão vossas almas? Quero ver almas!"[103]

O complô foi revelado pela filha de Susán, uma cristã devota conhecida como *fermosa fembra* — formosa donzela. Aparentemente ela pensou que isso faria bem à alma do pai.[104] Susán e os demais foram trancafiados no castelo de Triana, que era usado como prisão inquisitorial, e as sentenças à fogueira começaram a ser expedidas. No primeiro auto de fé, em 6 de fevereiro de 1481, seis pessoas foram queimadas.[105] Os condenados foram conduzidos descalços pelas ruas, vestindo o hábito penitencial amarelo — o sambenito — e segurando uma vela. Guardas carregando alabardas eram seguidos por um dominicano de batina preta que levava a cruz verde da Inquisição e por oficiais marchando aos pares. Os inquisidores e o prior dominicano Alonso de Ojeda, que apresentara a Inquisição aos Reis Católicos em 1477, vinham depois dos condenados.

Do lado de fora da catedral, Ojeda pregava seu sermão. Quando terminou, os condenados foram entregues às autoridades seculares, já que os escrúpulos dos inquisidores não lhes permitiam queimar pessoas. Então as seis vítimas foram levadas pelos oficiais da Coroa ao *quemadero* — o lugar da incineração. O *quemadero* era um cadafalso no campo, fora dos muros da cidade de Sevilha, construído exclusivamente para abrigar as encenações dos autos de fé. O cadafalso permaneceu nesse lugar por trezentos anos, até o século XIX, com quatro grandes estátuas nos cantos, conhecidas como os "quatro profetas". As estátuas eram ocas e os condenados eram colocados vivos dentro delas para serem consumidos lentamente pelas chamas.[106] Dessa forma, mesmo que o número de incinerações não fosse alto, o medo se instalava profundamente no coração da sociedade.[107]

Após essa primeira purificação, houve outro auto de fé em 26 de março, quando 17 pessoas foram queimadas. Em novembro, 298 pessoas já haviam sido queimadas fora da cidade.[108] Entre 1481 e 1488, pelo menos setecentas pessoas foram queimadas só em Sevilha, e outras 5 mil foram reconciliadas e tiveram seus bens confiscados.[109] A cidade nunca vira nada semelhante. Os registros dos feitos da Inquisição pareciam uma sátira:

> Domingo, 2 de maio de 1484: neste dia, um domingo, uma procissão de convertidos reconciliados partiu pela manhã da igreja de São Salvador para o monastério de São Paulo, carregando a cruz de São Salvador: havia 120 homens e 217 mulheres reconciliados, e todos usavam sambenitos; e neste dia o padre oficiante Rebelledo foi deposto e condenado à prisão perpétua.
>
> Dia 9 de maio: neste dia, um domingo, na hora da missa, uma procissão de 94 homens e mulheres foi levada para ser confinada no castelo de Triana, pois foram condenados à prisão perpétua como hereges [...] eles foram levados ao som de invocações [...][110]

O castelo não comportava o número de condenados à "prisão perpétua", e as ruas se encheram de gente vestida com sambenitos assinalados por cruzes na frente e nas costas, que os reconciliados eram obrigados a usar como testemunho de sua vergonha mesmo depois de passarem pelo auto de fé.[111] Invocações e condenados tomaram conta de Sevilha, em um lamento pelo que a Espanha fora e pelo que se tornaria. Uma cidade onde até pouco antes o conflito fora uma questão política estava agora marcada pelas cicatrizes de lutas religiosas.

O resultado disso foram a crescente tensão e o fundamentalismo, justificados pela religião, mas alimentados por algo mais. Ao ser queimado, Susán pareceu morrer como um cristão,[112] o que sugere que as provas de que havia judaizantes naquele grupo eram extremamente frágeis. Além disso, já que se arrependera, ele deveria ter sido poupado da morte nas chamas, segundo a prática inquisitorial anterior; o que os excessos revelavam era que a religião era mais uma desculpa do que o motivo principal.

De muitas formas, ao examinar a decisão dos Reis Católicos de estabelecer a Inquisição em Sevilha em 1477, é difícil vislumbrar as alternativas que eles poderiam ter. A natureza humana parece inclinada a criar bodes expiatórios em tempos de crise. Se Fernando e Isabel não tivessem tentado estabilizar seus reinos, certamente teriam sido os primeiros a sofrer com as contínuas rebeliões.

A novidade na Inquisição espanhola não foi a perseguição, e sim sua institucionalização. A crise fora provocada pela modernização da sociedade espanhola no século XV, e a Inquisição foi a primeira instituição persecutória da história.[113] Foram o medo e a desconfiança das pessoas diante das exigências econômicas do novo sistema social que asseguraram que os convertidos estivessem entre as primeiras vítimas do mundo moderno. No entanto, eles não sofreram sozinhos; poucas semanas após o primeiro auto de fé, a praga se espalhou por Sevilha, e entre as primeiras vítimas estava Alonso de Ojeda, o prior que tanto se empenhara em prol da Inquisição.

Cidade Real, 1483

QUANDO A INQUISIÇÃO começou a atuar em Sevilha, a remota Cidade Real, no alto da *meseta* castelhana, estava a ponto de explodir. Quem percorresse as planícies em direção a Toledo, ao norte, ou a Córdoba, ao sul, atravessava um território escaldante, seco e hostil. Era fácil internalizar aquela hostilidade e dirigi-la aos amigos e vizinhos. Em abril de 1483, a nova Inquisição estabeleceu uma corte em Cidade Real; os levantes de 1474 contra os convertidos haviam passado, mas dessa vez não lhes seria permitido escapar.

A partir do momento em que foi instituída, a corte teve muito trabalho. O posto da Inquisição estava localizado em uma área pública, e se alguém era visto entrando lá, todos começavam a imaginar quem seria denunciado. As pessoas sabiam que se não se apresentassem espontaneamente para declarar o que estivesse — ou deveria estar — em suas consciências, poderiam acabar no *quemadero*. Assim, uma denúncia levava a outra, e a nova corte estava sob tanta pressão que os únicos dias em que não funcionava eram os dias santos e os domingos em que não havia autos de fé.[114]

Um dos primeiros casos foi contra Sancho de Çibdad e sua mulher, Mari. Eles haviam fugido da cidade duas semanas antes da chegada dos inquisidores. Sancho era uma figura poderosa, membro do conselho da cidade e um arrecadador de impostos que tinha muitos inimigos. Foi acusado de agir como um rabino, observar as festas judaicas e zombar de Jesus; tinha sido visto orando em hebreu em uma carroça e insistia para que as pessoas lhe levassem animais vivos (supostamente para matá-los segundo o ritual judaico); outras pessoas saíam do bairro convertido para ir à sua casa a fim de orar em uma torre que lá havia.[115] Dizia-se que outra líder religiosa convertida em Cidade Real era María Díaz, "la Çerera", que também fugira; muitas testemunhas afirmaram que ela celebrava o sabá judaico, acendia uma vela nas noites de sexta-feira, recusava-se a trabalhar aos sábados e nunca frequentava a igreja.[116]

A verdade é que as evidências de atividades judaizantes entre os convertidos eram muito diversas. Havia algumas provas, como a prece hebraica encontrada na casa do sapateiro Juan Alegre[117] e o livro hebreu de orações com o qual o mercador de especiarias Juan Falcón foi encontrado rezando no sabá judaico.[118] No entanto, muitas evidências eram levadas a limites extremos. Diversos depoimentos contra a família Çibdad e la Çerera, por exemplo, referiam-se a acontecimentos de pelo menos dez anos antes — no caso de Çibdad, trinta anos antes. Outro denunciado, Juan González Pintado, havia financiado um altar e uma estátua da Virgem na igreja de São Domingos, e diversos sacerdotes disseram tê-lo visto na igreja se confessando e afirmaram que ele comia porco. Contudo, para seu azar, tinha sido secretário de João II e de Henrique IV, e a natureza da Inquisição na Espanha, política em vez de estritamente religiosa, acabou levando-o à fogueira de qualquer maneira.[119]

Então, a Inquisição em Cidade Real, em vez de punir unicamente os hereges verdadeiros, queimou tanto católicos genuínos quanto pessoas cuja religiosidade era mista. Como ficaria provado depois, havia católicos devotos entre as principais vítimas da Inquisição. De fato, o que fica claro nos registros dos processos da cidade é que no cerne de muitos casos estavam a inveja e a discórdia familiar — sentimentos que significavam que algumas denúncias eram de má-fé.

No julgamento de Sancho e Mari de Çibdad, por exemplo, uma das testemunhas era a filha do casal, Catalina, que ofereceu evidências de sua infância no lar paterno e também acusou os irmãos Diego e Teresa de serem judaizantes.[120] Em outro caso, ao ouvir dizer que a Inquisição iria para Cidade Real, o filho de Catalina de Zamora foi à casa da mãe e lhe disse: "Ouça, sua velha rameira: se os inquisidores vierem aqui, farei com que você e suas irmãs sejam queimadas como judias e que os ossos de sua mãe judia sejam exumados e queimados também."[121] Esse triste exemplo de ser humano era um frei da cidade que obviamente não acreditava que o sangue de sua família fosse mais espesso que a água.

Pode ser difícil entender como alguém era capaz de dizer e fazer coisas tão terríveis. Porém, é possível imaginar os motivos. Talvez o filho de Catalina de Zamora se ressentisse por ter sido preparado para uma vida celibatária na Igreja e por isso quisesse se vingar; talvez se sentisse excluído pelos vestígios de cultura judaizante de sua família e quisesse punir os demais pela vergonha que sentia. Certamente, aquelas pessoas eram infelizes, e, para algumas delas, a perseguição da Inquisição, após tanta amargura, foi a gota d'água: uma prisioneira, Juana Gonzalez, cometeu suicídio em 29 de novembro de 1483, afogando-se num tanque junto à casa em que estava presa.[122]

Aproximadamente cinquenta pessoas foram queimadas entre 1483 e 1484 em Cidade Real, um número significativo para uma cidade relativamente pequena e isolada na Espanha medieval.[123] Os casos revelam claramente as razões para o desespero das pessoas que haviam se convertido na ânsia de serem aceitas, mas que eram rejeitadas pelos mesmos grupos dos quais desejavam fazer parte. Muitos julgamentos — como o de Sancho Çibdad e Juan González Pintado — foram com certeza políticos. Em outros casos, as pessoas eram queimadas mesmo após confessarem seus pecados.[124]

Evidentemente, nem todos os convertidos de Cidade Real eram judaizantes ou católicos, mas ocupavam diversas posições entre as duas categorias. Com o tempo, provavelmente teriam sido assimilados pelo ambiente cultural mais amplo. Os que realmente queriam ser judeus poderiam ter se unido ao êxodo judaico da Espanha em 1492, indo para terras onde se podia exercer abertamente a fé judaica. Mas esse luxo não foi permitido aos convertidos de Cidade Real, e a fuga de tantas pessoas ao tomarem conhecimento da chegada dos inquisidores simplesmente demonstrava que elas sabiam que não teriam um julgamento justo.

Certamente foi esse o caso de Sancho e Mari de Çibdad. O discriminado casal fugiu do coração de Castela para o porto de Valência. De lá, os dois esperavam ir para a Itália. Embarcaram e ficaram no mar por cinco dias, até que ventos contrários os levaram de volta ao porto. Lá, foram presos e levados de volta a Cidade Real, antes de serem transferidos para Toledo, para onde a Inquisição se mudou em 1485. No ano seguinte, Sancho e Mari Çibdad foram os primeiros convertidos a morrerem na fogueira em um auto de fé na mesma cidade onde surgira o movimento anticonvertidos, na fortificação rochosa que pairava acima da planície.[125]

Talvez o teatro sempre tenha sido o lugar da religião. Na ocasião da morte de João Paulo II, em abril de 2005, e da aclamação de seu sucessor, Bento XVI, as multidões agitadas na praça de São Pedro fizeram o mundo se lembrar do espetáculo que só a fé pode encenar. Apenas uma semana após a missa dominical inaugural de Bento XVI, a possibilidade da corrupção do teatro pelo poder também era evidente. As massas ainda estavam lá, assim como as autobiografias recém-impressas de Ratzinger/Bento, expostas em todas as barracas ao redor da *piazza*. Somente no interior da grande catedral, com seus frisos de luz pendentes imobilizados na bela nave, se afirmava plenamente a espiritualidade, acima da publicidade e do potencial de cada espetáculo de se converter em violência.

O papado, com sua longa história e uma profunda compreensão dos equilíbrios do poder, sempre foi uma força moderadora na Inquisição espanhola. Em 1481, sentindo-se confiante devido ao sucesso dos inquisidores de Sevilha, Fernando indicara Cristofor de Gualbes e Joan Orts para substituir os inquisidores papais de Valência. Ao receber a notícia da substituição e da violência dos inquisidores em Sevilha, o papa Sixto IV — sabendo que isso representava um afastamento radical do procedimento inquisitorial anterior — protestou em janeiro de 1482.

Após ouvir diversas informações sobre ultrajes e reclamações dos convertidos sobre injustiças, o papa foi além. Em 18 de abril de 1482, emitiu uma nova bula cujo propósito era cortar as asas da nova instituição. Nela, Sixto IV descreve como os inquisidores haviam aceitado o testemunho de inimigos e de escravos dos acusados, como haviam agido movidos pela cobiça de ganhos materiais, e não pelo zelo, e como isso resultara em um procedimento ilegítimo, um exemplo nocivo e um escândalo vergonhoso à vista de todos. Em vez disso, ele declarou, a nova Inquisição espanhola só poderia agir com a aprovação dos bispos; seria obrigada a revelar os nomes dos denunciantes e das testemunhas; deveria suspender os casos para ouvir as apelações; e teria que aceitar que qualquer confissão levasse à absolvição do acusado.[126]

As propostas de Sixto IV estavam longe de ser severas, mas, em função das motivações fundamentalmente políticas do novo tribunal, os Reis Católicos ficaram furiosos. Irritado, Fernando escreveu ao papa e argumentou que a heresia dos convertidos estava disseminada demais e que só seria detida pela instituição. Mais tarde, em outubro de 1482, Sixto concordou e suspendeu as normas que propusera para a Inquisição espanhola.

Pouco depois, as coisas pioraram. Em maio de 1483, a corte de apelação da Inquisição em Castela foi transferida de Roma para as mãos do arcebispo de Sevilha, Íñigo de Manrique. Em julho de 1485, os Reis Católicos chegaram a ordenar que as autoridades eclesiásticas de Toledo suspendessem as bulas papais que os convertidos tinham obtido para se proteger do novo tribunal.[127] A partir de então, a Inquisição na Espanha passou a agir sem a interferência da autoridade papal.

Esse processo permitiu que a Inquisição se propagasse rapidamente por todo o país. Depois da instauração do tribunal de Sevilha, em 1480, foram fundadas novas cortes da Inquisição em Córdoba, Valência e Saragoça em 1482; em Barcelona em 1484; em Llerena e Toledo em 1485; em Múrcia, Valladolid e Maiorca em 1488, e em Cuenca em 1489.[128] Os autos de fé ocorriam também onde não havia tribunal, como em Guadalupe, em 1485, onde 52 pessoas foram queimadas vivas, 27 em efígie e 46 cadáveres foram exumados e queimados como complemento.[129] O cronista Hernando de Pulgar — ele próprio um convertido — afirmou que 2 mil pessoas foram queimadas em toda a Espanha naqueles anos;[130] ou, como escreveu outro cronista, "um número infinito foi queimado, condenado, reconciliado e encarcerado em todos os arcebispados de Castela e Aragão. E muitos reconciliados voltaram a judaizar e foram queimados por isso em Sevilha e em Castela".[131]

Essa expansão da Inquisição foi conduzida pelo zeloso Tomás de Torquemada, o primeiro inquisidor-geral. Torquemada era um homem de tez escura e aparência saudável. Era frade dominicano e confessor dos reis; conta-se que, quando tentou explicar a Isabel que era simplesmente humano, ela respondeu: "Confessor, sinto apenas que quando estou convosco estou com um anjo do céu."[132]

Torquemada foi nomeado inquisidor-geral no dia 17 de outubro de 1483, e no ano seguinte a Suprema, ou o conselho supremo, foi fundada sob sua liderança. Ele tinha o poder de indicar os inquisidores que desejasse, e, em outubro de 1484, todos os inquisidores se reuniram em um conselho em Sevilha, após o qual Torquemada emitiu uma série de instruções para guiar sua prática jurídica. Ele permaneceu na corte até 1496 e padeceu seriamente de gota no final da vida.[133] A rica dieta alimentar que costuma levar a essa doença também pode ter produzido um excesso de vitalidade que ele, em sua vida como monge, não podia satisfazer; talvez isso o capacitasse para as exigências de seu trabalho na

Inquisição, que, afinal de contas, requeria uma mistura peculiar de ira, repressão e energia.

Sob a liderança de Torquemada, a Espanha tornou-se um lugar muito diferente. As fogueiras se disseminaram de Sevilha, no sul, a Saragoça, no norte. Em toda parte as pessoas estavam cientes de que algo radicalmente novo se iniciara. Por volta de 1488, havia tantos prisioneiros que os cárceres estavam lotados e os acusados tiveram que passar a viver em prisão domiciliar.[134] Uma atmosfera de extremismo se desenvolveu, o que significa que a expulsão dos judeus, em 1492, e dos muçulmanos de Granada, em 1502, pareceu uma consequência natural. A convivência acabara para sempre, e, por volta de 1526 — após a conversão forçada dos muçulmanos de Aragão —, os não católicos foram proibidos de fazer parte da nação espanhola. O surgimento da Inquisição implicava que a lealdade ao Estado exigia a aderência à nova militância; uma peça de violência que tinha sido concebida como um artifício político terminou por destruir uma forma de vida.

EM SARAGOÇA, os autos de fé ressoaram até os últimos anos do século XV. Em 1502, pelo menos 116 pessoas tinham sido queimadas, e outras 32 foram queimadas em efígie.[135] As disputas entre Fernando e o papado acerca dos novos inquisidores, e entre Garcés de Marcilla e seus parentes e os oficiais de Teruel, foram resolvidas pelo fogo; já não havia dúvidas de que a instituição chegara para ficar, mas os aragoneses continuaram a resistir.

Nos cinquenta anos seguintes, houve apelações constantes em Aragão pela reforma dos procedimentos inquisitoriais. Elas atingiram o ápice em 1533, quando, durante as cortes aragonesas em Monzón, houve um protesto violento contra a nova instituição. De acordo com representantes nas cortes, os inquisidores haviam encarcerado pessoas por crimes que fugiam à sua alçada; haviam julgado pessoas sem provas de heresia além de algumas palavras blasfemas proferidas por elas no calor do momento; mercadores de víveres haviam sido ameaçados ao se apresentarem com seus produtos nos gabinetes dos inquisidores.[136]

Um dos principais locais de resistência era a Sicília, na época sujeita à corte inquisitorial da Coroa de Aragão. Em Palermo, cidade protegida do mundo pela grande baía e pelas montanhas escarpadas por trás do porto, mais de setenta pessoas foram mortas em autos entre junho de 1511 e janeiro de 1516.[137] Em 1513, 35 pessoas foram queimadas. O parlamento siciliano reclamou dos procedimentos, "nos quais as pessoas foram levadas à fogueira clamando em vão sua inocência e afirmando que só sob tortura haviam confessado sua culpa, que de fato não existia".[138] A atmosfera estava tão carregada naquele ano que na Catânia, quando um homem desequilibrado, Battista Rizzo, arrancou a hóstia das mãos de um padre no dia da Páscoa, foi queimado vivo por uma multidão.[139]

A situação chegou ao cúmulo com a notícia da morte de Fernando, em 1516, quando uma multidão se reuniu nas ruas de Palermo. Para escapar, o vice-rei aragonês teve que fugir para Messina, a 300 quilômetros de distância. As pessoas então voltaram sua atenção para a Inquisição, localizada no palácio do vice-rei em Palermo, que cercaram por três dias, até que o inquisidor, Cervera, fugiu levando o eucarístico nas mãos. Encarregado de fazer a vontade de Deus, pode-se imaginar como o inquisidor entendeu aqueles eventos: Julgamento divino? Triunfo do Demônio? Cervera correu para o litoral e fugiu pela baía em um barco, enquanto a multidão saqueava o palácio, queimava os arquivos da Inquisição, libertava os prisioneiros e roubava até as portas e janelas.[140]

Essa vingança é particularmente impressionante, já que tanto Aragão quanto a Sicília haviam tido inquisidores antes, sob a antiga instituição medieval. A sucessão de revoltas, da Sicília a Teruel e Saragoça, ressaltava o fato de que se tratava de uma Inquisição fundamentalmente nova. O confisco de bens não ocorrera antes, e o sigilo das testemunhas só fora assegurado em caso de ameaça às suas vidas.[141] Talvez a questão mais significativa naquelas queixas e rebeliões seja o fato de que nem Aragão nem a Sicília tinham sido afetadas pelas guerras civis de Castela. Portanto, não havia necessidade de uma instituição persecutória nem de um bode expiatório, ainda que, como em Castela, um grande número de convertidos vivesse nesses lugares. Isso revela, sobretudo, que as bases religiosas da instituição da Inquisição eram uma fraude e uma invenção propagandística.[142]

A resistência de Aragão e do papado à nova Inquisição espanhola nos leva a especular que aqueles que haviam vivido sob a antiga Inquisição perceberam que, no reinado dos Reis Católicos, a arbitrariedade e a crueldade cresciam na mesma medida que o poder inquisitorial. Aquelas pessoas não confiavam nos motivos alegados pelos monarcas para sua violenta conduta. A Inquisição é condenável mesmo que seja julgada pelos padrões da época.

A questão mais importante é como, para começar, teria sido possível evitar essa situação; como teria sido possível impedir as divisões e o ódio violento que desembocaram em uma espécie de perseguição racial.[143] Certamente, se Castela não tivesse sido dilacerada por conflitos, essa realidade e a nova Inquisição poderiam ter sido evitadas. Essas lutas faziam parte da busca por uma identidade nacional, algo que, por razões linguísticas e culturais, ocorreu mais cedo ali do que em outras partes da Europa.[144] O sectarismo era, em parte, resultado de reis fracos, mas também de poderosos grupos de interesses que detinham o poder e tentavam fortalecer sua posição financeira, ignorando que, ao inventar o inimigo convertido e pintá-lo com as piores tintas possíveis, provocariam todo tipo de consequências desastrosas.

NO PRIMEIRO ANDAR do famoso Museu do Prado, em Madri, junto à sala na qual as macabras criações de Hieronymus Bosch e Pieter Breughel, o Velho, aludem à perversidade que pode estar presente na condição humana, há uma ala dedicada à obra de Pedro de Berruguete, talvez o mais importante artista na Espanha dos Reis Católicos. Uma das pinturas da coleção foi finalizada por volta de 1495; chama-se *Auto de Fé*. O quadro de Berruguete mostra São Domingos presidindo um auto de fé de hereges albigenses no século XIII. Os albigenses foram o primeiro alvo da Inquisição medieval no sul da França. O santo é retratado de forma benevolente, mas o que mais impressiona é o ar de serenidade e justiça que envolve os dignitários à sua volta. Os prelados, nobres e monges mal olham para os pequenos homens diante de si que estão sendo levados para as chamas. Um dos monges, inclusive, está dormindo, o rosto avermelhado em um torpor pós-refeição. Ao mesmo tempo, dois albigenses já estão sendo devorados pelas chamas, e outros são levados para se unirem a eles.

Sempre que visito o Prado, vou ver essa pintura para descansar dos arquivos da Inquisição. O que me chama a atenção é a calma, e até a indiferença, dos dignitários diante do destino dos condenados. Os grupos escolhidos para sacrifícios são sempre desumanizados pelas sociedades, como o cordeiro oferecido por Abraão a Deus em substituição à vida de seu filho, Isaac. O sofrimento deles não deveria ser motivo de preocupação. Pode-se supor que Berruguete tenha retratado com êxito a atitude de muitos de seus contemporâneos diante do destino dos convertidos.

Um dos detalhes dessa pintura refere-se aos homens condenados na fogueira. Aqui, pequenos aguilhões metálicos sobressaem por baixo de seus genitais; os aguilhões se afinam na ponta, como se estivessem circuncidados. Com essa referência indireta aos convertidos judaizantes, não há dúvida de que Berruguete pretendia que seu retrato do passado levantasse questões morais importantes sobre o presente. Até hoje ele nos fala sobre a natureza da perseguição e das forças que podem provocá-la, sempre em efervescência até nas sociedades mais ricas e organizadas.

Capítulo Dois

O FOGO SE ESPALHA

[...] por temer a punição que por [suas heresias] merecia, [ele] resolveu se matar, sem esperar que a justiça cumprisse as obrigações legais a seu respeito [...]

Évora, 1490-1545

EM 1474, NÃO MUITO LONGE de Lisboa, uma baleia encalhou e foi morta na costa portuguesa, perto de Setúbal. O monstro das profundezas devorara e atacara pescadores ao longo da costa. Enquanto o animal abatido jazia inerte na areia, um rabino português anunciou que se tratava do Leviatã do Velho Testamento e que o Messias estava a caminho.[1] Assim como na Espanha, era uma época de presságios; a grande batalha se aproximava.

O cataclismo, porém, se manteve distante. Enquanto as chamas inquisitoriais lambiam os *quemaderos* em Sevilha, Cidade Real e Saragoça, em Portugal tudo corria normalmente. O velho rei Afonso V morrera em 1481; João II o substituíra e em 1490 seu filho, o príncipe Afonso, se casou com a princesa Isabel da Espanha. O padrão de alianças, vantagens e interesses mútuos continuava.

A cidade de Évora, a menos de 60 quilômetros da fronteira com a Espanha, foi escolhida para celebrar o matrimônio real de Afonso e Isabel. Dias antes da chegada da princesa espanhola, houve bailes nos palácios. Pelas ruas tortuosas sob o aqueduto romano, ouviam-se festas em todas as casas de nobres. Mímicos encenavam farsas. Nas touradas, a cultura revelava seu lado bestial. Como disse o cronista real Rui de Pina, "a excitação geral levava a crer que a terra estava a tremer".[2]

No dia 27 de novembro de 1490, a princesa Isabel chegou a Évora. Todos os escravos africanos haviam sido afastados da cidade por dez dias para sua chegada, e João II havia mandado buscar as mais belas donzelas da região. Os camponeses e pastores levaram dos prados bois e bodes, porcos com seus leitões e vacas com seus bezerros. Cinco praças da cidade foram reservadas para as provisões, para que ninguém sentisse fome. O rei construiu um salão de banquete de madeira para a ocasião. As janelas das casas da cidade foram enfeitadas com ramos de laranjeira e de louro, joias e tapeçarias.[3]

Tudo estava tão colorido! Foram convocados muçulmanos de todas as comunidades mouras do país; os melhores dançarinos, cantores e músicos foram chamados; João II lhes deu boas roupas e pagou sua viagem. Ao entrar na cidade, a princesa Isabel foi saudada pelos mouros e pela grande população judaica com farsas, danças e folguedos. Logo as farsas tomaram conta da cidade. Em uma delas, o próprio João II aparecia à frente de uma grande frota de naus "retratado em tecidos pintados com ondas bravias, acompanhado pelo troar impressionante da artilharia e por trompetes e címbalos, com uma tremenda algaravia e o estrilar de apitos, e junto a ele vinham capitães, pilotos e marinheiros vestidos de brocados e sedas [...] e os toldos das naus eram de brocados, as velas de tafetá branco e violeta, o encordoamento de ouro e seda".[4] Em 1490, a teatralidade em Portugal — onde, ao contrário da Espanha, ainda não havia Inquisição — ainda não remetia aos autos de fé.

Como em qualquer baile de máscaras, João II escolhera a imagem que melhor caracterizava sua identidade. Representou a si mesmo no comando de um país que estava em constantes mudanças devido às explorações marítimas — explorações tão terríveis quanto o barulho que o acompanhava, mas grandiosas e belas à sua maneira. As farsas encenadas pelos judeus e muçulmanos de Évora também eram altamente simbólicas e seguiam a tradição das celebrações da corte da época. Mas foram as últimas farsas encenadas em Portugal. Logo essas barulhentas festividades interculturais seriam coisa do passado. A intolerância se espalhava por toda parte na Península Ibérica.

A Inquisição não chegou da Espanha a Portugal de uma vez. Entre sua criação na Espanha, em 1478, e seu estabelecimento em Portugal, em 1536, passaram-se 58 anos. Mas as atitudes e os temores progrediram com mais vigor, e o que fora liberado já não podia ser facilmente contido. Quase sessenta anos depois, quando o convertido Álvaro de Leão sofria no cárcere da Inquisição em Évora, ele deve ter se perguntado que tipo de futuro era aquele em que o mundo tinha adentrado como se fosse um sonâmbulo; a liberdade e a espontaneidade das celebrações que haviam alegrado a cidade em 1490 eram migalhas da memória, enterradas sob o medo.

No dia 10 de janeiro de 1545, o promotor do Santo Ofício da Inquisição em Évora apresentou as provas contra Álvaro de Leão. Leão era um mercador nascido na cidade fronteiriça de Mogadouro, no nordeste de Portugal, perto das florestas verdejantes ao longo do rio Douro. Ele fazia parte de uma família grande, de cinco irmãos e uma irmã; ao longo dos cinquenta anos seguintes, o comportamento desses irmãos, de seus filhos e netos viria a simbolizar muito do que acontecia na história global da Inquisição.

O promotor apresentou as provas com cuidado. Leão, que tinha cerca de 30 anos de idade, vivia nas colinas desertas entre Mogadouro e o povoado de Cortiços. Foi ali, alegou o promotor, que ele "foi visto a praticar a lei de Moisés e suas cerimônias, obedecendo aos jejuns judaicos, sem se alimentar até que as estrelas aparecessem, e dando esmolas aos convertidos ao modo judaico, como *tzedakah*". Álvaro de Leão orava como um judeu. Reunia-se com outros convertidos em uma espécie de sinagoga, obedecia ao sabá judaico, acendia velas às sextas-feiras e recusava-se a trabalhar aos sábados. Leão e a esposa, Lianor de Carvajal, suspeitos de serem judaizantes, foram confinados na prisão inquisitorial de Évora.[5]

Álvaro negou tudo. Ele trabalhava aos sábados como no restante da semana, vendendo seus produtos nos mercados locais. Era conhecido como um bom cristão que sempre ia à missa aos domingos e dias santos e pagava pela celebração de missas durante o ano. Fora batizado aos 8 anos, como os demais cristãos. Era um cristão devoto e não havia razão para que duvidassem de sua boa-fé.[6]

O promotor não se convenceu. Os prisioneiros costumavam alegar inocência ao serem detidos; era preciso vencer sua resistência. O promotor estava acostumado aos enfrentamentos; tinha passado a gostar da luta para impor sua vontade à dos acusados. Em Mogadouro e em Cortiços, ele afirmou, todos sabiam que Leão cometera esses crimes. Ele se recusara a pagar as cortinas e as grandes velas sacramentais do altar e, mesmo que fosse verdade que "guardava os domingos e as festas da Igreja, era também verdade que celebrava e celebra os ritos e as cerimônias judaicos".[7]

Então, subitamente, o caso foi arquivado. Leão foi enviado de volta ao cárcere inquisitorial para refletir sobre seus crimes e pensar no arrependimento. Passou mais de três anos preso até que seu caso fosse resolvido.

Leão poderia ser perdoado por pensar que havia algum tipo de movimento vingativo contra ele e sua família. Seu irmão Jorge também estava na prisão de Évora com a esposa, Branca. Assim como Álvaro, Jorge, que era mercador, vivia em Cortiços — os irmãos foram detidos no mesmo dia.[8] Um tio materno, Bernardo López, também foi enviado à mesma prisão.[9] Aquelas famílias tinham sido amaldiçoadas e o castigo levaria séculos para chegar ao fim.

Esse caso era um exemplo típico dos acontecimentos em Portugal. Por volta de 1480, muitos convertidos fugiram da Inquisição na Espanha e foram para lá, e quando os judeus espanhóis foram expulsos por Fernando e Isabel, em 1492, a maioria também se refugiou em Portugal — a "opção fácil".[10] Esses refugiados se estabeleceram em cidades como Mogadouro, perto da fronteira espanhola; a convivência com os vizinhos era difícil e eles eram culpados pelas pestes que afligiram anualmente o país entre 1477 e 1496.[11]

Os refugiados convertidos muitas vezes casavam-se entre si, em um grau que chegava a ser pouco saudável. Assim, a irmã de Álvaro, Catalina, era casada com Gaspar de Carvajal,[12] que, por sua vez, era parente de Lianor, a esposa de Álvaro. As famílias Leão e Carvajal eram originárias de Mogadouro e tinham fortes laços com partes fronteiriças da Espanha, provavelmente sua terra natal original antes do êxodo de 1492.[13]

Esses forasteiros eram um alvo fácil em um país que tentava se adequar ao próprio poder. Naquela época, Portugal era um novo-rico entre as nações europeias. A conquista de Goa e a exploração da costa africana, do Senegal ao Congo, tinham dado a essa lasquinha europeia colada ao Atlântico o controle do comércio das especiarias asiáticas e do ouro e dos escravos da África para a Europa. Manuel I, sucessor de João II, foi chamado de "o Venturoso"; João II ficara conhecido como o "Príncipe Perfeito".[14] Porém, nem tudo eram elogios. Francisco I da França — num exemplo que antecipava o desprezo de Napoleão pelos ingleses, ao defini-los como uma "nação de comerciantes" — descreveu Manuel I como "o rei merceeiro".[15]

Quantias inimagináveis de dinheiro fluíam para Portugal. No reinado de João II, o ouro de Mina — localizada na atual Gana — equivalia quase à metade de toda a riqueza monetária do país.[16] Com essa abundância de dinheiro, a corte real logo se transformou em um monstro. Após a morte de Manuel I, em 1521, o novo rei, João III, viajava para todos os lugares do país com um enorme séquito que destruía tudo por onde quer que passasse. Entre os preguiçosos disfarçados de cortesãos, abundavam o jogo e os roubos. Esses fidalgos levavam consigo um grande número de criados, que requeriam alimentação e provisões. Comida, cavalos e carroças eram roubados. A destruição de pomares e bosques era uma forma de entretenimento. As comitivas eram tão grandes que havia escassez crônica de mão de obra no campo. Muitas terras estavam ociosas, e arrasar outras tantas apenas aumentou o problema.[17]

Esses excessos eram típicos de uma sociedade que acabava de passar por uma concentração de poder sem precedentes. Para convencer as pessoas de que a ostentação da fortuna não era apenas ilusão, era necessário exibir o poder diante de todos. Como não podia deixar de ser, isso significou sofrimento para os que não eram tão afortunados quanto a nova oligarquia. Ao contrário da Espanha, Portugal não contava com uma grande população muçulmana para conquistar e subjugar, pois a Reconquista portuguesa ocorrera em meados do século XIII, e a população muçulmana tinha sido facilmente assimilada.[18] Portanto, o poder teria que ser dirigido a outra parte, e, por sorte, havia uma alternativa óbvia, que eram os convertidos e judeus da Espanha que haviam imigrado em massa nos anos 1480 e em 1492.

Confinado na prisão inquisitorial de Évora, Álvaro de Leão obviamente não podia se dar conta de que sua situação desesperadora era semelhante à de outros como ele na Espanha e em outros lugares, e que traduzia o uso do poder como característica de certos aspectos da prática humana. Porém, ele podia sentir ódio e desespero. Em janeiro de 1546, um ano após sua prisão e seu interrogatório, tentou se suicidar, apunhalando o próprio umbigo, no qual fez um furo de quatro dedos de largura. As autoridades não se comoveram. De acordo com elas, Leão, "por temer a punição que por [suas heresias] merecia, resolveu se matar, sem esperar que a Justiça cumprisse suas obrigações legais a seu respeito [...]".[19] Em meio à agitada atmosfera religiosa de Portugal na época, devia haver poucas pessoas que esperariam essas "obrigações legais" se pudessem resolver as coisas pelas próprias mãos. Apesar disso, era frustrante quando os prisioneiros não esperavam para que a Inquisição lhes aplicasse a punição que eles mereciam.

Lisboa, 1497-1506

MANUEL I subiu ao trono em 1495, aos 26 anos de idade. João II, que o antecedera, havia falecido em um surto de peste que também levara oito herdeiros anteriores a Manuel na linha de sucessão ao trono, e por isso muitos consideravam o seu reinado predestinado. Quem, se não tivesse sido escolhido, podia tornar-se rei naquelas circunstâncias? Seu próprio nascimento fora supostamente um milagre: a mãe, dona Beatriz, passara vários dias sofrendo em trabalho de parto, até que uma procissão religiosa passou diante de sua porta e ergueu a hóstia — o menino nasceu imediatamente.[20]

Manuel era um homem gracioso, com a cabeça arredondada e a testa proeminente. Tinha os cabelos castanhos, olhos esverdeados muito vivos e uma voz melodiosa. A música talvez tenha sido sua maior paixão, e com a nova riqueza portuguesa ele levou para a corte cantores e músicos de toda a Europa. Nos domingos e dias festivos, Manuel almoçava e jantava ouvindo cornetas, harpas e tamborins, além de mouros tocando alaúde. Depois que Vasco da Gama descobriu a rota para as Índias, na épica viagem de 1497-1499, Manuel mandou buscar cinco elefantes, que iam com ele a toda parte em Lisboa, guiados por um rinoceronte.[21]

Essa injeção de exotismo era um reflexo do país que Manuel herdara em 1495. Na época, Lisboa era uma das cidades mais cosmopolitas da Europa. Do tamanho de Londres ou de Colônia, vivia repleta de estrangeiros, atraídos pelas novas rotas comerciais.[22] Homens e mulheres compartilhavam livremente as camas uns dos outros e jogavam cartas até o amanhecer. Os cavaleiros montavam usando estribos muito curtos, ao estilo mouro, e algumas selas eram feitas de prata ou ouro.[23] Além do movimentado porto e das ruas cheias de pessoas que de lá partiam, até o ano de 1500 havia bosques de oliveiras pela cidade.[24] O ponto central era o Rossio, uma ampla praça irregular com colinas em dois dos lados e que descia em direção às margens do rio Tejo; no Rossio seriam instalados os gabinetes da Inquisição.

Em Lisboa, era evidente que os portugueses não tinham uma aversão intrínseca ao estrangeiro. Porém, enquanto o país se abriu para as influências externas, aflorou o sentimento interno de que era necessária uma definição nacional. Aprendemos por experiência própria, com as amizades e as ligações profissionais, que, em grande medida, os grupos adquirem forma não só quando se decide quem deve ser incluído, mas também quando se decide quem deve ser excluído.[25] À medida que os mercadores e os produtos estrangeiros eram acolhidos no país e que crescia o número de escravos africanos, aqueles que já viviam lá e eram vistos como forasteiros sentiram-se sob vigilância crescente. Isso inevitavelmente chamou a atenção para a população judaica e de convertidos.

A princípio, Manuel foi generoso com os refugiados judeus que tinham imigrado da Espanha em 1492. Ao contrário de João II, que havia escravizado muitos dos que não partiram no prazo de um ano após obterem refúgio, um dos primeiros atos de Manuel foi libertar os escravos judeus. Contudo, em 1496 ele pediu a mão de Isabel, a filha dos Reis Católicos que tinha se casado tão luxuosamente em Évora com Afonso, o filho de João II.* Afonso morrera pouco após o matrimônio, e Isabel agora era viúva. Como condição para aceitar o pedido dele, ela exigiu que Manuel expulsasse todos os judeus de Portugal.

---

* Ver página 70.

Manuel tomou sua decisão. No dia 5 de dezembro de 1496, emitiu um decreto estabelecendo o limite de outubro do ano seguinte para que os judeus deixassem Portugal. A princípio esse prazo pareceu benevolente, comparado com a expulsão da Espanha, de onde os judeus tiveram apenas quatro meses para partir e não puderam levar suas joias nem dinheiro. Mas os acontecimentos em Portugal teriam outro desfecho. Manuel estava preocupado; segundo algumas estimativas, os judeus somavam 10% da população.[26] Como não podia se dar ao luxo de perdê-los, o rei decidiu antes de mais nada impedi-los de partir.

Em abril de 1497, durante a Quaresma, ordenou o batismo obrigatório das crianças judias menores de 14 anos, que foram tiradas de seus pais e enviadas para viver em aldeias e povoados e ser educadas na fé cristã, à custa da Coroa. Muitos cristãos-velhos se comoveram com a situação dos judeus e "acolheram em suas casas as crianças judias e as salvaram para que não fossem levadas por outras mãos".[27] Quando seus filhos não podiam ser salvos, "ouviam-se gemidos pungentes e o ar se enchia dos lamentos e soluços das mulheres".[28]

Tratava-se de uma forma de catástrofe, mas não aquela imaginada pelo rabino que vira a baleia na praia de Setúbal. Alguns judeus afogaram os próprios filhos para que não fossem levados embora. Outros cometeram suicídio. A vida, a ordem, a lei, tudo estava de cabeça para baixo.

No final, 20 mil judeus se dirigiram a Lisboa, o único porto em todo o país de onde Manuel permitiu que partissem (obviamente, eles não podiam deixar Portugal pela fronteira espanhola). Lá, o rei os encarcerou. O prazo expirou. A maioria dos judeus foi batizada e, portanto, mantida no país, embora alguns poucos tenham conseguido fugir para a África do Norte.[29] Manuel concedeu uma anistia de vinte anos aos novos convertidos que criara. Durante esse período, não haveria Inquisição e eles poderiam aprender a fé católica. O único consolo daquelas pobres almas foi que muitas delas receberam os filhos de volta.[30]

A conversão obrigatória dos judeus de Portugal foi vista pela maior parte da Cristandade como uma farsa grotesca da doutrina católica. A teologia católica tradicional rejeitava essas conversões forçadas e pregava que as pessoas fossem chamadas para a fé através da catequese e da persuasão. Até um cronista de Manuel qualificou o ato como "injusto e iníquo";[31] e à hipocrisia da justificativa para as conversões somava-se o fato de que, de acordo com as leis do próprio Manuel, nenhum escravo africano com mais de 10 anos de idade podia ser convertido sem o seu consentimento.[32]

Não se podia esperar que, nessas circunstâncias, o catolicismo de pessoas como os pais e os avós de Álvaro de Leão fosse verdadeiro. Era natural que tentassem manter sua identidade cultural e religiosa. No entanto, quarenta anos mais tarde, a Inquisição portuguesa declararia essa tentativa uma heresia; após criar o fenômeno, a Coroa portuguesa iria se dedicar a persegui-lo.

POR VOLTA DE 1506, TODOS EM PORTUGAL estavam cientes da forma como a Inquisição na Espanha lidava com os hereges convertidos. Além disso, todos sabiam que o cristianismo dos convertidos de Portugal era simulado. A peste ainda afetava o país e alguém tinha que levar a culpa. O ambiente era propício para um auto de fé popular, aprovado apenas pelo preconceito.

Naquele ano, em uma das capelas do monastério dominicano da cidade, uma estranha luz foi vista em um dos crucifixos. Alguém disse que era um milagre. Outros não estavam tão certos, e um convertido, cuja sinceridade era maior do que o bom-senso, afirmou que parecia uma vela acesa colocada perto da imagem de Cristo. Ao ouvir isso, alguns paroquianos agarraram o homem pelos cabelos e o arrastaram para a rua, onde ele foi linchado e depois queimado no Rossio, diante da multidão.

Uma das testemunhas da incineração foi um frade, que começou a incitar o povo contra os convertidos. Em seguida, dois frades dominicanos saíram do monastério com um crucifixo nas mãos, gritando: "Heresia! Heresia!" Em uma clara versão popular dos autos de fé espanhóis, nos quais os dominicanos eram a ordem religiosa encarregada da Inquisição, uma multidão de quinhentas pessoas correu pelas ruas estreitas da cidade, agarrando todos os convertidos que encontrava, matando-os na mesma hora ou arrastando-os semiconscientes até as fogueiras, nas quais foram queimados vivos. O prefeito de Lisboa tentou defender os convertidos com sessenta homens armados, mas a multidão voltou-se contra ele, e não havia mais nada que pudesse ser feito. As fogueiras foram atiçadas por criados e escravos africanos. Elas ardiam às margens do rio e no Rossio, e nesse dia quinhentas pessoas foram queimadas.

As coisas pioraram. No dia seguinte, uma multidão de mil pessoas arrombou casas nas quais se sabia que havia convertidos escondidos. Tiraram à força homens, mulheres e crianças das igrejas e arrancaram-lhes imagens de Cristo e da Virgem Maria das mãos. As vítimas foram arrastadas nas ruas pelas pernas, atiradas contra os muros e jogadas nas fogueiras.

Na terça-feira a fúria havia diminuído, apesar de pelo menos 1.900 pessoas terem sido mortas na carnificina. O rei Manuel, que estava fora da cidade tentando evitar a peste, ordenou que os frades que haviam incitado a multidão com seus crucifixos fossem queimados na fogueira.[33] É provável que seu primeiro sentimento tenha sido raiva do povo que fizera justiça com as próprias mãos; no entanto, em grande parte a culpa do que tinha acontecido era sua, por ter cobiçado o poder casando-se com Isabel e por ter forçado as conversões.

É difícil compreender como esses atos podiam coexistir com a sensibilidade delicada de Manuel, já que ele também foi um rei musical, um mecenas da arquitetura refinada como a do Mosteiro de São Jerônimo, em Belém, com seu impressionante sentido do espaço interno compensado por adornos finamente detalhados, alguns quilômetros abaixo do estuário do Tejo, em Lisboa. Esse vasto empreendimento — sua construção demorou cinquenta anos — é tão sólido que foi um dos poucos edifícios que resistiram ao grande terremoto que destruiu Lisboa em 1755, e sua fachada esbranquiçada ainda hoje domina o Tejo.

A mistura de crueldade e benevolência do rei só se explica pelas contradições humanas. Aquela parte existente em nós que cobiça o poder sugere que, apesar de adorar as belas-artes, Manuel sentia-se mais atraído pela possibilidade da posse; por isso tinha de ter como esposa a viúva do filho de seu antecessor e por essa razão cedeu à exigência dela de expulsar os judeus. O inseguro pragmatismo dentro de nós mesmos sugere, em vez disso, que Manuel estava preocupado com a legitimidade de seu reinado após a morte de tantos que o antecediam na linha de sucessão ao trono e achava que o casamento com a viúva do herdeiro legítimo resolveria a questão.

Assim, as disputas puramente pessoais e a vaidade de seu governante contribuíram para o estabelecimento da Inquisição em Portugal, o que afetaria a todos. Essa tragédia, porém, teve sua ironia. A rainha de Manuel, Isabel, que desencadeou tantas matanças, morreu de hemorragia ao dar à luz em 1498, um ano após a conversão forçada dos judeus.

HOJE, LISBOA é uma das cidades mais calmas da Europa. O badalo das sinetas dos bondes mistura-se ao som do couro dos sapatos nos paralelepípedos, das pessoas que sobem e descem as ladeiras que definem e dão corpo à cidade. Em um vão entre o Castelo de São Jorge — a antiga sede da prisão inquisitorial — e os bares que tocam fado e música brasileira no Bairro Alto, o velho Rossio se esparrama ao redor de um chafariz.

As laterais do Rossio estão ocupadas por simpáticos cafés com mesas nas calçadas, engraxates e bancas de jornal. Ali, consome-se café forte e pastéis de Belém. O ambiente é ao mesmo tempo romântico e decadente, e desprovido da ambição impetuosa que se vê nas ruas de Nova York e Londres. Nessa atmosfera plácida, é difícil imaginar fogueiras acesas em meio às revoltas de 1506. Porém, embora a violência já tenha passado, seus resíduos permaneceram.

Apesar de os detalhes serem diferentes, a chegada da Inquisição em Portugal foi similar à ocorrida na vizinha Espanha em muitos aspectos. Em ambos os países, o bode expiatório foi um grupo diferente que a sociedade não tinha interesse em preservar. Quando a perseguição institucionalizada começou, foi mais fácil promovê-la do que puxar suas rédeas.

Assim como na Espanha, as atitudes religiosas dos convertidos de Lisboa estavam longe de ser tão honestas quanto os linchadores acreditavam. O fato de alguns deles terem se refugiado em igrejas e terem que ser arrastados para longe dos ícones cristãos fala por si só, assim como o fato de alguns cristãos-velhos terem ajustado contas com seus inimigos, acusando-os de serem convertidos e incitando a multidão contra eles. Portugal estava tomado pela peste e pela histeria coletiva. Já tinha havido revoltas menores contra os convertidos em 1504, em Lisboa, e em 1505, em Évora.[34] Após os acontecimentos na Espanha, as sociedades ibéricas sabiam onde encontrar uma válvula de escape em tempos de crise como aqueles.

Apesar de as revoltas de 1506 não terem nada a ver com a Inquisição em si, a reprodução de autos de fé revela que os portugueses sabiam muito bem o que estava acontecendo na Espanha e se preparavam para seguir seu exemplo. A intolerância, depois de sua invenção na Espanha, fora facilmente exportada; era apenas uma questão de tempo para que a Inquisição se estabelecesse também em Portugal. Mais uma vez, o alvo da perseguição tinha sido criado, em grande medida, pela mesma sociedade que viria a manifestar tanta indignação em relação ao inimigo interno.

Évora, 1545-1548

Depois que Álvaro de Leão foi impedido de cometer suicídio, houve um impasse que se prolongou por dois anos. Seus advogados tentaram argumentar que ele estava fora de si, mas os promotores refutaram a alegação. O acusado tinha agido como um homem de bom-senso no que se referia aos seus negócios e também ao se confessar. Não havia nada de insano a seu respeito, apenas algo herético.[35]

Havia método no prolongamento dos casos inquisitoriais. Quanto mais tempo alguém passasse encarcerado, maiores eram as chances de se incriminar diante dos outros prisioneiros ou de que eles se desesperassem a ponto de inventar histórias sobre o companheiro de cela. Os mais covardes e desesperados para obter a proteção dos juízes geralmente estavam ávidos para trair os outros.

No caso de Álvaro de Leão, um prisioneiro se apresentou para declarar que o ouvira dizer que o Messias viria antes de 1550 e que os cristãos-velhos se arrependeriam de terem maltratado os convertidos. Álvaro foi acusado de apoiar os prisioneiros que se recusavam a confessar e de ser extremamente hostil com os que cediam aos processos inquisitoriais. Quando um prisioneiro lhe disse: "Nosso Senhor e Salvador Jesus Cristo logo nos tirará daqui", Leão teria respondido: "Ele só levará a ti" [sugerindo: "És o único que crê nele"].[36]

Inicialmente Leão negou tudo. Depois, culpou a mulher, Lianor. Ela havia judaizado no lar, enquanto ele sempre fora um bom cristão. Leão contou que Lianor sempre mantivera as práticas judaicas, e que ele havia sido denunciado em Cortiços e Mogadouro simplesmente por ser rico e detestado. Ao ouvir isso, os inquisidores souberam que estavam no caminho certo. Os prisioneiros começavam delatando as pessoas mais próximas e queridas antes de finalmente admitir que sempre tinham sido hereges revoltados. Foi o que ocorreu com Álvaro, que finalmente confessou que frequentava uma sinagoga secreta em Mogadouro e que obedecia ao sabá. Contudo, ele afirmava que agora era um bom cristão, que estava arrependido e havia se convertido sinceramente à única crença de Portugal.[37]

Para os inquisidores, a confissão era tudo. Em termos teológicos, representava a aceitação dos pecados por parte do pecador e a possibilidade de purificação; em termos psicológicos, significava o triunfo de sua vontade sobre a do prisioneiro e a admissão dele de sua própria impotência. Então, Álvaro reconheceu ser um herege que, com suas ideias, havia subvertido a identidade da nação. Ele não era "um de nós". Tinha confessado tudo o que os inquisidores queriam e precisavam ouvir.

Muitos dos traços que se tornaram comuns nos relatos da Inquisição são evidentes no caso de Álvaro de Leão. Vemos os laços familiares se desmancharem durante o interrogatório, quando um homem era capaz de denunciar a esposa para parecer menos culpado. As amizades feitas nos cárceres muitas vezes eram motivadas por razões repulsivas, e os prisioneiros delatavam uns aos outros por crimes cujo fundamento teológico certamente não compreendiam. Iniciavam-se conversas com a intenção de expor os demais e com a esperança de poder denunciá-los sem a necessidade de exagerar ou mentir.

Essas circunstâncias revelam o instinto de sobrevivência em sua forma mais básica. As pessoas submetidas a esse tipo de tratamento reagiam de diversas maneiras. Obviamente, algumas se mantinham em silêncio até o final, mas muitas outras se empenhavam em conseguir a liberdade à custa dos demais. Algo desse sórdido processo tinha que contaminar uma sociedade que transformara os convertidos em vítimas.

A DESCOBERTA DAS "heresias" dos convertidos portugueses teve de esperar pela morte de Manuel I. Após as revoltas de 1506, ele aparentemente teve uma crise de consciência. Pelo menos cumpriu sua palavra: em 1512, estendeu o período de permanência dos convertidos até o ano de 1533. No entanto, com sua morte, em 1521, João III, seu sucessor, mostrou-se menos inclinado a permitir que os convertidos se integrassem pacificamente à vida nacional, e logo começaram as primeiras investigações sobre as crenças religiosas dos que haviam se convertido obrigatoriamente.[38]

Em 1524, encorajado por sua esposa espanhola, Catarina, João III infiltrou um espião entre os convertidos portugueses para saber que fé eles realmente praticavam. Em Santarém, antiga cidade moura fortificada situada sobre as planícies úmidas ao redor do Tejo, ele ordenou a Henrique Nunes que vivesse e comesse com os convertidos de Lisboa. O próprio Nunes era um convertido, mas João III confiava nele completamente, já que havia denunciado o próprio irmão por judaizar. Nunes tinha justificado a traição para si mesmo alegando que amava "a Deus completamente, e o verdadeiro amigo perfeito deve ser amigo dos amigos e inimigo dos inimigos, e não deve respeitar pai, mãe ou irmão, mas só a verdade".[39]

Com a consciência então absolutamente tranquila, Nunes informou que os convertidos de Lisboa celebravam o sabá judaico sempre que possível, que alguns tinham calendários das festas judaicas e que outros faziam o trabalho de abater os animais conforme as leis judaicas. Eles celebravam a páscoa judaica sem comer pão fermentado, assavam o ázimo quando podiam ou comiam arroz ou castanhas em vez de pão. Alguns até se casavam segundo a lei judaica e tinham fornos para assar os bolos de páscoa judaicos. Seu rabino era um alfaiate chamado Navarro, cuja mulher tinha sido queimada na Espanha. A filha de Navarro conhecia de cor inúmeras preces judaicas e ele tinha uma barba extraordinariamente longa, que prometera cortar quando o Messias chegasse.

Muitos outros convertidos haviam fugido da Espanha ou tiveram os pais e outros parentes próximos queimados ou reconciliados por lá.[40]

Seus relatórios deixaram a comunidade de convertidos indignada, e Nunes foi assassinado. Ele foi rapidamente reconhecido como mártir e dizia-se que em seu túmulo ocorriam milagres. Naquele mesmo ano — 1524 —, Jorge Temudo, um padre paroquiano de Lisboa, escreveu outro relatório sobre as práticas dos convertidos, confirmando grande parte das informações de Nunes e aumentando a hostilidade popular.[41] Não havia dúvidas de que as práticas judaizantes entre a comunidade de convertidos portugueses eram mais fortes do que na Espanha, já que muitos deles haviam ido para Portugal após sua expulsão da Espanha, em 1492, para poderem continuar sendo judeus.

João III finalmente teve certeza do apoio popular para instaurar sua Inquisição. Na verdade, havia precedentes. Nos anos 1480, João II ordenara aos bispos de Portugal que julgassem por heresia alguns convertidos foragidos da Espanha,[42] e alguns deles foram inclusive queimados em autos de fé.[43] No entanto, Portugal precisava da estrutura administrativa que existia na Espanha. E era isso o que João III pretendia montar.

A hostilidade contra os convertidos aumentava de tal forma que, mesmo quando um grande terremoto atingiu a região do Tejo, em janeiro de 1531, os frades de Santarém declararam que se tratava de uma punição aos portugueses por permitirem que judeus vivessem entre eles. Entretanto, nem todos estavam convencidos disso, e Gil Vicente, o maior poeta e dramaturgo português da época, explicou aos frades em uma audiência pública no monastério franciscano que, na verdade, os terremotos eram fenômenos naturais.[44]

A instrutiva homilia de Gil Vicente não teve muita repercussão. Em dezembro de 1531, o papa Clemente VII nomeou Diogo da Silva inquisidor papal de Portugal. No entanto, os convertidos portugueses despacharam um enviado de um olho só, Duarte da Paz, para defendê-los em Roma, e a bula que nomeava Silva foi suspensa no mês de outubro. Porém, a possibilidade de a Inquisição se tornar realidade agora era grande.

O clima em Portugal era de preparação para a matança. Assim que a notícia da primeira bula chegou a Lamego, em 1531, as pessoas se reuniram para discutir quais propriedades dos convertidos queriam para si. Alguns acusavam o rei de ser um covarde e diziam que ele devia simplesmente passar os convertidos pela espada e não se preocupar com longos julgamentos. Outros se prontificavam a testemunhar junto com todos os seus parentes, e os mais moderados opinavam que João III pretendia apenas queimar os convertidos dentro de três anos.[45]

Quatro anos de disputas diplomáticas se seguiram antes que o papa Paulo III desse seu aval. A bula que autorizava o estabelecimento de um tribunal em Portugal foi emitida em 23 de maio de 1536, depois de uma considerável pressão por parte do imperador Carlos V, governante da Espanha, que estava em Roma na época. Paulo III diluíra os poderes do novo tribunal ao conceder o perdão aos convertidos no ano anterior e proibir o julgamento dos crimes anteriores àquela data. Além disso, a nova Inquisição portuguesa não detinha o mesmo poder absoluto de que gozava a espanhola: o papa tinha a prerrogativa de indicar três inquisidores e o rei apenas um, não havia o direito de sigilo para as testemunhas, e a nova instituição não tinha os mesmos poderes de confisco da Inquisição espanhola.[46]

A resistência do papado à disseminação da Inquisição ressalta o caráter predominantemente político de suas versões ibéricas. O ódio expressado pela população de Lamego ao ouvir a publicação da bula revela — como na Espanha — que era preciso canalizar o preconceito. Os convertidos eram o alvo, como ocorrera na Espanha, e, por mais que tentasse, o papado era incapaz de proteger o bode expiatório. Uma perigosa ideologia criara a ameaça interna como uma fonte de unidade e poder. Ela não podia ser negada.

O primeiro inquisidor-geral de Portugal foi nomeado em 1539. O cardeal Henrique era irmão de João III. Nasceu em Lisboa, em 31 de janeiro de 1512, e nevou muito em seu primeiro dia de vida; como isso raramente acontecia na cidade, foi interpretado como um sinal de que o Senhor o dotaria de grande discernimento.

Henrique tinha estatura média e era muito saudável. Era um caçador e cavaleiro hábil, mas também era letrado. Era fluente em latim e estudou grego e hebraico. Era muito sério e falava com rispidez, dizendo francamente o que pensava. Quando completou 14 anos fez os votos e, em função de seu temperamento e de sua posição, era a pessoa ideal para implementar a nova Inquisição na sociedade portuguesa.[47]

Assim que a estrutura administrativa básica foi instalada, a Inquisição começou a funcionar. O primeiro édito de graça foi lido em Évora em 1536, nove anos antes da prisão de Álvaro de Leão na mesma cidade. Um tribunal instituído em Lisboa em 1537 logo recebeu uma enxurrada de denúncias.[48] Nos anos seguintes, cortes foram instauradas por todo o país, em cidades como Tomar, muito próxima de Lisboa, Coimbra, Lamego e Porto, mais ao norte.[49]

Aqueles primeiros anos em Portugal não foram tão terríveis quanto na Espanha. A dependência em relação a Roma significava que o núncio papal intervinha com frequência para assegurar penas mais leves e, comparativamente, houve menos incinerações. O primeiro auto de fé ocorreu em Lisboa em 1540, mas em Coimbra isso só veio a acontecer em 1567.[50] A influência moderadora do papado era malvista por João III, e seus embaixadores passaram grande parte dos anos 1540 pressionando o papa Paulo III para que liberasse a Inquisição das limitações impostas em sua primeira bula. Em 16 de julho de 1547, quando João III ameaçou romper com Roma, o papa Paulo III finalmente cedeu, mas sob a condição de que os convertidos tivessem liberdade para deixar Portugal durante o período de um ano.

Obviamente, João III detestou essa condição, rejeitando-a de imediato. Contudo, terminou por acatar a imposição do papa de que nenhum bem fosse confiscado nos primeiros dez anos após a bula de 1547 e de que ninguém fosse condenado à fogueira no primeiro ano.[51] Em 10 de julho de 1548, quase no final do ano de graça, o perdão foi concedido aos convertidos encarcerados pela Inquisição e 1.800 pessoas foram libertadas; ao mesmo tempo, os tribunais de Lamego, Porto e Tomar foram abolidos e a instituição foi centralizada.[52] Tratava-se talvez de uma tentativa de João III de mostrar ao papado que ele havia cumprido sua palavra. O poder de confiscar bens só seria concedido em 1579, quando seu irmão Henrique, inquisidor-geral, assumisse o trono.[53]

Um dos beneficiários dessas negociações foi Álvaro de Leão, que, se vivesse na Espanha, provavelmente teria sido condenado à morte na fogueira. No entanto, em Évora ele foi simplesmente sentenciado a abjurar (renunciar a) seus erros e obteve a liberdade com o perdão geral de 1548.[54] Álvaro teve o juízo de não permanecer em um lugar onde tinha inimigos e se mudou para a grande cidade comercial de Medina del Campo, em Castela. Lá, mercadores de toda a Europa se reuniam anualmente em feiras para negociar produtos espanhóis e do Novo Mundo.[55]

Medina del Campo fica em uma das regiões mais planas do prado castelhano. Lá, à sombra do triste castelo de La Mota, Álvaro encontrou alguns parentes. A sobrinha Francisca, filha de sua irmã Catalina, se casara com Francisco Rodríguez de Matos, que comerciava regularmente nas feiras.[56] O casal tinha uma família grande e se mudara para Medina del Campo nos anos 1570. Foi lá que as famílias Leão e Carvajal se entrelaçaram. Como vimos, a esposa de Álvaro era Carvajal, e a sobrinha Francisca era filha de outro Carvajal. Foi lá também que todos encontraram o irmão de Francisca, Luis, que estava executando grandes feitos no México em nome dos espanhóis.

Não é difícil imaginar os medos e as questões subjacentes que devem ter afetado até as menores interações em uma família como essa. Álvaro de Leão, como vimos, acreditava ter sido denunciado por seus inimigos, e realmente tinha sido delatado por conhecidos na prisão de Évora. Ele mesmo tinha denunciado a esposa. Não havia como se defender dos falsos testemunhos, e convertidos contemporâneos de Álvaro acusaram a Inquisição de incitar denúncias mediante suborno.[57]

Além disso, alguém como ele, um reconciliado, não podia fazer nada contra o abuso de poder. Em Madri, nos anos 1520, um rico convertido reconciliado vira suas quatro filhas tornarem-se objetos sexuais nas mãos de alguns frades. Um deles, Vicente, foi visto no quarto da primogênita, sem o hábito, divertindo-se, e duas das outras moças foram vistas entrando nos aposentos do bispo de Osma, confessor de Carlos V, ao entardecer, onde permaneceram até o amanhecer.[58]

Pode se desconfiar de que essas meninas tenham caído nas mãos desses indivíduos abomináveis por medo do que lhes poderia acontecer se elas ou o pai fossem novamente denunciados. Uma perigosa concentração de poder ocorrera na Península Ibérica, além da limitação progressiva dos direitos e das liberdades locais. Os resultados disso estavam à vista de todos e provocavam medo em pessoas como Álvaro de Leão. Para muitos, o caminho religioso tornara-se mera desculpa para o exercício do poder.

TALVEZ NÃO SURPREENDA que a corte portuguesa não tenha compreendido esse processo e seus perigos. Os monarcas do país só se importavam com o poder e a disputa com seus rivais espanhóis. Enquanto João III e seu irmão Henrique se dedicavam a pressionar o papado, não pararam para pensar que, após o derramamento de sangue inicial nas décadas de 1480 e 1490, a nova Inquisição fora subjugada na Espanha ao final de uma série de escândalos que quase levaram à sua abolição.

Com a morte da rainha Isabel, em 1504, o trono de Castela foi ocupado por Felipe I, um Habsburgo nascido nos Países Baixos. Fernando, o viúvo de Isabel, permaneceu no trono de Aragão. Felipe suspendeu os tribunais da Inquisição em setembro de 1505.[59] Como estava cada vez mais difícil encontrar hereges, os tribunais foram abolidos. Dos 17 órgãos criados sob a direção de Torquemada, em 1506 só restavam sete.[60] Mas nesse mesmo ano Felipe faleceu. Sua mulher, Joana — filha dos Reis Católicos —, passou a viajar pelo país junto com o cadáver do marido e foi declarada louca. Ela foi confinada em um monastério em Tordesilhas até o fim da vida, e Fernando atuou como regente de Carlos, o filho do casal, que mais tarde seria Carlos V. Assim, a Inquisição foi salva por seu maior defensor, que efetivamente governava o país.

No entanto, em muitos círculos crescia a percepção de que a justiça inquisitorial deixava muito a desejar. Em 1526, a cidade de Granada queixou-se com Carlos V de que os procedimentos da Inquisição significavam que "os bons cristãos, apesar de serem irrepreensíveis, correm maior perigo de serem presos e condenados do que os maus cristãos, e isso já ocorreu diversas vezes".[61] Devido ao sigilo do procedimento, "muitas almas foram condenadas ao inferno [...] como podem dizer o que fazem em segredo, condenam a si mesmas e testemunham sobre coisas que nunca viram".[62]

As queixas de Granada foram motivadas pela transferência de um tribunal para a cidade naquele ano.[63] Elas ressaltaram o fato de que pessoas bem-informadas sabiam dos abusos cometidos na Espanha em nome da justiça inquisitorial. Elas sabiam dos abusos, mas nada foi feito para impedi-los. Obviamente era terrível que os supostos guardiães da fé cometessem crimes como esses, mas, como veremos adiante, isso não era nada fora do comum.* No cômputo geral, poucos estavam dispostos a arriscar a segurança pessoal e a riqueza material, desde que a instituição não os afetasse. E, quando chegou a afetá-los, obviamente era tarde demais para reagir.

Naquela época, os problemas da Inquisição na Espanha eram conhecidos em Portugal. Para entender os perigos do processo judicial que estavam a ponto de estabelecer, tudo que os portugueses precisavam fazer era recordar a grande crise que quase levara à abolição da Inquisição espanhola em 1506: as terríveis torturas e os abusos de poder na antiga cidade de Córdoba. A monarquia portuguesa, porém, evidentemente estava mais interessada no poder do que na verdadeira justiça.

---

* Ver o Capítulo Dez.

Capítulo Três

JUSTIÇA TORTURADA

[...] se o prisioneiro morrer, quebrar algum membro ou perder algum sentido, a culpa será sua, e não dos ministros do Santo Ofício, pois ele voluntariamente se expõe ao perigo que pode evitar confessando suas culpas [...].

Córdoba, 1506

EM 1506, CÓRDOBA estava nas garras do inquisidor Diego Rodríguez Lucero, conhecido como *el tenebrero* — o portador da escuridão.[1] Seu modo de agir foi resumido em uma queixa contra ele apresentada à Suprema:

> Lucero queria ter relações carnais com a esposa de Julian Trigueros, e ele a forçou, porque eles resistiram; o marido, que era um cristão-velho, foi exigir justiça ao [rei Fernando] e [Fernando] confirmou que seu caso era justo e enviou [Trigueros] ao arcebispo de Sevilha [Diego Deza, o inquisidor-geral], que o enviou de volta a Lucero. [Trigueros] chegou a Córdoba em uma quarta-feira para dar prosseguimento ao seu caso e foi queimado no sábado da semana seguinte. Lucero manteve a sua esposa como amante. [Em outra ocasião], como a filha de Diego Celemín era excepcionalmente formosa, seus pais e seu marido não queriam entregá-la a ele, então Lucero queimou os três e agora tem um filho com ela, e a manteve durante muito tempo no alcácer como sua amante.[2]

As famílias nobres da cidade se queixavam. Escreveram à corte que Lucero e seus subordinados haviam inventado mentiras terríveis a respeito de muitos cristãos distintos da cidade e dos arredores. Inocentes haviam sido acusados de heresia; prisioneiros haviam sido forçados a testemunhar contra eles. Não era só a nobreza que sofria; denúncias foram feitas também contra monges, freiras e pessoas comuns. Além disso, todas aquelas provas falsas e enganosas foram obtidas sob tortura.[3]

Em 1507, as autoridades de Córdoba foram além. Escreveram ao rei Fernando para lembrar a ele que o demônio costumava colocar maçãs podres junto com as boas. Com a Inquisição, cuja "obra era santa [...] surgiram demônios que se fizeram carne".[4] O inquisidor, eles diziam, convocava quantas testemunhas quisesse de seu cárcere. Ele as forçava a ceder mediante torturas e ameaças, e privava de comida as que se negavam a cooperar. Segundo as autoridades, entre seus quinhentos prisioneiros, 150 haviam resistido às ameaças; estes foram levados em uma procissão diante da mesquita convertida em catedral, amordaçados para que não pudessem contar a verdade sobre o que lhes acontecera antes de serem queimados.

Evidentemente, o reverendo inquisidor Lucero estava mais para águia do que para pomba. Seu lema era: "Dê-me um judeu, e eu o devolverei queimado."[5] Ex-professor primário da deserta região de Almería, em 1500 foi nomeado inquisidor em Granada, que descrevia como *la pequeña Judea* — a pequena judiaria —, e declarou que os portões da cidade deviam ser trancados e seus heréticos habitantes, queimados. Durante a época em que exerceu suas funções em Granada, aproximadamente oitenta pessoas morreram nas mãos da Inquisição.[6] Lucero fora indicado para "melhorar" a situação, pois o tribunal estava em decadência após as denúncias de corrupção contra o inquisidor Pedro de Guiral, acusado em 1499 de aceitar subornos das famílias dos acusados.[7]

O primeiro historiador sério da Inquisição, Llorente, que teve acesso a documentos que depois se perderam, afirmou que 2.592 pessoas morreram na Andaluzia durante esses anos, 829 tiveram suas efígies queimadas e 32.952 foram reconciliadas.* Não foi à toa que Lucero ficou conhecido como o portador da escuridão.

Um dos julgamentos mais duvidosos comandados por Lucero naqueles anos foi o do convertido Juan de Córdoba Membreque. Ele fora detido em 1502, delatado por seu escravo preto-mina[8] da Costa do Ouro por liderar uma sinagoga em que havia reuniões às segundas e quintas-feiras, respeitar os jejuns judaicos e vestir os trajes adequados em todas as festividades judaicas. Os sermões de Membreque aos fiéis convertidos supostamente incluíam promessas de que todos seriam levados à terra prometida, onde encontrariam grandes riquezas. No caminho, cruzariam um rio de leite e outro de água e, ao se banharem neste último, todos voltariam à idade de 25 anos. O profeta Elias viria para guiá-los e, quando chegasse, a terra tremeria, o Sol e a Lua morreriam, os céus se abririam, o mar ficaria vermelho de sangue, as árvores secariam e uma grande tempestade de pedras cairia sobre a Terra. Os convertidos partiriam vestidos de branco e todos os cristãos se converteriam ao judaísmo para acompanhá-los.

O curioso no julgamento de Membreque é que, numa época em que o menor resquício judeu em um espanhol podia levá-lo à fogueira, 93 testemunhas de suas atividades heréticas contaram exatamente a mesma história sobre sua sinagoga e seus sermões "secretos". Ou Membreque era a pessoa menos discreta do mundo ou tinha algum desejo de morrer — ou havia algo mais (ou talvez menos) por trás daqueles 93 testemunhos que o inquisidor não percebeu. Membreque provou durante o julgamento que estivera a quilômetros de distância de Córdoba na época em que as "ofensas" teriam sido cometidas. Mas isso não im-

* Muitos pesquisadores descartam os números de Llorente. No século XIX ele foi duramente criticado por historiadores conservadores como Marcelino Menéndez y Pelayo, e nunca recuperou completamente sua reputação. No entanto, ainda que evidentemente exista uma grande dose de ideologia em sua história crítica da Inquisição, Llorente foi secretário da Suprema e teve acesso a muitos documentos que se perderam durante as guerras napoleônicas (em parte, é verdade, porque ele mesmo roubou alguns deles). Nos casos em que há documentos com os quais comparar suas estimativas, elas são amplamente confirmadas.

portava; ele foi considerado culpado, "relaxado" ao braço secular e queimado na fogueira em 1504.[9]

Exageros grotescos como esses revelavam o grau do abuso de poder da Inquisição quando aprisionava e interrogava. Os rumores em Córdoba cresciam. O bispo de Catânia, na Sicília, enviou um oficial para investigar as queixas, e algumas pessoas confessaram que haviam apresentado falsos testemunhos. Elas disseram que Lucero e seus funcionários haviam feito perguntas capciosas e que, ao se recusarem a testemunhar, tinham sido torturadas e submetidas a ameaças terríveis. Esses prisioneiros, muitos deles apenas crianças, foram forçados a decorar as rezas dos judeus. Aprenderam as orações com judeus convertidos, como "prova" de que haviam sido corrompidas pelas pessoas que tinham acusado. Os presos disseram que ficaram tão aterrorizados com as ameaças de tortura que a única coisa que fizeram no cárcere foi aprender aquelas orações.[10]

Assim, as prisões que deviam salvaguardar a fé católica ecoavam o som do hebraico. As ruas tortuosas de Córdoba, assombradas pelo fantasma de seu passado islâmico, fervilhavam com o escândalo. Quando Lucero e seus funcionários souberam que haviam sido denunciados aos seus superiores, rapidamente organizaram um novo auto de fé e queimaram a maior parte daqueles que haviam sido torturados para testemunhar sobre as heresias alheias.[11]

Já era tarde demais quando a Inquisição finalmente se dispôs a investigar Lucero em resposta às queixas das autoridades de Córdoba. As altas autoridades tinham pleno conhecimento do uso da tortura para garantir falsos testemunhos e sabiam que isso causara a incineração de diversos inocentes, mas não haviam feito nada para deter a Inquisição. Afinal, a tortura era uma arma antiga do Estado, que não desejava abrir mão dela.

Embora os bem-documentados excessos de inquisidores como Lucero constituíssem diante do conselho inquisitorial central, a Suprema, fortes evidências dos erros judiciais resultantes da tortura nos primeiros 150 anos da Inquisição, nunca se questionou a tortura como algo incompatível com a sociedade civilizada ou até mesmo claramente contraproducente. Na época medieval, a tortura era empregada diariamente nas cortes criminais em Castela e Portugal; portanto, seu uso pelas inquisições na Espanha e em Portugal não era nada incomum. O método era parte integrante dos sistemas judiciários da Península Ibérica, e até o horror dos autos de fé deve ser visto no contexto das punições da época; os sentenciados à morte pelo sistema judiciário inglês no século XVI podiam ser eviscerados e castrados vivos antes de serem decapitados.[12]

Isso levou alguns autores a argumentarem que os males da tortura durante a Inquisição foram exagerados. Assim como a tortura era uma mera característica da época, tem-se afirmado que a Inquisição foi "lenta no uso da tortura", que sua aplicação pelas cortes civis era muito pior do que nas cortes inquisitoriais e até que a tortura raramente foi usada após 1500.[13] É bem verdade que os inquisidores podiam ser condescendentes com os torturados; no tribunal inquisitorial dos mouros de Valência, em 1597, muitos deles foram poupados de serem "inquiridos" devido à idade ou ao estado de saúde.[14] Obviamente, deve-se ter em mente o curioso fenômeno da condenação desse aspecto do passado à luz dos valores mais civilizados do presente. No entanto, o fato é que a tortura inquisitorial — como demonstram as provas de Valência — perdurou por muito tempo após 1500, e foi *realmente* mais severa do que nas cortes civis.

Assim, em 1596 metade dos mouros de Valência que confessaram tinha sido torturada ou ameaçada de tortura.[15] Em 1590, em Toledo, o sapateiro mouro Alonso de Salas morreu na câmara de torturas.[16] Quase 85% dos mouros investigados pela Inquisição em Valência foram torturados entre 1580 e 1610, e o mesmo aconteceu em Saragoça com 79% deles.[17] A ameaça de tortura muitas vezes levava a confissões; como ocorreu em Cidade Real em 1483,* ela também provocou suicídios,[18] e um mouro declarou que "com a tortura, os inquisidores o forçaram a dizer o que queriam [...], que ele tinha mais medo deles do que de todos os demônios do inferno e que Deus no Céu não tinha tanto poder quanto o que eles tinham".[19]

---

* Ver página 63.

No entanto, não foram só os mouros que sofreram nos séculos XVI e XVII. Em Évora, 25% dos acusados de sodomia foram torturados, inclusive um menino de 12 anos, violentado pelo cunhado e mais tarde julgado por seu "crime" e torturado até confessar.[20] A tortura era um mero aspecto do processo judicial, e a maioria das pessoas não a considerava abominável. Pelo contrário, era vista como um meio útil de obter a "verdade".

Ainda assim, muitos observadores da época achavam que o uso da tortura pela Inquisição era pior do que nas cortes seculares, como demonstram o caso de Lucero e os protestos populares em Córdoba. O cronista Hernando de Pulgar, secretário dos Reis Católicos, observou que a tortura praticada pela Inquisição era considerada particularmente cruel.[21] Conselheiro da Inquisição, o teólogo e bispo de Zamora Diego de Simancas (morto em 1564) argumentou que os inquisidores deviam praticar mais a tortura do que os demais juízes, pois o crime da heresia era secreto e difícil de provar.[22] Em 1578, Francisco Peña* observou que a tortura muitas vezes era usada de imediato pelos inquisidores, sem esperar por outras provas, ainda que tradicionalmente sua prática tivesse sido diferente;[23] outros apontaram que, se na antiga Inquisição medieval eram necessárias duas provas para pôr a tortura em prática, na Espanha ela era "totalmente arbitrária, e os juízes podiam ordená-la quando quisessem".[24]

Além disso, não só a filosofia e a prática da tortura eram diferentes na Inquisição. Um juiz civil era punido se o torturado perdesse um membro ou morresse, mas isso não ocorria com os inquisidores;[25] o fato pode explicar por que, às vezes, os juízes civis preferiam não aplicar as penas mais severas aos acusados.[26] O método foi usado primeiro nos julgamentos inquisitoriais e depois nos civis,[27] e havia muitas formas de tortura à disposição dos inquisidores;[28] ela foi, em todos os sentidos, uma das principais armas do arsenal inquisitorial pelo menos até o início do século XVII.

Quando era aplicada de acordo com as regras da Inquisição — e não arbitrariamente, como fez Lucero —, a tortura era imposta às víti-

---

* Ver página 38.

mas em circunstâncias precisas. Quando a evidência era sólida, mas não decisiva, e suspeitava-se de que a confissão não havia sido completa, era dada aos prisioneiros a oportunidade de "purgar" a prova. A tortura era então infligida com frequência aos que já haviam confessado a própria culpa, mas eram suspeitos de omitir os nomes de seus cúmplices. Uma vez obtido um nome, isso tornava-se prova de que outros mais haviam sido omitidos e, nesse caso, a tortura prosseguia ininterruptamente.

Havia dois instrumentos principais de tortura — a polé e a água —, com diversas variações. Na polé, as mãos dos prisioneiros eram atadas para trás. Içados do piso, eles eram mantidos suspensos à mercê do inquisidor, como coelhos abatidos pendurados na sangria. Às vezes deixavam-nos cair abruptamente de uma pequena altura. Se as respostas "corretas" não fossem dadas, acrescentavam pesos a seu corpo para intensificar a dor nas articulações e agravar as queimaduras provocadas pelas cordas amarradas aos pulsos. Era comum o uso da água. O preso era colocado no cavalete, com a cabeça mais baixa do que o corpo, a garganta e a testa presas por alças de metal. Os membros eram amarrados ao cavalete com cordas que entravam na pele, enquanto outras cordas eram estiradas em volta dos membros como torniquetes. Então lhe abriam a boca à força e despejavam água garganta abaixo. Incapaz de respirar por causa da água e com o ventre terrivelmente inchado, a vítima arfava enquanto o inquisidor, pacientemente, a estimulava a dizer a "verdade".

Com o tempo, os métodos de tortura evoluíram. No começo do século XVII, o cavalete recebeu um complemento refinado, conhecido como cepo, no qual as pernas do prisioneiro pendiam por um buraco na tábua à qual estava amarrado; outra barra de madeira com as bordas afiladas era colocada sob o buraco, e as pernas eram esticadas através dessa abertura reduzida por meio de uma corda amarrada nos tornozelos e nos dedos. Cada vez que a corda dava uma volta nos tornozelos, o prisioneiro descia mais pela abertura. Cinco voltas eram consideradas uma tortura severa, mas na América Latina davam-se sete ou oito voltas, e alguns mouros foram submetidos a dez ou mais.[29]

Pablo García, secretário da Suprema em Madri, formulou em 1591 instruções detalhadas para os inquisidores sobre os procedimentos de torturas. O prisioneiro, ele escreveu, devia ser advertido de que seu caso havia sido apresentado a pessoas instruídas e de consciência limpa, que teriam determinado que ele fosse torturado. Acreditava-se que esse método levaria à confissão.

García então instruía os inquisidores a recitar a seguinte prece antes de dar início à tortura:

> *Christi nomine invocato:*
>
> Atentos às provas e aos aspectos essenciais deste processo, temos motivos para suspeitar do prisioneiro e, portanto, decidimos que devemos condená-lo a ser interrogado sob tortura, razão pela qual ordenamos que o prisioneiro permaneça o tempo que julgarmos necessário para que nos diga a verdade sobre as denúncias contra ele. Além disso, declaramos que se o prisioneiro morrer, quebrar algum membro ou perder algum sentido, a culpa será sua, e não dos ministros do Santo Ofício, pois ele voluntariamente se expõe ao perigo que pode evitar confessando suas culpas [...].

Dessa forma, tendo limpado suas consciências, os inquisidores enviavam o prisioneiro à câmara de torturas. Lá, ele era acusado e atormentado pelo torturador, oculto sob um capuz que deixava entrever apenas os olhos. A iluminação provinha normalmente de lamparinas; os inquisidores acomodavam-se em suas cadeiras e se preparavam para o interrogatório. Mais uma vez o prisioneiro era exortado a dizer a verdade, e, segundo García, os inquisidores deviam lembrar a eles que não desejavam ver tanto sofrimento, ainda que isso geralmente fosse "necessário" ao procedimento.

García indicava aos inquisidores que eles deviam garantir que tudo fosse registrado com uma precisão escrupulosa:

> Como o prisioneiro era desnudado, seus braços, presos, e as cordas, amarradas em torno dele, e como ele era colocado no cavalete com as pernas, a cabeça e os braços atados. E como se ordenava que o prendessem com os garrotes e como eles eram apertados, dizendo se na perna, na coxa, na coluna ou nos braços et cetera, e o que se dizia a ele a cada etapa [...] de forma que tudo o que acontecesse fosse posto por escrito sem exceção.[30]

Aos olhos dos inquisidores, essa atenção ao detalhe era um exercício de transparência diante de Deus, mas ela revela também uma verdade inconfessada: as minúcias dos tormentos eram registradas com precisão mórbida porque os próprios guardas e torturadores tinham uma forte vontade de executá-los. Certamente essa é uma das razões pelas quais as autoridades buscavam assegurar que cada aspecto do processo de tortura fosse registrado. Em uma religião que retratava a iconografia da tortura diariamente nas imagens da cruz, o fascínio pela dor podia ser exorcizado ao trazer a imagem para a realidade.

É perturbador constatar como esses procedimentos abomináveis rapidamente tornaram-se parte da sociedade "civilizada". Recordemos o grande auto de fé de 1649 na Cidade do México e os elogios do cronista Bocanegra aos procedimentos pacíficos do inquisidor Mañozca.* Para Bocanegra, aqueles acontecimentos eram normais; depois de 150 anos, eles passaram a ser vistos assim. De fato, a tortura inquisitorial era rotina no México havia muito tempo. Quando Francisca de Carvajal, sobrinha de Álvaro de Leão, de Mogadouro,** foi enviada à câmara de tortura em 1589, ela gritou: "Matai-me! Passai-me logo pelo garrote. Mas não me dispais, não me afronteis." Então, sua inteligência foi maior do que o medo e ela acrescentou: "Sou uma mulher honesta e viúva, não posso aguentar isso neste mundo, não num lugar onde há tanta santidade!" Os inquisidores obviamente a ignoraram, despiram-na, e Francisca de Carvajal tentou cobrir os seios. "Tudo é nefasto! Tudo é nefasto!", ela gritava. "Este horror deve servir para redimir meus pecados."[31]

Os inquisidores eram treinados para permanecer impassíveis diante de apelos como esses e, apesar da opinião de Bocanegra, claramente não eram homens de paz. Ao torturar os prisioneiros para promover os próprios ideais e vencer os supostos inimigos, revelaram sua própria falta de humanidade. A prática da tortura para assegurar a fantasia de um fim almejado converteu-se em um espelho que a sociedade podia colocar diante de si para compreender o alcance de sua crescente enfermidade.

---

* Ver página 28.

** O convertido português cujo destino acompanhamos no capítulo anterior.

Ilhas Canárias, 1587

NO MEIO DO ATLÂNTICO, montanhas de terra se elevavam do oceano e revelavam à Europa um mundo muito distinto. No final do século XVI, as escarpadas encostas do vulcão de Tenerife eram um mirante sobre o Atlântico. Aos pés da montanha alta e de suas encostas desertas, o solo produzia campos de trigo, vinhedos e açúcar. As plantações de cana-de-açúcar eram cultivadas por escravos berberes e uólofes do Saara e do Senegal, que cortavam a cana com seus facões e empilhavam os talos prontos para serem processados e depois embarcados para a Espanha.

Os espanhóis conquistaram o arquipélago da população indígena guanche entre 1478 e 1496, e Tenerife foi o último ponto a ser tomado. Por volta de 1500, o modo de vida espanhol já estava estabelecido nas ilhas Canárias, ainda que de forma não muito decente. A prostituição se disseminou pelas ilhas; Gran Canaria e mais tarde Tenerife decidiram administrar os bordéis como serviços públicos, cujos lucros eram revertidos para a comunidade.[32] A atmosfera era propícia; o cronista Abreu Galindo conta a história de Juan Camacho, que morreu em Lançarote em 1591, supostamente com 146 anos. "Conheci-o e conversei com ele muitas vezes", escreveu Galindo. "Apesar de velho, não era muito encurvado, caminhava ereto e, dois anos antes de morrer, casou-se com uma jovem de 20 anos, com quem teve um bebê."[33]

Nessa época, a Inquisição já estava estabelecida nas Canárias havia muito tempo. Fundada em 1504, a instituição se concentrou inicialmente nos convertidos, como tinha sido em outras partes da Espanha, e em 1526 oito pessoas foram relaxadas.[34] No entanto, à época da boda de Camacho, um novo inimigo havia surgido no horizonte, e a ameaça estrangeira não era mais os judaizantes infiéis, e sim os protestantes ingleses. Em 1587, a situação chegou a um estado crítico, e muitos deles foram jogados nas prisões da Inquisição na ilha de La Palma.

Os católicos devotos das Canárias conheciam perfeitamente o mal que os luteranos haviam causado à sua fé. Quando lhe foi perguntado, no julgamento dos ingleses, se sabia o que era um luterano, uma testemunha respondeu: "Ser luterano quer dizer não ir à missa e roubar";[35] ou, como disse um inquisidor a Hugh Wingfield, de Rotherham, ao interrogá-lo em outubro de 1592: "A Igreja da Inglaterra não é uma igreja, e sim a sinagoga do diabo."[36] E, era verdade, os católicos das ilhas haviam sido alvo de sérias provocações por parte de um dos prisioneiros, John Smith, de Bristol, que afirmou que seria melhor "se os frades se casassem, em vez de ir com uma mulher hoje e com outra amanhã".[37]

Smith fora detido pela Inquisição junto com John Gold, Michael James e John Ware. Eles afirmaram que estavam em uma expedição de pesca na costa africana quando seu barco foi capturado por piratas franceses e eles foram deixados à deriva em um bote. Conseguiram chegar às Canárias e, ao se aproximarem de Fuerteventura, foram novamente atacados pelos franceses e largados na ilha apenas com a roupa do corpo.[38]

Gold também era de Bristol, enquanto James era da Cornualha e Ware provinha de Swanage. Eles foram presos quando as tensões entre Felipe II da Espanha e a rainha Elizabeth da Inglaterra estavam a ponto de explodir, um ano antes do envio da Armada. Os inquisidores sentiam o cheiro de sangue, e, apesar de Ware ter confessado que havia deixado de comer carne durante a Quaresma não por ser um ato sagrado, mas porque a rainha assim ordenara, foi condenado à tortura. Ele não contara toda a verdade e precisava purgar seu testemunho.[39]

Ware era obviamente alguém cuja fé protestante não chegava até o cavalete. Na câmara de torturas, com os braços atados e o torturador se aproximando, ele começou a falar. De fato, disse, a justiça e a compaixão do Santo Ofício o haviam encorajado a voltar a ser um cristão decente; só depois de ter sido aprisionado pela Inquisição ele vira a luz e regressara à Santa Madre Igreja! Pediu perdão e admitiu que não dissera a verdade porque o demônio o havia enganado. Os inquisidores decidiram não torturá-lo, mas o sentenciaram à escravidão nas galés — o que muitas vezes equivalia a uma sentença de morte. Ware conseguiu escapar e sua efígie foi queimada em um auto de fé em 1º de maio de 1591.[40]

A reação de Ware à ameaça de tortura não era incomum. Confrontadas com a dor física inimaginável que os inquisidores podiam infligir, muitas pessoas inventavam provas. Diante da extraordinária coincidência de que aqueles submetidos à tortura subitamente começassem a confessar e a denunciar outras pessoas,[41] os inquisidores não chegaram à conclusão de que frequentemente o terror levava suas vítimas a mentir e apresentar provas falsas e enganosas. Pelo contrário, eram vistas como pessoas que até aquele momento haviam ocultado a verdade — um conceito um tanto abrangente, que tinha uma estranha relação com as predileções do interrogador.

Assim, o dogma da tortura era simples e irrefutável: os inquisidores sabiam qual era a verdade e prosseguiam enquanto ela não fosse revelada. Então, mesmo quando eles eram repetidamente confrontados com provas de que a tortura tivera um efeito exatamente contrário aos seus objetivos, produzindo mentiras e não a verdade, ignoravam isso. Tarde demais, em 1774, o último Regimento do Santo Ofício em Portugal reconheceu que "o tormento é o modo mais cruel de investigar crimes, completamente alheio aos sentimentos piedosos e misericordiosos da Santa Igreja, a maneira mais segura de punir um inocente fraco e salvar um malfeitor teimoso, e de extrair mentiras de ambos".[42]

Em grande parte do período anterior a essa constatação, aqueles que apontavam os males e as deficiências da tortura eram acusados de heresia. Assim, em Portugal, em 1605, Alexandre de Abrunhosa foi denunciado por Francisco Rodrigues, um prior, por afirmar que quase todos os detidos pela Inquisição em Lisboa eram inocentes e que "de 150 prisioneiros, só cinco não eram cristãos". O próprio Abrunhosa tinha sido detido pelo tribunal e afirmou que era do conhecimento de todos que as provas de heresia eram obtidas sob tortura. Até meninas muito jovens eram torturadas, e Abrunhosa afirmou que ficara encarcerado ao lado da câmara de torturas e ouvira "a crueldade com que se praticava o tormento, as confissões e os gritos dos atormentados e o escárnio escandaloso com que os padres e inquisidores tratavam as suas vítimas". Os torturados simplesmente denunciavam quem lhes viesse à mente, ele disse, "só para se livrarem do tormento e para que não os torturassem mais". Um prisioneiro perguntara a outro quem era Maomé, para confessar que acreditava nele, pois ouvira que aquela era uma acusação comum feita pelos torturadores.[43]

Esse tipo de revelação era obviamente malvisto. Mas o que realmente deixou o prior Rodrigues furioso com as opiniões de Abrunhosa talvez tenha sido outra coisa. Quando Rodrigues contou a Abrunhosa que o padre Francisco Pereira lhe dissera, provavelmente falando com toda a seriedade, que a prática de tortura envolvia muita integridade, justiça, legitimidade e caridade, Abrunhosa exclamou: "Aquele padre!", com o intuito de caluniá-lo e deixar subentendido que os ministros do Santo Ofício agiam movidos pela paixão e pelo ódio.[44]

Talvez poucos reconhecessem os impulsos psicológicos que levavam os torturadores a infligir dor aos outros na tentativa de disseminar a paz. Essas realidades não faziam parte do grande projeto beneficente no qual os impérios de Portugal e da Espanha diziam estar engajados. Eram cruéis demais.

Os verdadeiros efeitos do procedimento dos inquisidores tornam-se aparentes em diversos julgamentos. Em Cartagena, na Colômbia, Antonio Rodríguez Ferrerín foi colocado no cavalete em 1635, "a corda foi amarrada e na primeira volta da corda em suas pernas ele desmaiou e suou frio e não disse nada mais, e mesmo quando a corda foi apertada ele não reclamou nem respondeu, e o tormento teve que ser suspenso".[45] Em 1639, em Lima, no Peru, Juan de Azevedo apresentou-se chorando diante dos inquisidores no julgamento de Manuel Bautista Pérez e confessou que "não tinha tido coragem nem força para suportar a tortura e então dissera um monte de mentiras na câmara de tormentos [...], e se voltasse à câmara de tormentos contaria mais mentiras, por causa de sua fraqueza e de seu desespero".[46]

Os casos de vítimas como Azevedo e Ferrerín demonstram que as ações dos inquisidores ultrapassavam a esfera da espiritualidade e entravam no campo do pavor coletivo. De fato, ainda que as "provas" obtidas pelos inquisidores mediante tortura tivessem profundas falhas, provocar o pavor era muito mais importante para as autoridades do que esse fato. Até mesmo na segunda metade do século XVII, quando o uso da tortura pela Inquisição havia diminuído consideravelmente, as pessoas não tinham essa impressão; naquela época, como veremos, uma atitude de respeito apreensivo tinha sido inculcada nelas com eficiência.

O medo é uma ferramenta eficaz para consolidar o poder de um Estado cada vez mais totalitário. Quando bem-implantado, esse sentimento pode sempre ser invocado, em nome de uma guerra do bem contra o mal, contra alvos que representem uma ameaça econômica ou política.

COMO OS ENVOLVIDOS COM A INQUISIÇÃO viriam a descobrir, inventar inimigos era a parte mais fácil; impossível era resolver os problemas que surgiam depois. Pessoas que haviam sido católicas fiéis se tornaram inimigas da Igreja depois de passarem pelas prisões inquisitoriais, como Isabel Lopes, detenta da Inquisição de Évora, deixou claro em 1594: "Meu marido e eu somos inocentes", ela disse ao padre Manoel Luís. "Nunca fomos judeus, mas confessamos ser sob tormentos e a ameaça de morte [...] algumas pessoas vieram para estas celas como cristãs e ao sair delas tornaram-se judias e tudo por causa das mentiras e das torturas a que os inquisidores as submeteram."[47]

A Inquisição estava conseguindo exatamente o oposto do que pretendia: em vez de reconciliar infiéis com a Igreja, transformava católicos leais em infiéis. Se algo podia converter cidadãos leais de um Estado em rebeldes que tentavam desestabilizar o governo, era o processo jurídico da instituição persecutória. Porque se tratava de um sistema de justiça no qual a verdade vinha em terceiro lugar, após o preconceito e o poder.

O processo jurídico tinha sido estabelecido originalmente pelo inquisidor aragonês Nicolas de Eymeric, no século XIV. Em seu manual para os inquisidores, Eymeric observa que os juízes da Inquisição eram privilegiados, "pois não estão obrigados a seguir a ordem judicial e por isso a omissão de uma formalidade legal não torna o procedimento ilegítimo".[48] Em outras palavras, o procedimento dependia dos caprichos do inquisidor.

O manual prosseguia no mesmo tom. As provas fornecidas pelos condenados por heresia só eram aceitas se delatassem alguém, nunca se testemunhassem a seu favor, pois "quando um herege declara a favor do acusado, pode-se supor que ele o faz por ódio à Igreja [...] mas essa suposição desaparece quando o mesmo herege depõe contra o acusado".[49] Parentes, criados, filhos e cônjuges só eram aceitos para denunciar o acusado, não para falar a seu favor.[50] A atitude geral com relação ao prisioneiro se resumia na visão de Eymeric de que a morte na câmara de tortura era uma forma de feitiçaria desprezível destinada a frustrar o inquisidor: "Nem o tormento é uma maneira segura de obter a verdade

[...] há os que, por meio de feitiçaria, se tornam quase insensíveis e preferem morrer a confessar."[51]

Esse espantoso manual foi ligeiramente modificado pelas *Instrucciones* decretadas por Tomás de Torquemada em 1484 como um código de conduta para a Inquisição na Espanha, mas permaneceu sendo a base para a formulação de suas regras.[52] Para começar, os prisioneiros da Inquisição não eram informados sobre as denúncias contra eles, nem sobre quem os delatava. Em vez disso, em sua primeira audiência eram indagados sobre seus pais e avós e, em seguida, se tinham inimigos pessoais que poderiam tê-los denunciado por maldade. Essa geralmente era uma parte angustiante do julgamento, pois o acusado tentava desesperadamente lançar dúvidas sobre as evidências de quem quer que o tivesse delatado, recitando os nomes de pessoas que apontava como "inimigos mortais". Muitas delas provavelmente não eram inimigas, mas membros da família, amigos ou conhecidos que o prisioneiro suspeitava estarem na mesma situação que ele.

Assim, ao ser julgado em Cartagena, em 1637, Luis Fernández Suárez apontou dez inimigos pessoais, mas foi desmentido pouco depois por testemunhas que afirmaram que, antes de ser preso, ele fora sócio de muitos deles.[53] Detido na mesma época, Luis Gómez Barreto afirmou ter diversos inimigos; com um deles, havia disputado o transporte de escravos para o Panamá em 1627, e teve problemas para pagar uma dívida com outro.[54] Mais tarde, na câmara de tortura, com as cordas sendo torcidas em volta de seu corpo no cavalete, os prisioneiros gritavam que essa ou aquela pessoa era inimiga de seu tio ou de seu sogro,[55] ou que alguém lhes devia uma grande quantia e desejava vê-los arruinados.

O anonimato dos delatores promovia aquela atmosfera de desconfiança. Como vimos, os aragoneses consideravam exagerada a nova prática judicial da Inquisição, e não saber a identidade das testemunhas os deixava particularmente perturbados.* De fato, até 1521 os aragoneses continuaram a exigir a divulgação dos nomes das testemunhas, mas essa reivindicação era rotineiramente ignorada.[56] Como o historiador Juan de Mariana escreveu em 1592 em sua história da Espanha, "no princípio [a Inquisição] parecia muito onerosa para os [espanhóis]. Sobretu-

---

* Ver página 44.

do, o que os surpreendia era que os filhos pagassem pelos pecados dos pais, e que os acusados não soubessem e não lhes fosse informado quem os denunciava, que o delator não fosse confrontado com o prisioneiro e que nunca houvesse uma publicação dos testemunhos. Tudo isso era contrário ao que anteriormente fora feito nas demais cortes".[57]

Como já foi dito, é espantoso o fato de que, no começo, os excessos inquisitoriais realmente não parecessem normais e não fossem aceitáveis segundo os padrões da época. No início, a prática jurídica da nova Inquisição foi considerada uma grave violação dos procedimentos legais comuns. No entanto, defensores como Mariana argumentaram que a sociedade precisava mudar de acordo com as exigências da época.[58] Se as pessoas acreditassem estar cercadas de inimigos, concordariam com o uso de métodos extraordinários de interrogatório.

O anonimato das testemunhas era, obviamente, uma carta branca para se destilarem inveja e vinganças. Significava também que a Inquisição não tinha que prestar contas sobre a legitimidade de suas ações. Não é de surpreender que o princípio do anonimato fosse defendido zelosamente, e que os que o violavam fossem severamente punidos. Em Múrcia, em 1563, Gregorio Ardid foi condenado à escravidão nas galés por seis anos e recebeu cem chibatadas por quebrar o sigilo da Inquisição; pelo mesmo crime, Cristóbal de Arnedo recebeu duzentas chibatadas e foi enviado às galés por oito anos.[59] Porém, ao mesmo tempo os oficiais da Inquisição eram capazes de agir com extrema hipocrisia quando lhes convinha, permitindo que chegasse ao conhecimento geral que determinada pessoa estava a ponto de ser presa.[60] Eles gostavam que as pessoas ficassem atormentadas pela apreensão. Testavam as vítimas e estavam preparados para torturá-las, para garantir que elas se comportassem adequadamente. No entanto, essas regras não valiam para sua própria conduta moral.

O efeito social mais nocivo desse código de sigilo foi, como observou Mariana, o cultivo da cautela e da dissimulação.[61] A prática estimulava a desconfiança geral da sociedade e a invenção de histórias na tentativa de evitar a tortura.

Na primeira audiência, além de informar se tinha inimigos pessoais, o prisioneiro devia responder se tinha ideia ou desconfiava de por que fora chamado ao tribunal, e se havia feito algo contrário aos mandamentos da Igreja. Se respondesse que não tinha ideia do motivo de estar ali, era enviado à cela, o que significava que ele deveria pensar melhor.

Então, os processos entravam em uma fase de gato e rato. Os inquisidores tentavam extrair a verdade que já sabiam qual era; o acusado tentava confessar o menos possível (se fosse culpado) ou protestava inocência em voz alta. Após os primeiros anos na Espanha, quando os casos eram resolvidos rapidamente, esse período de julgamento com frequência se arrastava por anos. Um prisioneiro no Peru, Manuel Henriquez, passou 29 anos no cárcere em Lima antes de ser queimado na fogueira em 1664.[62] Os acusados definhavam nas celas, convocados para interrogatórios segundo a vontade de seus torturadores, para ouvir que os inquisidores possuíam "testemunhos de pessoas confiáveis" de que eles estavam ocultando a verdade.

Se o sigilo do procedimento estimulava a desconfiança mútua e a injustiça, os advogados indicados para defender o prisioneiro não eram muito melhores. Após os primeiros cinquenta anos da Inquisição na Espanha, durante os quais os acusados podiam escolher seus advogados,[63] conselhos de defesa passaram a ser convocados segundo os critérios dos inquisidores, com base em uma comissão designada por eles. Esses advogados escolhidos a dedo não deviam fazer nenhuma sugestão ao cliente, a não ser aconselhá-lo a confessar; a única obrigação do advogado era abandonar uma pessoa considerada pertinaz ou herege teimosa — isto é, alguém que não confessava —, e exortar o cristão a dizer a verdade. Os próprios prisioneiros deviam arcar com os custos do privilégio do conselho, a menos que fossem pobres demais para isso.[64]

Podemos dizer a favor dos advogados que seu conselho era a melhor opção para os acusados. Os que faziam a confissão plena e demonstravam arrependimento sincero, denunciando seus "cúmplices" em sinal de contrição, eram reconciliados com a Igreja. Apesar de serem obrigados a usar o sambenito como sinal público da humilhação, de terem seus bens na maioria das vezes confiscados pela Inquisição e de os nomes de seus descendentes serem permanentemente maculados pela vergonha pública, pelo menos não tinham medo de ser relaxados.*

* Apesar do número de relaxamentos ter diminuído no final do século XVI e ao longo do século XVII, essa não era a percepção geral. Muitos prisioneiros acreditavam que seriam

Com todas as cartas do jogo contra os prisioneiros, os cárceres inquisitoriais podiam ser bastante instáveis. As condições variavam e, ainda que em alguns lugares fossem bastante liberais a ponto de permitir que os presos andassem pelas ruas durante o dia ou cumprissem as sentenças em prisão domiciliar,[65] em geral as regras eram severas. Nos anos 1770, os suicidas eram um problema tão sério em Portugal e em Goa que nos regimentos da Inquisição havia capítulos dedicados aos que se matavam na prisão.[66] O famoso pregador jesuíta do Brasil, o português Antônio Vieira, descreveu as celas da Inquisição de meados do século XVII em termos sombrios: "Nestes cárceres estão de ordinário quatro ou cinco homens, às vezes mais, nas celas [...] a cada um se lhes dá seu cântaro de água para oito dias (se se acaba antes, têm paciência) e outro mais para a urina, e um para as necessidades que também aos oito dias se despejam e [...] são tantos os bichos que andam os cárceres cheios e os fedores tão excessivos que é benefício de Deus sair dali homem vivo."[67]

Frequentemente o ambiente entrava em ebulição. Certa noite, em 1631, Jorge Rebello, prisioneiro em Lisboa, foi repreendido por um carcereiro por fazer barulho demais com seus companheiros de cela. Rebello gritou de volta que "os prisioneiros eram muito mais honrados do que os carcereiros", e quando lhe foi ordenado que calasse a boca ou então seria amordaçado, Jorge Rebello sacou uma faca e brandiu-a violentamente, dizendo que "jurava pelo Sagrado Sacramento que se algum filho da puta tentasse entrar na cela, primeiro teria que pregá-lo no chão se não quisesse ser morto". O carcereiro foi buscar alguns guardas e, quando tentaram entrar na cela e tomar-lhe a faca, Rebello cravou os dentes na mão de um deles, deixando-lhe marcas permanentes.[68]

Os documentos dos julgamentos inquisitoriais deixam claro que, muito mais do que a incineração na fogueira (que se tornou mais um evento pontual do que uma característica regular dos tribunais), era a injustiça implacável do sistema o que causava medo entre os prisioneiros. Os detidos não só eram arruinados econômica, física e psicologica-

queimados até chegar o dia do auto, já que só então a sentença era revelada a eles. Isso fica claro no relato de Dellon (1815) sobre sua condenação em Goa no final do século XVII.

mente, como também forçados a pagar pela própria humilhação. William Collins, de Oxford, teve que pagar o arreeiro que o transportou como prisioneiro para a Inquisição na Cidade do México em 1572, onde posteriormente foi processado como luterano e condenado a dez anos nas galés.[69] Da mesma forma, eram os condenados ao açoitamento que deviam pagar a seus algozes, e não a Inquisição.[70]

Portanto, não foi à toa que, após ter sido processado em Goa, o francês Charles Dellon observou, no final do século XVII, que "os juízes [da Inquisição] praticam um sistema de jurisprudência desconhecido em outros tribunais".[71] Nesse sistema legal, a mera suspeita podia ser suficiente para convencer as autoridades de que alguém era culpado, o que ficou claro quando a "ameaça" dos franco-maçons surgiu na Espanha no século XVIII. Em 1751, Francisco Rávago, o confessor de Fernando VI, instou o rei a agir, pois "em matérias dessa gravidade, só a suspeita — desde que ela não seja de todo implausível — é suficiente para evitar o dano, sem esperar pela certeza ou pela prova".[72]

Esse pensamento limitado e paranoico era, de várias maneiras, uma repetição do que Eymeric dissera no século XIV: "Se uma denúncia parece desprovida de qualquer aparência de verdade, o inquisidor não deve riscá-la de seu livro por causa disso; porque o que não é desvelado em um momento pode ser desvelado em outro."[73]

O Arquivo Histórico Nacional em Madri ocupa um edifício elegante, adornado com escadarias de mármore e um pátio arejado e cheio de sombras onde os pesquisadores podem descansar de suas tarefas. Os documentos são levados a uma grande sala retangular, na qual os historiadores se debruçam sobre os registros carcomidos da história da Espanha e da América Latina. A luz do sol penetra no recinto e às vezes ilumina os documentos sobre tortura e mutilações. No presente, o passado é revivido.

Em um dia de verão, examinei o julgamento de Manuel Álvarez Prieto, convertido acusado de judaizar que foi encarcerado em Cartagena em 1636. Álvarez Prieto a princípio confessou o crime, mas depois voltou atrás, alegando que estava fora de si quando fez a confissão. Ele foi levado para o cavalete, onde passou três horas e aguentou sete voltas da corda sem confessar. Nesse ponto, os torturadores suspenderam seu sofrimento e constataram que ele estava em péssimas condições de saúde: seus braços estavam quebrados e tão torcidos que o cirurgião disse que corria perigo de vida.

Álvarez Prieto morreu dois dias depois. Os inquisidores declararam que a culpa fora dele. Pedira água na cela e a cuspira sobre suas feridas, o que fez com que piorassem. Prieto quisera morrer. Os inquisidores o declararam culpado e ordenaram que seus ossos fossem queimados, seus bens, confiscados, e os nomes de seus descendentes maculados para sempre.[74]

Aquela sala agradável, repleta de pessoas bondosas e amáveis que leem sobre acontecimentos desumanos e terríveis, adquiriu um novo aspecto quando li o trecho em que os inquisidores se recusaram a assumir a responsabilidade pela morte de Álvarez Prieto devido à tortura. Porque, ao refletir sobre a justiça inquisitorial, sempre retornamos à questão da tortura. Seu uso diminuiu a partir de meados do século XVII, mas em 1700 ela ainda era mencionada.[75] No entanto, apesar da longa história inquisitorial de tormentos, os documentos se calam no que se refere aos próprios torturadores. O que pensavam enquanto suas vítimas se retorciam no cavalete? Como se sentiam diante da perspectiva de marcar as pessoas para o resto da vida em nome de Deus?

É claro que, no caso de Álvarez Prieto, os inquisidores não deram muita atenção a essas questões. Seria bom imaginar, porém, que ocasionalmente alguns deles questionavam seus motivos, perguntando-se por que eram tão instigados pelo sofrimento alheio. Os documentos não dizem nada sobre isso. Nos arquivos, estuda-se o sofrimento em silêncio, e esse silêncio chega a nós. Pode-se desconfiar que os inquisidores só foram capazes de torturar seus prisioneiros para servir a um propósito tão cruel por confiarem na justiça absoluta de sua causa.

Cidade do México, 1594-1596

Em novembro de 1594, a Inquisição na Cidade do México começou a receber provas das atividades criptojudaizantes de Luis de Carvajal, *el mozo* — Luis, o Jovem. Detido e encarcerado pela segunda vez, ele já havia sido reconciliado em 1589 e cumprira uma pena de quatro anos em um monastério.

Em pouco tempo as provas começaram a se avolumar dentro e fora do cárcere. Uma das principais testemunhas era Luis Díaz, companheiro de cela de Luis, que lhe dissera que desejava se converter ao judaísmo. Na verdade, Díaz era um espião da Inquisição, e a prova que obteve foi confirmada pelo tabelião e pelo secretário do tribunal mexicano. Esses funcionários da justiça haviam se infiltrado à luz de velas pelas passagens secretas do cárcere, até chegar a uma porta oculta na cela. Lá, anotaram tudo o que ouviram da conversa entre Díaz e Carvajal.

O prisioneiro desconhecia essas maquinações e acreditava estar protegido por seu Deus. Ao descobrir que sua irmã Leonor também fora presa, em 13 de maio de 1595 Luis pediu ao carcereiro que entregasse algumas frutas a ela. Primeiro enviou um melão. Quando olhou dentro do melão, o carcereiro encontrou uma semente de abacate enrolada em um pedaço de tecido roxo; Luis estava usando a fruta como um elaborado sistema postal — ele havia gravado as palavras "a paciência de Jó" na semente. No dia seguinte, Luis pediu ao carcereiro que entregasse uma banana a Leonor. Novamente ele substituíra a fruta por uma semente de abacate, na qual escreveu outra mensagem. Repletas de referências a profetas judeus, essas mensagens foram as últimas provas. Os inquisidores as deixaram passar durante alguns dias, até que, em 17 de maio, Luis enviou uma vasilha com outra banana incriminadora cujo fruto fora retirado da casca. Dessa vez ele havia costurado a casca de volta, para que ninguém descobrisse o que tinha feito.[76]

Essas histórias de engenhosidade não são tão raras como se poderia pensar. Na audiência final de seu julgamento em Lima, Francisco Maldonado da Silva — que fora detido em Concepción, no Chile, 11 anos antes — produziu dois livros, com mais de cem páginas cada um. Silva os compôs usando pedaços de papel que fora acumulando e redigiu seus pensamentos com uma tinta feita de carvão. Para escrever, confeccionou as penas com cascas de ovo, talhadas com uma faca feita a partir de um prego. Tratava-se de um feito extraordinário, e Silva disse que os livros eram uma forma de aliviar sua consciência. Os inquisidores o condenaram ao relaxamento no ano seguinte.[77]

O caso de Luis não era tão diferente. Com as provas se acumulando, em uma segunda-feira, 6 de fevereiro de 1596, os inquisidores votaram pela tortura. Ao ouvir a sentença, o prisioneiro protestou. Ele já admitira que sua mãe havia sido judaizante. "Ela é o que ele mais amava no mundo, e teria sido muito mais fácil denunciar outra pessoa que conhecia em vez dela. Portanto, se houver provas de que ele tem informações sobre outras pessoas que não mencionou, essas testemunhas não merecem crédito." Afinal, como Luis observou, as testemunhas "não conhecem a maneira como os reverendos inquisidores desejam que as pessoas não digam mentiras, [então elas] falam mais do que deveriam, porque têm medo de serem torturadas".

Talvez sentindo uma ponta de ironia, os inquisidores foram adiante com a tortura. O processo teve início na quarta-feira, às nove e meia da manhã. Luis disse: "Deus me dê forças para explodir em vez de dizer uma mentira."

> E com isso lhe ordenaram que entrasse na câmara de tormentos, e ele entrou com o torturador, que tinha ordens de despi-lo. E estando de pé nu [...] ordenaram-lhe que fizesse algo para evitar o tormento. E ele disse que havia dito a verdade e que Deus não desejava que testemunhasse contra ninguém. Então, seus braços foram amarrados frouxamente e ele foi instado a dizer a verdade. Ao que ele respondeu que, vendo que estava naquele estado, queria dizer a verdade.

Luis foi retirado do cavalete e denunciou toda a sua família e suas atividades judaizantes, particularmente a mãe, Francisca, e as irmãs, Isabel, Leonor e Mariana. No entanto, a confissão não satisfez os inquisidores.

> Instado a contar a verdade, ele disse que não tinha nada mais a dizer. Então foi enviado de volta ao cavalete e entrou com o torturador e foi pressionado a dizer a verdade. Deram-lhe uma

> volta na corda e ele disse: "Ai! Ó Senhor, perdoa-me Senhor, que isto seja a paga por minhas abominações." Perguntado sobre a verdade, ele recebeu uma segunda volta da corda e gritou muito alto: "Ai! Ai! Ai!" E disse que era verdade que sua irmã mais nova, Anica, seguia a lei que Deus entregara a Moisés e que ele havia dito a verdade, e que os inquisidores não deviam se vingar dele. E ele disse tudo isso chorando, e então foi instado a dizer a verdade, recebeu uma terceira volta da corda e gritou outra vez: "Deus, Senhor de Israel, estou sendo forçado a mentir, Senhor, o único Deus, tenha piedade de mim! Ai de mim! Que triste é ter de mentir." E então ele disse que já tinha dito a verdade e encheu o ar com seus lamentos.[78]

Retorcido no cavalete, Luis começou a incriminar mais pessoas, algumas delas parentes distantes e outras que só conhecia de vista. Essa vítima da câmara de tortura era o sobrinho-neto de Álvaro de Leão, de Mogadouro, julgado pela Inquisição em Évora quase cinquenta anos antes. Ele denunciou os três irmãos de Álvaro de Leão, Duarte, Francisco e Jorge, os tios-avós que nunca conhecera e que o haviam ajudado a viajar para o México.

Algumas denúncias provavelmente eram verdadeiras, outras provavelmente não. Considerando-se o sistema de justiça da Inquisição, é difícil ter certeza de qualquer coisa, a não ser da realidade da desconfiança, porque o procedimento inquisitorial usava porretes para quebrar nozes. Seus praticantes eram agentes de um sistema jurídico que perseguia os inocentes tanto quanto os culpados e fomentava o ódio ao próprio sistema. Essa metodologia era excelente para garantir condenações, mas arruinou a sociedade que supostamente fora criada para defender.

Capítulo Quatro

FUGA

[...] se o menino corrompido não denunciar
o que lhe aconteceu em até um dia depois de ter sido violentado,
ele será queimado por isso.

Cabo Verde, 1548-1563

Em algum momento do mês de abril de 1548, Luis de Carvajal y la Cueva chegou às ilhas de Cabo Verde, na costa oeste da África, vindo de Portugal.*[1] Tinha apenas 9 anos de idade.[2] Muitos cabo-verdianos devem ter estranhado sua chegada. Aquela série de montanhas escarpadas brotando do oceano não era lugar para crianças. O que ele fazia lá? Certamente seria um dos primeiros a cair vítima do surto anual de febres nas ilhas.

A milhares de quilômetros da Europa, a vida no arquipélago era dura. A ilha principal, Santiago, ficava a cerca de 480 quilômetros da costa africana; a capital, Ribeira Grande, era "mais rica em dinheiro do que em virtude", como comentou o bispo da Bahia quatro anos mais tarde.[3] Ribeira Grande era o lugar ideal para o desenvolvimento de febres.** Alguns acusavam os africanos de "corromperem o ar como o [corromperam] em sua terra".[4] Todos os anos a estação das chuvas, entre

---

* Esse Luis era o tio de Luis, o Jovem, que apareceu no capítulo anterior, e que no México ficou conhecido como Luis, o Velho. No entanto, como neste capítulo ele ainda era jovem, vou chamá-lo simplesmente de Luis, para evitar confusão.

** Atualmente, contudo, a malária foi quase completamente erradicada do arquipélago.

agosto e outubro, ceifava a vida de muitos colonos; como observou o viajante italiano Francesco Carletti alguns anos mais tarde, "a cada passo que dão, os homens e as mulheres portugueses sempre parecem tropegar pelas ruas e têm um tom tão pálido ou, melhor dizendo, tão amarelado, que parecem mais mortos do que vivos".[5] E, mesmo assim, esse era o novo lar do menino Carvajal: o principal porto africano de escravos durante o século XVI, onde os barcos "aportavam constantemente com produtos de diversos países" para trocar pelo marfim negro,[6] onde o mar era sempre um guardião eficiente e onde as paredes da ilha-prisão se recolhiam em sua impenetrabilidade azul.

Na verdade, a explicação para a presença de Luis ali era simples. Ele era filho de Gaspar de Carvajal e Catalina de Leão, sobrinho de Álvaro e Jorge de Leão, que ainda definhavam nas prisões da Inquisição em Évora.* O menino estava fugindo. A viagem fora tortuosa.

Com a morte de seus tios na fogueira em Évora pairando sobre a família, o pai levou Luis de Portugal à Espanha. O fato de isso ter ocorrido na segunda metade de 1547, logo depois de o papa Paulo III ter concedido plenos poderes à Inquisição portuguesa, não foi coincidência.** Temendo que os primeiros anos da Inquisição em Portugal trouxessem os mesmos excessos que os convertidos tinham sofrido com o estabelecimento da instituição na Espanha, Gaspar de Carvajal estava à procura de um futuro seguro para o filho.

Primeiro eles viajaram para Sahagún, na Espanha. Lá, visitaram o abade de um monastério que era seu parente. Mas então Gaspar adoeceu em Salamanca, e Luis cuidou dele. Gaspar tentou voltar a Portugal, mas acabou falecendo em Benavente, antes de alcançar a fronteira.[7]

O jovem Luis viu-se então em grande perigo. Ficara órfão de pai e a família da mãe estava na prisão em Évora. Sem saber que Álvaro e Jorge de Leão seriam libertados pela Inquisição com o indulto geral, os parentes do menino devem ter temido que o encarceramento deles levasse a uma série de detenções e destruísse a família. Um de seus tios,

---

* Ver o Capítulo Dois. Isso aconteceu antes de eles serem libertados pelo indulto geral, em julho daquele ano.

** Ver página 86.

Duarte de Leão — irmão de Álvaro e Jorge —, era representante da Casa da Guiné em Lisboa, o principal órgão administrativo português do tráfico de escravos na África, onde Duarte era o encarregado da compra e venda de escravos e da contabilidade. Ele vivera um tempo na Guiné e conhecia muitas pessoas por lá.[8] Foi a Benavente buscar o órfão Luis e levou-o para Lisboa.[9]

Nessa época, Lisboa era a cidade mais africana da Europa. Era a introdução perfeita à vida em Cabo Verde, já que em 1551 o número de escravos lá era estimado em mais de 9.950, o equivalente a um décimo da população.[10] Os escravos africanos eram leiloados no Pelourinho Velho, onde os criminosos eram punidos.[11] Aqueles que tinham mais sorte eram comprados por senhores que os vestiam de libré, e então passavam os dias perambulando pelas estreitas ruas empedradas no cumprimento de tarefas domésticas; os menos afortunados carregavam seus senhores em liteiras para cima e para baixo nas inúmeras colinas que davam para o rio Tejo e as planícies ao sul do estuário.[12]

A Casa da Guiné, onde Duarte de Leão trabalhava, ficava na ribeira, junto às lojas que vendiam produtos do norte da África, como tecidos, tapetes, panelas de cobre, bandejas e rosários de vidro, que eram trocados por ouro e escravos na África subsaariana.[13] A casa dos escravos ficava na esquina.[14] Lá, enquanto aguardavam o leilão, os africanos recém-desembarcados dos navios negreiros eram mantidos em dois grandes cômodos, alimentados com duas rações diárias de arroz, pão sem fermento e azeite de oliva.[15] Quando morriam, seus corpos eram levados para a vala comum, junto à Porta de Santa Catarina. Era um fim cruel, mas ainda assim era melhor do que serem deixados para apodrecer onde caíssem, o que costumava ocorrer até 1515.[16]

Em contraste com os escravos agrilhoados, muitos africanos trabalhavam como carregadores no cais, transportando as sacas de carvão e palha que chegavam à cidade — carvão para o fogo e palha para os colchões, pisos e estábulos.[17] Enquanto isso, em outras partes da cidade, mulheres africanas trabalhavam como aguadeiras e lavadeiras. Algumas carregavam na cabeça vasilhas com arroz-doce, cuscuz e grão-de-bico para vender nas praças e no cais, e as menos afortunadas recolhiam lixo e excrementos das casas mais abastadas da cidade e os levavam em canastras, cestas de vime com tampa, que ocultavam as bacias que portavam.[18]

Luis passou três meses em Lisboa. Naquela época, relativamente poucos africanos viviam nas cidades remotas do interior de Portugal que ele conhecia, como Mogadouro, então essa foi sua introdução às gentes e aos costumes que encontraria em Cabo Verde.[19] Duarte tinha grandes planos para o jovem sobrinho: em Ribeira Grande, Luis seria treinado pelo tio para um dia chegar a tesoureiro e contador.[20] Porém, para começar ele precisava experimentar em primeira mão a realidade da escravidão e entender como o negócio funcionava.

Por volta de 1540, o tráfico de escravos já era um problema de difícil solução. As naus partiam da costa de Cabo Verde para o Senegal levando cavalos. Vendiam-nos ao povo serere, da costa, e regressavam com escravos, o primeiro passo para equiparar humanos a animais.[21] De Cabo Verde, os barcos rumavam para a América ou para Lisboa, onde os escravos encontravam gente como Luis, que rapidamente aprendeu a dar continuidade ao processo de degradação. Sob a tutela do tio, aprendeu a relacionar os escravos e a avaliar sua saúde antes de registrá-los para a venda, acompanhando os administradores até as embarcações para examinar-lhes os dentes e os membros, forçando-os a fazer exercícios físicos e anotando deformidades ou sinais particulares pelos quais eles pudessem ser identificados.[22]

Essa desumanização logo na chegada marcou o compasso de grande parte da experiência africana em Portugal. Em 1576, um morador de Lisboa, o negro Domingos Gomez, denunciou seus colegas Fernão Callado e Antonio Rodrigues à Inquisição. Gomez os vira nus, Callado carregando uma cruz às costas, enquanto Rodrigues o chicoteava.[23] A escravidão produzia abusos que os seres humanos podiam canalizar para outros rompantes agressivos, e essa atmosfera não seria irrelevante para o mundo de Luis.

Com a ameaça da Inquisição pairando sobre seus tios e a morte do pai, o medo dominava grande parte da existência daquela criança. Em Lisboa, Luis aprendeu que esse sentimento podia ser transferido para outras pessoas. Era um processo de relativa urgência, pois seus parentes sabiam que havia décadas o povo em meio ao qual viviam fora psicologicamente condicionado a deflagrar a perseguição contra convertidos como eles.

Para Duarte de Leão, sua posição na Casa da Guiné permitia-lhe uma trégua. Além disso, Cristóvão Colombo abrira um novo continente de possibilidades para convertidos como ele e seu sobrinho Luis. Ameaçados pela Inquisição em um lugar que havia séculos chamavam de lar, muitos convertidos perceberam que a única opção era fugir para o desconhecido.

Na verdade, pelo menos cinco convertidos participaram da primeira viagem de Colombo ao Novo Mundo.[24] Um deles, Rodrigo de Triana, foi o primeiro marinheiro a avistar terra, e outro, Luis de Torres, o primeiro a pôr os pés na América.[25] As águas cor de esmeralda do Caribe logo ficaram coalhadas de embarcações espanholas trazendo colonos, mudas de plantas, víveres. A rica terra equatorial cheirava ainda mais à vida e à morte do que antes. Os ânimos se exaltavam; eram necessários bodes expiatórios. Em 1506, o bispo de Porto Rico queixou-se de que mercadores "hebreus" estavam ocupando a ilha.[26] Seu colega em Cuba fez a mesma queixa em 1510, e os oficiais dos colonos espanhóis reclamavam que os ensinamentos judaicos estavam corrompendo os nativos.[27] É verdade que o nome do principal porto de Cuba pode ter levantado suspeitas, já que as três consoantes de Havana, transliteradas para o hebraico, formavam הבנ — Ha B'Nei —, a tribo.

Essa diáspora de convertidos espalhou-se rapidamente pelo mundo. A Inquisição e as conversões forçadas significavam um perigo na Península Ibérica, mas havia outros lugares onde buscar refúgio. No Oriente, muitos convertidos viviam em Goa, no Ceilão e na Índia nos anos 1520.[28] O mesmo ocorria na América. Por volta de 1550, aproximadamente um quinto da população europeia da Cidade do México era de convertidos.[29] Em 1570, a proporção entre convertidos e cristãos-velhos era de dois para um no Peru, em comparação com a Espanha,[30] e eles eram tão numerosos no Brasil que ocupavam muitos cargos oficiais, apesar das proibições reais.[31] Em 1581, um convertido da importante família Aboab,[32] Francisco de Vitoria, foi designado primeiro bispo de Tucumán, na Argentina,[33] e os convertidos em geral estavam bem representados na Igreja espanhola na América,[34] o que podia ser visto como uma ironia, considerando-se a suposta heresia pela qual haviam sido perseguidos em Portugal e na Espanha.

É tentador ver essa fuga de convertidos pelo Atlântico como um fenômeno romântico, mas foi um episódio brutal na história. No Caribe, a força militar que havia conseguido reconquistar a Espanha e instaurar a Inquisição tinha agora outro alvo: os ameríndios. As mulheres caribenhas eram rotineiramente violentadas pelos capatazes enquanto seus maridos procuravam ouro nas minas. Os recém-nascidos eram arrancados dos braços das mães e estraçalhados em pedras ou jogados como alimento aos cães. Homens de pés e mãos atados jaziam sob os leitos onde espanhóis dormiam com suas esposas. As mãos, os narizes, as línguas e os seios dos ameríndios eram frequentemente mutilados ou arrancados à ponta de faca.[35]

Uma das principais correntes que atravessam a história é o medo, algo sobre o que os documentos históricos — e os historiadores — tendem a silenciar, já que poucos são suficientemente corajosos para escrever sobre seus próprios temores. No entanto, as perseguições costumam brotar de uma aglomeração de diferentes correntes de medo. Os convertidos haviam sido submetidos à Inquisição e à conversão forçada; no Novo Mundo, os perigos com os quais se confrontavam na Península Ibérica podiam ser transferidos para outras pessoas. Como "brancos" em um meio no qual a perseguição começava a adquirir um viés racial, eles podiam ser livres. Embora seja perturbador o fato de esse ter sido o motivo para o abrandamento da perseguição que sofriam, sua fuga para um lugar que oferecia outros alvos para as agressões era inerente à condição humana;[36] talvez seja mais inquietante constatar que tanto a agressão canalizada pela Inquisição quanto a súbita expansão do império eram os dois lados da mesma moeda.

Essas correntes subjacentes moldaram o comportamento de convertidos portugueses como Duarte de Leão e seu jovem sobrinho. As aventuras de Luis de Carvajal são um exemplo do extraordinário tipo de fuga empreendido por muitos convertidos da época. Com a legião de hereges que as autoridades apontavam em Portugal e com a Inquisição ainda incipiente, era difícil imaginar que a instituição pudesse ser exportada para um lugar tão remoto quanto Cabo Verde.

Certamente, tudo estava a favor deles. Duarte de Leão controlava diversos postos administrativos na Ribeira Grande e podia tentar manter os agitadores a distância enquanto Luis tentava reconstruir sua vida e sua infância. Lá ele estaria livre de perseguições e poderia crescer em um ambiente mais seguro. O medo já não precisava ser o reflexo primário. Esse, pelo menos, era o plano.

Contudo, um olhar mais atento poderia ter abalado a sensação de segurança de Luis. A baía de Ribeira Grande era estreita, guardada por pedras ao leste. Em dias claros, o ancoradouro revelava o topo de Fogo, a ilha vizinha, um cone vulcânico ativo que se elevava como um irascível Deus medieval que julgava o seu rebanho desobediente. Às vezes as nuvens de cinza que Fogo espalhava sobre o oceano ocultavam o brilhante sol tropical, indicando, com a escuridão, a tristeza que se anunciava.

Em 1548, Cabo Verde estava no auge da prosperidade.[37] Havia quinhentas habitações em Ribeira Grande, com muitas casas feitas de pedra e caiadas no estilo português.[38] Com o avanço da colonização do Novo Mundo, a demanda por escravos crescia constantemente e a maior parte das embarcações era proveniente de Cabo Verde. Dos 252 barcos que exportaram escravos legalmente pelo Atlântico entre 1544 e 1550, 247 foram ao arquipélago de Cabo Verde.[39] Os escravos eram levados da fresca região montanhosa de Santiago, onde aprendiam noções iniciais do cristianismo nas vilas de seus ricos senhores,[40] para serem vendidos no pelourinho de pedra da praça principal de Ribeira Grande. Negros livres remavam os barcos que transportavam os infelizes para as prisões transoceânicas que os aguardavam; os homens viajavam no porão, as mulheres geralmente eram colocadas no convés, para que não os incitassem à rebelião.[41]

Hoje em dia é difícil imaginar uma história como essa. Ribeira Grande, conhecida como Cidade Velha, é um calmo vilarejo com bares na praia e ruas arenosas que levam ao vale rochoso. O rio que atraiu a colonização está seco, mas o vale ainda conserva pinceladas de verde ao pé do deserto ocre. A catedral está em ruínas e é objeto de estudos minuciosos dos arqueólogos de Praia, cidade próxima e atual capital. Mas o pelourinho dos escravos permanece na praça inclinada junto ao mar, uma lembrança do que ocorreu no mundo que Luis conheceu.

As experiências de Luis em Lisboa o haviam preparado para um pouco do que viu ao chegar a Ribeira Grande. Porém, enquanto os africanos em Lisboa não passavam de uma minoria significativa, em Cabo Verde os europeus é que eram raros. A maior parte adotara os costumes africanos, e os colonos portugueses preferiam casar-se com mulheres locais.[42] Alguns enviavam os escravos para os vales do interior, cujas encostas eram cobertas de pomares com laranjeiras, limeiras, limoeiros e figueiras.[43] Os escravos seguiam pelo planalto árido em direção às montanhas e suas faixas de nuvens. Lá, caçavam macacos e os ensinavam a dançar e a fazer truques. Segundo o italiano Carletti: "Vi alguns [macacos] treinados que portavam velas junto às pontas da mesa em que as pessoas comiam, iluminavam a ceia e demonstravam uma extraordinária habilidade em não deixar que as velas gotejassem na mesa."[44]

Como em Lisboa, o papel de Luis em Ribeira Grande girava em torno do tráfico de escravos. À medida que ficava mais velho, ia assumindo mais responsabilidades. As feitorias ficavam junto ao pelourinho, na praça. Era ali que ele, depois que aprendeu a ser contador e tesoureiro real, executava sua tarefa de cobrar os impostos dos mercadores que transportavam escravos pelo Atlântico. Ele e os capitães dos barcos assinavam uma declaração conjunta referente ao número de escravos embarcados e às suas origens: se provinham diretamente do continente africano, tendo sido comprados pela própria feitoria para o rei de Portugal, ou se eram do interior de Santiago.[45]

Depois de comprados, os escravos eram mantidos em dois cômodos, um para os homens, outro para as mulheres.

> Muitos homens demonstravam uma certa sutileza, amarrando o membro com uma tira ou com tranças de folhas e depois puxando para trás entre as coxas, ocultando-o, de maneira que não se podia saber se eram machos ou fêmeas. Outros o enfiavam dentro do chifre de um animal ou de uma concha marinha. Havia ainda os que o enchiam de anéis de ossos ou tranças de capim e o mantinham coberto e decorado. Outros tantos o pintavam ou,

> melhor dizendo, untavam-no com alguma mistura nas cores vermelha, amarela ou verde.[46]

Apesar de Luis ter sido enviado para um lugar a milhares de quilômetros de distância de casa para ter uma vida melhor, ele não estava só. Outro tio, Francisco Jorge — irmão de Duarte de Leão, de Álvaro e Jorge de Leão e de Catalina, a mãe de Luis —, fizera a mesma escolha. Francisco Jorge era feitor no continente africano e possuía uma casa no assentamento de Buguendo, junto ao rio São Domingos (na atual Guiné-Bissau).[47] Lá, comerciava escravos com povos africanos e os enviava a Santiago para serem exportados ao Novo Mundo. Outros parentes de Luis e Jorge também haviam sido levados para a África por Leão, para que a família se beneficiasse das novas oportunidades.[48] Para esse grupo coeso, oriundo de uma região distante das colinas portuguesas, o oeste africano tornara-se um refúgio da Inquisição.

Buguendo e Cabo Verde podiam parecer lugares remotos, mas a Inquisição já estava começando a exportar a perseguição. Em 1546, dois anos após a chegada de Luis a Cabo Verde, Portugal recebeu queixas exigindo a instalação de um tribunal naquele posto avançado do império. Membros da elite de Santiago escreveram à Inquisição de Évora alegando que "a Santa Inquisição tem tanto a fazer nesta pequena região remota da Terra que seria imoral adiar a sua instalação".[49] Eles denunciaram que a alfândega de Ribeira Grande era um antro de hereges e afirmaram que seus governantes haviam acolhido um fugitivo da Inquisição cujo pai e irmão haviam sido queimados em Lisboa. Quando as coisas ficaram muito complicadas para o refugiado em Ribeira Grande, os oficiais o enviaram à costa africana para sua segurança.[50] O pior, disseram, era que cerca de duzentos convertidos viviam havia vinte anos na costa africana praticando os ritos mosaicos e também os rituais religiosos das culturas da Guiné.[51]

Cinco anos depois a Inquisição portuguesa finalmente considerou as queixas. Em 1551, o Tribunal de Lisboa foi ampliado para atender às colônias atlânticas de Portugal, encarregando-se das ilhas dos Açores, da Madeira, de Cabo Verde e de São Tomé, além de Angola e da Guiné, no continente, e do Brasil.[52] O decreto revela o modo de pensar dos oficiais da Inquisição durante o crescimento da instituição. A Inquisição em Portugal, já em pleno funcionamento, tinha apenas quatro anos, mas suas fantasias de controle eram tão desenfreadas que um gabinete no Rossio de Lisboa era considerado adequado para supervisionar a crença religiosa das colônias da África e da América.

Ainda assim, o decreto teve efeitos imediatos em Cabo Verde. Nesse mesmo ano, os inquisidores nomearam um visitador para investigar os convertidos das ilhas.[53] Nos 150 anos seguintes, a Inquisição nunca esteve totalmente ausente. Por volta de 1700, as duas principais ilhas cabo-verdianas, Santiago e Fogo, haviam enviado um total de 442 denúncias.[54] Isso significa aproximadamente três registros por ano, o que, naquele lugar remoto onde a população não excedia os 10 mil habitantes (dos quais no máximo oitocentos eram europeus),[55] demonstra quão duradoura e onipresente a Inquisição se tornou. Nem aqueles pontinhos de pedra no Atlântico — tão remotos que, como afirmou em 1629 João Rodriguez Freire, um dos acusados, "nem se veem no mapa-múndi"[56] — foram poupados. E, se a Inquisição não podia levar aqueles hereges da África para casa, mantinha-os sob vigilância. Em 1672, o inquisidor-geral enviou fiscais ao porto de Lisboa para esperar dois homens de Cabo Verde, que foram detidos antes de desembarcar e jogados no cárcere inquisitorial.[57]

A difusão da Inquisição nas ilhas de Cabo Verde nos anos 1550 não foi a primeira nas colônias ibéricas. A notória presença de convertidos no Novo Mundo já havia provocado algumas incursões da instituição nos planaltos mexicanos nos anos 1520. Dois conquistadores convertidos, Hernando de Alonso e Gonzalo de Morales, foram queimados na fogueira em 1528 na Cidade do México, sendo as primeiras vítimas da Inquisição na América.[58]

Pode parecer estranho que, naquela época, os representantes da autoridade inquisitorial se preocupassem tanto com os atos dos convertidos no México. Os conquistadores entravam em ferozes disputas faccionais pelo poder, e a população ameríndia morria nas minas. Mas a justificativa moral da conquista era religiosa e, portanto, era essencial preservar a pureza da fé.

No México, a perseguição espalhou-se rapidamente dos convertidos para os ameríndios. Por volta de 1530, havia casos contra ameríndios mexicanos por adorar ídolos, sacrificar galinhas a cada vinte dias e espalhar seu sangue no fogo, e permitir matrimônios segundo os rituais pré-hispânicos.[59] Esse processo culminou em um tribunal presidido pelo bispo Juan de Zumárraga, do México, contra dom Carlos Chichimecatecuhtli, cacique de Texcoco, cidade importante próxima da Cidade do México. Chichimecatecuhtli foi julgado e queimado em 1539 por promover as religiões locais;[60] no entanto, igualmente relevante era sua beligerância diante da conquista espanhola, e diz-se que ele teria afirmado: "Saibam que meu pai e meus avós foram grandes profetas e podiam ver muitas coisas do passado e as que virão, e eles nunca falaram sobre isso [...]. Quem são esses que nos desfazem e nos perturbam, vivem à nossa custa e nos destroem?"[61]

A queima de Chichimecatecuhtli na fogueira deveria servir de exemplo, mas, considerando-se as atrocidades infligidas aos ameríndios naqueles anos, seu impacto não deve ter sido muito grande. Além disso, as autoridades locais achavam que aquela era uma forma extremamente cruel de tratar os indígenas, cuja posição ainda estava sendo decidida pela lei espanhola, e esse caso levou à destituição de Zumárraga do posto de inquisidor em 1543.

Apesar do destino de Zumárraga, esses acontecimentos mostraram aos inquisidores portugueses que a instituição podia ser rapidamente transferida. Com o envio de um visitador às ilhas em 1551, ficou claro que Cabo Verde seria um dos campos de teste para a transferência. Naqueles primeiros anos, para algumas pessoas a Inquisição talvez tivesse uma relevância especial, devido ao papel das ilhas no tráfico de escravos. Ali as autoridades seguiam Aristóteles e Tomás de Aquino, afirmando que uma parte da humanidade fora destinada pela natureza a se submeter aos senhores e que os escravos dependiam dos senhores, que faziam escolhas por eles.[62] Havia escravos naturais e senhores naturais; a condição da escravidão beneficiava a ambos.

Com as justificativas morais para o tráfico de escravos fundamentadas em ideias tão frágeis, a questão da pureza da fé era particularmente crítica em lugares como Cabo Verde. Mas Luis estava, é claro, totalmente envolvido nesse mundo, e à medida que a década de 1550 passava e ele se tornava uma parte ativa desse sistema, essas justificativas para a desumanidade do homem em relação ao homem eram sem dúvida atraentes. Elas permitiam que a riqueza e o poder tivessem a aprovação divina. A ideologia estava vencendo, e em Cabo Verde, onde o papel dos convertidos portugueses tinha sido transferido para outros grupos, Luis sentia que estava do lado certo. Mas a ideologia vinha acompanhada da Inquisição, e isso, com o tempo, seria a sua ruína.

Os PROBLEMAS COMEÇARAM em 1562. Na véspera de Natal, alguns jovens convertidos reuniram-se em Buguendo, na casa de Francisco Jorge, tio de Luis. Eles usavam máscaras e fantasias e convidaram a população da cidade para assistir. Buguendo era uma grande cidade africana, com cerca de 45 residentes europeus.[63] Quando a casa de Jorge estava cheia, apareceu um convertido "muito feio" chamado Mestre Diogo. A brincadeira começou.[64]

Diogo estava vestido de mulher. Trazia panos empilhados na cabeça, como se estivesse indo ao poço para buscar água. Ele se agachou no piso de terra da casa e começou a gritar que se chamava Maria e estava em trabalho de parto. A farsa ficou animada e alguns gritaram: "Maria deu à luz! Maria deu à luz!" Outros perguntaram se ela realmente tinha dado à luz, e alguns responderam que dera à luz "Nosso Senhor que vai nos salvar". "É varão ou fêmea?" "Um varão! Um varão!" "Onde deu à luz?" "Em Belém!" "Não, foi bem aqui, na Guiné, em Buguendo."[65]

As experiências em Portugal e na Espanha indicavam que zombar da doutrina cristã era comum entre muitos convertidos, particularmente quando fugiam da Península Ibérica. Apesar de tudo, a farsa raramente era tão descarada e provocativa como nessa cena natalina de Buguendo, e em qualquer outro lugar fora da África os convertidos teriam consciência de que isso traria consequências graves.

Além da revolta teológica, a farsa de Mestre Diogo representava outro desafio à Inquisição: o travestismo quebrava tabus de uma forma altamente ameaçadora. Essa prática era um aspecto da vida no século XVI, e não era raro que as pessoas tivessem de se apresentar à Inquisição por causa disso. Em 1581, Manoel Pires confessou em Évora que poucos meses antes conhecera alguém vestido de mulher que se parecia com uma mulher. Estava escuro e ele não fizera muitas perguntas, especialmente quando a pessoa começou a se insinuar. Quando estavam a ponto de ter relações sexuais, ela pegou o pênis dele e propôs que fizessem sexo anal; só quando Pires persistiu na intenção inicial e ela resistiu fortemente, ele percebeu que, na verdade, a mulher era um homem.[66] Cristão devoto, Pires foi se confessar, já que o "mal da sodomia", como era conhecido, era punido pela Inquisição nos casos extremos com a incineração na fogueira.*

Ocasionalmente, os próprios travestis eram punidos pelos inquisidores. Em 1556, um escravo chamado Antonio chegou às ilhas dos Açores proveniente de Benin, uma poderosa cidade-Estado localizada na atual Nigéria. Antonio negou as roupas que lhe foram entregues por seu senhor, Paulo Manriques, e passou a se vestir de mulher, usando um colete branco abotoado na frente e tecidos enrolados na cabeça. Foi então colocado junto com as escravas, trabalhando como uma prostituta chamada Vitoria. Antonio/Vitoria andava dando piscadas de olho atrevidas como se fosse uma mulher, enquanto tirava o chapéu e fazia mesuras como um homem. A combinação era um grande sucesso e havia filas de sete ou oito homens para visitá-lo. Mas o escândalo público não pôde ser evitado e ele foi denunciado à Inquisição e embarcado para Lisboa. Lá, Antonio/Vitoria informou aos inquisidores que era uma mulher e tinha vagina. Foi examinado; não havia vagina, e ele foi enviado às galés como escravo.[67]

A visão da Inquisição sobre esse "pecado" era muito complexa. O sexo entre homossexuais era geralmente um ato de consentimento mútuo, mas na África e no Novo Mundo as coisas costumavam ser mais obscuras, e os senhores e os membros das ordens religiosas frequentemente abusavam dos escravos do sexo masculino assim que os compravam.[68] Isso não impedia a Inquisição de tentar julgar os que tinham sofrido os abusos; um escravo angolano chamado José, violentado por seu senhor, João Carvalho de Barros, na Bahia em 1703, foi julgado pela Inquisição, condenado, açoitado e sentenciado a cinco anos nas galés.[69]

* Para uma discussão mais ampla sobre o tratamento da sodomia pela Inquisição, ver Capítulo Doze.

Na jurisprudência inquisitorial, a culpa da homossexualidade era partilhada entre os parceiros, mesmo quando havia violência.[70] Homens foram "relaxados" por serem parceiros passivos em Valência, em 1574,[71] e em Goa, em 1612.[72] Os parceiros ativos recebiam as punições mais severas, mas as posturas diante da homossexualidade de algumas pessoas da hierarquia da Inquisição transparecem nas observações de Diego de Simancas em sua autobiografia: "Soube em Roma que agora é impossível remediar ou punir o infame pecado [da sodomia] na Itália. Respondi que isso não me parecia correto, já que se ordena (e se cumpre) que, se o menino corrompido não denunciar o que lhe aconteceu em até um dia depois de ter sido violentado, ele será queimado por isso."[73]

A atuação de Mestre Diogo em Buguendo foi, portanto, duplamente provocativa, nos sentidos sexual e doutrinário. Os tabus podem existir para serem quebrados, mas zombar deles é um jogo perigoso. Os convertidos pensaram que podiam fazê-lo na África, mas não contavam com Francisco da Cruz, bispo de Cabo Verde.

Quando os rumores do escândalo chegaram a Santiago, Cruz dedicou-se a reunir testemunhas. Isso foi fácil, pois "muitos haviam assistido à cena e todos a reprovaram".[74] Mestre Diogo foi detido, embarcado para Cabo Verde e jogado no cárcere de Ribeira Grande. Ele nem ao menos se preocupou em negar o ocorrido. Limitou-se a afirmar que haviam simplesmente "dançado" para celebrar o nascimento de Cristo.[75] Isso era uma desculpa esfarrapada, e ele sabia. Como sucedera com Antonio, em Benin, antes dele, logo Mestre Diogo se viu em um barco rumo a Lisboa, onde foi trancafiado no calabouço da Inquisição.[76]

As coisas começaram a ficar preocupantes para Francisco Jorge e seus parentes. Em Lisboa, Diogo afirmou que Jorge o convidara para ir à sua casa naquele Natal e perguntara aos convertidos se eles haviam preparado alguma apresentação para aquela noite. Ele contou que um dos envolvidos na encenação que provocara tanta comoção era Antonio Fernandes, sobrinho de Jorge (provavelmente primo de Luis).[77] Em Cabo Verde, descobriu-se que Antonio Duarte, outro participante, também era parente de Jorge.[78] Enquanto isso, Francisco da Cruz mencionou em seu relatório aos inquisidores de Lisboa que o próprio Jorge era tão suspeito de ritos judaizantes quanto os acusados.[79]

Embora Mestre Diogo estivesse em uma posição muito delicada, para Luis de Carvajal e o restante do círculo de Jorge a situação ainda não era desesperadora. Contudo, Cabo Verde já não era um porto seguro. Luis deixou as ilhas em 1563[80] — enquanto a Inquisição reunia a documentação para o processo — com seu tio Francisco. Jorge fugiu para o México e se tornou monge; Luis regressou à Europa e foi viver em Sevilha.[81] Era o momento de se estabelecer e se casar; era hora de Luis escapar da sombra assustadora da Inquisição que o perseguira desde a infância.

Veracruz, 1568

Já no largo oceano navegavam,
As inquietas ondas apartando,
Os ventos brandamente respiravam,
Das naus as velas côncavas inchando;
Da branca escuma os mares se mostravam
Cobertos, onde as proas vão cortando
As marítimas águas consagradas,
Que do gado de Proteu são cortadas.[82]

Camões, o poeta das descobertas portuguesas, captou o arrebatamento e o pavor diante dos mares de toda uma geração. O oceano era um grande terror, mas era também uma oportunidade. Quando as coisas davam errado, como frequentemente acontecia, os passageiros eram obrigados a encarar o fim da melhor maneira que podiam. Robert Thomson, um mercador inglês de Andover, descreveu o risco de naufrágio de sua embarcação na costa mexicana em 1555, pouco antes de Luis de Carvajal regressar à Península Ibérica:

> Nossa caravela, sendo velha e fraca, foi tão sacudida que abriu na popa quase 2 metros sob a água [...] e por temor de afundar deitamos ao mar todos os bens que possuíamos ou encontrávamos, mas não adiantou. Então cortamos o mastro principal e

> jogamos ao mar todo o nosso armamento, e só salvamos uma peça [...] [logo] pensamos que não havia esperança de sobreviver. Então abraçamos uns aos outros, cada homem o seu amigo, cada mulher o seu esposo e as crianças os seus pais e mães, entregando nossas almas ao Deus Supremo, por crer que nunca escaparíamos com vida [...].[83]

Thomson e seus companheiros foram resgatados por um navio que passava, mas nem todos tinham essa sorte. Mesmo que o tempo não se virasse contra você, era provável que seus inimigos o fizessem. O viajante Jean de Léry descreveu um ataque francês a um navio espanhol em 1555. Os marujos franceses "não deixaram nem um pedaço de pão seco para as pobres almas e, o que é pior, destruíram as velas e roubaram o bote salva-vidas [...] então teria sido melhor jogá-los nas profundezas do que os deixar naquela situação miserável".[84]

Mesmo sem piratas, as viagens eram terrivelmente desconfortáveis. Na estação das chuvas, a pele dos marinheiros ardia com bolhas e feridas. As tempestades faziam os pães apodrecerem. Em época de seca, os vermes proliferavam na água potável e as pessoas tinham que tapar o nariz para bebê-la.[85] Não era à toa que o mar era frequentemente representado como o domínio de Satã.[86]

O perigo de ser capturado por piratas franceses era particularmente grande nos arredores das águas costeiras de Cabo Verde, que Luis cruzou no regresso à Espanha.[87] No entanto, tendo vivido todos esses perigos e fugido das investigações da Inquisição em seus círculos cabo-verdianos, ele se sentia abençoado. Nos primeiros anos após a chegada a Sevilha, sua vida foi tranquila.

Sevilha era a capital do próspero comércio com o Novo Mundo e foi lá que, por volta de 1566, Luis casou-se com Guiomar de Rivera. Ela era filha de Miguel Núñez, administrador de escravos da Coroa espanhola na ilha caribenha de São Domingos.[88] Luis devia ter feito negócios com Núñez quando vivia em Cabo Verde, e os contatos do sogro o impulsionaram na vida. Ele logo se encarregou de uma série de tarefas, do embarque de trigo ao comando de uma frota nas costas holandesas, pouco antes da rebelião das Províncias Unidas contra a Espanha.[89] Porém, em 1568, cerca de cinco anos depois de deixar Cabo Verde, a atenção de Luis se voltou para a América, o grande prêmio cobiçado pelas pessoas ambiciosas no novo império global.

Para um convertido como Luis, a emigração para as Índias era supostamente impossível. Em 1522, Carlos V da Espanha proibira a emigração de judeus e muçulmanos convertidos para o Novo Mundo sem seu expresso consentimento.[90] O decreto foi tão ineficaz que a lei foi renovada em 1539, 1552, 1559 e 1566.[91] Os que queriam emigrar para o Novo Mundo precisavam, obrigatoriamente, apresentar à Casa de Contratación, em Sevilha, provas de uma ancestralidade isenta de sangue judeu ou muçulmano mediante certificados de "limpeza";* contudo, na prática a questão era resolvida através de fraude e propina.

A ancestralidade não podia ser alterada, mas a corrupção era capaz de modificar sua aparência. Em 1591, 25 anos após a primeira viagem de Carvajal ao Novo Mundo, o oficial da Inquisição Melchior Cano** escreveu em uma longa queixa à Inquisição de Toledo que "muitas investigações são feitas aqui para gentes que se vão para as Índias provando que essas gentes são limpas quando não o são, e mesmo quando algumas são netas de gente que foi queimada ou punida, as testemunhas vêm jurando o contrário".[92] O problema continuou a existir por boa parte do século XVII, e membros de conhecidas famílias de convertidos, como os Gramaxos, de Lisboa, "provaram" sua limpeza nos salões do poder em Sevilha.[93]

Em meio a essas regras sufocantes, as autoridades também faziam vista grossa para alguns favoritos. Algumas famílias eram tão poderosas que ninguém se atrevia a testemunhar contra elas,[94] e Luis de Carvajal conseguiu alcançar essa posição. Embora seu tio Duarte de Leão estivesse sob ataques cada vez mais frequentes, acusado de contrabando e elisão fiscal em lugares tão distantes quanto Colômbia, México, Porto Rico e São Domingos, ao longo dos anos 1560 Leão controlava o contrato de fornecimento de escravos para as Índias, lucrativo para a corte

* Para uma discussão mais abrangente sobre essa questão, ver Capítulo Oito.

** Não se trata do Melchior Cano inimigo do bispo Carranza de Toledo; ver páginas 156-167.

portuguesa, e era difícil atingi-lo.[95] Ao mesmo tempo, o ilustre papel que Miguel Núñez, sogro de Luis, desempenhava nas colônias espanholas se traduzia numa sólida posição na Espanha. O destino de seus tios e os problemas de Cabo Verde pareciam uma lembrança longínqua, e Luis fazia parte da emergente oligarquia comercial do império.

Então, em julho de 1568, com 30 anos de idade, Luis de Carvajal foi convidado para ser o almirante de uma frota de 11 naus que transportaria o novo vice-rei da Nova Espanha (México), Martín Enríquez, para o Novo Mundo.[96] Ele embarcaria sem a esposa, Guiomar, prática comum na época entre homens que tentavam fazer fortuna na América. Essas expedições eram ostentosas, e a nau capitânia ia repleta de insígnias e baús enfeitados contendo as ordenanças reais. O ambiente fervilhava de ambição, vaidade e expectativa. A participação de Carvajal na frota significava que ele obteria instantaneamente uma posição ilustre no Novo Mundo, com a qual a maior parte dos convertidos não podia nem sonhar.

No entanto, a posição alcançada por Carvajal também acarretava diversos tipos de pressão. Quando a frota alcançou as primeiras ilhas caribenhas a caminho de Veracruz, na costa mexicana, três naus caindo aos pedaços foram avistadas perto da costa da Jamaica. As embarcações debandaram e Carvajal ordenou que fossem perseguidas. Tratava-se de navios piratas ingleses que estavam comerciando peles ilegalmente, e Carvajal enviou os homens e a carga ao governador espanhol.[97] Mas aventuras maiores o esperavam em breve: quando chegaram a Veracruz, descobriram que o mercenário inglês John Hawkins havia dominado o porto e o estava fortificando contra a frota do vice-rei. O império estava sendo desafiado em seu próprio território por aqueles arrivistas.

Veracruz era um lugar lindo. Situada rio acima a poucos quilômetros da costa atlântica, era cercada por florestas e pomares com laranjeiras, limoeiros e goiabeiras. Os pomares viviam repletos de papagaios, alguns com a cauda longa como a de um faisão.[98] Na cidade havia cerca de trezentas casas. Era um assentamento úmido e tropical que nos anos anteriores à chegada de Carvajal havia acabado com a vida de muitos que ali chegaram. Em geral, aquelas pessoas não se cuidavam e "ficavam sob o sol no calor do dia, comiam frutas do campo sem parar e, principalmente, buscavam a companhia das mulheres logo ao chegar; então, eram atacadas por uma febre palustre [malária], da qual poucas escapavam".[99] Em 1560, porém, os habitantes permaneciam em Veracruz somente entre o fim de agosto e abril, e na estação das chuvas regressavam às verdejantes colinas que circundavam Jalapa.[100]

Veracruz recebia suprimentos pelo porto de San Juan de Ulúa, a cerca de 30 quilômetros da cidade.* A praia entre a cidade e o porto era ocupada por maravilhosas árvores, arrancadas com raízes e tudo por furacões na Flórida e levadas até lá pelo Golfo do México.[101] A própria San Juan era uma ilha fortificada que abrigava um porto adequado para a ancoragem de naus e contava com 150 escravos africanos para ajudar na sua manutenção.[102] Fora esse o porto que Hawkins tinha capturado e que agora levava à primeira luta de Carvajal no México.

Aquela era a terceira visita de Hawkins ao Caribe. Ele era um corsário bem-sucedido, principalmente porque sua coragem e audácia eram muito maiores do que sua honestidade. Na África, incendiava povoados para caçar escravos e depois os trocava no Caribe por ouro e açúcar, garantindo às autoridades locais que precisava vendê-los para poder reparar os danos causados a seu navio pelas tormentas.[103] Se sua terceira viagem foi diferente, foi unicamente porque, dessa vez, ele comprou os escravos em vez de sequestrá-los.[104]

Enquanto as autoridades portuguesas e espanholas ficavam profundamente incomodadas com a intrusão de Hawkins, os proprietários de plantations locais tinham menos dificuldades para aplacar suas consciências; havia uma grande demanda por escravos africanos nas minas e plantações. Em sua terceira visita, Hawkins fez bons acordos com as autoridades locais em Santa Marta e Cartagena, na costa colombiana, onde vendeu escravos e confiscou provisões das fazendas, mas deixou alguns tecidos como uma espécie de pagamento.[105] Ele iniciou a viagem de regresso à Inglaterra em 8 de agosto de 1568, levando os escravos que não conseguira vender, além de ouro, prata e pérolas, escondidos a bordo da caravela *Jesus of Lubeck.* Em 12 de agosto, no entanto, um furacão violento entre

* San Juan de Ulúa fica nos arredores da atual cidade de Veracruz.

a Flórida e a ponta de Cuba avariou sua embarcação, e Hawkins foi forçado a voltar para repará-la. No caminho, ele se apossou de três naus espanholas e colocou-as à frente de sua frota, para simular que se tratava da flotilha do vice-rei. Ao chegar a San Juan de Ulúa, o mercenário ouviu dos pilotos capturados que, para não despertar suspeitas, deveria responder à saudação com tiros. Uma flotilha de boas-vindas com caravelas e outras embarcações chegou perto deles na baía, e todos os seus integrantes ficaram atônitos ao deparar com Hawkins, o corsário, a ponto de invadir o segundo porto mais importante de toda a América.[106]

Isso ocorreu em 16 de setembro, e a frota que levava Enríquez e Carvajal chegou no dia seguinte. Seguiu-se uma semana de tensas negociações na ilha assolada pelo vento. Hawkins queria reparar sua frota pelo menor preço possível, e exigia o direito de negociar, o que era considerado ilegal pelos espanhóis. O vice-rei Enríquez fingiu concordar e voltou atrás na primeira oportunidade, derrotando Hawkins e sua frota de forma tão devastadora que os únicos líderes piratas que conseguiram escapar foram o próprio Hawkins e Francis Drake. Mas os dois foram separados, e Hawkins foi forçado a abarrotar com os sobreviventes a única nau que lhe restou, o navio de Sua Majestade *Minion*, para empreender a viagem de mais de 4 mil quilômetros de volta para casa.[107]

Logo ficou claro que não havia víveres suficientes para a jornada. Em 8 de outubro, a nau atracou perto de Tampico, cerca de 300 quilômetros ao norte de Veracruz. Quando se deram conta de que, se permanecessem a bordo, terminariam comendo uns aos outros, muitos grumetes imploraram para ficar em terra e tentar a sorte entre os ameríndios. Hawkins concordou, mas, quando os homens estavam a ponto de desembarcar do *Minion*, "foi surpreendente ver a súbita mudança nas ideias dos homens", segundo escreveu um deles, Miles Philips. Todos rogaram para permanecer a bordo. Hawkins não permitiu e eles foram forçados a desembarcar em mares turbulentos em meio a "lamentações". Quando um dos botes não conseguiu chegar à costa devido às grandes ondas, o contramestre John Sanders jogou os homens ao mar e eles nadaram até a praia; dois morreram afogados.

Mais de cem marujos foram deixados à própria sorte nas úmidas costas mexicanas. Os povoados indígenas que antes ocupavam o terreno haviam desaparecido. A terra estava tomada por florestas e trepadeiras. Refugiados indígenas embrutecidos pelo império espanhol atacaram e mataram seis náufragos. O grupo se dividiu e uma parte, liderada por Anthony Goddard, tomou o caminho para Tampico.[108]

Foi então que Carvajal causou sua melhor impressão. Depois da emoção da chegada e da luta com Hawkins, foi designado prefeito de Tampico. Apesar da relutância de muitos colonos espanhóis e dos escravos, Carvajal formou uma milícia e prendeu o grupo de 78 homens liderados por Goddard. Agindo como magistrado, Carvajal confiscou todo o ouro e todas as joias que lhes restavam, ouviu o testemunho dos presos e, três dias depois, enviou-os pelo longo trajeto através da selva, seguindo as trilhas áridas da velha rota asteca até o planalto para chegar à Cidade do México, ao abrigo do fumegante vulcão Popocatepetl.[109]

Carvajal mostrou ser um homem rápido nas decisões e logo se tornou uma figura colonial muito solicitada. Como prefeito, ocupou-se da área de Tampico para "pacificar" os índios locais. Também foi enviado pelo vice-rei Enríquez às paisagens sem fim do deserto do norte. Passou pelas minas de Zacatecas, nas quais a prata corria sob a serra poeirenta e os ossos dos que a buscavam. Chegou ao vazio onde viviam os índios nômades chichimecas, entre a vegetação espinhosa de algarobeiras e os coiotes.[110] Montou acampamentos cheios de moscas, abrigando-se em tendas feitas da pele de animais mortos, nas áridas terras devastadas de sua melancolia.

Pode-se imaginar que durante essas aventuras ele não tenha pensado muito nos prisioneiros ingleses. É possível, porém, que tenha encontrado alguns ex-corsários entre os aventureiros que circulavam pelas cidades mineiras, onde os náufragos mais ousados de Hawkins foram tentar a sorte. Seis anos mais tarde, ele certamente deve ter ouvido que aqueles estrangeiros, que tinham sido beneficiados por sua misericórdia, haviam sido detidos pela Inquisição da Cidade do México. Provavelmente ficou sabendo que eles foram torturados e condenados por serem luteranos em um grande auto de fé em 1574.*[111]

* Para uma descrição desses acontecimentos, ver página 170.

Ao ouvir a notícia, deve ter sentido ressurgir um arrepio de medo da Inquisição que tentara enterrar desde os acontecimentos dos anos 1540, em Évora, e 1560, em Cabo Verde. Mas, para ele, a boa notícia era que agora os protestantes eram o alvo. A rede inquisitorial se alargava: na Espanha, naquele momento, os principais alvos eram os luteranos e os mouros, enquanto a Inquisição se via cercada por um número crescente de inimigos internos.

Capítulo Cinco

O INIMIGO INTERNO

Por que Vossa Excelência se importa se ele é queimado lá ou cá, se no final ele tem de morrer?

Foi primeiramente na Espanha que o medo começou a afetar toda a sociedade. Ao norte de Sevilha, onde a nova Inquisição tinha se originado, ficavam as planícies escaldantes da Extremadura. Lá havia povoados de casas de pedra, lugares onde o isolamento levava à raiva. E foi ali, no final de maio de 1574, que algo extraordinário aconteceu nos arredores da cidade de Zafra.

O ocorrido foi considerado um aviso. Foi avistada a serpente mais horrível e assustadora "de que já se teve notícia na Espanha". Cerca de vinte testemunhas confiáveis declararam ter visto a besta vagar pelos pastos a cerca de 5 quilômetros da cidade, com "uma cabeça grande como a de um boi e olhos enormes e terríveis, a cara grande e torcida, a cauda longa e grossa como um tronco de árvore, o peito estufado elevado acima do chão". O apetite do monstro era tamanho que ele devorava duas vacas por dia, mas curiosamente, quando todos os habitantes de Zafra saíram à sua procura, acompanhados de muita gente das cidades vizinhas, a serpente não apareceu, exceto para uma ou duas pessoas isoladamente. Esse terrível presságio foi considerado "muito conveniente". Vinte dias depois, um inquisidor veio de Llerena para fazer investigações na cidade. Ficou lá por quatro meses, alimentando a imaginação das pessoas com um combustível tenebroso. Após a sua chegada, ninguém voltou a ver a besta.[1]

Não é preciso ser um cético irreconciliável para supor que o terror que tomara Zafra quando sua população ficara sabendo da iminente visita inquisitorial fora deslocado para a história da serpente. Com a chegada de Montoya, o inquisidor, o medo da serpente foi transferido para o seu alvo original e genuíno, a figura do fiscal da Inquisição. Porque na Espanha, quase um século depois de sua instauração, cada vez mais seus oficiais provocavam sentimentos semelhantes. Não é difícil entender por quê.

Nos anos 1550, em Sevilha, o bispo e o primeiro inquisidor de Tarragona saíram um dia com sua comitiva para se distrair nos jardins às margens do Guadalquivir. Lá havia flores, andorinhas voando em círculos no céu e uma vista da cidade em toda a sua pompa. Mas o poder minava aquela elegância.

O filho de um guardião do jardim, uma criança de 2 ou 3 anos, estava sentado à beira do lago ornamental brincando com uma vareta de madeira. Um dos pajens do inquisidor arrancou a vareta das mãos do menino. Ao ver o filho cair em prantos, o jardineiro tentou repreender o pajem. Ele não vira que aquilo era o brinquedo do menino? Que direito tinha de se comportar daquela forma tão egoísta? Seguiu-se uma discussão, e o inquisidor, cansado daquela intromissão em suas serenas divagações, mandou prender o jardineiro, que passou nove meses encarcerado com pesados grilhões nos tornozelos.[2]

Histórias como essa revelam uma instituição cujo abuso do poder contaminava facilmente seus funcionários. O medo do povo de Zafra e a punição pelo mais leve questionamento à autoridade do inquisidor estavam relacionados. As tensões não desapareceram depois que os convertidos se tornaram alvos. Os acusados eram queimados ou fugiam para Portugal, para a América e o Novo Mundo, então era preciso encontrar novas vítimas. Assim, foi identificado um novo inimigo oculto na Espanha, o que instilou o medo no coração da sociedade espanhola.

Valência, 1535-1539

VALÊNCIA SE SITUA em uma bela planície irrigada por rios e nascentes. No século XVI, foi uma importante cidade portuária e, segundo alguns relatos, era o destino do navio em que Jonas embarcou antes de se defrontar com a baleia.* Valência era uma cidade encantadora, com jardins repletos de árvores frutíferas à sombra das folhas das laranjeiras.[3]

Ali a Inquisição não perdeu tempo. Nos anos 1480, os Reis Católicos haviam substituído os antigos inquisidores papais,** e quando o viajante alemão Hieronymus Münzer visitou a cidade, em meados de 1490, deparou com o filho de um convertido em um asilo de loucos, "nu, trancado em uma jaula e acorrentado. Nossos companheiros atiraram-lhe umas moedas para que orasse; mas ele orou em hebraico e lançou terríveis blasfêmias a todos os cristãos, como é costume entre os judeus, porque era filho de um convertido muito rico que o criou secretamente como judeu; mas o pai fora denunciado pela loucura do filho e queimado por isso".[4] Após uma série de autos de fé nos primeiros anos do século XVI, com a morte de alguns parentes convertidos do grande filósofo humanista Joan-Lluis Vives, a Inquisição valenciana se desviou desse grupo para outros hereges.

Assim, em 23 de setembro de 1535, foram colhidos testemunhos na pequena cidade de Cinctorres, escondida atrás das colinas ao norte de Valência. Houve denúncias contra um certo Miguel Costa, que tinha sido professor primário em Cinctorres por cerca de um ano e meio e antes disso vivera na Itália. No entanto, suas atividades perturbavam seriamente os moradores, e alguns deles apresentaram provas à Inquisição sobre aquele estranho em seu ambiente.[5]

A primeira testemunha foi o lavrador Anthony Gueron. Ele ouvira de Costa que "Martinho Lutero não disse coisas más, e sim coisas boas". Quando um monge mencionou as bulas papais, Costa teria dito: "Ao inferno com o monge e as bulas! O dinheiro devia ficar aqui, e as bulas podem ir para o inferno!" Então, quando um homem chamado Pere Valles foi entregar donativos para a Virgem Maria e acender uma vela para Santo Antônio, Costa exclamou que o santo não se importava com a oferenda.

* Acredita-se que o nome bíblico da Espanha seja Tarshish e que o destino do barco de Jonas na costa leste fosse a costa oriental de Valência.

** Ver página 64.

Logo as evidências se acumularam. O irmão de Anthony Gueron, Mikel, contou que Costa não fazia o sinal da cruz ao entrar na igreja e que dissera que não era preciso se confessar. As autoridades inquisitoriais já tinham ouvido o suficiente. Costa foi detido e acusado por esses crimes e por outros: ele dissera que era desnecessário rezar a ave-maria e que, ao deixar o corpo, a alma já pertencia a Deus ou ao Diabo, insinuando que o purgatório não existia. Costa ficou indignado. Alegou que nunca havia lido as obras de Lutero — nem sabia quem era Lutero! Era uma vítima de mentiras e calúnias. Apesar do código inquisitorial do sigilo, ele concluiu, corretamente, que os seus dois principais delatores eram os irmãos Gueron. Segundo ele, aqueles ingratos eram seus inimigos mortais, pois uma de suas irmãs se apaixonara por ele. Definhando na prisão inquisitorial, Costa escreveu comoventes epístolas em latim sobre sua crença na fé católica.

O pergaminho em pedaços com os detalhes da tragédia de Costa revela um páthos mais terrível ainda do que os outros casos inquisitoriais. A mão de Costa é firme e direta quando ele explica sua crença nos princípios da verdadeira fé. Mas sua firmeza é minada pelo pavor; assim que ouviu os rumores que circulavam sobre suas "heresias" no vilarejo de Morella, ele pulou em um cavalo e cavalgou sob a chuva até Cinctorres, aonde chegou às nove da noite, para espanto de seu amigo Antonio Valles. Costa percebera claramente a necessidade de calar as fofocas. Ele temia, com razão, as consequências caso não conseguisse fazê-lo. Os inquisidores prosseguiram com os interrogatórios e consideraram sua língua "uma faca afiada que explode com palavras blasfemas e heréticas e também com sandices". Mas não conseguiram que ele confessasse seus pecados. Foi relaxado às autoridades seculares e queimado em 1539.

A morte de Costa foi um grande desperdício. Nascido em Cinctorres por volta de 1502, ele viveu na cidade até os 10 anos, antes de ir estudar em Valência e depois em Aragão. Era suficientemente talentoso para ter sido escolhido para acompanhar o papa Adriano a Roma, em 1522. De lá foi à Lombardia, onde viveu por cinco ou seis anos antes de ser capturado pelo rei da França. Depois de passar três ou quatro anos como prisioneiro dos franceses, foi a Flandres antes de regressar à Espanha.

De maneira geral, naquela época os vilarejos espanhóis nutriam enorme desconfiança em relação aos forasteiros.[6] O principal crime de Costa parece ter sido o fato de, após suas experiências fora do país, ele aparentar estar diferente. Assim, ao condená-lo à morte, os fofoqueiros de Cinctorres repetiram o ataque que antes era dirigido aos convertidos. Depois que aquele grupo ambíguo foi purificado, tornou-se necessário encontrar outro. "Luteranos" como Costa eram o exemplo de pessoas consideradas desajustadas que podiam facilmente se tornar alvo quando se constatava a verdadeira presença e o perigo do inimigo interno.

Esse grupo clandestino e subversivo era extraordinariamente hábil. Uma carta escrita vinte anos mais tarde, em 14 de maio de 1558, por Fernando de Valdés, inquisidor-geral da Espanha, revela como suas artimanhas e seus estratagemas infernais haviam servido para infiltrá-lo na sociedade espanhola. A carta serve como testamento dos terríveis desdobramentos que estavam a ponto de ocorrer. Valdés explica que deixara Valladolid com a intenção de ir a Sevilha, onde era arcebispo, mas, ao chegar a Salamanca, surgiram alguns problemas. Um grande número de livros luteranos havia sido descoberto, e ele recebera uma carta sobre os problemas dos mouros em Granada. Então, os mouros de Aragão e Castela rogaram-lhe éditos de graça. Logo as coisas ficariam ainda piores.

"Além disso, e ao mesmo tempo, a lei de Moisés — que se pensava estar extinta nestes reinos — começou a se renovar em Múrcia, onde se encontrou muita gente culpada, algumas das quais foram punidas em um auto de fé público." Então as maquinações do inimigo se aceleraram, enquanto grandes conspirações de luteranos eram descobertas entre pessoas da nobreza de Sevilha e Valladolid. As ameaças eram numerosas demais, e Valdés não pôde prosseguir viagem.[7] Pode-se perceber que ele não achava que não tinha inimigos; pelo contrário, eles estavam por toda parte: mouros, judaizantes, protestantes...

Naqueles anos, os "luteranos" como Costa eram os mais perigosos. O que era particularmente ameaçador era que aqueles hereges não eram "estrangeiros" como os convertidos, e sim pessoas difíceis de distinguir entre os cristãos-velhos que respeitavam a lei.[8] Eram agitadores que habitavam o coração da sociedade espanhola. Assim, ninguém mais podia se considerar acima de qualquer suspeita.

EM 31 DE OUTUBRO DE 1517, Martinho Lutero afixou suas 95 *Teses* no portão do castelo de Wittenberg e provocou uma revolução no seio da Cristandade. Lutero desafiou a autoridade papal e os méritos da vida monástica e afirmou que a ligação do indivíduo com Deus era mais importante do que os rituais realizados pelos padres da Igreja católica. Quando, em 10 de dezembro de 1520, ele queimou a bula papal *Exsurge Domine*, em Wittenberg, abriu caminho para uma ruptura na Igreja.

O desafio de Lutero foi particularmente sério na Espanha. Como vimos, os objetivos da nova Inquisição, mesmo dissimulados sob os argumentos religiosos, eram definitivamente políticos, e seu efeito — junto com a expulsão dos judeus em 1492 e a dos mouros de Granada em 1502 — foi tornar a religião católica uma força unificadora da Espanha. Isso significou que os interesses políticos e religiosos se fundiram em um só; assim, o ataque de Lutero à Igreja católica foi encarado como uma ameaça explícita à nação espanhola e à própria monarquia.

Contudo, para a Inquisição Lutero representou uma oportunidade para uma instituição que estava abalada pelo escândalo. Os excessos do inquisidor Lucero em Córdoba* haviam alimentado um forte movimento contrário à Inquisição.[9] As queixas levaram à reunião de um conselho em Burgos, no verão de 1508, que determinou que as evidências contra muitos dos condenados por Lucero em Córdoba eram insuficientes. Lucero foi libertado depois de três anos na prisão e impedido de exercer quaisquer atividades inquisitoriais.[10]

O juiz de Lucero foi o inquisidor-geral da Espanha, o cardeal Jiménez de Cisneros. Provincial da ordem franciscana, fundador da Universidade de Alcalá de Henares, perto de Madri, e defensor de um movimento que propagou a publicação de devocionários em castelhano e em latim, Cisneros era um homem de extraordinária influência.[11] No entanto, sua crença na renovação espiritual se aliava a um extremismo

---

* Ver páginas 90-93.

violento. Ao chegar a Granada em 1499, sete anos após a queda do império mouro, ele ordenou que os muçulmanos não convertidos fossem jogados no calabouço, onde foram tratados com tal crueldade por um dos capelães — apelidado de "o leão" — que quatro ou cinco dias depois imploraram para serem batizados.[12] Então Cisneros ordenou que os imãs trouxessem seus livros de teologia islâmica e incinerou-os publicamente, ignorando sua extraordinária beleza e riqueza.[13] Mais tarde, como inquisidor-geral, convenceu o recém-coroado rei da Espanha, Carlos V, a ignorar os pedidos de que os nomes das testemunhas fossem publicados nos julgamentos inquisitoriais.[14]

Cisneros foi um bom pastor da Inquisição. Abafou o furor causado pelo caso Lucero ao prorrogar a decisão final até 1517. Ainda assim, o caso teve repercussões.[15] Após quarenta anos de perseguição, os convertidos haviam sido intimidados e muitos observadores achavam que a instituição devia desaparecer. Eles precisavam ser convencidos a mudar de ideia, e, por sorte, Lutero iniciou suas atividades heréticas naquele mesmo ano. Dois anos depois, surgiram os primeiros casos da nova ameaça na Espanha.

Os problemas começaram em Guadalajara, ao nordeste de Madri. Em 1519, os inquisidores receberam informações sobre grupos de pessoas que haviam criado a filosofia dos alumbrados. A Inquisição associou a seita a diversas doutrinas infames: seus membros foram acusados de afirmar que a oração devia ser mental (interior) e não verbal (ritual); de acreditar que o inferno não existia; de desprezar o culto aos santos e as bulas papais; de não demonstrar respeito pelo sacramento nem pelas imagens dos santos e da Virgem; e de afirmar que as cerimônias e os jejuns da Igreja eram obrigações (*ataduras*) pesadas.[16]

Um dos líderes era Pedro Ruiz de Alcaraz.[17] Neto de um escriba e filho de um padeiro, Alcaraz era contador e possuía um vinhedo em Guadalajara.[18] Viajava frequentemente a Castela para tratar dos negócios de seus patrões, o que lhe permitiu conhecer pessoas com ideias semelhantes que estavam à procura de uma nova espiritualidade. Uma delas era Isabel de la Cruz, ligada à ordem franciscana como terceira mas que não vivia em um convento; outra era María de Cazalla, cujo irmão, Juan, era bispo e capelão do cardeal Cisneros.[19]

Como normalmente acontecia, o interesse da Inquisição se originou da desconfiança. Em 13 de maio de 1519, uma beata* chamada Mari Núñez, junto com sua criada e o padre Hernando Díaz, denunciou Alcaraz, Cazalla e Cruz. Mari Núñez tinha medo. Apesar de ser beata, não era muito honrada. Seu apelido era "a mulher do padre". Ela também fora amante de Bernardo Suárez de Figueroa, um nobre poderoso, mas o desejo vencera o discernimento e a inteligência, e ela o acusara de ser impotente. Alcaraz condenava esse tipo de comportamento e ameaçou destruir a reputação de santa que Núñez ostentava. Ele e seus amigos começaram a reunir informações contra ela e planejavam entregá-las às autoridades religiosas. Foi então que Núñez decidiu acusá-lo primeiro.[20]

No princípio, a Inquisição não deu muita atenção à denúncia. Alcaraz continuou a viajar e a pregar amplamente, enquanto Isabel de la Cruz conquistava novos seguidores. Foi só depois que as notícias sobre a rebelião luterana se tornaram mais alarmantes que as autoridades reexaminaram as evidências e decidiram que a seita dos alumbrados podia ser perigosa. O grupo não podia ter sido influenciado por Lutero — a seita surgiu em 1512 —, mas seus integrantes tinham muitas ideias em comum, particularmente a noção da importância da prece mental e o menosprezo pelas instituições religiosas. Alcaraz foi preso na primavera de 1524. Ele e Isabel de la Cruz foram açoitados e levados em desfile pelas ruas das cidades onde haviam pregado; Alcaraz ficou preso até aproximadamente 1537, e de la Cruz até 1538.[21]

Desviando-nos do caso e pensando sobre o mundo que ele revela, encontramos uma realidade ao mesmo tempo familiar e estranha. Nas escaldantes terras da planície castelhana as pessoas visitavam umas às outras para discutir com seriedade e empenho a teologia e os mistérios da prece e da devoção. Tudo isso pode parecer sem importância, mas não devemos descartar os violentos desentendimentos sobre religião e os costumes cotidianos.

Um dos problemas da Inquisição ao lidar com o grupo dos alumbrados era que não se sabia muito bem de que tipo de heresia se tratava.

---

* Para uma análise sobre as beatas, ver Capítulo Doze.

Mas isso não deve ter sido muito complicado, já que a luxúria e o frisson sexual atiçavam o desejo de condenar. María de Cazalla, presa em 1532, foi acusada de ter afirmado que, "estando ela no ato carnal com seu marido, estava mais achegada a Deus do que se fizesse a oração mais elevada do mundo",[22] enquanto a beata e alumbrada de Salamanca, Francisca Hernández, participava de um tipo de experiência religiosa incomum com o padre Antonio Medrano, em que se afirmava que "homens e mulheres devotos podiam abraçar uns aos outros desnudos ou vestidos".[23]

A verdade é que a confusão sobre a nova heresia cresceu porque não havia sequer um amplo movimento herético de alumbrados. Os próprios membros da seita se dividiam em dois grupos, os *recogidos*, que buscavam encontrar a paz e a união com Deus mediante a contemplação, e os *dejados*, como Francisca Hernández, para os quais nenhum pensamento devia ser negado, já que se entregar a Deus era suficiente para a união mística.[24] A filosofia do *alumbramiento* foi articulada pela própria Inquisição no édito de fé de 23 de setembro de 1525 e nunca foi discutida nos mesmos termos por seus supostos adeptos.[25] Como tal, tratava-se de um esquema filosófico que, como o "judaísmo" dos convertidos, tinha sido em grande parte inventado pela Inquisição. Da mesma forma, não existiu uma rede de alumbrados subversivos até que a Inquisição a identificasse. Apesar da circulação de ideias não ortodoxas, elas não caracterizaram um movimento enquanto a Inquisição não as rotulou e começou a persegui-las.

De fato, em muitos aspectos a percepção da heresia dos alumbrados se devia em grande parte à noção dos convertidos. Alcaraz, Cazalla e Cruz provinham de famílias convertidas, e alguns de seus parentes haviam sido punidos pela Inquisição.[26] No princípio, o próprio Alcaraz foi caracterizado como um convertido judaizante e acusado de apoiar o *dejamiento* como forma de aproximar Castela da lei judaica.[27] Quando Alcaraz demonstrou ignorar por completo o judaísmo, os inquisidores decidiram que o novo movimento tinha mais em comum com o luteranismo. Mas, mesmo que a forma das denúncias tenha mudado, alguns inquisidores afirmaram que o dano havia se agravado porque todos os alumbrados eram convertidos.[28]

Assim, o antigo modo de conceituar a heresia se transformou. Muitos convertidos na corte de Carlos V, atraídos pelas ideias reformistas de Erasmo de Roterdã, foram denunciados por inimigos como alumbrados.[29] Tratava-se de um termo abrangente, um nome que perduraria. Esse rótulo acabou sendo um prelúdio da destruição dos seguidores dessas novas ideias.

De sua base nos Países Baixos, um lugar de céu amplo e com uma próspera indústria de lã, Desidério Erasmo produziu uma série de obras que propunham uma reformulação da fé cristã na Europa. A influência de Erasmo se disseminou rapidamente. Nos anos 1520, uma febre atingiu a nobreza espanhola e todos quiseram conhecer suas obras. Um de seus admiradores espanhóis afirmou, em 1º de setembro de 1526, que os inquisidores haviam ordenado que ninguém escrevesse nada contra ele e que:

> Seus inimigos foram às casas das damas nobres, às de suas filhas de confissão e aos conventos para persuadi-las a não ouvir quem quer que fosse que tivesse lido ou aberto um dos livros de Erasmo [...] mas, como o fruto proibido é um grande estímulo para o apetite, elas empregaram todo tipo de truques para compreender Erasmo e buscaram pessoas para interpretá-lo, o que quer dizer que logo suas palavras foram muito difundidas nas casas nobres e nos conventos.[30]

Em 1525, as principais obras de Erasmo em latim foram publicadas na Universidade de Alcalá, e em 1527 o inquisidor-geral Alonso de Manrique organizou uma conferência em Valladolid para discutir suas ideias. Nos anos seguintes, diversas traduções de seus livros foram publicadas.[31] Essa admiração precoce deveu-se muito à influência flamenga na corte do Habsburgo Carlos V, composta por vários amigos pessoais de Erasmo. Mas havia também uma ressonância da ênfase do autor na renovação espiritual e na intimidade com Deus para uma nação que, com a derrota dos mouros e o descobrimento da América, se viu sobrecarregada por um objetivo histórico.[32] As tendências universalistas do pensamento de Erasmo se adequavam perfeitamente às ambições universalistas do governo espanhol e ao seu sentimento de destino imperial.[33]

Nesse ponto pode-se sentir uma espécie de compaixão pela Espanha. Num espaço de cinquenta anos o país saiu de um estado de guerra civil permanente para a liderança da guerra contra os muçulmanos, após a queda de Constantinopla em 1453, e para o descobrimento e a colonização de um continente absolutamente novo. De acordo com as ideias da época, um certo sentimento de destino religioso era inevitável.

Nessas circunstâncias, existia uma agitação ideológica. Os frades, em particular, odiavam Erasmo e suas críticas ao monasticismo. Quando o inquisidor-geral Manrique os confrontou, em 1527, e exigiu que lhe obedecessem e parassem de queimar os livros de Erasmo, eles responderam que a infâmia era tanta que a autoridade divina suplantava a humana.[34] Aquilo foi um sinal do que estava por vir; quando a corte de Carlos V partiu da Espanha para Bolonha, onde ele recebeu a coroa imperial das mãos do papa Clemente VII em 24 de fevereiro de 1530, a facção contrária a Erasmo começou a agir.[35]

Para começar, em 1529 o próprio inquisidor-geral, Alonso de Manrique, foi isolado em Sevilha, onde passou a maior parte de seus dias em uma diocese, até morrer só e ignorado em 1538.[36] Depois, foram levantadas denúncias contra simpatizantes de Erasmo no círculo da corte. Em 1530, Juan de Vergara, secretário do arcebispo de Toledo, Alonso de Fonseca, foi acusado de luteranismo e, em julho de 1533, abriu-se um processo inquisitorial contra ele. Mateo Pascual, adepto das ideias de Erasmo, foi detido pela Inquisição em junho de 1533, e Alonso de Virúes, que depôs a favor de Erasmo na conferência de Valladolid em 1527, foi preso em 1535. Juan del Castillo, um dos amigos do inquisidor-geral Manrique, foi queimado na fogueira e, depois dele, quatro outros frades.[37] Outros casos se seguiram; em 1536, Miguel Mezquita, que, assim como Miguel Costa, de Cinctorres, havia viajado para a Itália, foi queimado em Valência por defender opiniões luteranas que eram apenas derivadas de leituras de Erasmo.[38]

Tratava-se de uma verdadeira caça às bruxas. A maior parte daquelas pessoas sobreviveu aos julgamentos, mas suas carreiras foram arruinadas; alguns conseguiram fugir.[39] O fato de serem protestantes genuínos ou apenas católicos atraídos pelas ideias de Erasmo tornou-se irrelevante, já que ambas as opções eram perseguidas. A Inquisição, que começara seus trabalhos contra os convertidos alumbrados, mudara de foco.

Mas as velhas categorias de preconceito continuavam existindo. Com o avanço do século XVI, os escritores místicos foram cada vez mais visados pelas autoridades inquisitoriais. Com seu pendor para o legalismo burocrático, a Inquisição certamente hostilizaria qualquer sentimento de iluminação espiritual interior, como prometiam alguns dos maiores místicos espanhóis da época.[40] Além disso, como ocorria com os alumbrados, muitos desses escritores descendiam de famílias convertidas. Quando ameaçou investigar Juan de Ávila e Teresa de Ávila — mais tarde beatificada — e encerrar Luis de León em seus calabouços por cinco anos, nos anos 1570, a Inquisição confrontou as ideias de todo um grupo de descendentes de convertidos.[41]

Isso não ocorreu porque os convertidos fossem hereges inatos. O fato de tantos deles terem desenvolvido complexas ideias teológicas cristãs demonstra que, para muitos, a conversão original fora voluntária. A predominância de convertidos entre alumbrados e os teólogos controversos da época devia-se principalmente à natureza dramática de sua adesão ao cristianismo, que propiciava uma percepção da Cristandade mais intensa e pessoal.[42] Isso levou a uma busca profunda de sentido e, muitas vezes, a doutrinas que fugiam à ortodoxia. Assim, ao tentar tomar medidas drásticas contra uma ideologia considerada perigosa, a Inquisição criou e codificou outra, que viria a ser vista da mesma forma.

Múrcia, 1552-1562

O número de alumbrados adeptos das ideias de Erasmo de Roterdã e de luteranos julgados em meados do século XVI foi reduzido. O significado desse grupo para a Inquisição residia no fato de que a perseguição a seus membros abrira caminho para uma ideologia na qual a repressão podia ir além dos convertidos e se universalizar. Porém, para convencer a população de que o inimigo podia estar em qualquer lugar, às vezes era necessário recordar o perigo permanente representado pelo antigo inimigo. Assim, enquanto a ideia da crescente ameaça protestante penetrava na sociedade espanhola, foi descoberta uma terrível conspiração criptojudaica na região de Múrcia, como o inquisidor-geral Valdés comentou na sua carta de 1558,* mencionada anteriormente.

Os problemas começaram em 1552, com o inquisidor Sánchez. Sua presença em Múrcia podia até ter o objetivo de garantir a conformidade dos fiéis, mas ele inspirava pouca confiança. Sánchez se insinuou para uma mulher casada que o procurou para pedir conselhos sobre um caso da corte civil, prometendo que, se ela se entregasse a ele, ele mandaria arquivar o caso.[43] Sánchez sentia-se particularmente atraído por mulheres casadas. Desenvolveu uma "amizade íntima" com a esposa de um de seus prisioneiros inquisitoriais, e se "trancava com ela dia e noite". Quando alguma mulher cujo marido estava fora da cidade o procurava por qualquer questão ligada à Inquisição, ele lhe fazia propostas e a convocava aos seus aposentos à noite. O inquisidor dormiu com uma convertida casada e engravidou uma jovem que o procurou para se aconselhar. O sigilo era a base dos procedimentos inquisitoriais, mas Sánchez era tão relapso que deixava as portas de casa abertas durante a noite para que prostitutas entrassem e saíssem à vontade; ali, os aparatos inquisitoriais eram ignorados.

Os subordinados de Sánchez imitavam suas arbitrariedades. Um oficial, Diego de Valdés, parente do inquisidor-geral Fernando de Valdés, foi acusado em 1551 de passar sua estada em Múrcia com a amante, com quem tinha vários filhos.[44] Enquanto isso, um dos mensageiros de Sánchez, Blas de Vega, era um bêbado analfabeto que passava o tempo todo em bordéis e bares. Sua amante, com quem dormia descaradamente, o acompanhou em uma de suas incumbências inquisitoriais. Foi um grande escândalo e uma considerável ironia, já que uma das blasfêmias que a Inquisição começara a perseguir na época era justamente a afirmação de que "a simples fornicação [fora do matrimônio] não é pecado".[45]

---

* Ver página 139.

Por crer que a discrição era a melhor parte das relações amorosas, a Suprema substituiu Sánchez por um novo inquisidor, dr. Cristóbal de Salazar, que tinha sido inquisidor em Granada. Mas Salazar não representava necessariamente uma melhoria. Em uma carta escrita em 6 de outubro de 1553, o notário da Inquisição Diego de Herrera comentou que, em Granada, a reputação de Salazar era a de "um grande admirador das mulheres"; em Múrcia, ele iniciou uma relação com Catalina Lopez, filha de uma viúva que vivia em frente a seus aposentos.[46] No entanto, diferentemente de seu antecessor, era um inquisidor tão determinado quanto libertino, e rapidamente começou a interrogar os mouros de Múrcia de maneira tão aterrorizante que todos logo passaram a concordar com as suas insinuações. Quando alguns notários protestaram que as denúncias haviam sido inventadas, Salazar ameaçou-os com o calabouço, e todos se calaram.

Pouco depois da chegada de Salazar a Múrcia, o mouro Juan de Spuche foi detido por celebrar ritos islâmicos. Ele fora visto lavando o rosto e as mãos em uma fonte.* Spuche confessou que cometera o ato vil ao regressar do campo, aonde fora cortar lenha. Aquela heresia evidente exigia um interrogatório. Ele foi torturado. Denunciou muitas pessoas, mas voltou atrás em sua confissão assim que saiu da câmara de tormentos, o que contribuiu para aumentar a desconfiança de Salazar; Spuche foi novamente torturado. Dessa vez suas mãos ficaram tão machucadas que ele não conseguia se vestir sozinho. Morreu pouco depois, e seu cadáver foi queimado em uma fogueira durante um auto de fé.

Então, Herrera não exagerou quando descreveu Salazar como alguém "de aspecto terrível e [...] excessivamente rigoroso no proceder e no julgar". Seu *modus operandi* fica claro no caso de um pescador que, por não ter entregado ao pajem do inquisidor a porção da jornada de trabalho determinada por Salazar, já que a pesca fora pouca e ele não tinha como satisfazer a todos, foi arrastado até sua presença e passou o dia sendo interrogado.

O relato de Herrera sobre os métodos de Salazar chegou tarde demais à Suprema. Dois meses antes, o próprio Salazar havia protestado

---

* Para um relato mais detalhado da relação entre o asseio e o criptoislamismo, ver páginas 227-228.

contra Herrera, que foi destituído do cargo em 14 de agosto de 1553.[47] A precisão das informações de Herrera, porém, logo foi amplamente demonstrada. Em 1558, Salazar tinha se envolvido em uma série de disputas com as autoridades civis de Múrcia.[48] Ele se queixou à Suprema, em 14 de junho de 1558, que aquelas pessoas "tinham má vontade para com o Santo Ofício" e eram suas inimigas. Em uma frase reveladora, que os criptojudeus de Múrcia entenderiam claramente pouco depois, Salazar declarou que sua honra valia "muito mais do que mil vidas".

Naquele verão, a peste chegou a Múrcia. A devoção da equipe inquisitorial não chegava a ponto de colocar suas vidas em risco em prol da verdade; todos os seus integrantes fugiram para o povoado de Hellín. Salazar se alojou na casa de Miguel Mateo, que vivia com Catalina, sua filha viúva de 30 anos. Salazar rapidamente se insinuou à companhia deles e se assegurou de que não teria de passar fome; um almoço típico consistia de um pernil, seis frangos temperados seguidos de 12 galinhas assadas enroladas em toucinho, um cabrito assado, dois pratos médios de pudim de amêndoas, cerejas, damascos, tudo isso regado a taças de vinho branco e tinto.[49]

Aqueles repastos não eram preparados para acalmar as paixões, e Salazar logo iniciou uma relação íntima com a viúva Catalina.[50] As línguas se afiaram e um morador, Lope de Chinchilla, ficou particularmente desconfiado daquela ligação. Catalina fora vista em público com Salazar assistindo à corrida de touros da janela da construção em que se reunia a corte inquisitorial, e Chinchilla cometeu uma indiscrição numa noite em que Salazar se dedicava devotamente a jogar cartas.

Em 16 de janeiro de 1559, Lope de Chinchilla foi detido pela Inquisição, acusado de criptojudaísmo. Ele havia sido "delatado" por um "amigo judeu" de Juan de Valibrera e por Juan de Ávila e sua esposa, todos presos e acusados por Salazar de serem criptojudaizantes. A exatidão desse testemunho pode ser avaliada pelo fato de que Salazar foi "sozinho à prisão em dias festivos e à noite, convenceu as pessoas a testemunharem umas contra as outras e conseguiu que outras fizessem o mesmo, tendo ido inclusive sozinho, sem nenhuma companhia ou sem fingir que havia uma audiência legal, para torturá-las". Contudo, apesar das evidências e do histórico de Salazar, Lope de Chinchilla foi queimado no dia 8 de setembro de 1560, em grande parte por ter denunciado francamente um terrível abuso de poder.

Os anos seguintes assistiram a uma conflagração em Múrcia. Não conhecemos os números totais devido à perda de documentos, mas, em 1562, 19 judaizantes e dois mouros foram queimados,[51] além de outros quatro judaizantes no ano seguinte.[52] Em 1569, a população de Múrcia queixou-se a Roma de que mais de quinhentas pessoas haviam sido queimadas afirmando sua fé católica até o fim; os enviados que protestaram à Suprema no início das medidas drásticas foram detidos ao regressar a Múrcia e jogados no calabouço inquisitorial, e quando um visitante da Suprema tentou libertar alguns prisioneiros foi censurado pelo inquisidor-geral Valdés e advertido para que nunca mais tentasse algo semelhante.[53]

Nessa horrível história de corrupção e paranoia obviamente há mais do que um eco dos feitos de Lucero em Córdoba, cinquenta anos antes. Mas é um sinal de mudança dos tempos o fato de que, em Córdoba, os protestos da cidade tenham levado ao conselho de Burgos* e ao declínio do prestígio da Inquisição, enquanto em Múrcia as queixas tenham passado quase despercebidas. Simplesmente não se questionava a integridade da Inquisição, e enquanto a paranoia de Lucero foi desafiada, a de Salazar foi aceita.

DEVEMOS AGORA RETORNAR à carta escrita pelo inquisidor-geral Valdés em 1558 e às numerosas ameaças à fé que ele comenta. Entre elas estão os muçulmanos convertidos, os mouros,** que, como acabamos de ver, foram os alvos preferidos do inquisidor Salazar em seus primeiros anos em Múrcia. O problema mouro esteve no foco das atenções da Espanha no século XVI.

Aqueles mouros descendiam dos muçulmanos que haviam sido obrigados a se converter ao cristianismo em Granada em 1502, e em Aragão e Valência nos anos 1520. Os problemas que enfrentaram eram distintos: em Granada, os mouros descendiam da população do último

---

* Ver página 140.

** Ver página 139.

reino mouro da Espanha, mas em Aragão e Valência havia séculos que eles viviam sob o domínio cristão, o que significava que sua assimilação devia ter sido muito mais fácil.

No entanto, a maneira como os mouros aragoneses e valencianos foram convertidos foi, em si, um mau começo. Uma guerra civil assolou a região entre 1520 e 1522. Ela teve início com uma revolta popular contra a nobreza liderada por irmandades conhecidas como *germanías*. Como os muçulmanos de Aragão eram principalmente agricultores que trabalhavam para os grandes senhores, foram um alvo fácil para os rebeldes. Os mouros constituíram grande parte do exército do duque de Segorbe nas batalhas contra as *germanías* em Oropesa e Almenara em julho de 1521, e um terço da infantaria do vice-rei Mendoza em Gandía em 25 de julho; ao tomá-los como alvo, as *germanías* podiam não só derrotar seus inimigos como também aplacar suas consciências, alegando uma motivação pseudorreligiosa.[54]

Assim, quando a revolta varreu o leste da Espanha em 1521, os muçulmanos foram levados às pias batismais e assassinados. Aproximadamente 40 mil pessoas morreram nas batalhas, sem contar as que morreram devido à fome e às epidemias.[55] Os guerreiros das *germanías* procuraram mouros por toda parte e mataram os que rejeitavam o batismo.[56] As mesquitas foram consagradas como igrejas.[57] Em Gandía, eram usados galhos mergulhados em nascentes e vassouras nos batismos. Em Polop, os mouros se refugiaram no castelo durante vários dias e só saíram quando as forças da *germanía* prometeram poupar suas vidas se eles concordassem em ser batizados — "e assim que os batismos terminaram eles cortaram as gargantas de seiscentos deles, quebrando a promessa e dizendo que aquela era uma maneira de enviar almas ao céu e moedas aos seus próprios bolsos".[58]

A revolta finalmente foi esmagada no final de 1522. Imediatamente, o inquisidor Churruca, de Valência, exigiu poderes sobre os ex-muçulmanos e também as listas dos que haviam se convertido. O problema era que as conversões forçadas tinham sido tão aleatórias e desorganizadas que ninguém sabia quem tinha sido batizado e quem não tinha. A única solução encontrada foi terminar o trabalho, e, em fevereiro de 1524, a Suprema conferiu a Churruca plenos poderes para investigar os mouros apóstatas. Foi convocada uma reunião extraordinária da Suprema em Madri na primavera seguinte e, em 11 de abril, o inquisidor-geral Manrique decretou que dali em diante todos os mouros seriam considerados cristãos.[59] Como decidiu a congregação, "uma vez que não houve absolutamente força nem violência na conversão e no batismo, os que foram batizados são obrigados a manter a fé [católica]";[60] eles tinham decidido claramente que, se as *germanías* não tivessem forçado as conversões, a congregação as garantiria a partir daquele momento.

A ordem para que os mouros se convertessem ou partissem veio acompanhada de uma série de precauções que, na realidade, os obrigavam a permanecer no país como "cristãos". Uma série de cartas de Aragão deixou claro que eles eram essenciais à prosperidade do reino e, em 22 de dezembro de 1525, Carlos V emitiu um decreto que simplesmente os impedia de deixar Aragão. Assim, como o próprio rei escreveu ao papa em 14 de dezembro de 1525, "a conversão não foi de nenhuma maneira voluntária para muitos deles e desde então eles não têm sido instruídos nem ensinados sobre nossa fé católica".[61]

O resultado de tudo isso foi que, obviamente, os mouros tinham pouco amor pela nova "fé". Como comentou naquele mesmo ano o embaixador veneziano Andrea Navajero, "os mouros têm sua própria língua e poucos desejam aprender o espanhol; são cristãos à força e muito pouco instruídos em nossa fé, pois não se fez nenhum esforço nesse sentido";[62] eles continuavam usando as antigas vestimentas e pintavam os cabelos de preto, e, segundo Navajero, na intimidade eram muçulmanos ou ateus.[63]

Contudo, a total ausência de instrução católica não impediu a Inquisição de analisar a ortodoxia dos novos convertidos. Um édito estabeleceu que os mouros ficariam livres de investigações inquisitoriais por um período de quarenta anos, mas foi modificado poucos meses depois, em 6 de janeiro de 1526. Uma série de autos de fé em Valência, entre 1533 e 1540, queimou cinquenta pessoas na fogueira.[64] Em 1542, Carlos V finalmente ordenou uma moratória de 16 anos na investigação dos mouros pela Inquisição. Isso foi feito a pedido do frade Antonio Ramírez de Haro, que ficou encarregado da tarefa de instruir os mouros. Em suas primeiras ordenanças, ele determinou que os mouros deviam informar aos seus padres quando as mulheres dessem à luz, para que a criança fosse batizada. Isso não era comum e, mesmo nessa etapa ulterior, havia mouros que nunca tinham sido batizados e não podiam ser considerados propriamente cristãos.[65]

Essa era a lastimável condição dos mouros na maior parte da Espanha nos anos 1550. Após a violência da primeira conversão, eles foram submetidos a diversos autos de fé sangrentos antes que começasse sua evangelização tardia. Contudo, preservavam seus costumes e constituíam uma comunidade claramente separada. Como os convertidos descobriram no século XV, a situação na Península Ibérica era delicada, e em 1558, enquanto o inquisidor-geral Valdés considerava seu pedido de perdão em Salamanca e contava seus dilemas em suas cartas, o perigo cercava os mouros.

Isso já era evidente havia alguns anos. Em 1555, o conde de Tendilla tentou assegurar uma declaração do papado absolvendo os mouros que confessassem seus crimes e devolvendo-lhes as propriedades confiscadas, mas foi impedido por Valdés, que sugeriu que Tendilla devia ser preso por ousar arquitetar semelhante plano.[66] Ao longo da década de 1550, os turcos haviam feito conquistas no norte da África à custa dos espanhóis e, cada vez mais, os mouros eram vistos como um grupo subversivo islâmico.[67] A cena estava montada para que eles fossem perseguidos durante o século XVI; porém, antes disso, o inquisidor-geral Valdés teria que lidar com o inimigo mais perigoso de todos, que ele menciona em sua carta e que atacara certeiramente o coração da corte espanhola em Valladolid.

Valladolid, 1558-1559

Carlos V redigiu seu testamento em Bruxelas em 6 de junho de 1554. Seu reinado sobre o Sacro Império Romano Germânico se afundara em guerras na Alemanha e nos Países Baixos contra rebeldes protestantes, e ele percebeu que não conseguiria controlar seus vastos domínios por muito mais tempo. Seu filho Felipe já reinava na Espanha, e logo se converteria em Felipe II. Diversas questões preocupavam

Carlos V no fim da vida, e a mais importante delas era a necessidade de eliminar a ameaça protestante. Por isso, ele escreveu em seu testamento:

> Devido ao grande amor paternal que tenho por meu filho querido e amado, o sereno príncipe Felipe, e porque desejo que suas virtudes aumentem e que sua alma seja salva [...] ordeno e lhe peço afetuosamente que, como príncipe muito católico e temente aos mandamentos divinos, sempre zele pelas questões pertinentes à sua honra e ao seu serviço e que obedeça aos mandamentos da Santa Madre Igreja. Em particular, peço-lhe que favoreça e faça com que outros favoreçam o Santo Ofício da Inquisição.[68]

Felipe nascera em maio de 1527. Tinha grandes olhos azuis, sobrancelhas espessas, o lábio inferior proeminente, e diziam que se parecia com o pai, especialmente a ponta do queixo. Felipe seguia uma dieta carnívora, recusava-se a comer peixe "ou qualquer outra coisa que não fosse nutritiva", vestia-se com elegância, geralmente com plumas no capuz, e gostava muito de doces. Apesar da sobriedade que tentou impor à sociedade espanhola, na juventude era atraído pelas mulheres e gostava de vagar à noite disfarçado, mesmo confrontado com as mais graves questões de Estado.[69] Quando Carlos se recolheu a um monastério em Yuste, na Extremadura, no início de 1557, Felipe II estava pronto para assumir o posto de defensor da fé; nos dois anos seguintes ele teve várias oportunidades de provar seu valor como defensor da Inquisição contra a ameaça protestante.

No dia 31 de maio de 1557, morreu o cardeal Silíceo, arcebispo de Toledo e primaz da Espanha, deixando vaga a mais importante sé espanhola. Felipe II, que estava em Flandres, decidiu nomear para o posto o monge dominicano Bartolomé de Carranza, teólogo e pregador. Foi um de seus atos mais significativos após a aposentadoria do pai. Como marido de Mary Tudor, na Inglaterra Felipe conhecera Carranza bem; o religioso fora um de seus aliados espanhóis mais importantes entre os ingleses protestantes.[70]

Carranza foi escolhido para a missão na Inglaterra em parte devido à sua longa experiência com a Inquisição. Por trinta anos comandou diversas comissões inquisitoriais e, em suas próprias palavras, tinha "constantemente perseguido os hereges".[71] Na Inglaterra, insistira na incineração de Cranmer, o arcebispo protestante de Canterbury, em 1556; mais de 30 mil pessoas fugiram do país, tomadas pelo medo.[72] Carranza visitou Oxford em 1556 e Cambridge em 1557, e, nessa última cidade, ordenou que os livros heréticos e as Bíblias em inglês fossem queimados em praça pública.[73] Seu zelo era tal que logo os ingleses o apelidaram de "monge negro"[74] e houve muitas tentativas de assassiná-lo.[75]

Esse devoto dominicano famoso por sua modéstia, que preferia acreditar em tudo o que ouvia em vez de duvidar das pessoas, com sua grande cabeça calva, sobrancelhas juntas como as de Felipe II e rosto cheio de pelos, certamente era um dos alvos menos prováveis da Inquisição.[76] Mas a obsessão por inimigos ocultos era tamanha, e eram tantos os medos que agitavam a sociedade espanhola, que sua zelosa atividade contra os protestantes não seria suficiente para protegê-lo.

Os problemas de Carranza começaram devido à rivalidade que existia entre ele e o inquisidor-geral Fernando de Valdés, que era uma espécie de talismã da Inquisição, sem dúvida o mais importante inquisidor-geral da história da instituição depois de Torquemada. Ele não tolerava ser contrariado e, do alto de sua torre inquisitorial, não estava preparado para assistir passivamente à indicação de Carranza para a sé de Toledo.

Valdés também tinha seus segredos e, na juventude, teve um filho ilegítimo.[77] Isso não o impediu de se juntar à corte de Cisneros em 1516, quando tinha 33 anos. A partir daí sua ascensão aconteceu sem maiores obstáculos, e ele foi indicado para a Suprema pelo inquisidor-geral Manrique em 1524, antes de se tornar presidente da Chancelaria de Valladolid em 1535, arcebispo de Sevilha em 1546 e inquisidor-geral em 1547.[78] Mas suas habilidades políticas e sua rede de contatos não eram acompanhadas por um temperamento calmo ou piedoso. Valdés esteve surpreendentemente à frente de seu tempo ao descartar fantasiosas histórias de bruxaria,[79] mas isso pode ter ocorrido porque ele não precisava de demônios imaginários, já que era perfeitamente capaz de inventá-los entre seus próprios adversários.

Assim que foi nomeado inquisidor-geral, fez diversas indicações. Seu sobrinho Menendo tornou-se inquisidor de Valladolid; outros parentes, Diego de Valdés e Diego Meléndez, foram indicados para cargos nas inquisições de Múrcia e Granada. Um de seus confidentes mais próximos, Hartuno de Ibargüen, foi nomeado secretário da Suprema, e o irmão de Ibargüen, Juan, administrador dos bens confiscados em Astúrias, em Castela e na Galícia. Ele também promoveu seu sobrinho Juan, que, à época da morte de Valdés, era inquisidor de Saragoça.[80] A manipulação da burocracia inquisitorial ocupava tanto o seu tempo que ele passou apenas 14 meses na sé de Sevilha durante os vinte anos em que foi arcebispo da cidade;[81] esse foi um dos principais motivos de seu ódio por Carranza.

Antes de ser nomeado arcebispo de Toledo, Carranza havia declarado que era dever dos bispos residir em suas dioceses e que eles não podiam presidir cortes reais (audiências). Valdés nunca estava em Sevilha e presidia diversas audiências, então provavelmente não gostou dessas declarações.[82] Como revela o seu nepotismo, não via muita diferença entre o público e o privado, e era considerado uma pessoa de muitos ódios e paixões.[83] Perfeitamente capaz de fazer valer o enorme poder que detinha, decidiu derrotar o primaz da Espanha por meio da Inquisição.

QUAL ERA O ESTADO de ânimo da Espanha naquele momento? Em Valladolid, sede da corte espanhola, a Suprema, devido à sua mentalidade belicosa, ficava isolada em seu palácio, longe dos pomares e das planícies que se estendiam para além das muralhas da cidade. De Valladolid, o planalto se expandia em direção ao sul, de onde se elevava pelos declives cobertos de florestas das montanhas Gredos. O planalto continuava além das montanhas, com sua aridez se estendendo em direção à província do novo arcebispo Carranza. A proximidade dos territórios dos dois adversários acrescentava um elemento dramático ao conflito.

Ao aceitar a indicação para a sé de Toledo, Carranza partiu para a Espanha imediatamente. Enquanto isso, publicou na Antuérpia, em

1558, seu *Comentarios del Catecismo Cristiano*, um livro destinado a curar a ignorância do clero holandês e acabar com a disseminação dos ensinamentos protestantes na Inglaterra.[84] Apesar desses nobres objetivos católicos, no entanto, o livro foi utilizado como arma contra ele.

Ao ouvir falar do livro, Valdés pensou que essa poderia ser a oportunidade de arruinar o novo arcebispo, que ainda não chegara ao país. Havia poucos exemplares da obra na Espanha, mas ele conseguiu um e se trancou em seus aposentos para estudá-lo. Um dia, o teólogo dominicano Melchor Cano entrou nos aposentos de Valdés e viu a cópia do *Catecismo* de Carranza sobre a mesa.[85] Cano era inimigo de Carranza havia muito tempo, como depois afirmaram diversas testemunhas;[86] Carranza era mais velho, mais modesto e, indiscutivelmente, mais bem-sucedido. Cano, consciente de que o inquisidor-geral também não gostava do novo arcebispo, viu que aquela seria sua oportunidade. Então, disse a Valdés: "Neste livro há muitas coisas que as pessoas não deveriam ler." Valdés ficou contente, pediu que ele lhe dissesse que coisas eram essas e decidiu entregar o material a Cano, para que ele fizesse uma avaliação definitiva de sua ortodoxia.[87]

Antes de ver o livro nos aposentos de Valdés, Cano tentara obter um exemplar. Estava tão obcecado com a ideia de encontrar uma heresia e horrorizar-se com ela que, uma noite, invadira a cela de um frade no monastério de São Paulo para confiscar um baú que continha o livro.[88] Esse desespero se aliava à sua certeza preconcebida de que a obra era herética. De fato, como ele disse a Antonio de Salazar, amigo de Carranza, "como [Carranza] não quis escrever em seu favor [de Cano] ao prior da ordem e ao papa, ele lera seu [Catecismo] com muita curiosidade e atenção".[89]

Não se podia esperar de uma pessoa assim uma opinião objetiva. Mas isso não era problema para Valdés, que rapidamente incluiu Cano entre seus confidentes. Pouco depois, Cano viajou para a cidade de Laguna em uma das mulas de Valdés, com um de seus criados e com as despesas pagas pela Suprema.[90]

Quando Carranza chegou a Valladolid, vindo dos Países Baixos, em agosto de 1558, sabia que uma tormenta estava a caminho. Por duas vezes escreveu a Valdés afirmando estar disposto a seguir o conselho do inquisidor-geral quanto às correções necessárias ao seu *Catecismo*. Por duas vezes foi ignorado. Então prosseguiu viagem em direção ao sul pelas colinas da Extremadura até Yuste, onde Carlos V estava prestes a viver seus últimos dias. Em 13 de setembro ele encontrou Melchor Cano na cidade de San Leonardo de Alba; Cano estava a caminho de Valladolid para dar início à censura do *Catecismo*. Quando Carranza lhe perguntou sobre o interesse da Inquisição por ele, Cano respondeu devotamente que não podia falar devido ao sigilo do Santo Ofício.[91]

Oito dias mais tarde, em 21 de setembro de 1558, Carlos V faleceu em Yuste. Carranza estava presente e, segundo seu companheiro, o frade Diego de Ximenes, comportou-se adequadamente.[92] No entanto, durante sua estada em Yuste, foi pouco atencioso com Juan de Regla, confessor de Carlos V, e em dezembro Regla viajou para Valladolid e declarou que Carranza proferira frases "que soavam luteranas" junto ao leito de morte do rei.[93] A verdade era que, no estado em que se encontrava a Espanha, qualquer frase podia soar luterana se fosse suficientemente distorcida.

A inimizade pessoal e a paranoia foram, então, as causas da queda de Carranza e de sua posterior destruição. Enquanto a Inquisição em Valladolid pacientemente recolhia evidências, Melchor Cano trabalhava com afinco na censura do *Catecismo* de Carranza. Sua conclusão foi que "muitas expressões [no livro] são luteranas, mesmo que essa não tenha sido a intenção do autor".[94] Ele citou 141 proposições que mereciam ser censuradas.[95] A ideia de Carranza de que "a fé e o conhecimento do Cristo Redentor são a chave para o edifício cristão" tinha "um sabor luterano, se não um significado luterano", e Cano prosseguiu interpretando o *Catecismo* de maneira tão tendenciosa que classificou alguns pontos de vista de Carranza como luteranos, apesar de terem sido extraídos *ipsis litteris* dos Evangelhos.[96] Cada frase, cada pessoa, podia ser objeto de manipulação.

O veredicto de Cano soou como música aos ouvidos de Valdés; ele tinha ouvido o que queria. Quando outros teólogos opinaram que nada havia de errado com o *Catecismo*, ele os ignorou.[97] Quando um deles, Juan de la Peña, assinalou que o próprio Santo Agostinho havia dito que só a fé poderia salvar a humanidade e que, com base nisso, ele não podia condenar Carranza por heresia, o próprio de la Peña tornou-se alvo de suspeitas: sua cela foi invadida e seus documentos, confiscados.[98] Em maio de 1559, ao saber que os teólogos da Universidade de Alcalá estavam planejando aprovar o *Catecismo* por unanimidade, Valdés ordenou ao comissário (representante local) da Inquisição em Alcalá que decretasse que nenhum membro da universidade estava autorizado a publicar opiniões teológicas sobre nenhum livro.[99]

A presa de Valdés não escaparia. Enquanto Cano alegava a Carranza que não podia se manifestar devido ao sigilo da Inquisição, Valdés quebrava alegremente essa mesma regra e preparava a atmosfera pública para aquela detenção espetacular.[100] Podiam-se acusar outras pessoas de hipocrisia, mas isso não significava que fosse preciso renunciar a ela por inteiro, principalmente se fosse útil ao processo inquisitorial.

Em meio a essas trapaças, os agentes de Valdés faziam pressão em Roma para obter um breve papal que permitisse que a Inquisição processasse bispos. O fato de que agora a suspeita era suficiente para demonstrar culpa foi revelado quando um deles disse na cúria: "Por que Vossa Excelência se importa se ele é queimado lá ou cá, se no final tem de morrer?"[101] Em 9 de janeiro de 1559, o papa emitiu o breve desejado e, como relataram alguns criados de Valdés, "toda a casa comemorou como se [Valdés] tivesse sido nomeado cardeal".[102]

Carranza fez o possível para continuar seu trabalho. Ignorando os rumores, chegou à sua sé para atuar como arcebispo. Segundo o seu biógrafo, nos dez meses e nove dias que passou lá desembolsou mais de 80 mil ducados em dotes para órfãos, no sustento de viúvas, em pensões para estudantes pobres e na melhoria das condições de hospitais e prisões.[103] O zelo implacável que devotou às suas atividades revelou que tinha energia de sobra. Mas, apesar da transparência de suas boas ações, em 6 de maio de 1559 o procurador da Inquisição em Valladolid emitiu uma ordem de prisão acusando-o de difundir pecados luteranos;[104] em 26 de junho, Felipe II confirmou a ordem.[105]

Houve diversas discussões sobre como levar Carranza para Valladolid. No começo de agosto, o arcebispo, que estava na cidade universitária de Alcalá, recebeu uma carta da regente dona Juana, solicitando sua presença em Valladolid por ocasião da chegada de Felipe II, procedente de Flandres.[106] Ao mesmo tempo, a Inquisição enviou dom Rodrigo de Castro, futuro arcebispo de Sevilha, para lhe fazer companhia e vigiá-lo, apesar de, aparentemente, ele ser seu amigo.[107]

Castro chegou a Alcalá em 9 de agosto. Ele e Carranza partiram no dia 18 para visitar a diocese do arcebispo, a caminho de Valladolid. Pouco depois, na cidade de Fuente de Sal, Carranza encontrou seu amigo Felipe de Meneses, que lhe informou que estava sendo comentado em Valladolid que a Inquisição ia detê-lo.[108] No domingo, 20 de agosto de 1559, o arcebispo chegou à pequena cidade de Torrelaguna e a cena estava armada para o desenlace.

Dois dias após Castro e Carranza chegarem a Torrelaguna, Diego Ramírez, o inquisidor de Valladolid, montou acampamento a 3 quilômetros da cidade. Estava acompanhado de cem homens, que se esconderam nos bosques às margens do rio Malacuera. Castro foi consultar Ramírez e ficou decidido que Carranza seria detido naquela mesma noite. Durante duas noites Castro tramou com o meirinho da Inquisição, Hernando Berzosa, que havia passado quatro dias incógnito em Torrelaguna; Castro e Berzosa haviam alçado 12 pessoas ao cargo de familiares da Inquisição (oficiais locais que colaboravam durante as detenções e na coleta de provas), e elas estavam preparadas para agir.[109]

Nessa noite, Ramírez entrou em Torrelaguna e se dirigiu ao alojamento de Carranza. Os guardas se postaram junto às portas e na escada. Ramírez, Castro e Berzosa subiram com cerca de dez familiares armados e golpearam a porta do quarto de Carranza. Seu pajem, o monge Antonio Sánchez, perguntou: "Quem está aí?" O grupo respondeu: "Abram para a Inquisição!" O arcebispo correu para fechar as cortinas. Ele descansava a cabeça no travesseiro quando seus inimigos entraram e o detiveram no quarto iluminado por velas.[110]

Não haveria com escapar de Torrelaguna; Carranza seria levado pela guarda armada de Valladolid, lá ele seria confrontado com seu grande inimigo Fernando de Valdés em um dos mais controversos julgamentos da Inquisição.

OCORREU UMA consonância curiosa. Valladolid, sede da corte real, era também o ponto central das ameaças ao império espanhol. A elite do-

Tomás de Torquemada, primeiro inquisidor-geral da Espanha, que presidiu a expansão da Inquisição espanhola e criou regras para estigmatizar os descendentes dos hereges.

O Castelo de Triana, sede da Inquisição em Sevilha. Quando os autos de fé da Inquisição espanhola começaram, em 1481, eram tantos os prisioneiros que não cabiam no castelo.

Um auto de fé espanhol no século XVI. Os prisioneiros são levados além dos portões da cidade, para os campos, onde são entregues às autoridades seculares para serem queimados (acima, à direita).

À direita Como um dos primeiros inquisidores de Cartagena (Colômbia) e depois de Lima e da Cidade do México, Juan de Mañozca comandou alguns dos autos de fé mais violentos da história da Inquisição nas Américas.

Abaixo Interrogatório de um suspeito. A Inquisição era uma instituição fortemente hierarquizada: note-se que as cadeiras dos inquisidores são mais altas do que a do interrogado.

A Corte da Inquisição, de Francisco Goya. Pintados depois de sua carreira como artista da corte

seus retratos sombrios da Inquisição constituem algumas de suas representações visuais mais famosas.

Acima Tortura da Inquisição. Ao contrário do que se vê nessa gravura, os torturadores geralmente usavam uma carapuça. Com frequência despejavam água goela abaixo da vítima amarrada ao cavelete.

Página ao lado, acima Essa gravura data do início do século XIX, quando a tortura pela Inquisição já tinha ficado no passado. Contudo, o sucesso dos propagandistas contrários à Inquisição, e da própria Inquisição, ao semear a ideia de seu poder, era tamanho que a percepção popular era a de que a tortura continuava existindo.

Página ao lado, abaixo As vítimas eram alçadas no ar nas polés e largadas do alto durante o interrogatório.

O cardeal Francisco Jiménez de Cisneros. Inquisidor-geral da Espanha no início do século XVI, ele defendeu a instituição depois que os excessos brutais cometidos em Córdoba sob as ordens do inquisidor Lucero ameaçaram a sobrevivência da Inquisição.

Um penitente usando o *fuego revuelto*, que era entregue aos condenados à execução que confessavam seus pecados e aceitavam a comunhão cristã. Eles eram decapitados antes de serem queimados.

minante estava sob ataque! O inimigo estava por toda parte. Ele era tão versátil que não seria surpresa para ninguém se o próprio demônio aparecesse vestido como aqueles malditos convertidos, mouros e luteranos. Apesar das dificuldades causadas pelos mouros e criptojudeus de Múrcia, a ameaça verdadeira provinha do próprio coração da Cristandade e estava semeando uma perigosa discórdia entre os povos dos Países Baixos e da Alemanha.

A situação estava cada vez pior. Em 1557, os monges jerônimos do monastério de São Isidro, em Sevilha, foram alvo da suspeita de protestantismo e fugiram para a Alemanha, mas oito deles foram detidos pela Inquisição da cidade. Depois, na primavera de 1558, descobriu-se que pecados luteranos estavam sendo pregados por toda Castela. Além disso, essas heresias, conforme o inquisidor-geral Valdés escreveu ao papa Paulo IV em 9 de setembro de 1558, haviam "se manifestado em revoltas e motins entre nobres, clérigos e proprietários importantes". Isso, Valdés disse ao papa, significava que a Inquisição não podia lançar mão dos procedimentos bondosos que empregara até então para lidar com os criptojudeus e os mouros.[111]

A carta revela como os círculos inquisitoriais criavam um caminho em direção à utilização de fogueiras. Obviamente devemos recordar que, naquela época, ocorrera uma terrível purificação de protestantes na Inglaterra da rainha Mary Tudor e na França de Henrique II, e que provavelmente mais protestantes morreram na França e na Inglaterra do que na Espanha nos anos posteriores a 1558.[112] Apesar disso, a coleta de provas e a destruição das vítimas fornecem uma visão prévia de como as instituições persecutórias muitas vezes mostravam-se capazes de assegurar as condenações que lhes convinham.

Em 1557, os luteranos subversivos surgiram em Sevilha; os primeiros sinais da conspiração também apareceram em Valladolid. Uma noite, a esposa do ourives Juan García levantou-se discretamente logo após ter se deitado e seguiu o marido, sabendo que ele costumava sair depois que ela ir dormir. Ela o viu entrar em uma casa. Suspeitando de adultério, entrou e se escondeu atrás da porta do cômodo de onde vinha a voz dele. Em seguida, a conversa se desviou para o que lhe pareceu ser luteranismo. Foi o suficiente para seus ouvidos sensíveis.

Naquela época suscetível, talvez o adultério fosse mais suportável que a heresia. Sem dúvida, havia algum tempo ela sentia que o seu casamento estava entrando em crise, e a heresia foi a gota d'água. Ela estava determinada a renegar a vida em comum e o sentimento de responsabilidade mútua. Saiu do local e denunciou o marido à Inquisição no dia seguinte. Dois anos depois, García, o ourives, foi relaxado ao braço secular.[113]

Rapidamente a cadeia de denúncias chegou à nobreza. Em abril de 1558, Ana Enríquez — conhecida como a "formosa donzela" —, filha do marquês de Alcañices, contou ao inquisidor Gulielmo que o frade dominicano Domingo de Rojas lhe entregara um livro de Lutero no pomar de sua mãe, declarando que aquelas doutrinas eram santas. Rojas também convencera as monjas do convento de Belém, e elas começaram a ler as obras luteranas. Dizia-se que o criado do marquês de Alcañices, Cristóbal de Padilla, era outro importante dogmático, assim como o italiano Carlos de Seso. Corria a notícia de que o cônego de Salamanca, Agustín de Cazalla, estava por trás da difusão das doutrinas luteranas, e que reuniões secretas aconteciam na casa da mãe de Cazalla, Leonor de Vibero. Outra nobre envolvida era Francisca de Zúñiga, filha do contador real Alonso de Baeza.[114]

Tratava-se de uma rede crescente de conexões, contatos e sedição. Todos os hereges se comunicavam entre si. A conspiração era muito maior do que se pensava. Por volta de 1558 os calabouços inquisitoriais estavam repletos de prisioneiros, e o inquisidor-geral Valdés observou que "a cada dia chegam novas testemunhas [...] alguns suspeitos não foram detidos, pois já não há onde encarcerá-los".[115]

O terror tomava conta de Valladolid. O dominicano Domingo de Rojas, acusado pela "formosa donzela" e depois por outras pessoas, de ter afirmado que o inferno não existia e que era impossível que uma pessoa batizada pecasse, foi se aconselhar com Francisco de Tordesillas, outro monge do convento de São Paulo, em Valladolid: "Padre, se sou denunciado à Inquisição por coisas que não fiz, que remédio tenho?" Tordesillas respondeu que ele simplesmente devia confessar tudo aos inquisidores. "E se for provado que eu disse coisas que nunca disse, e eu não puder falar com as testemunhas que depuseram contra mim, não terei remédio?" Tordesillas respondeu que nesse caso não havia mais nada a fazer a não ser morrer pela verdade. Rojas concluiu: "Percebendo as mentiras e verdades que têm sido ditas sobre mim, sinto-me perdido." Ele tentou fugir para Flandres, mas foi detido e a tentativa de fuga foi considerada uma indicação de culpa, não de medo.[116]

O caso do italiano Carlos de Seso foi ainda mais ridículo. Seso nascera em Verona e em 1554 era o principal magistrado da cidade de Toro. Não há dúvidas de que Seso ouvira algumas ideias controversas na Itália e começara a falar sobre elas a um pequeno círculo de amigos íntimos, mas isso não significava que fosse luterano. Seso foi condenado à fogueira no auto de fé de 8 de outubro de 1559, e uma noite antes de morrer fez uma declaração: "Creio no que os apóstolos acreditavam e na doutrina da Santa Madre Igreja Católica e Apostólica." Ele afirmou que iria morrer por ter dito que "Jesus Cristo Nosso Senhor salvou seus escolhidos mediante sua paixão e morte, e é o único a promover a paz entre Deus e nós". Conta-se que no dia seguinte, enquanto era arrastado pelas ruas de Valladolid, ele viu Felipe II e lhe perguntou como podia deixar que ele fosse queimado, ao que o rei respondeu: "Eu traria a lenha para queimar meu próprio filho se ele fosse tão mau quanto você."[117]

Houve dois autos de fé em Valladolid em 1559, nos quais 25 luteranos foram relaxados. Eles receberam essa sentença apesar de terem confessado e se penitenciado — ao contrário dos procedimentos usuais da Inquisição —, depois que Valdés solicitou uma dispensa papal especial.[118] Oito dias antes do primeiro auto de fé, em 21 de maio, um pregador declarou que todos deviam assistir à cerimônia, e pessoas de toda a Espanha compareceram, de forma que mais de 100 mil espectadores se apinharam nas praças e assistiram ao espetáculo macabro das janelas e dos palcos especiais montados para isso.[119] O público era tão grande que dois dias antes do auto era impossível caminhar pelas ruas, e quando os 14 prisioneiros condenados foram levados para fora da cidade para serem executados, tiveram que ser protegidos por quatrocentos soldados.[120] Diz-se que ao auto de fé de 8 de outubro compareceram 300 mil pessoas — todos os habitantes dos povoados num raio de cerca de 200 quilômetros de distância foram a Valladolid. Tratava-se do "espetáculo mais estranho a que já se tinha assistido".[121]

Enquanto isso, em Sevilha, 32 luteranos foram relaxados em 1559 e em 1560.[122] Outros 18 foram relaxados em 1562 (quando três mouros também morreram), e 16 foram queimados na fogueira.[123] Seis pessoas morreram em 1563[124] e outras seis em 1564.[125] Mais tarde, em 1577, três foram relaxadas, duas delas inglesas, e sete dos nove luteranos julgados naquele ano foram torturados.

A atmosfera de ameaça permanente que amaldiçoou a Espanha naqueles anos ficou registrada na lista de prisioneiros do calabouço inquisitorial de Sevilha de 1580:

> Ingleses, acusados de uma conspiração — 19
> Escoceses, acusados de uma conspiração — 23
> Mouros, acusados de uma conspiração — 6
> Mouros, acusados de outra conspiração — 12
> Mouros, acusados de mais outra conspiração — 3
> Mouros, acusados de mais uma outra conspiração — 3
> Mouros, acusados de mais uma conspiração — 2
> Casos de prisioneiros não acusados de conspiração — 32[126]

A LINGUAGEM É a de uma sociedade que vê ameaças por toda parte.

A concentração do terror nos anos de 1558 e 1559 não ocorreu por acaso; Felipe II, o novo rei, precisava demonstrar que não havia um vazio de poder e que ele era o sucessor ideal do pai.[127] Sem dúvida, algumas pessoas encarceradas ou executadas possuíam crenças estranhas à doutrina católica, mas não há dúvida de que as diferenças foram exageradas pelos procedimentos inquisitoriais — como comprova o caso de Domingo de Rojas. De fato, grande parte do que aquelas pessoas diziam ser verdade não era muito diferente das velhas crenças de Erasmo.[128] Além disso, longe de erradicar a heresia, as fogueiras da Inquisição frequentemente a encorajavam. Muitos dos que se viram forçados a fugir de Sevilha para o norte da Europa na década de 1560 sobreviveram tornando-se adeptos do protestantismo, propagando histórias terríveis sobre a Espanha católica.[129] Portanto, o catolicismo paranoico criou alvos que lhe eram realmente ameaçadores.

A maior comprovação da invenção desse inimigo interno provém de Portugal, onde a infiltração do luteranismo não tinha por que ser menor do que na Espanha. Mas lá houve poucos julgamentos de luteranos na época, além de um ou dois julgamentos ostensivos, como o do cronista real Damião de Goes.[130] Isso não aconteceu pelo fato de o perigo na Espanha ser maior do que em Portugal, mas porque, neste último, a Inquisição acabara de ser fundada e a perseguição ainda era dirigida aos convertidos, os primeiros alvos principais. Não havia necessidade de criar uma ameaça luterana enquanto o país ainda estava enfrentando o inimigo convertido original.

A prisão de Carranza, tão cuidadosamente orquestrada por Valdés, estava intimamente relacionada aos acontecimentos em Valladolid. Parece que Carranza teve, em algum momento dos anos 1550, um encontro com o prisioneiro Carlos de Seso durante o qual se esforçou por convencê-lo do equívoco de suas crenças, mas não o denunciou à Inquisição.[131] Isso foi apontado como um sinal de culpa pelo procurador inquisitorial, apesar de a longa experiência de Carranza na Inquisição qualificá-lo para determinar se era ou não necessário denunciar Seso. Além disso, o infeliz Domingo de Rojas tinha sido criado de Carranza; acusado na câmara de torturas em 10 de abril de 1559 e procurando desesperadamente uma saída, afirmou que Carranza aprovava algumas das ideias que ele, Rojas, era acusado de propagar.[132] Essas conexões foram cruciais para a detenção de Carranza.

Não surpreende que o bispo de Toledo tenha entrado em depressão ao ser encarcerado em Valladolid. Ele sofria de insônia crônica e não dormiu por 19 dias.[133] Então dedicou-se a provar que o inquisidor-geral era seu inimigo e que não era confiável para julgá-lo de maneira objetiva. Pelo menos isso ele conseguiu, e Valdés foi afastado do caso. Mas nada disso acelerou o processo.

Carranza viveu em condições terríveis nos anos em que esteve preso. Ocupava uma cela tão afastada do mundo externo que não soube quando um incêndio que durou um dia e meio devastou mais de quatrocentas casas em Valladolid em 21 de setembro de 1561; só tomou conhecimento do ocorrido anos mais tarde, em Roma.[134] Sua cela não tinha ventilação e ele e seus criados eram obrigados a fazer as necessidades ali mesmo; portanto, todos ficaram doentes. O cubículo era tão escuro que às vezes Carranza tinha que acender velas às nove da manhã. Além disso, o carcereiro era o inquisidor Diego González, que o detivera em Torrelaguna. González o humilhava levando-lhe comida em pratos quebrados e frutas em cima de capas de livros, e forçando o arcebispo a usar seus lençóis como toalha de mesa.[135]

Após sete anos no calabouço de Valladolid, Carranza foi transferido para Roma por insistência do novo papa, Pio V. Lá, uma enorme quantidade de documentos do processo foi traduzida para o italiano a fim de que o julgamento pudesse prosseguir, o que só ocorreu em 1570. Ainda assim, o calvário de Carranza não terminou. Pio V faleceu e seu sucessor, Gregório XIII, foi pressionado intensamente por Felipe II a declarar Carranza culpado. Em 14 de abril de 1576, quase 17 anos depois de ter sido preso, Carranza foi condenado a abjurar a heresia e as 16 propostas luteranas das quais era considerado suspeito.[136] Quando sua sentença foi lida no Vaticano, o arcebispo chorou copiosamente. Faleceu 18 dias depois, incapaz de urinar.[137] A repressão fizera um círculo completo.

Ao recordar o fervor de Carranza ao queimar protestantes na Inglaterra, algumas pessoas podem não simpatizar com um homem como ele, mas é preciso lembrar que aquela era uma época de guerra religiosa na Europa. O que esse caso revela não é tanto uma correção de erros, e sim a capacidade do poder de adotar propósitos absolutamente próprios. Valdés empregou hipocrisia, mentiras e torturas para arruinar alguém que, pelos padrões da época e do país, era um homem santo. Se o primaz de toda a Espanha podia ser condenado por heresia, ninguém poderia ser considerado acima de qualquer suspeita.[138] O medo podia fazer sua colheita amarga entre todas as classes da Espanha.

A mentalidade que triunfou nessas condições era conservadora, hierárquica, dogmática e temia novidades. Melchor Cano, que pregou no auto de fé de 21 de maio de 1559 em Valladolid para consolidar sua posição na nova ordem, afirmou que os grandes perigos de se traduzirem as escrituras do latim podiam ser vistos "entre as mulheres e os idiotas".[139] Os segredos da fé só estavam seguros entre homens sábios; gente como Cano, na verdade.

Contudo, o isolamento e a perseguição do inimigo interno não eram contraditórios com o Século de Ouro espanhol; de diversas maneiras, eram congruentes com o destino imperial do país, um contraponto doméstico de seu poder global no século XVI. Os inimigos eram focos para a unidade e a violência tanto na América quanto na Europa, e enquanto os alvos eram os "outros", os criptojudeus e os mouros facilmente identificáveis, a tática funcionou muito bem e a Espanha continuou prosperando. Mas a repressão ao inimigo protestante marcou uma virada histórica. Ao dar continuidade à política de seu pai de impor a Inquisição aos Países Baixos, onde não havia o "problema" judeu e muçulmano, Felipe II precipitou a revolta. As Províncias Holandesas Unidas se separaram do império e passaram a representar um dos maiores desafios ao poder espanhol no fim do século XVI e no começo do século XVII.[140]

Então, ao extrapolar e ampliar o conceito de inimigo, tornando-o capaz de atingir a todos, a Inquisição e a mentalidade inquisitorial ajudaram a semear as rebeliões que viriam a minar o poder espanhol e seu papel no mundo. Contudo, a instituição foi incapaz de perceber a autodestruição que era uma condição necessária da sua existência. Enquanto os holandeses se lançavam na primeira rebelião contra os espanhóis, no final dos anos 1560, decidiu-se exportar a Inquisição para a América. Em busca do medo — nunca vencido — por toda parte em casa, talvez fosse inevitável buscá-lo também fora dela.

Capítulo Seis

O TERROR ENVOLVE O MUNDO

[...] ele jurou que se ela não voltasse para Deus e a Virgem, ele mesmo a mataria [...]

México, 1568-1583

No dia 12 de setembro de 1572, os dez membros do recém-inaugurado Tribunal da Inquisição do México aportaram na costa de Veracruz. O mais importante entre eles era o inquisidor Pedro Moya de Contreras. Ao chegar, ele designou os membros da infraestrutura inquisitorial. Indicou comissários para cada cidade onde havia um bispo não só no México, como também na Guatemala, em Honduras e na Nicarágua. Por volta de 1600, nenhum assentamento importante da capitania da Guatemala carecia de comissário inquisitorial.[1]

Já em 1572, os primeiros casos estavam aguardando solução; era como se alguns estivessem ansiosos pela oportunidade de condenar. O genovês Niccolo Boeto estava encarcerado na Guatemala por interpretar equivocadamente o que Deus proibira a Adão no paraíso. Em León, no norte do México, Hernando Sánchez foi preso por declarar que "a simples fornicação não era pecado, contanto que se pagasse por ela".[2] Era muito mais fácil desenvolver a crítica e a infâmia do que o amor. Assim começou a exportação da marca peculiar de terror e hipocrisia da Inquisição.

Apesar de a Inquisição ter agido anteriormente no México, sob o patrocínio dos bispos — a antiga Inquisição episcopal —, faltavam-lhe a infraestrutura e os poderes dos novos tribunais que se haviam espalhado pela Espanha a partir de 1478. Além dos casos dos ameríndios,* alguns protestantes estrangeiros haviam sido julgados por aquelas autoridades. Um dos exemplos mais notórios tinha ocorrido em 1559, quando o inglês Robert Thomson foi detido por luteranismo e forçado a se penitenciar na catedral da Cidade do México junto com um italiano.

A cerimônia aconteceu diante de 5 ou 6 mil pessoas, algumas das quais haviam viajado centenas de quilômetros para assisti-la, subindo os desfiladeiros que levavam à cidade e apreciando lá do alto o resplendor caiado da cidade colonial. O público foi assistir sabendo que Thomson afirmara que "nós éramos hereges, infiéis e gente que desprezava Deus e suas obras, e parecíamos mais com demônios do que com homens".[3] No entanto, curiosamente, quando ele e o italiano entraram na igreja, "as mulheres e crianças começaram a gritar e fizeram um enorme alarido estranho de ver e ouvir, e disseram que nunca haviam visto tal bonomia em suas vidas e que não era possível que em nós houvesse tanto mal como se dizia".[4] Casos como o de Thomson levaram as autoridades a sentir que os inimigos protestantes ("piratas") representavam uma ameaça crescente no Novo Mundo. Essa percepção, junto com o ambiente dos autos de fé de Valladolid e Sevilha em 1559, levou à fundação dos tribunais em Lima, no Peru, em 1569, e no México, em 1571.

Ao chegar à Cidade do México, a comitiva inquisitorial encontrou milhares de lares espanhóis e 300 mil índios na periferia.[5] A princípio, Contreras e seus assistentes se concentraram nos protestantes. O inquisidor fora informado sobre os náufragos do corsário Hawkins que tinham sido capturados por Luis de Carvajal e enviados à prisão na cidade do México em 1568.** Alguns haviam sido detidos pela Inquisição muito antes da chegada de Contreras, e um deles, Robert Barrett, fora enviado a Sevilha, onde foi queimado em um auto de fé em 1573.[6] Aqueles ingleses eram um alvo muito fácil, particularmente porque, como observou um deles, Miles Phillips, os inquisidores "sabiam perfeitamente que alguns de nós tinham enriquecido muito".[7]

* Ver páginas 122-123.

** Ver página 133.

Poucos meses após a criação do tribunal, os ingleses abandonados por Hawkins que haviam se estabelecido pelo país foram levados à Cidade do México. Muitos foram detidos e encarcerados em solitárias, onde permaneceram por 18 meses. Todos foram torturados três meses antes da promulgação de suas sentenças.[8] Na véspera do auto de fé, disse Phillips, "[as autoridades da Inquisição] estavam tão ocupadas vestindo-nos com seus hábitos [sambenitos], dispondo-nos em fila e dizendo a ordem em que devíamos caminhar para o patíbulo ou para o lugar do julgamento no dia seguinte, que não nos deixaram dormir durante toda a noite".[9]

O auto começou cedo. Normalmente, vinte ou trinta canoas chegavam à cidade todas as manhãs pelos canais, transportando maçãs, peras, romãs e tortillas, forragem para os cavalos, cal e tijolos para os edifícios, e carvão e lenha para os fogões.[10] Naquele dia, porém, não houve canoas. A multidão imóvel conferia drama e legitimidade ao ritual de punição e condenação.

Durante o auto de fé, um pequeno número de prisioneiros foi executado, e o restante foi açoitado antes de pagar suas penas nos cárceres ou nas galés.* Phillips foi um dos condenados ao cárcere em um monastério e achou os monges muito gentis, pois "muitos espanhóis e os próprios frades abominavam completamente e não gostam daquela cruel Inquisição, e tentavam minorar nossas misérias e confortar-nos da melhor maneira, ainda que tivessem tanto medo daquela Inquisição demoníaca que não ousassem permitir que a mão direita soubesse o que a esquerda fazia".[11]

A impressão de Miles Phillips sobre a oposição geral à Inquisição no México é confirmada pelo relato da prisão anterior de seu compatriota Thomson, segundo o qual muitos espanhóis que viviam no Novo Mundo se opunham ao novo órgão.[12] Diferentemente do que ocorrera na Espanha, no México as pessoas não haviam sido educadas para res-

* É difícil precisar os números; de acordo com Miles Phillips, morreram três pessoas, mas os documentos do tribunal só mencionam uma execução — (Conway [ed.] [1927: 158]); contudo, como se trata de um dos três mencionados por Phillips, é provável que o número correto de mortos seja mesmo três.

peitar a Inquisição. Elas temiam o controle que a instituição poderia chegar a exercer sobre as suas atividades cotidianas. Havia um sentimento generalizado de que aquele órgão opressivo era inimigo da liberdade, considerada um direito de nascença na América.

A natureza da justiça exercida pela nova instituição no México ficou clara nos primeiros julgamentos dos protestantes ingleses. Um prisioneiro, William Collins, de Oxford, explicou que planejara se tornar padre antes da destruição das igrejas católicas e dos monastérios no reinado Henrique VIII, mas que, após a morte de Mary Tudor e a ascensão de Elizabeth, fora detido em Londres como simpatizante católico.[13] Collins descreveu em detalhes a ausência de rituais católicos na Inglaterra e o ódio ao papa, afirmando que a missa, a comunhão e a confissão eram "tão abomináveis [...] que ele não se atreve a descrevê-las".[14] Suas declarações deixaram claro que ele não tinha nenhum apreço pela religião protestante, mas o promotor usou a confissão de Collins para formular 68 acusações, muitas das quais não se referiam a ele, mas a acontecimentos na Inglaterra a que ele fora forçado a assistir. Collins foi açoitado e condenado a dez anos nas galés.[15]

David Alexander, de South Looe, na Cornualha, também foi réu nessa época. Em 1573, Alexander tinha só 19 anos, e apenas 13 quando embarcara com Hawkins rumo à África e ao Novo Mundo. Parte do extraordinário choque que o aguardava na viagem transparece em sua declaração de que, ao embarcar, ele pensava que "a fé protestante da Inglaterra era seguida e respeitada em todo o mundo" e que "ele [não] sabia que havia outra fé".[16] Ao viajar pela África e pela América, essa ingenuidade deve ter dado lugar à sensação de ter entrado em uma espécie de sonho, no qual o inimaginável era verdade e todas as suas certezas se dissipavam.

Como os demais náufragos, Alexander foi punido. Ele passou três anos em um monastério antes de ser libertado em 1577, quando lhe disseram que não podia sair do México sem autorização da Inquisição. Quando, em fevereiro de 1585, tentou embarcar para a China partindo de Acapulco, foi detido e levado à Inquisição, calçando "sapatos iridescentes de tafetá com seda e tiras douradas que pareciam resultado da alquimia, chapéu de plumas, um rifle, uma espada e um frasco". Alexander, que ainda tinha apenas 30 anos de idade, disse que achava que, como estava indo servir a Deus e a Felipe II, a punição podia ser suspensa. Os inquisidores não concordaram; despojaram-no dos adornos e ordenaram que nunca mais deixasse o reino.[17]

Essa exportação da Inquisição para o México (e o Peru) foi uma tentativa de Felipe II de transformar a instituição espanhola em uma potência mundial. Era uma decisão que mudaria a vida de algumas pessoas no México, mas, para se criar a mesma reputação de que a instituição gozava na Espanha, era necessário um caso de proporções similares ao do arcebispo Carranza, que alimentasse a cultura do medo e deixasse claro que ninguém estava acima de suspeitas. A oportunidade não demorou a aparecer.

ENQUANTO A INQUISIÇÃO se estabelecia na América, um velho amigo estava ocupado fazendo sua fortuna. Os acontecimentos dramáticos que acompanharam a chegada de Luis de Carvajal à colônia fizeram dele um confidente próximo do homem mais poderoso do México.* Ele era o homem de confiança do vice-rei Martín Enríquez, encarregado da missão de subjugar o norte. Poucos espanhóis conheciam aquela vastidão, mas Carvajal havia começado a reduzi-la. O vazio deixaria de ser uma fonte de temor; seria dominado.

Em 1576, Enríquez delegou a Luis a tarefa de esmagar os índios de Huasteca, no norte. A expedição foi bem-sucedida, e o reino de Nuevo León foi fundado. Em 1578, Luis regressou à Espanha para buscar a esposa e a família e obter algum tipo de recompensa. Quem passaria por tantos sofrimentos ao longo de tantas expedições penosas sem a perspectiva de alguma compensação? Por recomendação do vice-rei Enríquez, Felipe II decidiu nomear Carvajal o primeiro governador do reino. O decreto foi assinado em 14 de junho de 1579.[18]

A transformação de Carvajal de fugitivo da Inquisição em governador colonial é única na história do Novo Mundo. Para os que estavam no poder, ele devia ser uma personalidade atraente. Não se pode duvidar de que, ao mesmo tempo, ele fosse um inimigo impiedoso dos que

---

* Ver página 130.

cruzavam seu caminho. Os dois atributos andavam juntos em lugares sem lei como Nuevo León, nas naus apinhadas que cruzavam o Atlântico e na vegetação que sepultava as ruínas nas selvas da costa mexicana.

Assim, quando Carvajal chegou a Nuevo León com outros colonos, não encontrou gentileza e simpatia. Ele e outros colonos caçaram os índios "como se fossem lebres". Como se num reflexo de sua vida no oeste da África, ele os enviou à Cidade do México e às minas na condição de escravos.[19] Os desgraçados eram acorrentados em grupos de até mil homens, e quando chegavam às minas eram forçados a trabalhar, recebendo somente rações exíguas.[20] No México, as punições infligidas aos desfavorecidos incluíam a castração, o derramamento de gordura de porco ou betume fervente na pele da vítima, o decepamento de uma orelha, perna ou mão e o enforcamento.[21] Luis deu continuidade no México à perseguição que aprendera em Lisboa e em Cabo Verde.

Uma vez nomeado primeiro governador de Nuevo León, Luis se dedicou a recrutar colonos para seu feudo. Foi até Medina del Campo, à casa da irmã Francisca, cujo marido, Francisco Rodríguez de Matos, comerciava nas grandes feiras. Francisca tinha nove filhos, as irmãs Anica, Catalina, Isabel, Leonor e Mariana e os irmãos Balthasar, Gaspar, Miguelico e Luis, que ficaria conhecido como Luis, o Jovem, para se distinguir do tio.*[22] Luis prometeu que Luis, o Jovem, iria sucedê-lo em Nuevo León e que Balthasar poderia ser o tesoureiro da cidade, e a família decidiu partir com o parente ilustre para o Novo Mundo.[23]

Os Carvajal deixaram Medina del Campo e depois de vinte dias de viagem chegaram a Sevilha, onde ficaram na casa de Luis e da esposa, dona Guiomar. Como muitas mulheres de aventureiros na América, Guiomar permanecera na Espanha enquanto o marido fazia fortuna no Novo Mundo. Contudo, decidira não partir com ele também dessa vez porque Luis era um católico devoto, mas Guiomar guardava certos hábitos rituais judaicos ancestrais. Em Sevilha, ela os ensinou a Isabel, a irmã de Luis, o Jovem, e pediu que dissesse a Luis, no México, que obedecesse às leis judaicas. "Não me atrevo a dizer-lhe isso", Guiomar confidenciou a Isabel, "pois temo que ele me mate".[24]

---

* Ver páginas 109-112 para um relato sobre Luis, o Jovem.

Os novos colonos cruzaram o oceano. A maior parte dos Carvajal adoeceu no Atlântico, e Luis, o Jovem, estava quase morto quando chegaram a Veracruz.[25] O governador levou-os até Tampico para que se recuperassem. A família ainda estava se acostumando ao clima diferente e ao ambiente da América e, diante das dificuldades de se ajustar à nova realidade, recorreram à tradição familiar do judaísmo.

Durante a viagem de Sevilha, os Carvajal conheceram um médico português, Antonio de Morales, cujo sogro fora queimado pela Inquisição em Lisboa por judaizar. Morales e sua esposa, Blanca, discutiram ritos judaicos com Francisca, a irmã de Luis, e Isabel. Isso foi providencial quando, pouco depois de chegar a Tampico, Balthasar e Luis, o Jovem, foram surpreendidos por um furacão. Os irmãos estavam dormindo em um casebre. Temendo que fosse destruído, correram para fora pouco antes de a construção ruir. A chuva era tão forte que não enxergavam o caminho diante deles. Os relâmpagos iluminavam a escuridão com seus clarões, confundindo-os mais ainda. Mas, de alguma forma, conseguiram chegar à casa na qual o restante da família estava hospedado. Acreditando que aquele "milagre" confirmava que eles haviam feito a escolha religiosa certa, a família começou a judaizar junta.[26]

Antes de partir para o México, Francisco Rodríguez de Matos já tinha ensinado ritos judaicos à esposa, Francisca, e ao primogênito, Balthasar. Isabel uniu-se a eles em Tampico e, na cidade do México, Francisco ensinou o mesmo a Luis, o Jovem.[27] A família celebrava muitas festas judaicas e o sabá.[28] Quando uma das filhas, Leonor, casou-se com o rico proprietário de minas Jorge de Almeida, Francisca e os filhos, Isabel, Balthasar e Luis, o Jovem, foram se juntar a eles. Lá, mantiveram os rituais judaicos;[29] oravam fervorosamente em um pomar no sabá, não deixavam os criados trabalharem aos sábados e também tentaram convertê-los.[30]

Contudo, havia um homem que não se encaixava naquele quadro de revolta ideológica: o veterano de Cabo Verde e do México, o próprio governador. Ao chegar a Tampico, Isabel seguiu as instruções da tia, Guiomar. Uma tarde, chamou o tio a um cômodo da casa para pedir-lhe um grande favor. Ao ficarem a sós, pediu que ele jamais contasse o que seria dito ali. Então lhe disse que ele estava errado ao se sujeitar à lei de Cristo. O governador levantou-se furioso, "tapando os ouvidos, e disse-lhe que ela era uma desgraça para toda a família, e quando ela lhe pediu que a ouvisse ele jurou que se ela não voltasse para Deus e a Virgem, ele mesmo a mataria".[31] Ele saiu correndo do cômodo e disse à irmã Francisca que ela devia matar ou estrangular a própria filha. Francisca respondeu que Isabel só estava tentando ajudá-lo.[32]

O governador não queria aquele tipo de ajuda. Deserdou a família, mas adotou Luis, o Jovem, que mais tarde seria convertido pelo pai na Cidade do México. O tio e o sobrinho viajaram pelas cidades do norte. Escravizaram índios e montaram, no deserto, acampamentos cheios de moscas, que cheiravam a animais mortos. Um dia, em 1583, o governador disse ao sobrinho: "Você sabia que seu pai vive segundo a lei de Moisés?" Luis, o Jovem, caiu em prantos e disse: "Esse é um grande pecado." Após passar a vida fugindo da Inquisição, o governador ficou satisfeito com a resposta. Mais tarde ele descobriria que esse mesmo sobrinho se tornaria o herege mais ferrenho de todos ao ser confrontado pelos inquisidores do México.

Cartagena, Goa, Lima e México, 1543-1609

Em 1994, quando a guerra civil de Moçambique terminou, a Ilha de Moçambique abriu uma janela inesperada para o passado. A ilha é um pedaço de terra com menos de 2 quilômetros de largura e algumas centenas de metros de comprimento. Ali as casas se apinham como em um bairro árabe. A história é antiga. A herança islâmica dessa ponta da costa suaíli se evidencia no único edifício que é um pouco mais alto: a mesquita com sua torre e suas cúpulas verdes. Poucos metros adiante surge a catedral, no coração de um emaranhado de ruas. Ao lado dela, a pequena placa do Museu de Arte Antiga nos conduz a uma velha sacristia com relíquias inestimáveis do império português. Há tapetes e ícones de Goa, além de imagens devotas que, de alguma maneira, sobreviveram à travessia do oceano Índico e aos anos de guerra civil. Agora tudo estava em estado de abandono. Os objetos estavam lá, malcuidados, naquele relicário de um império e de um sonho morto.

Poucos visitantes pensariam em encontrar essas ligações entre Goa e Moçambique, que sugerem o vasto alcance que o poder português chegou a ter. Porém, em meados do século XVI, no auge da Inquisição, os portugueses criaram uma rede extraordinária de influência internacional. Na África, mantinham importantes entrepostos comerciais em Cabo Verde e na Guiné, em Serra Leoa, no Congo, em São Tomé e ao longo do litoral dos atuais Moçambique, Tanzânia e Quênia; controlavam entrepostos comerciais em Ormuz, na Arábia, em Goa e em diversas partes do oeste da Índia, em Macau e nas ilhas Malaca, de onde comerciavam com a China e o Japão. Enquanto isso, a Espanha tinha controle, pelo menos nominal, sobre a maior parte das Américas Central e do Sul, à exceção da costa brasileira, que estava igualmente nas mãos dos portugueses; os espanhóis também estabeleceram um entreposto comercial em Manila, nas Filipinas.

Os países ibéricos foram, portanto, os primeiros a construir o que hoje podemos chamar de império global. Uma pequena parte disso podia ser vista na Ilha de Moçambique em 1994, entre as ruínas do antigo forte, marcado pelas explosões e tomado pelo mato. O único hotel era uma relíquia do regime colonial português do século XX, com cômodos grandiosos cujas portas batiam com o vento e cujo sistema hidráulico havia entrado em colapso. Na descarga dos vasos sanitários se usava água do mar, e a piscina estava tomada por algas. O próprio mar cinzento se espalhava entre a praia e o continente, onde dois pescadores me contaram que não pescavam nada havia três dias; durante a Guerra Fria, os russos apareceram com traineiras industriais e esvaziaram o mar de peixes. Uma sensação de desolação tomava conta do que já fora um centro de comércio e poder imperial; era difícil compreender como aquele poder se espalhara pelo mundo antes de virar pó.

Naturalmente, a rápida ascensão do poder ibérico no século XVI não se deu por meio de palavras gentis. A violência tinha começado em casa, mas não demorou a encontrar o caminho para fora. A crueldade era inerente ao processo da conquista espanhola da América, mas na Ásia, onde Portugal estabeleceu centros de poder sem conquistar grandes áreas, era preciso outro alvo para a violência, que, no final do século XV, fora dirigida aos convertidos. Assim, a disseminação organizada da

Inquisição pelas colônias portuguesas e espanholas no estrangeiro não começou na América, e sim na Índia; o estabelecimento da instituição na América por Felipe II foi o desenvolvimento de uma estrutura portuguesa que já existia.

Afonso de Albuquerque conquistou Goa para Portugal em 1510, aproveitando-se das divisões e dos ressentimentos locais em relação ao xá de Bijapur para controlar aquele porto na costa ocidental da Índia.[33] Goa era importante por ser um centro de importação de cavalos para a região. Os novos fortes de Sofala, em Moçambique, e de Ormuz e Cochin, no sul da Índia, criaram uma rede de fortificações que permitiu aos portugueses atuarem como intermediários vitais do comércio no oceano Índico, onde sua zona de controle era conhecida como o Estado da Índia.[34]

Goa tornou-se a sede dos vice-reinados portugueses na Ásia em 1530. De lá o comércio de pimenta era controlado e havia ligações com feitorias portuguesas em outras partes da Índia, como Bengala, Coromandel e Gujarat, bem como em lugares mais remotos.[35] De Goa, os mercadores portugueses conduziam operações em Macau e Nagasaki, agindo como intermediários entre a China e o Japão; Macau tornou-se cidade em 1583 e comerciava com as Filipinas e o Japão, o que significava que os negócios e a colonização portuguesa haviam se espalhado pela Ásia.[36]

A maneira pela qual essa extremidade isolada do continente europeu adquiriu influência global em menos de um século é uma estranha sequência de eventos. Em sua breve trajetória como nação, Portugal nunca dera sinais de ter essa ambição e se definira principalmente pela luta para libertar-se do jugo espanhol. Mas quando, em 1385, o rei João I venceu o último de uma sucessão de enfrentamentos com os castelhanos, o êxito de Portugal consistiu em projetar a violência para fora do país, em suas explorações, em vez de para dentro, com divisões internas. A primeira etapa, em 1415, foi a conquista de Ceuta, no Marrocos, por João I; isso levou a outras explorações pelo continente africano sob o comando do filho de João, Henrique, o Navegador, e mais tarde aos entrepostos na Ásia.

Goa foi crucial para a expansão de Portugal, e no início do século XVII era uma cidade extraordinariamente rica. O vice-rei morava em um elegante palácio com dois amplos pátios: no primeiro, uma escadaria de pedra levava a um grande aposento com pinturas nas paredes de todas as frotas que já haviam partido de Portugal para Goa, com os nomes das naus e seus capitães e, inclusive, com o registro das embarcações que haviam se perdido no mar. Para além do palácio ficava a cidade, que abrigava um número impressionante de artesãos: carpinteiros, pedreiros, ferreiros e construtores de navios, que trabalhavam em casas feitas de conchas de ostras e areia.

Goa era conhecida como uma cidade absolutamente cosmopolita. Os portugueses eram seus senhores indiscutíveis, e a nobreza geralmente preferia ser vista a cavalo, com os arreios de suas montarias feitos de seda incrustada com ouro, prata e pérolas importados de Bengala, da China e da Pérsia. Segundo o viajante francês Pyrard de Laval, a riqueza da cidade provinha em grande parte do trabalho dos escravos trazidos de Moçambique e de outras partes da África.[37] Dessas trocas vieram as tapeçarias que podiam ser vistas tantos anos depois no leste africano.

Uma expansão tão rápida só podia ser alcançada em conjunto com a população local. Após se aproveitar das divisões entre hindus e muçulmanos para conquistar Goa, os portugueses mantiveram o controle sobre o sistema tributário e de organização do trabalho local até o fim do século XVI. Soldados de Goa e Malabar serviram no exército português em todo o Estado da Índia até 1600, e os capitães mercenários hindus continuaram sendo conhecidos e respeitados até meados do século XVI.[38] Nesse processo de interdependência não havia espaço para a intolerância. Porém, como sede do vice-reinado, Goa se tornou o centro das operações missionárias na Ásia; sua função como a "Roma do Oriente" era traçar um futuro no qual a Inquisição desempenhasse um papel.[39]

A intolerância cresceu gradualmente. Em 30 de junho de 1541, foi emitida uma ordem para que se destruíssem todos os templos hindus de Goa, e no ano seguinte as propriedades desses templos foram transferidas às ordens religiosas.[40] No final da década, foi imposto um tributo especial às mesquitas das cidades de Bardes e Salsette. Entre 1558 e 1561, sob o vice-reinado de Constantino de Bragança, aproximadamente novecentos templos foram destruídos. Na época, cerca de um quinto da população de Goa havia se convertido ao cristianismo, pois os cristãos eram beneficiados com os melhores empregos. A exclusão desses novos outros se acelerava paralelamente à exclusão dos outros reconhecidos em casa: os convertidos. Assim, não demorou muito para que tivessem início os primeiros preparativos para a instalação da Inquisição.[41]

A primeira punição inquisitorial em Goa ocorreu no início de 1543, apenas sete anos após o estabelecimento da Inquisição em Portugal, quando o convertido Jerônimo Dias foi queimado vivo.[42] No entanto, ainda não havia um tribunal oficial, e os missionários jesuítas, que começavam a se espalhar pela Ásia sob a liderança carismática de Francisco Xavier, viam isso como uma grande lacuna. Durante os dez anos que passou no Oriente, entre 1542 e 1552, Xavier batizou pelo menos 30 mil pessoas e viajou pela China, pelo Japão, por Cochin e Malaca* pregando o Evangelho; em meio a tanto zelo, a presença de convertidos e mouros — apesar dos diversos decretos proibindo os cristãos-novos de irem para a Ásia — parecia uma desvantagem considerável.[43]

Assim, em abril de 1545 e em maio de 1546, Francisco Xavier, que mais tarde foi canonizado, escreveu ao rei João III instando-o a estabelecer a Inquisição em Goa.[44] Tempos depois, em abril de 1560, rumaram para Goa os primeiros inquisidores, Aleixo Dias Falcão e Francisco Marques Botelho.[45] O fato de Sebastião, o novo rei de Portugal, ter apenas 3 anos ao herdar o trono, em 1557, foi crucial para a chegada da Inquisição portuguesa à Ásia; o regente era o irmão de João III, Henrique, inquisidor-geral de Portugal.

Goa foi transformada com a introdução da Inquisição. No início do século XVII, não havia "uma praça ou encruzilhada onde não houvesse uma igreja".[46] Eram todas suntuosas, decoradas com relicários de prata, ouro e pérolas.[47] Dizia-se que a Inquisição foi pior ali do que em Portugal;[48] com uma população católica muito menor, o número de tribunais em Goa era semelhante ao de Portugal.[49] Como na metrópole, a Inquisição se concentrou primeiro nos convertidos, e percebe-se uma curiosa correlação entre a riqueza do convertido e sua detenção pelos inquisidores.[50] As incinerações eram frequentes: sete pessoas morreram em 1574, e outras quatro em 1585.[51] Pelo menos 65 pessoas morreram

* Atual Malásia. (N. da T.)

nos nove autos de fé realizados entre 1571 e 1580,[52] mas as fogueiras escassearam nos anos seguintes.

A população convertida de Goa se dispersou. Muitas pessoas fugiram para China, Malaca e Cochin, onde podiam desfrutar de mais liberdade,[53] mas mesmo por lá nem sempre estavam a salvo. Cinco pessoas foram capturadas em Cochin em 1575.[54] Também foram detidos residentes de Malaca e Moçambique.[55] Houve diversas visitas inquisitoriais a Cochin durante o século XVI, e, em 1613, o rei português Felipe II* pediu aos inquisidores de Goa que investigassem as minas de Munhumutapa, no atual Zimbábue.[56] No final do século XVI havia comissários da Inquisição em lugares tão distantes como Macau e Timor.[57]

Não se deve pensar que todas ou a maioria das pessoas nesses postos avançados foram afetadas. Mas tampouco se pode negar que, sem dúvida, isso representou a primeira disseminação global de uma instituição persecutória. Trata-se de um triste legado, distante do heroísmo dos navegadores portugueses.

Precisamos parar para considerar a enormidade desse processo. Em 1492, a Espanha ainda era uma nação dividida, com inimigos dentro de casa, e os portugueses ainda não tinham dobrado o Cabo da Boa Esperança. Para os cristãos, com a perda de Constantinopla o mundo para além da costa da África do Norte entrara em um silêncio espectral. Então, numa única geração, tudo se transformou: o mundo foi explorado e a perseguição prosseguiu no mesmo ritmo, o lado violento da moeda da maravilha do descobrimento.

Em 1570 havia tribunais da Inquisição em Goa, no México e no Peru. Em 1609, outro tribunal foi criado em Cartagena das Índias, na Colômbia. Assim como em Goa e no México, os inquisidores se puseram a trabalhar tão logo chegaram, no Peru os cárceres estavam tão cheios em 1575 — apenas seis anos após a criação do tribunal — que não havia onde manter os prisioneiros.[58] Casos eram julgados em locais onde não havia tribunal, como em Buenos Aires. Lá, o antigo conquistador do Chile, Francisco de Aguirre, foi julgado entre 1571 e 1575 por

* Felipe III da Espanha.

blasfêmia e por falta de respeito à Igreja.[59] Assim como na Espanha, qualquer um podia ser alvo nas colônias espanholas. Os primeiros casos no Peru concentravam-se em questões como a bigamia dos cristãos-velhos, e não na falta de fé de convertidos e mouros.[60]

Diferentemente da Inquisição de Goa, que foi a mais sangrenta e prolífica de todos os tribunais portugueses, na América a instituição foi mais moderada do que na Espanha. Apenas cerca de cem pessoas foram relaxadas em toda a sua existência, e a grande maioria dos casos era de padres que faziam propostas de cunho sexual, bígamos e similares.[61] O total de casos nos tribunais americanos provavelmente não passou de 3 mil, número baixo se comparado ao da Península Ibérica e ao de Goa.[62] No entanto, apesar de os tribunais terem sido poucos comparativamente, deve-se ter em mente que a população espanhola e de escravos africanos sob a jurisdição inquisitorial era reduzida; a Cidade do México, capital do vice-reinado, contava com pouco mais de alguns milhares de domicílios espanhóis no final do século XVI.

Na verdade, o alcance da Inquisição no império espanhol era considerável. No vice-reinado do Peru as pessoas eram detidas em cidades a milhares de quilômetros de Lima, como em Santa Cruz de la Sierra[63] e Potosí,[64] na Bolívia, e em Quito,[65] no Equador. Antes da fundação do tribunal de Cartagena, em 1609, os réus eram até levados de Bogotá para Lima a fim de serem julgados. Depois da instituição da Inquisição em Cartagena, as pessoas eram regularmente detidas e levadas do Panamá para lá.[66] Enquanto isso, na década de 1620[67] tentava-se criar um tribunal em Buenos Aires,[68] e o tribunal do México chegou inclusive a julgar acusados da distante Filipinas, no outro lado do oceano Pacífico — pela qual era responsável —,[69] além de se corresponder com inquisidores portugueses sobre os prisioneiros de Manila.[70]

A verdade é que todas as cidades espanholas na América foram afetadas pela criação da Inquisição. Os familiares (espiões) e comissários da Inquisição viviam até em lugares distantes dos centros do tribunal.[71] Eles vigiavam e eram capazes de exercer sua influência num piscar de olhos. Dessa maneira, ainda que nem sempre houvesse detenções e punições, a vigilância era constante.

Para a Inquisição, a diferença fundamental entre a Espanha e o Novo Mundo estava no fato de que este último exigia outra forma de controle social. Na Espanha, a predominância da fé tradicional não estava em questão, e, portanto, as ameaças mais preocupantes eram os ataques internos à sua pureza por parte dos convertidos. No Novo Mundo se construía uma sociedade inteiramente diferente, e a Inquisição tentava assegurar que, em larga medida, ela se conformasse com seus valores. O problema não era só a mistura entre europeus e ameríndios, mas também o influxo de africanos que, em Lima, afirmavam poder descobrir criminosos às "segundas, quartas e sextas-feiras",[72] e em Cartagena admitiam abertamente fazer sexo com o demônio e se deliciar com seu sêmen cálido.[73] Nessas condições, a Inquisição não era apenas um bastião contra a heresia, mas também um padrão dos valores corretos em uma atmosfera demoníaca.[74]

A dificuldade do projeto da Inquisição era que o êxito dos poderes ibéricos na construção de seus impérios provinha, em parte, de suas origens e de sua mescla de crenças. Esse cosmopolitismo deu aos ibéricos uma vantagem considerável para lidar com povos da África, da América e da Ásia, e contribuiu para seus avanços tanto como conquistadores quanto como comerciantes. Ao destruir, por meio da Inquisição, esse cosmopolitismo e também aquilo que poderia ser visto como tolerância em seu próprio território, Espanha e Portugal limitaram a capacidade de seus representantes de agir além de suas fronteiras; por isso, com o tempo, a mentalidade inquisitorial e sua exportação para o império minariam a habilidade dos impérios de se envolver com povos e mentalidades distintos, o que contribuiu para o seu colapso.

Cidade do México, 1589-1596

O PROMOTOR da Inquisição no México tinha um nome apropriado ao cargo. No dia 18 de abril de 1589, o dr. Lobo Guerrero emitiu uma ordem de prisão contra Luis, o Jovem. O tio de Luis, o governador de Nuevo León, Luis de Carvajal y la Cueva, já havia sido detido de maneira sensacionalista e jogado no cárcere inquisitorial.

Normalmente o fator político tinha um grande peso nessas detenções. O governador Luis era inimigo do vice-rei do México, dom Luis

Suárez de Mendoza. Ao descobrir que Carvajal tinha sangue convertido, Mendoza encontrou a oportunidade para prendê-lo.[75] Ao mesmo tempo, a detenção de uma figura tão importante ressaltaria que ninguém estava acima da Inquisição, como o caso Carranza deixara claro na Espanha.

As provas contra a família datavam do Natal de 1587, quando Isabel, a irmã mais nova de Luis, o Jovem, conheceu um certo Phelipe Núñez, de Lisboa, e lhe disse claramente que a fé cristã não era boa. Núñez se aborreceu, e Isabel lhe contou que seu pai a alertara que "alguns ministros os perseguiriam neste mundo [...] são esses os inquisidores".[76] Depois ela riu e disse que só estava testando a força da fé de Phelipe. Núñez não se convenceu: denunciou-a no dia 7 de março de 1589, e ela foi detida em 13 de março. As evidências contra a família haviam sido reunidas e os inquisidores Bonilla e Sanctos García estavam prontos para atacar.

No entanto, primeiro era preciso perseguir Luis, o Jovem. Ele trabalhava como mercador ambulante com o irmão Balthasar, percorrendo as montanhas da colônia com sapatos, tecidos, passas e geleias para vender. Os dois haviam decidido juntar dinheiro para voltar à Europa e se juntar aos judeus da Itália, e estavam liquidando todas as dívidas que tinham antes de embarcar.[77] Devia ser impressionante vê-los cruzar as trilhas ao longo das colinas desertas montados em mulas. Eles eram bastante parecidos: Balthasar com a tez branca e a barba loira, usando um chapéu preto de abas largas para proteger seu rosto comprido; Luis, o Jovem, com sapatos e roupas similares aos do irmão, também de rosto comprido e barba incipiente.

Naquele mês de abril, Luis, o Jovem, estava a caminho da Cidade do México, vindo de Tasco, onde o cunhado Jorge Almeida possuía minas. Ao saber que seu tio, o governador, fora preso pela Inquisição, ele e Balthasar esconderam-se na Cidade do México. Os irmãos pensaram no futuro. Na colônia, não havia nenhuma perspectiva. Resolveram fugir para Cuba, onde não havia Inquisição. Partiram disfarçados e chegaram à costa de Veracruz, mas lá os escrúpulos derrotaram os seus instintos. Decidiram que um deles precisava voltar, pois Francisca, a mãe, estava sozinha na Cidade do México à mercê dos inquisidores.[78]

Numa segunda-feira, 8 de maio, Luis, o Jovem, regressou à Cidade do México. A capital da colônia ficava aos pés do fumegante vulcão

Popocatepetl, uma lembrança constante da violência subjacente à própria existência na cidade. Ao chegar à casa de Francisca, ele jantou com a mãe e as irmãs. Na noite seguinte, o secretário da Inquisição mexicana, Ariás Valdés, e o meirinho-chefe, Pedro de Villegas, esmurraram a porta dos Carvajal. Ao invadir a casa, encontraram Luis escondido em uma pequena cozinha; ele foi amarrado, e as moedas de prata que levava nos bolsos foram confiscadas para pagar sua alimentação no cárcere.[79]

Como era comum nesses casos, o julgamento chegou a um impasse. O procurador convocou Luis, o Jovem, e apresentou as denúncias contra ele. Todas foram negadas. Mas por fim, em 7 de agosto, o réu solicitou uma audiência, à qual compareceu de joelhos, batendo no peito e gritando: "Eu pequei, perdão, perdão! Tende piedade de um pecador!" Ordenaram-lhe que se pusesse de pé. Ele então informou aos inquisidores que Deus o inspirara a se confessar e que fora forçado a lutar contra o diabo, que constantemente tentara dissuadi-lo de contar a verdade. Agora que sua consciência fora salva, ele confessava livremente que toda a família era judaizante.[80]

Aquilo era justamente o que os inquisidores queriam ouvir e foi o suficiente para arruinar o governador Luis, o novo inimigo do vice-rei. Apesar de não haver dúvidas de que o governador era um católico exemplar, como Isabel e Luis, o Jovem, deixaram claro em seus depoimentos, também era óbvio que ele estava ciente das heresias na família e não informara à Inquisição. Isso em si já constituía crime, pois todos eram obrigados a apresentar esse tipo de informação. Com essas evidências, os inquisidores conseguiriam pegar o seu homem.

O governador Luis apresentou uma forte defesa. Protestou que não tivera tempo de percorrer a longa distância até a Cidade do México para denunciar a família, pois estivera ocupado com as guerras contra os índios. Ressaltou suas boas ações: as campanhas bélicas, as cidades que fundara, as minas que descobrira, as igrejas que construíra. Recusou-se a falar com os parentes e pediu aos sobrinhos Luis, o Jovem, e Balthasar que pagassem uma quantidade de sal e vinho que certa vez lhes emprestara.[81] Nada disso foi suficiente para salvá-lo.

No final do ano de 1589 os inquisidores apresentaram suas sentenças. O governador Luis de Carvajal y la Cueva foi condenado a se reconciliar e a ficar exilado nas Índias por seis anos. Luis, o Jovem, Francisca e Isabel foram condenados a quatro anos de penitências em um monastério; Mariana recebeu uma pena de dois anos, e Catalina e Leonor, penas de um ano cada uma. Balthasar, que ainda estava escondido na Cidade do México, e o marido falecido de Francisca, Francisco Rodríguez de Matos — pai de seus filhos —, foram queimados em efígie no auto de fé de 25 de fevereiro de 1590.[82]

Para os verdadeiros hereges, Francisca e seus filhos, isso representava um sofrimento, porém não uma punição incomum em um mundo em que a Inquisição era tão poderosa. Mas a humilhação foi insuportável para o governador Carvajal. Aquele homem criara o seu próprio império. Passara a vida fugindo do medo que a Inquisição instilara em seus tios em Portugal e, mais tarde, em Cabo Verde. Fizera alianças prósperas com as forças do império espanhol para se preservar, mas o império sempre podia dirigir seus poderes de destruição para dentro e, dessa forma, o aniquilara.

Morreu no cárcere pouco depois do auto de fé, enquanto esperava para ser exilado do Novo Mundo, onde pensara ter encontrado refúgio.

Enquanto a Inquisição fazia incursões na América espanhola, as coisas funcionavam de outra forma na parte portuguesa do continente, o Brasil. Quem chegava ao país frequentemente dizia ter chegado a uma espécie de "paraíso na Terra".[83] Os raios de sol eram mais dourados, as estrelas no céu, mais alegres.[84] Os europeus descreviam o lugar como "a melhor província para a vida humana em toda a América, fresca e incrivelmente fértil, deliciosa e agradável ao olho humano".[85] Tudo era coberto por "uma floresta muito alta e espessa, aguada por arroios nos muitos vales formosos", e havia peixes suficientes nos rios e no mar para sustentar as pessoas sem necessidade de carne.[86] Aquele Brasil era tão generoso que os índios tupinambás com frequência viviam até os 100 ou 120 anos.[87] Geralmente nus e com o lábio inferior perfurado por um osso, muitas vezes portando maracás e com os corpos ricamente pintados, eles pareciam felizes.[88] Ao contrário de Goa e dos tribunais espanhóis de Cartagena, Lima e México, nenhum tribunal inquisitorial foi estabelecido pelos portugueses no formoso Brasil.

A princípio isso parece estranho. Há casos bem-documentados de convertidos judaizantes no Brasil a partir de 1540[89] e, por volta de 1553, pessoas acusadas pela Inquisição haviam fugido para o Brasil.[90] O país era um lugar perfeito para um tribunal inquisitorial. No entanto, a razão para essa ausência é fácil de entender e toca no cerne da função política da Inquisição.

Ao contrário das grandes civilizações americanas, como a asteca no México e a inca no Peru, o Brasil não contava com uma sociedade hierarquicamente organizada, com estruturas estabelecidas. Além disso, não havia grandes minas de ouro e prata, como no México e no Peru. Por isso, durante o século XVI, enquanto o império português obteve riquezas mediante o comércio de especiarias na Ásia, o Brasil teve menor importância.[91] Foi só quando cresceram os lucros com as plantações de cana-de-açúcar que a Coroa portuguesa prestou atenção em sua colônia americana. Em julho de 1621, o inquisidor-geral de Portugal escreveu ao rei que, devido ao crescimento da população do Brasil, seria uma boa ideia contarem com fiscais da Inquisição.[92] Mas então já era tarde demais; os poderes ibéricos estavam cada vez mais ameaçados pelos holandeses e pelos ingleses, e Portugal nunca recuperou sua força econômica o suficiente para criar um novo tribunal. Foi necessária a instauração de uma *realpolitik*, que reconheceu que deter convertidos abastados nas Américas provavelmente faria mais mal do que bem.

A ausência de um tribunal permanente no Brasil mostra até que ponto a Inquisição era guiada por imperativos opostos aos de seu suposto objetivo. A Inquisição frequentemente se endividava, e era um escoadouro dos recursos reais;[93] por esse motivo, precisava concentrar suas atividades onde houvesse maiores lucros. Isso explica por que a Espanha foi tão a favor do estabelecimento de tribunais na América, mas ignorou as Filipinas, e também por que os portugueses se concentraram primeiro em Goa e ignoraram o Brasil. Assim, a Inquisição tornou-se refém dos mesmos valores materiais pelos quais professava tanto desdém; ainda que de maneira tortuosa, ela os promovia.

Contudo, quando as autoridades portuguesas perceberam a potencial importância da colônia brasileira, começaram a mudar de atitude. Em 1591, o visitador Heitor Furtado de Mendonça foi enviado de Lisboa para a Bahia, então capital da colônia, com amplos poderes de investigar a fé em seu território e em Pernambuco. Ao longo dos quatro anos seguintes, Mendonça lidou com 285 casos na Bahia e outros 271 em Pernambuco.[94] Em Olinda, capital de Pernambuco, chegou a conduzir dois autos de fé com os poderes que lhe haviam sido outorgados em Portugal.[95] No entanto, seus esforços quase arruinaram a Inquisição na metrópole, e ele foi ordenado a encurtar a viagem e a abandonar a ideia de visitar os postos avançados na África que estavam sob sua jurisdição quando saiu de Lisboa, em 1591;[96] mais uma vez as preocupações financeiras se sobrepuseram à heresia.

Entretanto, isso não quer dizer que o impacto da Inquisição tenha sido insignificante no Brasil. Entre a visita de Mendonça, em 1591, e meados do século XVII, centenas de convertidos foram denunciados como judaizantes.[97] Os problemas econômicos em Portugal só permitiram novas visitações em 1618 e em 1627,[98] mas a Inquisição confiava em sua rede de comissários e familiares para obter informações e para fazer detenções. Os convertidos dos estratos sociais mais altos que se casavam na nobreza portuguesa eram mais visados; já os mais pobres, que tendiam a se casar com africanas e indígenas, costumavam ser ignorados.[99] Porém, entre o final do século XVII e o início do século XVIII, quando o descobrimento do ouro em Minas Gerais tornou o sul do Brasil mais rico do que o norte, a Inquisição transferiu suas atenções para a área nas imediações do Rio de Janeiro;[100] os judaizantes continuaram a ser enviados a Lisboa para serem queimados até os últimos anos do século XVIII.[101]

O extraordinário alcance geográfico das inquisições espanhola e portuguesa no final do século XVI as diferencia das demais ondas persecutórias que as precederam. Além disso, muitas práticas censuradas no século XVI não tinham relação com seus propósitos iniciais, que derivavam de heresias fundamentalmente imaginárias dos convertidos na Espanha do século XV. O que foi exportado com sucesso, e cresceu rapidamente, foi uma ideia: a ideia da intolerância.

O auto de 1590 alcançou os resultados almejados: o governador Carvajal foi humilhado e morreu pouco depois, e os judaizantes em sua família confessaram seus crimes contra a fé. Após cumprir sua pena,

Francisca de Carvajal pediu que seu filho Luis, o Jovem, fosse transferido para um monastério mais próximo da casa da família, no subúrbio de Tlatelolco. O lugar era habitado principalmente por indígenas, e Francisca alegou que necessitava de um homem na casa. Ela fez a solicitação por meio do frade Pedro de Oroz, a quem a Inquisição havia pedido que vigiasse a família. O requerimento foi concedido e Luis foi transferido para uma escola para "índios nobres", na qual foi empregado como professor de latim. Ele dormia na casa da mãe, que ficava quase em frente à escola.[102]

Para Pedro de Oroz, os Carvajal eram convertidos modelo; e sua reconciliação com a Igreja, genuína. Eles iam à missa diariamente. Confessavam-se e comungavam com regularidade. Seus sambenitos tinham os rosários e escapulários de praxe. Em um quarto especial da casa, flores frescas adornavam as imagens da Virgem com o menino Jesus. Os Carvajal oravam fervorosamente, de acordo com sua suposta fé cristã.[103]

Entretanto, tudo não passava de uma atuação elaborada para enganar Oroz e os frades que dirigiam a escola de Tlatelolco. Seu lar, em um bairro indígena do lugar, tornava mais fácil para os Carvajal realizar rituais judaicos sem serem vistos. Em 1592, eles celebraram juntos a Páscoa judaica e convidaram outros criptojudeus da Cidade do México para a festa. Luis acreditava fervorosamente que o Messias regressaria à terra em 1600 e pregaria para todo o mundo.[104] Sua aparente conversão ao cristianismo era uma farsa para ganhar tempo antes da chegada do grande dia da redenção.

A devoção dos Carvajal à fé judaica demonstra como a Inquisição podia ser contraproducente. É claro que alguns daqueles criptojudeus poderiam ter mantido uma ligação genuína com sua religião ancestral sem a perseguição que eles e seus familiares experimentaram, mas a Inquisição também foi um fator significativo. Embora os convertidos da Espanha tivessem o potencial para se integrar genuinamente à vida cristã, sua marginalização e perseguição alimentaram uma atmosfera que tornava a heresia mais provável. O mesmo aconteceu em Portugal, onde os pogroms de 1506 e a criação da Inquisição levaram muitos convertidos verdadeiros ao cristianismo em potencial a se recolherem.

Longe de erradicar a heresia, a perseguição teve papel crucial em sua criação e levou muitos convertidos de Portugal a se aferrarem ao judaísmo no final do século XVI. Foram eles que fundaram, entre o final do século XVI e o início do século XVII, a comunidade judaica de Amsterdã, de onde os judeus se transferiram para a Inglaterra na época de Cromwell. Assim como hoje alguns estudiosos afirmam que a identidade coletiva dos afro-americanos deriva da herança comum da escravidão,[105] entre os convertidos talvez a herança compartilhada da Inquisição tenha feito deles um grupo coeso e tenha levado muitos a retornar ao judaísmo mais de um século depois de seus antepassados terem tentado aceitar o cristianismo.

Contudo, a vida dupla dos Carvajal não podia perdurar. Em novembro de 1595 a Inquisição começou a receber mais informações sobre a família. Manuel de Lucena informou que havia visto Luis, o Jovem, Francisca e Isabel realizando o sabá judaico e orando na direção de Jerusalém, como recomendava a fé judaica.[106] Luis voltou para o cárcere inquisitorial, mas dessa vez a ameaça era muito mais grave do que em 1589. Ele já não contava com parentes ilustres que podiam ser arruinados pela Inquisição. Se ele e os irmãos fossem declarados culpados, poderiam ser relaxados.

A princípio ele negou tudo, mas então sua fé messiânica o invadiu. Ele confessou ao companheiro de cela, o padre Luis Díaz, que acreditava no judaísmo; Díaz era um espião da Inquisição e, em fevereiro de 1596, suas conversas foram registradas pelos oficiais inquisitoriais como evidências;[107] então ele começou a enviar mensagens esculpidas em sementes de abacate, que foram descobertas pelo carcereiro e levaram à sua autoincriminação diante dos inquisidores.* Dessa vez não houve volta. Após torturas lancinantes, ele foi condenado ao relaxamento. Suas irmãs Isabel e Leonor tiveram o mesmo destino.

O auto de fé ocorreu no dia 8 de dezembro de 1596. Os três irmãos foram exibidos a cavalo pelas ruas da Cidade do México. Conta-se a respeito de Luis que "no caminho ele mostrou sinais de conversão e segurou um crucifixo nas mãos".[108] Isso foi o suficiente para livrá-lo da

---

* Ver página 110.

pena máxima de ser queimado vivo, e, junto com as irmãs, foi decapitado antes de ser queimado diante da multidão.[109]

O destino dos irmãos parece distante do encarceramento dos tios-avôs Álvaro e Jorge em Évora; os vínculos entre eles eram o medo que permeava a vida sob a Inquisição e o governador Luis. Mas, se este tinha sido um homem desprezível, Luis, o Jovem, foi mais inocente. Sofrera de frustração sexual na juventude, com sonhos molhados à noite, que expiou através de rituais judaicos.[110] Sua crença de que a família tinha um destino sagrado e que estavam vivendo os "tempos finais" antes da chegada do salvador talvez fosse o redirecionamento de uma energia frustrada e perigosa. Mas era também o testemunho de uma era de desespero para um grupo social que se via perseguido pelos mais poderosos.

Nas ruas caiadas da Cidade do México, a demonização fora sancionada pela moralidade. No entanto, no final, tudo que se conseguiu criar ao perseguir o "inimigo" foi um fundamentalismo que nutria o ódio pelos códigos daqueles entre os quais os perseguidos haviam nascido.

Capítulo Sete

A AMEAÇA MUÇULMANA

O que quereis que eu diga,
quereis que eu diga que sou muçulmano?
Não sei nada [...] admito que a verdade
é o que vossas mercês queirais.

Teruel, 1581

No final do século XVI, a história da Inquisição fecha um ciclo. Na Espanha, o auge da ameaça convertida e luterana havia passado.* Por um momento, contudo, devemos recordar os convertidos do século XV, aquelas almas miseráveis consideradas judias pelos cristãos, e cristãs pelos judeus. Cem anos depois chegou a hora dos descendentes dos muçulmanos convertidos, os mouros, que passaram a ser considerados a principal ameaça à segurança nacional da Espanha. Um grupo estava pronto e à espera deles: os cristãos-velhos da Espanha pensavam que eles eram muçulmanos; muitos muçulmanos na África do Norte consideravam-nos cristãos.

E qual era a opinião cristã a respeito dos remanescentes da civilização árabe na Península Ibérica, fadados a um destino infeliz? O bispo de Segorbe, no reino de Valência, redigiu um informe em 1587 resumindo a opinião geral. Os mouros nunca confessavam seus pecados. Casavam-se com tantas mulheres quantas pudessem manter. Acreditavam que seriam salvos se matassem um cristão. Praticavam a circuncisão. Obede-

* O mesmo, porém, não aconteceu em Portugal, onde os convertidos continuaram sendo o principal alvo da Inquisição.

ciam ao jejum muçulmano no Ramadã e ignoravam os jejuns cristãos. Nunca comiam porco nem tomavam vinho.[1] Não eram cristãos.

Outros relatos da época eram igualmente ofensivos. Os mouros precisavam ser arrastados pelos meirinhos para comparecerem à igreja. Quando iam, sempre usavam as piores roupas, com os colarinhos imundos. Sentavam-se de costas para o altar. Cobriam as orelhas com as mãos durante o sermão. Faziam gestos obscenos quando o padre erguia a hóstia. Aos domingos e nos dias festivos cristãos, muitos semeavam e aravam os campos.[2]

Muitos clérigos proeminentes haviam visto em primeira mão como os mouros mantinham a fé no islã. Quando, em 1568, o bispo de Tortosa visitou o assentamento mouro de Vall de Artos, em Aragão, os mouros disseram-lhe, irados, que Felipe II os oprimia, forçando-os a serem cristãos. Quando o bispo respondeu de brincadeira: "Estais a dizer que sois muçulmanos?" "Sim, somos!", responderam, e quando ele lhes perguntou: "Falais só por vós mesmos?", eles disseram: "Todos dizemos a mesma coisa." Ao que toda a cidade irrompeu em gritos: "Todos dizemos a mesma coisa!"[3]

Como veremos, as tentativas de evangelizar aquelas pessoas foram inúteis. Elas haviam sido abandonadas à própria sorte nas montanhas. Os emissários mais rechonchudos da religião nacional preferiam não se aventurar por lá, então houve poucas tentativas sérias de integrar as novas ovelhas ao rebanho. Assim, a ameaça muçulmana foi ignorada até o momento em que passou a ser usada como evidência dos perigos deste mundo.

OS ACONTECIMENTOS EM TERUEL exemplificam como o novo medo dos mouros se manifestou. Foi lá, como sabemos, que em 1484 a Inquisição teve início em Aragão, quando o ódio pessoal de Juan Garcés de Marcilla pelos parentes de sua mulher o levou a fazer parte da história da instituição.* Agora, mais uma vez aquela pequena cidade do interior, entre a costa mediterrânea e as estepes castelhanas, demonstrou ser pioneira das forças em jogo na Espanha; quase um século depois de Marcilla purgar seus inimigos, não havia razão para crer que as motivações

* Ver páginas 41-44.

dos participantes da dança inquisitorial de ressentimento e vingança houvessem mudado.

Grande parte da população muçulmana original de Teruel havia se convertido ao cristianismo, tendo adotado voluntariamente os costumes cristãos na primeira década do século XV.[4] Esse processo continuou no começo do século XVI, quando, mais uma vez, os muçulmanos da cidade se converteram voluntariamente,[5] muito antes das violentas conversões forçadas dos anos 1520. Esses acontecimentos deixavam claro que os mouros de Teruel no início se integraram livremente ao cristianismo. Sua sinceridade era tal que eles eram até conhecidos por todos como cristãos-velhos.[6]

Portanto, não pode haver dúvida de que esses convertidos deveriam ter sido bem-acolhidos pela Igreja, mas os problemas dos mouros seriam os mesmos enfrentados pelos convertidos no século anterior: a conversão os transformou em um grupo social ambíguo que podia se tornar um alvo fácil em épocas de turbulência. Assim, a sinceridade das conversões em Teruel não impediu que a Inquisição pressionasse e investigasse os mouros nos anos 1580. Até então, ninguém duvidara de que eles fossem cristãos; a tarefa era descobrir como convertidos aparentemente genuínos haviam sido levados de volta à apostasia islâmica. Será que ninguém da classe moura era digno de crédito e todos carregavam as sementes da heresia em seus corações?

Em junho de 1581, evidências contra um tal Diego de Arcos começaram a chegar a Teruel. Arcos vivia no bairro de San Bernardo, assim como outros mouros cujas famílias haviam se convertido voluntariamente 150 anos antes.[7] Sua irmã, Luisa de Caminera, disse aos inquisidores que "ela sempre tivera a fantasia [sic] e a intenção de aliviar a consciência diante dos inquisidores, mas não se atrevera a ir antes por medo dos mouros na rua". Quase todos os residentes de San Bernardo, ela disse, viviam como muçulmanos. Os mouros de Teruel possuíam duas alfamas (comunidades), uma para os solteiros e outra para os casados. Arcos orava à maneira muçulmana e jejuava durante o Ramadã.

No ano seguinte, outro irmão de Diego de Arcos, ironicamente chamado Joan de Arcos,* o denunciou. Dessa vez Diego foi detido, e Joan contou que aconselhara o irmão diversas vezes, antes de sua prisão,

* Joan é a variante catalã do castelhano Juan.

a se converter corretamente à fé cristã e abandonar o islã, pois aquele "era o verdadeiro caminho para salvar a sua alma e a sua propriedade" — quanto a esta última, pelo menos, não havia dúvidas.

As evidências foram reunidas lentamente. Segundo Joan, todos na comunidade viviam como muçulmanos e haviam feito um pacto de negar isso caso fossem detidos pelas autoridades inquisitoriais. Então, Gil Pérez, do povoado de Gea de Albarracín, contou que, em 1577, um grande número de mouros tinha ido de Teruel para Gea, a fim de participar de um casamento. Lá, comeram assado e mel, figos e passas, e ouviram um alfaqui (estudioso islâmico) de Teruel tecer elogios ao islã.

Com tantas evidências de uma conspiração muçulmana, seria perigoso adiar a ação. As autoridades detiveram os mouros renegados e jogaram-nos no calabouço inquisitorial de Valência. Agora podiam proceder calmamente com as investigações e reunir provas da conspiração.

No entanto, ao investigar Diego de Arcos, os inquisidores ficaram um pouco perplexos. Arcos declarou ser um cristão-velho; na verdade, disse que todos em Teruel eram cristãos-velhos. Ele sabia fazer o sinal da cruz. Sabia o pai-nosso e a ave-maria em latim. Claramente fazia parte do grupo de convertidos de Teruel considerados cristãos-velhos e possuía um razoável conhecimento do cristianismo.

No entanto, nada disso desencorajou o promotor inquisitorial, que apresentou 15 acusações contra Arcos. Ele consultara um alfaqui em Gea de Albarracín. Era conhecido como o mouro mais perigoso de Teruel. Era o único responsável pelo fato de muitos mouros da cidade não serem bons cristãos. Utilizava açougueiros muçulmanos para o sacrifício ritual e planejara assassinar um mouro que havia feito denúncias à Inquisição. Obedecia ao jejum do Ramadã e se vestia para os rituais islâmicos. Por último, sendo mouro, atrevia-se a dizer que era cristão-velho.

Era de se esperar que um renegado tão terrível mostrasse poucos sinais de contar com a graça cristã. Mas Arcos negou tudo e foi torturado. Colocado no cavalete, recebeu extraordinárias 12 voltas da corda enquanto sua perna era estirada através do buraco no instrumento de tortura. Mas, apesar da dor atroz, ele declarava inocência: "Ele disse que é cristão, que tem vivido como cristão e não sabe de mais nada." Instado a dizer a verdade para pôr fim à tortura, afirmou: "Já a disse, Ilustres

Cavalheiros." E ainda: "Direi tudo o que quiserem." Continuou: "Já estou morto e direi tudo o que vós queirais", e "Condenar-me-ei como vós queirais". Quando jarras de água foram despejadas por sua garganta, ele disse: "O que quereis que eu diga, quereis que diga que sou muçulmano? Não sei nada [...] admito que a verdade é o que vossas mercês queirais." Mais tarde disse: "Ai, estou morrendo aqui."

À medida que a tortura prosseguia, os oficiais da Inquisição sondaram a familiaridade de Arcos com a língua árabe. Ele conhecia uma palavra árabe, que ouvira de dois mouros de Teruel. Essa era a prova de que provinha da comunidade dos cristãos-velhos, já que o árabe era a língua comum entre a maior parte dos mouros convertidos nos anos 1520. Mas, obviamente, sofrendo as dores terríveis do cavalete, Arcos finalmente confessou. Disse que fora convertido ao islã pela mulher; mas a confissão de sua apostasia secreta foi maculada por frases como: "Pelo corpo do Deus cristão!"

Em um auto de fé em Valência, Arcos foi queimado como herege muçulmano dogmatizante.

Uma leitura atenta dos casos inquisitoriais contra mouros em Aragão e Valência naquela época revela um quadro perturbador. Como aconteceu com Diego de Arcos, os hereges mouros geralmente só confessavam seus pecados após terem sido torturados.[8] Nunca se poderá saber quantos torturados confessaram o que nunca fizeram ou, após serem maltratados, decidiram converter-se à fé islâmica, mas certamente foram muitos. Assim como ocorrera com os convertidos no século XV, a Inquisição começou ao extrair falsas confissões e fingir que alguns casos de apostasia secreta constituíam um movimento.

O caso de Arcos foi um entre tantos dos supostos convertidos muçulmanos genuínos daquela época. Em Teruel, se alguns daqueles antigos convertidos se reconverteram ao islã, não foi por causa de uma revolta intrínseca, e sim devido ao hostil ambiente espanhol. Eles foram empurrados para a rebelião e, então, a rebelião foi usada como prova contra eles.

As fantasias dos aldeãos espanhóis foram fundamentais para a criação de um inimigo a ser destruído. Não podemos esquecer a afirmação da irmã de Diego, Luisa de Caminera, de que "sempre tivera a fantasia" de denunciar os mouros de Teruel e o irmão aos inquisidores. Briguinhas sem importância nascidas das brincadeiras nas ruas empoeiradas daquela cidade remota podiam ser dramatizadas em um grande palco religioso. Nesse teatro da imaginação, o insignificante parecia ter importância permanente. Aqueles que conheciam a Bíblia e a história de Caim e Abel, ou de Esaú e Isaac, sabiam que as rivalidades familiares sempre tinham dado forma à história religiosa dos povos do Livro. Um dos papéis sociais da Inquisição era dar vida a essa triste tradição humana e conferir ao mesquinho e ao injusto um verniz de retidão e justiça.

EM 1566, UMA CONGREGAÇÃO de clérigos reuniu-se em Valência para discutir a condição dos mouros na Espanha. Quarenta anos haviam transcorrido desde o decreto que determinara a conversão dos muçulmanos ao cristianismo. No entanto, como demonstravam as evidências da Congregação, o progresso da evangelização do novo rebanho mouro havia sido, para dizer o mínimo, vacilante.

A Congregação observou que desde 1526 os mouros "não têm recebido ensinamentos de nenhuma doutrina cristã em público ou em particular, e não têm sido visitados nem punidos pelos bispos ou pelos ministros da Inquisição".[9] Essa falta de atenção por parte da instituição devia-se à anistia concedida por Carlos V em 1542,* mas também à total falta de interesse da Igreja católica pelos mouros.[10] Nos primeiros anos após a conversão geral, 213 mesquitas foram consagradas como igrejas em Valência e nos distritos aragoneses de Tortosa e Orihuela, porém o entusiasmo logo desvaneceu. Poucos pregadores falavam árabe para se comunicar com os mouros. Os novos presbitérios nas comunidades mouras logo se endividaram. O péssimo estado do esforço de evangelização foi confirmado em 1564 pelas cortes de Aragão, que exigiram que as mesquitas fossem convertidas em igrejas e que o Alcorão, os trompetes e os objetos rituais muçulmanos fossem confiscados, quarenta anos depois da suposta abolição do islã na Espanha.[11]

Enquanto isso, até as mesquitas convertidas em igrejas haviam caído em desuso em 1566. A Congregação de Valência admitiu que "em muitos casos será necessário construir novas igrejas e, em outros, refor-

---

* Ver página 152.

má-las, e em todas há uma grande necessidade de ornamentos, taças de comunhão e crucifixos".[12] Muitos mouros simplesmente não haviam sido batizados.[13] A maior parte deles falava apenas árabe e vivia em lugares montanhosos muito afastados, onde nunca eram vistos bispos, pregadores ou comissários da Inquisição.[14]

Além disso, os poucos padres que viviam entre os mouros davam péssimos exemplos.[15] Esses pastores suspeitavam tanto de seus rebanhos que, como observou o embaixador espanhol em Paris, Francés de Álava, nas montanhas Alpujarra, perto de Granada, ao levantar a hóstia da taça da comunhão eles às vezes se viravam subitamente, para ver se os mouros estavam de joelhos. Depois soltavam "palavras horrendas, arrogantes e indignas". Esses padres viviam nos povoados com "poder absoluto e arrogância em relação aos mouros, e frequentemente provocavam brigas".[16]

Por isso, muitos mouros sabiam pouco ou nada da prática cristã, enquanto os que a conheciam costumavam odiá-la. Era comum que os mouros não soubessem fazer o sinal da cruz nem recitar alguma prece católica.[17] No entanto, pelo menos nos primeiros anos, essa ignorância não era deliberada.

Em 1570, os mouros de Valência pediram repetidas vezes às autoridades locais que lhes ensinassem as doutrinas cristãs. Queriam receber padres e ter igrejas construídas para eles. Se isso não acontecesse, como eles observaram corretamente, "nunca seremos bons cristãos".[18] No povoado de Altzira, por exemplo, os mouros pediram visitadores e pessoas para lhes ensinar os artigos de fé.[19] Como poderiam aderir ao cristianismo se ninguém se dignava a ensinar-lhes os seus princípios?

O fato de esses convertidos "cristãos" serem submetidos à Inquisição por suas práticas religiosas após o grande fracasso da Igreja em evangelizá-los ou ministrar-lhes a doutrina parece imoral. O que fica claro é que muitos integrantes da hierarquia eclesiástica, talvez de maneira inconsciente, não desejavam que os mouros se juntassem aos fiéis. A humilhação e a desconfiança não encorajam outras pessoas a compartilhar nossas crenças — como Francés de Álava ponderou, "isso certamente me parecia uma forma ruim de ensinar-lhes a doutrina cristã"[20] — e, no entanto, essa foi a receita usada pelos padres "de mau exemplo" que lidavam com os mouros.

A realidade é que as nações, como os clubes, se definem pela exclusão de outros, assim como por meios mais afirmativos. Agora que já se havia lidado com os judeus convertidos, o papel do cordeiro expiatório seria assumido, talvez com maior sofrimento, pelos mouros rebeldes, perigosos e hereges.

Granada, 1566-1570

Ali estavam os últimos remanescentes de uma das grandes civilizações do período medieval. Toda noite, na hora do crepúsculo, a Alhambra ficava iluminada, avermelhada. As duzentas mesquitas da cidade, ainda ativas nos primeiros anos após a conquista espanhola,[21] tinham sido despidas de seus ornamentos originais. Depois de serem reconsagradas, uma nova linguagem religiosa passou a ecoar naquelas construções vazias.

A Granada moura não durou muito tempo depois da conquista de 1492. Após o comportamento intolerante de Cisneros em 1500,* em 1502 os muçulmanos foram forçados a se converter ou partir. A princípio não houve tribunal da Inquisição em Granada, mas na época das conversões forçadas em Aragão e Valência, nos anos 1520, as atitudes começaram a mudar. Em 1526, foi criado um tribunal inquisitorial em Granada, e uma reunião da Congregação religiosa adotou uma série de medidas repressivas contra os mouros: eles foram proibidos de falar árabe; suas casas de banho passaram a ser geridas por cristãos-velhos; não podiam fazer a circuncisão nem se casar de acordo com os rituais muçulmanos; foram proibidos de portar armas e de abater animais segundo o costume muçulmano.[22]

A Congregação de Granada de 1526 foi, na verdade, uma declaração de assimilação obrigatória. Aqueles estrangeiros no corpo nacional teriam de aprender a falar como "nós", a se comportar como "nós", a ser como "nós". Contudo, essas exigências, respaldadas pela força, revelavam uma tensão ardente nas mentes dos responsáveis pelas políticas entre o desejo de assimilar e o desejo de excluir. A predisposição dos

* Ver páginas 140-141.

membros da Congregação considerados mais esclarecidos fica patente na atitude de frei Antonio de Guevara, famoso escritor e pensador humanista: ele queria cortar pessoalmente os cabelos das mulheres mouras que viviam nas terras da marquesa de Cenete e retirar-lhes a hena do corpo com as próprias mãos.[23]

O desejo de infligir tal humilhação física revela as paixões ocultas no programa para a transformação espiritual dos muçulmanos. Repleta de medos e contradições movidas pela culpa, a psicologia distorcida daqueles homens santos os levava a desejar que outros se submetessem (à conversão), mas, ao mesmo tempo, não conseguiam evitar o desejo de que essa submissão acontecesse à força; a incompatibilidade entre a lógica e o desejo levava à contradição o pensamento político e teológico mais refinado.

A única folga para os mouros de Granada nos decretos da Congregação de 1526 foi o fato de eles terem conseguido adiar sua implementação, pagando 80 mil ducados por sua postergação em quarenta anos. Isso os protegeu por algum tempo, mas houve uma erosão permanente de sua liberdade de viver a seu modo. Gaspar de Ávalos, arcebispo de Granada entre 1529 e 1542, impediu-os de praticar suas danças tradicionais, as zambras.[24] Por volta de 1560, a Inquisição renovou seu interesse neles: sete mouros foram queimados em dois autos de fé em 1560, mais dois em 1562 e novamente em 1566, enquanto mais de setenta mouros foram reconciliados a cada ano naqueles autos.[25] Então, em 1º de janeiro de 1567, foi posta em prática a Congregação de Granada de 1526, apesar dos reiterados apelos dos mouros.[26] Mais uma vez a Inquisição atuou como braço firme do Estado na aplicação da nova política e, no auto de fé de Granada, em 2 de fevereiro de 1567, quatro mouros foram queimados vivos e sessenta foram reconciliados.[27] Naturalmente, estava pronto o ambiente para uma rebelião.

As montanhas Alpujarra sempre foram um centro de resistência cultural. Na noite de Natal de 1568, os mouros dessas belas paragens se revoltaram contra seus senhores cristãos. A princípio a rebelião se limitou a pontos isolados, mas espalhou-se aos poucos por toda a Andaluzia. Contingentes de simpatizantes vieram da África do Norte para apoiá-los.[28] No final de 1569, havia 20 mil tropas espanholas lutando contra 26 mil rebeldes, e foram necessários reforços contra a vingança dos muçulmanos após setenta anos de sofrimentos:

> Eles roubaram, queimaram e destruíram igrejas, apedrejaram imagens veneradas, destruíram altares e agarraram os sacerdotes de Cristo [...] e os arrastaram desnudos pelas ruas e praças, em um grande escândalo público. Apunhalaram alguns e queimaram outros vivos, e fizeram muitos sofrerem diversos martírios. Foram igualmente cruéis com os cristãos-velhos leigos que viviam naquelas partes e não houve respeito entre vizinhos, entre compadres, entre amigos [...] eles saquearam suas casas, e os que se refugiaram em torres e fortes ficaram presos lá dentro e foram cercados por anéis de fogo.[29]

Obviamente, esses ataques violentos confirmaram a crença dos cristãos-velhos de que os mouros eram inimigos perigosos. Um novo oponente interno fora encontrado e precisava ser tratado da mesma forma que os luteranos de Valladolid e de Sevilha. Porém, as credenciais muçulmanas dessa rebelião eram na verdade bastante duvidosas. Porque se os rebeldes destruíram igrejas e recitaram algumas preces islâmicas, por outro lado também se dedicaram a atividades nada congruentes com a prática e o ritual islâmicos:

> As mulheres casadas se desnudaram e exibiram os seios, e as virgens, as cabeças; e, com os cabelos caídos pelos ombros, dançaram em público pelas ruas, abraçaram os homens enquanto meninos brincavam diante deles, sacudindo seus lenços no ar, gritando alto que o tempo da inocência havia chegado.[30]

Não havia nenhuma crença na necessidade de as mulheres cobrirem a cabeça e ocultarem a carne. O que existia era o ódio devido às humilhações e o desejo de deixar para trás décadas de repressão cultural e sexual. A violência com que assassinaram os sacerdotes refletiu a violência que lhes fora infligida. De fato, a perseguição dos subversivos "muçulmanos" havia fomentado a revolta.

A insurgência em Alpujarra foi um marco na história dos mouros na Espanha. Cerca de 80 mil tropas foram reunidas para extinguir a rebelião.[31] Após a derrota final em 1570, 80 mil mouros foram expulsos da região e se dispersaram por outras partes da Espanha, restando entre 10 e 15 mil na antiga capital da Espanha moura.[32] Assim como os judeus, expulsos da Andaluzia em 1483, chegara a vez dos mouros. Purgar e purificar; na Espanha, o passado voltava inevitavelmente, com os terrores que o acompanhavam.

A expulsão criou mais problemas. Os mouros de Granada não eram — ao contrário dos de Aragão e Valência — hispanizados.[33] Os refugiados não tinham a intenção de serem dóceis na terra de sua submissão. Seus novos vizinhos, escandalizados, começaram a apresentar depoimentos aos inquisidores sobre mouros que declaravam que as bulas papais não eram "glória, e sim merda",[34] ou sobre viúvas mouras que exumavam os corpos dos maridos após o enterro cristão para voltar a enterrá-los segundo os rituais muçulmanos.[35] Assim, a solução para o problema mouro em Granada exacerbou as tensões em Castela e dividiu mais ainda mouros e cristãos-velhos.[36]

Obviamente, a Inquisição não era a única razão daqueles problemas. Não foi a instituição que expulsou os mouros de Granada e esmagou a revolta de Alpujarra de 1568-1570. Nem foi a Inquisição que apresentou as propostas originais da Congregação de Granada. Ela era mais um agente da repressão ideológica no país que, na época, era o mais poderoso do mundo. Portanto, foi à Inquisição que Felipe II recorreu quando o clima contrário aos mouros ficou mais pesado, no final dos anos 1550. A instituição confiscou todas as armas dos mouros e organizou buscas em Aragão (1563) e em Granada (1565).[37] E foi a Inquisição que os mouros apontaram como a culpada por seu infortúnio.

Valência, 1587

Com a dispersão dos mouros de Granada, as atitudes em todo o país começaram a ficar mais rígidas. As cortes da Inquisição de Valência e Saragoça — agora as áreas com o maior número de mouros do país — estavam repletas de denúncias que levavam à tortura, à reconciliação e ao relaxamento. Criou-se uma curiosa relação entre a fomentação da heresia muçulmana e a efetiva disseminação dessa própria heresia: na história e na política aconteceu o mesmo que na física com relação às implicações teóricas do gato de Schrödinger — a percepção do perigo e dos inimigos contribuiu decisivamente para a realidade.

No interior de Valência, o cirurgião mouro Damián Acen Dobber foi preso pela Inquisição em 1572 e reconciliado sob a acusação de criptoislamismo. Em 1587, com o aguçamento da atmosfera hostil, Dobber foi preso novamente. Cinco testemunhas se apresentaram para dizer que todos na cidade de Buñol sabiam que Dobber era um alfaqui. Nas noites de sexta-feira, os homens e as mulheres da comunidade moura de Buñol muitas vezes se reuniam na casa dele trajando suas melhores roupas, o que provocou fofocas entre os demais moradores da cidade. Em uma sexta-feira, as cinco testemunhas decidiram pegar os hereges em flagrante.[38]

Naquela noite, a porta principal da casa de Dobber estava trancada, mas os cinco bons cidadãos de Buñol encontraram uma entrada lateral. Quando entraram, viram Dobber sentado com um alaúde nas mãos e descalço, cantando e lendo um livro que outro mouro segurava diante dele. Estava cercado por uns cinquenta mouros, em um pátio aberto rodeado por quatro pilastras. De cada lado havia um banco de pedra que funcionava como uma espécie de altar, no qual havia grandes conchas cheias d'água e um tecido azul. As testemunhas contaram que o pátio recordava as mesquitas que haviam visto no reino de Granada. As mulheres estavam sentadas sobre tecidos e almofadas, e os homens a sua volta acomodavam-se em bancos de pedra.[39]

Para a Inquisição, aquilo era uma prova cabal. Lá estava Dobber, flagrado por cinco cidadãos respeitáveis, liderando orações muçulmanas. Contudo, ele negou as acusações. Os mouros da cidade o procuravam porque ele era o escriba e o contador público. O encontro não tinha absolutamente nada de muçulmano.[40] De fato, quando se pensa no que as testemunhas realmente viram, surgem dúvidas. Dobber foi visto tocando um instrumento musical e lendo um livro; havia conchas com tecidos azuis e água que as testemunhas julgaram ser "altares". Mas há poucos elementos notavelmente islâmicos, e os objetos podiam ser decorativos. A construção "lembrava as mesquitas de Granada", mas, considerando-se a herança arquitetônica da Espanha muçulmana, era natural que se vivesse de acordo com as escolhas estéticas dos mouros. Havia cinquenta mouros na reunião, mas uma grande reunião de amigos não constitui necessariamente um sinal de heresia.

Os cristãos-velhos de Buñol provavelmente teriam desconfiado de qualquer coisa que tivessem encontrado. Dobber era um dos mouros mais ricos da cidade, o que fazia dele um líder da comunidade. Assim, a percepção e o preconceito tiveram peso nas denúncias. Obviamente, é possível que as acusações tivessem algum fundamento, mas a falta de provas mostra até que ponto a atmosfera tornava difícil distinguir fantasia e realidade.

Dobber sabia que seu julgamento não seria imparcial, então tentou fugir da prisão inquisitorial de Valência. Quebrou a janela da cela e tentou pular para fora usando uma corda feita de lençóis. Os nós se desfizeram, ele caiu na rua e quebrou a perna. Após esse episódio, a Inquisição acelerou o processo. Dobber foi torturado. Continuou negando tudo. Incapaz de vencê-lo, a Inquisição o sentenciou a quatrocentas chibatadas e dez anos nas galés.[41]

De muitas formas, o caso resume a condição dos mouros em Valência e Aragão no final de século XVI. O medo e as suspeitas dos cristãos-velhos se equiparavam aos preconceitos em relação aos mouros: qualquer encontro de mouros era considerado muçulmano, e Dobber preferiu arriscar a vida a permanecer encarcerado.

No final do século XVI, a Inquisição se tornara o meio mais eficiente de reprimir os mouros.[42] Entre 1545 e 1621, um total de 232 mouros foram relaxados em toda a Espanha, principalmente em Saragoça.[43] No final dos anos 1580, os mouros presos em Córdoba já não cabiam no cárcere inquisitorial.[44] Os mouros somavam três quartos do contingente carcerário em Valência entre 1570 e 1614, e 56% em Saragoça.[45] Sua prisão e seu potencial relaxamento alimentavam o medo, mas o ponto central na disseminação do ódio entre eles era o emprego da tortura pela Inquisição, algo que se tornou rotineiro naquela época.

Quando se leem os casos dos mouros nas cortes inquisitoriais de Valência e Saragoça, é impressionante constatar que na maioria deles se diz que "foram feitas diligências [de tortura]". Com frequência, era só na câmara de tormentos que o preso confessava "ter sido mouro durante toda a vida". Muitos se retratavam ao sair do cavalete;[46] no entanto, isso era um erro, já que a retratação muitas vezes os levava de volta à câmara de torturas.[47] É claro que, como vimos no Capítulo Três, alguns foram poupados devido à sua condição física ou à idade, mas o fato de que a maior parte dos mouros presos pela Inquisição naquele período tenha sido torturada fala por si só. Embora a instituição não pudesse lidar com o vasto número de mouros renegados que acreditava existir[48] e só conseguisse julgar uma pequena porção do total, o uso indiscriminado da tortura foi decisivo para fomentar o ódio pela Inquisição entre todos os mouros.[49]

O uso da tortura era combinado com uma espécie de humilhação rotineira. Quando Beatriz Padilla, esposa de Francisco Maestro, cesteiro de Argos, levou uma camisa limpa para o marido na prisão inquisitorial de Cuenca, foi colocada em cima de uma mula e obrigada a desfilar nua da cintura para cima por toda a cidade junto a um pregador que gritava seus delitos, antes de receber cem chibatadas.[50] E quando, em 1579, Martin Varuni, mouro condenado em Múrcia, violou a sentença de banimento e voltou para ver a mulher e os filhos, a Inquisição o condenou a recomeçar do início o exílio forçado.[51]

Casos como o de Varuni revelam que a Inquisição não só torturou e relaxou; ela destruiu famílias até com castigos relativamente menores e abalou a comunidade.[52] Muitas vezes, povoados inteiros eram aniquilados com a chegada da Inquisição, como aconteceu em Cuenca em 1585, quando 13 dos 21 prisioneiros provinham do pequeno assentamento de Socuéllamos, e em Valência, em 1589, quando 83 mouros de Mislata foram punidos.[53] Esses acontecimentos incitavam medo e ódio e, de fato, um era consequência do outro; como escreveu o cronista Pedro de Valencia por volta de 1607, os mouros eram inimigos piores do que os sarracenos da África do Norte, "porque temem ser queimados e ter seus bens confiscados pela Inquisição espanhola [...] sabem que vivem sob esses riscos e que, se forem apontados como muçulmanos, sofrerão tudo isso, então nos odeiam como odiariam quem os quisesse matar".[54]

Portanto, o medo, provocado pelas próprias ações da Inquisição, era reconhecido em Valência como a causa do ódio. Esse temor era tão intenso entre os mouros que eles não se casavam com cristãos-velhos por receio de que isso provocasse denúncias.[55] Às vezes, mouros suspeitos de terem denunciado alguém eram assassinados.[56] Em vez de considerar a punição pela Inquisição um acontecimento vergonhoso, os mouros passaram a considerá-la uma insígnia honrosa e aplaudiam os que eram forçados a passar pela encenação do auto de fé público e dos sambenitos.[57] Assim, o macabro balé de medo e ódio chegou ao clímax na relação entre os mouros e a Inquisição.[58] Aqueles muçulmanos subversivos estavam aterrorizados por "serem privados de nossas vidas, propriedades e filhos, e a qualquer momento podermos ser jogados em uma cela escura [...] para lá passar muitos anos desbaratando nossas propriedades e vendo nossos filhos pequenos serem levados e criados por outrem".[59]

No entanto, a tentativa de impedir a rebelião entre os mouros por meio da crueldade e de uma força esmagadora teve o efeito contrário. Eles ficaram ainda mais inclinados à heresia do que antes. Aprenderam a desprezar a Inquisição, que simbolizava a sua opressão. Longe de atingir o objetivo de derrotar a oposição, o emprego da Inquisição contra o suposto inimigo muçulmano só piorou as coisas; embora não tenha relaxado tantos mouros como fizera com os convertidos no século XV, a Inquisição foi crucial para fomentar os ódios que levaram, inevitavelmente, à grande tragédia moura.

Existiam, de fato, uma crueldade e um prazer no tratamento que os cristãos-velhos dispensavam aos mouros, como um gato que quebra a asa de um passarinho e brinca com ele antes de arrancar-lhe a cabeça.

Nossa história se desloca para o vale do Ebro, em Aragão, onde, em meados dos anos 1580, houve repetidos embates entre cristãos-velhos e mouros. Após diversos combates contra milícias mouras, em 1585 alguns cristãos-velhos decidiram se vingar, assassinando um mouro. Eles aparentemente acreditavam que, ao matar um mouro, agradariam a Deus, e caso morressem no caminho obteriam a salvação eterna.[60] Essa crença na glória do martírio era diretamente derivada da ideologia das Cruzadas dos séculos XI e XII. Ela era muito antiga e (des)respeitável, e não surpreende que as autoridades tenham tido dificuldade em conter a violência. Os enfrentamentos duraram três anos, e em um ataque dos cristãos-novos ao vilarejo de Pina foram mortos aproximadamente setecentos homens, mulheres e crianças mouros.[61]

Com o aumento do número de acontecimentos semelhantes, as comunidades de mouros e cristãos-velhos ficaram quase totalmente separadas. Um viajante holandês que fazia parte do séquito de Felipe II em Aragão observou em 1585 que na pequena cidade de Moel, que contava com uma próspera indústria de cerâmica, só havia três cristãos-velhos. Os mouros não comiam porco. Não tomavam vinho. A igreja estava quase sempre vazia. Quando o séquito real partiu da cidade, eles quebraram os pratos usados, com repulsa.[62]

O ódio mútuo tornara-se tão profundo que mouros e cristãos-velhos zombavam abertamente uns dos outros na prisão inquisitorial de Cuenca, em vez de buscar algum companheirismo em seu destino comum. Os cristãos-velhos fritavam bacon ostensivamente diante dos mouros, em frigideiras untadas com banha de porco, e os mouros faziam cruzes de palha e pisavam nelas.[63] Fora da prisão, era comum que os cristãos-velhos oferecessem aos mouros pratos com porco, plenamente conscientes de que isso era tanto uma ameaça (se eles os recusassem, poderiam ser denunciados à Inquisição) quanto uma humilhação (pelo poder dos cristãos-velhos de fazer semelhante ameaça).[64]

O abismo na comunidade estava ficando intransponível. Os muçulmanos da África do Norte se ressentiam, como disse Pedro de Valencia, "de que muitos dos seus fossem — como eles veem — oprimidos e tiranizados para que sirvam como escravos na Espanha, com desonra e desdém, obrigados pela violência a abandonar a fé maometana e, por essa razão, presos e privados de suas propriedades e de suas vidas, açoitados e queimados, tal como ouvem diariamente nos relatos dos próprios mouros espanhóis".[65] Esse cronista desfrutava de uma posição elevada na corte de Felipe III; não há razão para duvidar de seu relato sobre as humilhações cotidianas que afligiam os mouros espanhóis.

A comunicação se rompeu. A primeira regra da vida moura era calar-se diante dos cristãos-velhos, já que uma palavra imprópria poderia facilmente levar à condenação pela Inquisição. Com o silêncio veio a desconfiança e, com ela, o ódio mútuo aumentou.[66] A verdadeira tragédia da crescente separação em guetos é que ela não precisava ter ocorrido. Os portugueses com frequência descobriam que seus colonos haviam se tornado muçulmanos. Em 1585, os inquisidores de Goa queixaram-se de cristãos-velhos que tinham ido viver entre os mouros e haviam se convertido.[67] Em 1623, Amador Lozado, capitão do forte de Arguim, na costa da Mauritânia, foi acusado de ser muçulmano em segredo, de viver com concubinas muçulmanas e de oprimir os cristãos na fortaleza.[68] Não se tratava de um caso isolado; os arquivos da Inquisição portuguesa estão repletos de histórias de pessoas na África do Norte que se tornavam apóstatas.

Na Espanha do século XVI também se sabia de cristãos-velhos atraídos pelo islamismo. Diversos deles foram penalizados pela Inquisição por terem se convertido ao islã nos anos 1560,[69] e, em um dos casos, um alfaqui conseguiu converter alguns frades.[70] Ainda que essas histórias continuassem a ser encontradas ao longo dos anos 1580,[71] são um pouco mais raras, o que revela a crescente separação entre as duas comunidades. Já não havia muito diálogo. A propaganda estava ganhando terreno. Nos lugares onde as pessoas viviam lado a lado ainda havia algum respeito, mas onde viviam isoladas elas passaram a se desprezar mutuamente.

Essa separação permitiu o surgimento de histórias cada vez mais fantasiosas sobre a outra comunidade. Não havia como evitar todo tipo de bobagens às quais as pessoas davam crédito. Assim, logo cristãos antes razoáveis passaram a acreditar no arquétipo dos criptomuçulmanos revoltosos, que deviam ser detidos antes que conseguissem destruir a nação e seu estilo de vida.

Como distinguir aquelas pessoas insurgentes e perigosas? Em seu tratado sobre os mouros, Pedro de Valencia ressaltou um fato notável sobre seu objeto de estudo: "Deve-se considerar", ele escreveu, "que todos esses mouros, no que se refere à sua compleição natural [...], são tão espanhóis quanto o restante dos povos que vivem na Espanha".[72]

Não havia distinção racial entre os mouros e o restante da população espanhola.[73] Na verdade, ao serem expulsos da Espanha, muitos mouros voltaram a Aragão, Múrcia e Granada, e foram escondidos pela população local. Os que regressaram a Granada muitas vezes iam viver em novos povoados e falavam tão bem o espanhol (e de forma tão indistinguível do restante da população) que facilmente se fizeram passar por cristãos-velhos.[74] Portanto, teria sido muito fácil integrar a população moura à nação espanhola.[75]

De fato, as principais diferenças entre os mouros e o restante da população eram culturais. Mas a própria cultura cristã-velha era uma extraordinária mistura do cristão com o muçulmano,* o que devia significar que a fusão com os mouros era possível. A diferença no século XVI era a nova cultura da intolerância, da qual a Inquisição era o símbolo e a ponta de lança; assim, costumes puramente culturais e não religiosos passaram a ser vistos como muçulmanos e indicadores de heresia.

Essa intolerância cultural começou gradativamente. Nos primeiros anos após a conquista de Granada, apesar de Cisneros ter queimado livros islâmicos, hábitos como o banho e o uso de vestimentas distintas não eram considerados práticas islâmicas.[76] Essa abordagem foi endurecendo e, à época da Congregação de Granada de 1526, foi proposto que a língua árabe e certos costumes no vestuário fossem abolidos, por indicarem apostasia islâmica.

No entanto, a intolerância da Congregação de 1526 ainda não se universalizara. Naquele mesmo ano, Carlos V concordou com uma petição dos mouros de Valência, que observaram que alguns convertidos recentes ao cristianismo não sabiam como "se afastar de algumas cerimônias mouras, que mantêm mais por hábito do que por desejarem permanecer mouros ou ofender a fé cristã".[77] O bom-senso dessa visão é demonstrado pelo fato de que os próprios mouros não consideravam suas vestimentas muçulmanas, e sim trajes regionais.[78]

Portanto, os mouros se viam como uma população com uma cultura diferente, assim como a cultura cristã variava entre a Galícia e a Extremadura, por exemplo. Não havia diferença racial entre eles e os cristãos-velhos, e em Aragão e Valência seus ancestrais haviam vivido pacificamente durante séculos sob o domínio cristão. A inimizade que passou a existir no final do século XVI precisou ser criada, e para tanto

---

* Ver páginas 46-49.

era necessária a existência de um estereótipo do "inimigo muçulmano". Os estereótipos do inimigo são alimentados pela paranoia, e, após as fogueiras de Valladolid e Sevilha de 1559, eles não faltavam na Espanha.

Assim, em agosto de 1582, o arcebispo de Toledo escreveu a Felipe II para lhe dar um notável conselho. Como o venerável arcebispo ressaltou, se a Armada turca se aproveitasse do fato de que podia recrutar 50 mil soldados de infantaria mouros só em Valência, o reino estaria em sério perigo, especialmente se essa força se unisse aos huguenotes e outros hereges. Tratava-se de informação privilegiada sobre uma ameaça considerável e, além disso, não era um dado isolado. Cinco meses antes, os inquisidores de Saragoça haviam escrito, com algum conhecimento de causa, que havia um complô para que dom Antonio, duque de Orange e rival de Felipe II na corrida pela Coroa portuguesa, unisse forças com os muçulmanos do Marrocos através das boas posições dos mercadores mouros e portugueses (geralmente criptojudeus), e que, enquanto isso, os mouros de Aragão se uniriam ao príncipe de Berna e os de Valência esperariam a Armada turca; além disso, os franceses estavam planejando contrabandear pólvora para que eles destruíssem a frota espanhola.[79]

Informações de inteligência sobre complôs eram recebidas com frequência. O perigo estava crescendo, como as evidências claramente demonstravam. A extraordinária perspicácia do inimigo não tinha limites; os planos contra a Espanha eram tais que o inimigo de seu inimigo já não era seu amigo — o inimigo de seu inimigo também era, devido a alguma estranha peculiaridade na cumplicidade mútua e no ódio à Espanha, amigo dele.

Nessas circunstâncias, os mouros deixaram de ser vistos como indivíduos. Tornaram-se uma massa indistinta, "o inimigo",[80] um demônio estereotipado que devia ser destruído.[81] Por volta de 1580, entendia-se que todo mouro, sem exceção, era secretamente muçulmano.[82] Os cristãos-velhos com frequência denunciavam povoados inteiros pelo mesmo crime, como se não houvesse nuances de comportamento.[83] Em Mislata, na região de Valência, o trabalhador Francisco Corzo foi denunciado em parte porque "diz-se em geral que todos os de Mislata são mouros".[84] Juan de Ribera, arcebispo de Valência que mais tarde foi santificado, escreveu a Felipe III no começo do século XVII que "o ódio e a obstinação [dos mouros] contra a fé católica é um em todos [*uno en todos*]"[85] — é preciso ser incapaz de fazer distinções entre os indivíduos para conseguir perceber esse traço em todos.[86]

Na verdade, contudo, a situação era complexa. Assim como alguns cristãos-velhos haviam sido atraídos para o islamismo no século XVI, havia vários casos de mouros que desejavam genuinamente ser cristãos. Membros cristãos de famílias mouras muitas vezes denunciavam os parentes devido a práticas muçulmanas, o que por si só demonstra que os mouros viam o cristianismo de maneiras muito diferentes.[87] A prova de que a assimilação era possível fica clara em casos como o de Juan de Soria, denunciado em Toledo, em 1596, pela filha de 20 anos, por ter expressado dúvidas quanto ao cristianismo que ela, como boa cristã, achou profundamente ofensivas.[88] A falta de uniformidade na prática religiosa das famílias mouras ficou evidente em 1602, quando a esposa de Miguel Arapel o denunciou por comportamento islâmico; obviamente, a vida conjugal não estava um mar de rosas, pois ela expressou perplexidade e indignação diante daquela apostasia, apesar de ele ser circuncidado.[89]

Essa ladainha de parente denunciando parente à Inquisição parece horrível. A Inquisição é, afinal de contas, entre a maioria das instituições, a maior depositária da lembrança que se tem de interdependência entre amor e ódio. Os ministros da Inquisição professavam amor por seus prisioneiros, mas os tratavam com ódio. Uma emoção intensa era facilmente transformada na outra.

Segorbe, 1608

NESSA ANTIGA CIDADE na planície do rio Palancia, as tensões sempre haviam sido fortes entre a comunidade moura e os cristãos-velhos. O grande porto de Valência — assim como o tribunal da Inquisição — não ficava muito distante dali, e a cidade se assentava entre duas serras salpicadas de comunidades mouras isoladas. Era inevitável que, com o acirramento das tensões, elas chegassem a Segorbe, pois faltava pouco para que Felipe III tomasse a terrível decisão de expulsar todos os mouros da Espanha.

Em 1608, a viúva Maria Xaramfa, uma moura de cerca de 40 anos, foi denunciada à Inquisição de Valência.[90] Seu denunciante era um mouro que já confessara ser criptomuçulmano aos inquisidores de Barcelona e tentava provar a sinceridade de sua reconciliação com a Igreja católica. Para além de toda a hipocrisia e da efervescência das consciências, as motivações não podiam ser completamente puras na corte mais vingativa de todas.

A casa grande e confortável de Maria Xaramfa, disse a testemunha, era usada como mesquita pelos mouros de Segorbe. Vários alfaquis reuniam-se lá para pregar aos mouros e liam o Alcorão colocado em um banco diante deles. Os mais velhos e sábios usavam toucados com debruns de ouro e prata e portavam cajados como se fossem bispos. Eles ensinavam os mouros a fazer as abluções rituais, a orar e também que festividades deviam celebrar. Quando liam em voz alta, os mouros à sua volta respondiam, à maneira de um padre e de sua congregação.

A testemunha anônima pôde oferecer uma descrição tão acurada porque ela própria comparecera diversas vezes àquelas preces em Segorbe. Xaramfa, o homem contou, obtinha grande benefício pessoal com aqueles acontecimentos. A comunidade de Segorbe pagava trinta ducados para usar a sua casa e fornecia três mulheres pobres para limpar a casa e lavá-la para as grandes festas do ano. Xaramfa também ganhara alguns tapetes tecidos em branco e preto com símbolos islâmicos pintados, que foram abençoados pelo alfaqui.

Naturalmente, Maria Xaramfa negou todas as denúncias. Era verdade que alguns mouros frequentavam a sua casa, mas aquilo não tinha nada de muçulmano. O denunciante simplesmente tentava obter o favor dos inquisidores. Contudo, os oficiais descartaram a sua defesa. Com as evidências obtidas contra toda a comunidade, eles certamente não podiam fazer nada além de aceitar as provas de que um grande número de mouros frequentava a "mesquita" às sextas-feiras, depois de fazer as abluções em casa. Após oitenta anos do que eles viam como tentativas sinceras de evangelização, havia um desespero na resistência obstinada dos muçulmanos e na sua recusa em se integrar à cultura nacional.

Naquela época já não havia dúvidas de que um número crescente de mouros estava realmente se voltando para o islamismo. No vilarejo de Buñol, o padre Damián de Fonseca escrevera, quatro anos antes, que quando vinte crianças nasciam em um curto espaço de tempo, os pais se reuniam e escolhiam uma delas para ser batizada vinte vezes, trocavam-lhe o nome todas as vezes e o padre não podia fazer nada a respeito.[91] Enquanto isso, Fonseca afirmava, muitos mouros condenados ao relaxamento pela Inquisição se recusavam a aceitar a confissão cristã para serem decapitados antes de serem queimados: "E assim que declaravam [no auto de fé]: 'Vocês todos são testemunhas de que morro na lei de Maomé', o carrasco pulava da escada em dois saltos e se escondia, com medo de ser apedrejado até a morte [pela turba, junto com o mouro]."[92]

Além da resistência aos ritos cristãos, Fonseca escreveu, havia um movimento islâmico muito ativo. Muitos mouros obedeciam ao Ramadã, vagando durante o jejum de um mês "magros e pálidos, quase incapazes de ficar de pé, tentando adivinhar os céus sem serem astrólogos, e perscrutando o céu até que apareça a primeira estrela, com o que todos desaparecem das praças e ruas como um só".[93] A circuncisão era rotineira,[94] assim como a prática de rituais funerários muçulmanos, em que os cadáveres eram enrolados em lençóis limpos com toucados de seda decorados com fios dourados e seda preta.[95] Nos casamentos, as pessoas dançavam, oravam e comiam como muçulmanos.[96]

Essa situação era intolerável para a sociedade espanhola, que se definia pela adesão à fé católica. O bispo de Segorbe — onde Maria Xaramfa tinha a sua mesquita — afirmou, em 1595, que os "mouros e apóstatas vivem segundo a lei maometana".[97] Isso, e a crescente agressividade física dos mouros, era algo que a Espanha e a Inquisição não podiam permitir. Em Belchite, Aragão, mouros atacavam os ministros da Inquisição com espadas, lanças e pistolas sempre que eles chegavam para tentar prender alguém.[98] Em 1591, os mouros de Gea de Albarracín — um dos refúgios de Diego de Arcos, de Teruel — atacaram o cárcere da Inquisição, feriram alguns oficiais e ajudaram um de seus amigos a escapar.[99] Em 1608, o investigador Gregorio López Madera encontrou 83 cadáveres na região de Hornachos, mortos por mouros locais por denunciá-los ou por colaborarem com a Inquisição.[100]

A situação ficava cada vez mais grave. Os turcos prosseguiam com suas atividades a oeste do Mediterrâneo, ameaçando as armadas e os suprimentos espanhóis, enquanto na Espanha mantinham um contingente de aliados, que aproveitariam qualquer oportunidade para destruir o Estado. Em abril de 1609, a Coroa espanhola chegou à conclusão de que não tinha alternativa a não ser expulsar todos os mouros da Espanha.

Valência, 1609

> E [os mouros] saíam de suas casas preparados para embarcar [...] e pelo caminho vendiam e davam tudo o que tinham, vendiam trigo a um ou dois reales o saco, que é um preço incrivelmente baixo [em Valência] [...]
>
> E muitos foram encontrados mortos nas colinas, alguns de fome depois de se renderem, outros por terem se matado voluntariamente [sic] para não ter que ir embora [...]
>
> Muitos foram levados a extremos em seu desejo de ficar, ofereceram o pescoço à faca para não partir [...] outros esconderam-se e fugiram para não partir; fizeram vigorosas demonstrações de seu cristianismo e preferiram a escravidão a ter que partir da Espanha [...]
>
> Uma menina de 15 anos, em particular, fez grandes esforços para não partir [...] e Deus concedeu-lhe uma enfermidade grave que podia salvá-la, pois, vendo-se ameaçada pela doença, ela chamou um cristão que passava por sua casa e pediu-lhe que trouxesse um confessor, pois queria morrer como uma boa cristã, e isso foi feito, de maneira que a menina pôde se confessar e entregar a alma a Deus [...][101]

A decisão de expulsar os mouros foi política, tomada pela Coroa e não pela Inquisição. No entanto, esta última forneceu apoio crítico à decisão, através de seu banco de informações penais que "provavam" a apostasia universal dos mouros[102] e por meio da incitação do ódio que os mouros sentiam pelo restante da sociedade. Foi também uma decisão popular. Quando o édito da expulsão foi publicado, em 22 de agosto de 1609, "a multidão de gente comum que foi ouvir o pronunciamento era tal que empurravam uns aos outros no chão, em meio ao aplauso e à felicidade geral".[103]

A expulsão de parte significativa da população foi concebida por décadas. Primeiro, a medida foi debatida no Conselho de Lisboa de 1582, quando praticamente toda a hierarquia eclesiástica foi favorável à ideia.[104] Depois, foi levantada como uma possibilidade por vários inquisidores e conselheiros reais, até que em janeiro de 1602 um conselho dirigido pelo duque de Lerma, ministro-chefe de Felipe III, planejou cada detalhe da expulsão.[105] O empurrão final foi motivado pelo medo: em abril de 1609, o Conselho de Estado escreveu que "o temor aos mouros [...] é considerável, e até o duque de Lerma crê que eles podem chegar a dominar a Espanha".[106]

O que se desenvolveu junto com a vontade política de expulsar os mouros foi o condicionamento psicológico da população. Os cristãos-velhos agora sentiam-se essencialmente diferentes de povos fisicamente idênticos a eles. Sob a rígida ideologia da Inquisição, a massa do povo espanhol foi doutrinada a acreditar que sinais de diferença cultural eram sinais de traição e do desejo de destruí-la. Diversos cronistas criaram estereótipos dos mouros como feios, anormais, diferentes.[107] Aos poucos, as pessoas começaram a ver os remanescentes da população muçulmana espanhola sob esse prisma. Paulatinamente, foram assentadas as bases para a destruição do inimigo.

O decreto final da expulsão era extremamente pragmático. Primeiro tratou-se dos mouros de Valência, em 1609. Seis de cada cem lares mouros foram ordenados a permanecer, a fim de instruir os novos ocupantes de suas terras a respeito das técnicas agrícolas nas quais eram mestres. Propriedades mouras prósperas foram dadas aos senhores feudais para compensá-los pela perda da força de trabalho. Os mouros tiveram apenas três dias para deixar suas casas e se desfazer de todos os seus pertences.[108] Já não mereciam nenhuma consideração.

Depois que os mouros valencianos foram despachados, chegou a vez dos aragoneses. Na primavera de 1610, os mouros de Aragão "interromperam todas as suas tarefas e atividades na terra e venderam tudo o que possuíam, até as camas, os pratos e as tigelas".[109] Em 16 de abril,

Miguel Santos de San Pedras, inquisidor de Saragoça, declarou que o pouco que os mouros aragoneses haviam deixado desapareceria em poucos dias e que "a fome e as epidemias se instalarão entre eles [...] e ao se verem famintos, eles estarão fadados a roubar e a matar os cristãos e cometer crimes atrozes".[110] Felipe III assinou a ordem de expulsão em 29 de maio de 1610, precipitando uma disputa entre agiotas e os senhores feudais dos mouros aragoneses, que subitamente ficaram sem renda para pagar suas dívidas.[111] O caos e a estagnação se instalaram.

No total, talvez mais de 300 mil mouros tenham sido expulsos da Espanha entre 1609 e 1614.[112] A maior parte foi para a África do Norte. Mais de 116 mil chegaram a Oran (na atual Argélia) entre 2 de outubro e dezembro de 1609. Inúmeros foram roubados e assaltados por bandidos, como aconteceu com muitos dos que foram para Tremecen e Fez, no Marrocos.[113] Embora os 50 mil mouros que chegaram à Tunísia tenham sido bem tratados, o restante enfrentou a pobreza, a tristeza e a morte. Os muçulmanos da África do Norte frequentemente desconfiavam de que eles fossem cristãos renegados.[114]

Talvez por antecipar esse destino miserável os banidos tenham relutado tanto em partir de um país que passara a odiá-los. Quando a ordem de expulsão foi promulgada, "eram tantas as lamentações que em todos os assentamentos mouros só se ouviam choros e soluços".[115] As procissões em direção aos portos do exílio pareciam pertencer aos tempos bíblicos, "exaustos de dor e lágrimas [...] os homens com a carga de esposas e filhos e a dos que estavam enfermos, e velhos, e jovens, cobertos de poeira, suando [...] alguns a pé, quebrados e maltrapilhos, calçados com um sapato e uma sandália [...] todos saudavam os que os observavam ou encontravam dizendo-lhes: 'Que o Senhor vele por vós [...] Cavalheiros, que o Senhor vos tenha.'"[116]

Assim partiram os últimos remanescentes da população muçulmana que viveu na Espanha por novecentos anos, "cansados, cheios de dor, perdidos, oprimidos, tristes, confusos, perseguidos, furiosos, doentes, zangados, magoados, sedentos e famintos".[117]

É difícil apagar a memória de uma grande civilização. Os conquistadores tentaram fazer isso no México ao aniquilar os templos dos astecas e queimar os ídolos que encontraram, com o ímpeto de destruir as valiosas bibliotecas de códices astecas. Contudo, ainda hoje os templos destruídos que permaneceram encobertos ressurgem após cinco séculos de repouso velado; nos anos 1960, durante a construção de parte do sistema metroviário da Cidade do México, o grande templo asteca de Tenochtitlán surgiu em meio aos túneis do metrô moderno.

E quando os espanhóis construíram as igrejas que substituiriam os templos mesoamericanos no México, aconteceu algo extraordinário. Em Tlaxcala, por exemplo, foi construída uma igreja, que pode ser vista ainda hoje, com um lindo teto de madeira no estilo mudéjar, que a Espanha herdara de seu passado islâmico através dos artesãos mouros. A ideologia oficial que acompanhou a expansão imperial determinava que só havia um caminho a ser seguido, mas esse caminho era uma mistura de tradições cristãs, judaicas e muçulmanas.

Finalmente, o que se pode pensar de uma sociedade que faz todos os esforços possíveis para destruir uma parte de si mesma e impor a unidade de crença quando muito de sua força e de seu poder derivava de sua diversidade? Isso soa como um exercício de automutilação e até uma forma inconsciente de ódio por si mesma.

Onde a paranoia triunfa, todos os fatos podem confirmar os preconceitos paranoicos. É verdade que havia sérias razões geopolíticas para que os espanhóis estivessem alertas para os simpatizantes muçulmanos; nos anos 1570, os vários enfrentamentos de espanhóis e turcos ressaltaram os perigos potenciais do inimigo muçulmano.[118] Mas, como vimos, a marginalização da "subversão" em casa simplesmente a tornou mais agressiva e impossível de assimilar.

Embora a Inquisição não tenha sido diretamente responsável pela tragédia da expulsão dos mouros, ela impôs a eles a posição de párias no final do século XVI. Em vez de promover uma reconciliação entre mouros e cristãos-velhos, simplesmente fomentou o extremismo de ambos os lados. Os muçulmanos, ou mudéjares, que viviam na Espanha antes de 1492 haviam se hispanizado e aculturado;[119] portanto, deviam estar a caminho da assimilação e da integração. Com a tortura, os impostos cobrados de cada mouro em Aragão e Valência e as punições, a Inquisição, em vez de assegurar a conversão, simplesmente os tornou mais obstinados, prontos a se voltar para o islamismo.[120]

Assim como acontecera com os convertidos no século XV, as atividades da Inquisição provocaram a mesma heresia que ela dizia tentar extirpar.[121] Em Portugal, após a reconquista do século XIII, a população moura se integrou completamente à sociedade;[122] na Espanha do século XVI, a Inquisição impediu que isso acontecesse.

Finalmente, todos os grupos marginalizados e ambíguos da sociedade espanhola haviam sido descartados. A vitória, porém, era temporária e amarga, uma precursora do fracasso. Com a destruição de todos os inimigos óbvios, seria cada vez mais difícil e complicado sustentar a caça ao inimigo.

¡Ay, los moriscos! Vistos como muçulmanos pelos cristãos e como cristãos pelos muçulmanos, sua sina era muito triste. Nem a Espanha católica nem a África do Norte muçulmana podiam tolerar esse grupo ambíguo e potencialmente revoltoso.[123] Apesar de tudo o que lhes acontecera, muitos conservavam a fé católica no exílio, diante das circunstâncias mais adversas. Por volta de 1613, chegaram notícias a Minorca sobre mouros ricos que viviam como cristãos em Argel.[124] Alguns se atiravam dos barcos em que trabalhavam e nadavam para a costa, a fim de regressar à Espanha e viver abertamente como cristãos.[125]

Os mouros não eram, e nunca foram, todos cristãos ou todos muçulmanos. Assim como os indivíduos convertidos entre eles, professavam diversas crenças. Mas as nuances da fé eram algo que a Inquisição não conseguia compreender. Assim, ela foi uma das principais forças que atuaram na extinção dessas nuances.

Em Sevilha, os mouros que partiram fizeram oferendas às igrejas, e um deles entregou 4 mil ducados à Virgem de Iniestra. Outros deixaram legados para que preces por suas almas fossem feitas nas igrejas em que sempre haviam orado e tentado obter conforto durante sua tumultuada viagem em direção a Deus.[126] A tragédia distanciou-se de suas vidas junto com a balada que cantaram enquanto se afastavam das margens do Guadalquivir:

> As mulheres mouriscas
> Torciam suas pálidas mãos
> E alçavam os olhos ao céu

Gritando em lágrimas:
Ai, Sevilha, meu lar!
Ai, igreja de São Paulo
Santo André, Santa Marina
São Julião e São Marcos!...
Clamavam a ajuda
Da Virgem do Rosário
E da Virgem de Belém:
Com seus sentimentos
Que ela nos proteja
Como ao bebê
Que leva aos seios,
E com o leite demonstra a sua pena.[127]

Capítulo Oito

PUREZA A QUALQUER CUSTO

Decididamente contrário aos conceitos religiosos
que haviam dominado o pensamento cristão durante séculos [...]

Cinctorres (Valência), 1705

UM DOS POUCOS consolos dos perseguidos deveria ser, talvez, saber que seu castigo podia chegar ao fim junto com o seu próprio fim; aparentemente não restaria muito sofrimento a infligir, uma vez que a carne se fundisse em fumaça e cinzas. E ainda assim, embora descender de um herege condenado muito tempo antes significasse a morte social na Península Ibérica, após a expulsão dos mouros a ausência das "classes de hereges" imprimiu novo significado à questão da ancestralidade na Espanha.

A partir desse ponto, o impacto da Inquisição seria mais visível no plano social, em um registro diferente das grandes perseguições que se estenderam do final do século XV ao século XVI. Uma das principais arenas nesse campo era a obsessão com a chamada "limpeza do sangue". Essa fixação se espalhou também por Portugal, e fez da Península Ibérica um caso único de sociedade com legislação racial no início da Idade Moderna na Europa. Contudo, as novas leis não trouxeram bem-estar; pelo contrário, instalou-se um sentimento de declínio, com o aumento da vigilância sobre os descendentes de convertidos e mouros.

Por isso, voltamos a Cinctorres. Naquela remota cidade do interior valenciano vimos que o professor Miguel Costa, acusado de luteranismo, foi queimado na fogueira em um auto de fé na década de 1530.* No início do século XVIII, descendentes distantes de Costa, ou supostos descendentes, descobriram que não conseguiam se livrar de seu antepassado. Ele os contaminara como um ataque recorrente de malária.

Em 1705, um certo Antonio Costa fez uma petição legal extraordinária na tentativa de se livrar daquela enfermidade. Costa descreveu em termos desesperadores os problemas que enfrentava em Cinctorres:

> Muitos anos atrás o seu pai [também chamado] Antonio Costa se apresentou à Inquisição em Valência para se tornar um familiar. E tendo a Inquisição ordenado que se inquirisse a respeito da pureza de sua ancestralidade, ele morreu antes de alcançar seu objetivo. E apesar de, desde o falecimento do pai, Antonio Costa [o jovem] ter escrito diversas vezes ao Tribunal [da Inquisição] oferecendo-se para pagar o que fosse preciso para concluir essa investigação [...], nunca obteve resposta; o resultado é que tanto escândalo e difamação caíram sobre a sua família, que costumava estar entre as mais nobres do distrito [de Cinctorres], que para eles se tornou impossível se casar, como dois de seus descendentes estão descobrindo hoje à própria custa.[1]

Quanto mais examinamos o caso, mais surreal ele parece. No dia 4 de fevereiro de 1671, 34 anos antes da queixa do filho, Antonio Costa, o pai, apresentara uma solicitação inicial para tornar-se oficial da Inquisição. Os problemas com que ele teve de lidar eram derivados da desconfiança generalizada de que fosse descendente de Miguel Costa, relaxado pela Inquisição em 1536. Assim, os problemas de Antonio Costa, o filho, provinham diretamente de um caso duvidoso de luteranismo levantado 170 anos antes.

Vale a pena tentar imaginar o clima no lar dos Costa no início do século XVIII. A Espanha estava em declínio e cada vez mais isolada. Em meados do século XVII, as mercadorias ainda eram levadas para Madri no lombo de burros e mulas, em vez de carroças, como na França.[2]

---

* Ver páginas 137-139.

Muitos vilarejos rurais haviam sido abandonados; outros viviam isolados ou seu povoamento tinha diminuído, e a distância entre muitos deles era de mais de um dia de viagem.[3] No entanto, as dificuldades crescentes não diminuíram a fama de arrogantes dos espanhóis, pois "todos [na Espanha] se acham cem vezes mais importantes do que são".[4]

No lar dos Costa, obviamente a arrogância era moderada pela má reputação de sua linhagem. Seus integrantes deviam odiar os antepassados punidos pela Inquisição tantos anos antes. A família entrou em um estado de isolamento e desconfiança, tudo por causa de pessoas que nunca tinham visto, que estavam mortas havia quase dois séculos e que podiam ou não ter sido seus ancestrais.

O caso de Cinctorres se arrastava. Os arquivos da Inquisição de Valência foram revirados e o julgamento de Miguel Costa, de 1536, foi anexado à petição de Antonio, o pai. O tribunal de Valência produziu relatórios com o controle das despesas de 1533, 1536, 1544, 1572, 1606 e 1666. O problema que Costa enfrentava era que muitas testemunhas do inquérito inicial sobre sua linhagem haviam declarado que ele descendia de convertidos. Finalmente, depois de 12 anos de idas e vindas burocráticas, em 20 de abril de 1684 ele escreveu uma carta na qual dizia que desconfiava de que algumas testemunhas pensavam que ele descendia dos irmãos Bartolomé e Miguel, cujos sambenitos estavam expostos na igreja de Morella.

Antonio, o pai, era muito metódico. Para provar que não descendia daqueles luteranos hereges, incluiu em seu depoimento os votos de matrimônio dos que dizia serem seus antepassados. Negou ter qualquer parentesco com Bartolomé e Miguel. Que suposição ridícula! Em vez disso, descendia de Antonio Costa, filho de Vicente Costa e de Barbara Moliner, casados em 1533. Antonio nascera em 1539 e casara-se com Barbara Polo, de Cinctorres, em 1572. As certidões de casamento daqueles antepassados integravam um abrangente depoimento legal de mais de cem páginas.

Esse tipo de miscelânea burocrática era comum na segunda metade do século XVII. Era vital para todos, do senhor mais poderoso ao camponês mais pobre, que pudessem provar sua ancestralidade seis, sete, oito ou mais gerações atrás, para que sua família não se convertesse em párias. Se não fosse possível provar uma ancestralidade pura, então era preciso criá-la. Mas mesmo quando as pessoas faziam esforços e tinham gastos como os de Antonio Costa, o pai, em 1684, não havia garantia de que seriam bem-sucedidas; como vimos na petição de seu filho, 21 anos mais tarde, a questão ainda não tinha sido resolvida, e a decisão final só foi promulgada em 1713, 176 anos após o relaxamento de Miguel Costa em um auto de fé na nobre e elegante cidade de Valência.

A pureza da ascendência era uma das faces mais obscuras da hidra da Inquisição. Não era algo que provocasse diretamente a morte, mas, assim como as penitências menores que vimos no capítulo anterior, podia arruinar uma família. A obsessão com a limpeza do sangue tornou-se uma forma de isolar membros da sociedade. Depois que os mouros foram expulsos, ela se converteu em um meio eficaz de continuar a punir inimigos inventados, oriundos de um passado incrivelmente distante e legendário.

O legado da doutrina da pureza do sangue para a sociedade ibérica continua sendo controverso. Mas, ao ter em mãos as quase oitocentas páginas cuidadosamente manuscritas do inquérito sobre a pureza de Antonio, o filho, fica claro que essa era uma ideia, uma mania, que chegou a deixar obcecados os indivíduos e o caleidoscópio social ao qual pertenciam. Sob essa doutrina, os filhos pagavam pelos pecados dos pais em sua própria geração, na próxima e na seguinte. Não foi à toa que alguns historiadores viram na limpeza do sangue a semente da ideia moderna do racismo.[5]

De que mentalidade brotaram essas ideias? No século XV, a Península Ibérica estava cercada: as cidades ficavam entrincheiradas atrás de seus muros; as ruas eram estreitas e fechadas, exceto por uma nesga de céu azul no alto. Das fortalezas urbanas não se via o restante do mundo. Esse mundo tinha sido tomado do inimigo muçulmano após anos de lutas e perdas. O campo amarelado era uma zona de medo.

O residente da Península Ibérica no século XV se pergunta: como podemos lidar com esse medo antes que ele nos destrua? A resposta é projetá-lo nos outros. As racionalizações desses temores buscam atributos que separam e características que unem. Os convertidos são diferentes devido aos seus ancestrais judeus, à sua linhagem. Assim, uma raça é inventada no lugar dessa fé que sempre foi uma religião, na qual Maimônides, o grande sábio judeu nascido na Ibéria medieval, escrevera que pessoas de qualquer nação podiam ser judias.[6] Constrói-se uma patologia de raça — algo que os cientistas modernos afirmam não existir, apesar de termos de nos comportar como se existisse.[7] E é precisamente por se tratar de uma patologia irracional que ela tem a capacidade de durar tanto tempo.

A ideia da pureza do sangue surgiu durante as revoltas contra os convertidos de Toledo, em 1449. Naqueles dias febris, os convertidos foram acusados por Pero de Sarmiento, o líder da violência, de manter ritos judaicos e oprimir os cristãos. Daquele momento em diante, ninguém em Toledo podia ter um cargo público se não pudesse provar sua limpeza de sangue — isto é, a ausência de ancestralidade judaica.* Assim, as falhas religiosas dos convertidos foram transferidas para uma doutrina racial.[8]

A ideia de impureza racial era radicalmente nova; isso fica claro pelo fato de que o estatuto toledano de pureza do sangue foi criticado logo de início. O papa Nicolau V promulgou uma bula em 1451 condenando o estatuto e ordenando que todos os cristãos genuínos, fossem eles descendentes de gentios ou de judeus, pudessem exercer cargos oficiais.[9] O bispo de Cuenca, Lope de Barrientos, escreveu uma carta de reprovação, e diversos teólogos proeminentes se pronunciaram rebatendo os princípios do estatuto.[10] A realidade era que, como observou um destacado acadêmico, o estatuto de Toledo era "decididamente contrário aos conceitos religiosos que haviam dominado o pensamento cristão durante séculos".[11]

Ainda assim, a ideia conseguiu se manter e se expandir nos séculos seguintes. A bula do papa Nicolau V foi ignorada. Em 1473, os cristãos-velhos de Córdoba formaram uma irmandade, da qual expulsaram todos os que tinham linhagem "impura".[12] Em 1482, os pedreiros de Toledo proibiram a troca de segredos de ofício com os convertidos, e a

* Ver páginas 49-52.

cidade de Guipúzcoa impediu que os convertidos vivessem em seu território e se casassem com seus moradores.[13]

Em pouco tempo essas medidas se expandiram. Em 1486, a ordem religiosa dos jerônimos adotou um estatuto de pureza.[14] Em 1489, os dominicanos seguiram o exemplo, assim como os franciscanos, em 1525.[15] Em 1547, Juan Martínez Silíceo, arcebispo de Toledo, impôs um estatuto proibindo os convertidos de serem membros do conselho da catedral da cidade. O regulamento, altamente polêmico, foi condenado pela Universidade de Alcalá e pelos arquidiáconos de Guadalajara e Talavera. Inicialmente Felipe II — então regente e não rei da Espanha — resistiu à ideia, mas em 1555 promulgou um estatuto confirmando a pureza do sangue como um elemento essencial para a ocupação de qualquer cargo oficial na Espanha, e no ano seguinte o estatuto da catedral de Toledo foi confirmado.[16]

Em meio a essa corrida em direção à patologia, é preciso fazer uma pausa e analisar a linguagem usada para apresentar os estatutos. Em sua defesa entusiasmada do conjunto de regulamentos na catedral de Toledo, o arcebispo Silíceo comparou os convertidos a cavalos:

> Se ao mercador de cavalos lhe oferecem um cavalo imperfeito, mesmo como um obséquio, ele não o aceitará em sua manada, porque o que mais lhe importa é a raça do animal. Esta é sua principal preocupação, mesmo que ele pense que o cavalo seja de uma raça nobre. No entanto, quando lidamos com a raça escura dos convertidos, há aqueles que desejam admiti-los nos melhores postos da Igreja, mesmo se seus lábios ainda estiverem úmidos com as perversões de seus antepassados.[17]

Essas são táticas características do racismo moderno, que começou a se desenvolver durante o século XVI com o tráfico de escravos no Atlântico.[18] Estão no documento a desumanização dos convertidos, associados a animais, e a ideia de um defeito inerente à sua constituição, que podia ser transmitido através das gerações.[19] Foi assim que o fim da tolerância, que acompanhou a ascensão da Inquisição, também ajudou a introduzir uma nova forma de intolerância.

Como podemos ver, o preconceito baseado em noções raciais se desenvolveu rapidamente na Espanha, lado a lado com a ascensão da Inquisição, no final do século XV. Isso não foi mera coincidência. Enquanto a Inquisição buscava provar a incompatibilidade dos convertidos com a religião cristã, os estatutos raciais de pureza eram uma tentativa de demonstrar a incompatibilidade deles com a emergente nação espanhola. Tratava-se de projetos diferentes e contraditórios entre si, já que a religião nunca teve a ver com a raça. Mas isso não impediria a Inquisição de adotar a nova doutrina discriminatória.

No final do século XVI, os estatutos haviam afetado todos os aspectos da vida na Espanha. A última ordem religiosa a impor o estatuto da pureza foi a dos jesuítas, em 1593.[20] Essa demora deveu-se ao fato de que diversas figuras importantes na história da ordem eram convertidas, inclusive o segundo superior-geral jesuíta, Diego Laínez.[21] Em 1622, quando o jesuíta italiano Francesco Sacchini escreveu a história da ordem e mencionou a ancestralidade judaica de Laínez, ficou perplexo ao encontrar oposição na Espanha. Os jesuítas exigiram que ele suprimisse o parágrafo ofensivo. Por que, escreveu Sacchini, só na Espanha descender de judeus era considerado uma mancha?[22]

Como demonstra esse exemplo, na longa história desse fenômeno a preocupação com a pureza do sangue era estritamente ibérica, e não tinha relação com o catolicismo. A adoção de algumas políticas e da linguagem dessa ideologia pela Inquisição em Portugal e na Espanha estava, portanto, em aberta contradição com a doutrina católica. Era mais uma prova de que a perseguição que esses países promoviam tinha origem em forças políticas e sociais, não nos ideais religiosos da Igreja católica.[23]

Então, embora sob uma perspectiva teológica a Inquisição não devesse ter nenhuma relação com a ideia da pureza do sangue, a instituição não via as coisas assim. Após sua criação na Espanha, na década de 1480, a Inquisição encorajou o ideal de pureza ao excluir dos cargos públicos e privar de autoridade quem tivesse sido condenado como convertido.[24] Nos séculos XVI e XVII, as Inquisições de Portugal e da Espanha foram cruciais para a consolidação do conceito da pureza do sangue.[25] Quando, em 1586, os jesuítas ainda não tinham instituído seu estatuto de pureza, os inquisidores Pablo Hernández e Doutor Salcedo escreveram ao superior-geral jesuíta Claudio Acquaviva expressando preocupação com o número de convertidos naquela ordem.[26]

O papel central da Inquisição na propagação da ideia de pureza naquela época transparece nos documentos do tribunal de Toledo. Só no ano de 1587 esse tribunal condenou oito pessoas por falsificação de informação genealógica em inquéritos sobre pureza de sangue.[27] Em um dos casos, os arquivos da Inquisição foram usados para provar que o advogado Antonio de Olvera era bisneto de um reconciliado pela Inquisição de Toledo. Em outro, Gerónimo de Villareal tentou colocar a filha num convento que exigia pureza do sangue e descobriu que era tataraneto de quatro pessoas que haviam sido relaxadas.[28]

Assim, apesar de não ter sido a primeira a impor a ideia da pureza, a Inquisição rapidamente a adotou e extraiu benefícios dela.[29] Nos casos de Toledo, vemos outro motivo pelo qual a Inquisição era tão odiada e temida. Até parentes distantes dos penitentes foram impedidos de entrar para conventos (e ser bons cristãos) ou de se tornar tabeliões.[30]

Além disso, com as sucessivas gerações e o aumento da complexidade das ligações familiares em expansão, aumentavam as possibilidades de que fosse descoberta uma ligação tênue com um antepassado herege. Ninguém podia ter certeza de que não seria arruinado por um inquérito sobre a pureza de seu sangue.

As Inquisições em Portugal e na Espanha foram cruciais para fomentar essa condição social. No dia 3 de fevereiro de 1548, o cardeal Henrique, irmão de João III e primeiro inquisidor-geral de Portugal, citou em uma carta o *dictum* de São Paulo, "*Modicum fermenti totam massam corrumpit*" — "Uma pequena gota pode contaminar o todo" —, o que, segundo ele, era suficiente não só para "corromper os convertidos [...] como também muitos cristãos-velhos".[31] A mesma citação aparece em um livro sobre a pureza do sangue escrito por Juan Escobar de Corro em 1632.[32] Essas ideias mancharam completamente a hierarquia inquisitorial, como demonstra o inquisidor-geral espanhol Gaspar de Quiroga, numa carta de 1577, em que ele cita o adágio "*Commixti sont inter gentes, et didicerunt opera ejus*" — "Se as pessoas se misturam, suas obras se arruínam"[33] —, uma visão que revela a hipocrisia do autoengano da doutrina, já que os tataravós do próprio Quiroga provavelmente eram convertidos.[34]

A atitude da hierarquia da Igreja foi rapidamente incorporada pela população em geral. Um ditado português do século XVII dizia: "Basta o sangue sem culpa, e a culpa em si está no sangue."[35] Essa obsessão pelos pecados das gerações anteriores não era uma simples manifestação precoce da moderna mentalidade racista;[36] ela simbolizava uma futura crise psicológica na sociedade ibérica. A obsessão descontrolada pela pureza é apontada por alguns autores como um sintoma de perigosos conflitos psicológicos e sociais.[37] Havia um desejo de lavar manchas de sangue invisíveis para todos, exceto para aqueles que eram incapazes de esquecê-las e também sua própria culpa na criação delas.

Embora psicologicamente a sociedade ibérica sentisse orgulho de se considerar cada vez mais limpa, na prática a realidade era um pouco diferente. De Madri a Lisboa e de Múrcia a Coimbra, para ser reconhecido como um bom católico era importante feder.

Uma testemunha descreveu minuciosamente a conduta muçulmana da moura Maria de Mendoza, da região de Cuenca:

> Em um dia de semana, depois da hora da ceia, esta testemunha viu a dita Maria de Mendoza pegar um cântaro de água da fonte do pomar [...] e levá-lo para os cômodos no alto da casa, perto das chaminés, pois naquele dia tinham preparado geleias lá em cima e haviam deixado por lá uma lamparina. E depois de vê-la carregar esse cântaro com água, uma hora depois a testemunha subiu ao local junto às chaminés e encontrou a porta do quarto fechada; então a testemunha a abriu e enfiou a cara pela abertura e viu que a dita Maria estava completamente nua como estava sua mãe no dia em que nasceu, e que estava descalça, apesar de ser verão, em junho ou julho, e que estava ajoelhada e lavava os cabelos.[38]

Pode-se ler esse trecho diversas vezes sem encontrar a heresia, a menos que se saiba que se lavar era considerado herético, ainda que hoje isso pareça inacreditável. Em uma sociedade governada por doutrinas de pureza, os mouros eram frequentemente denunciados por se lavarem, o que era considerado suspeito por causa das abluções rituais prescritas pela fé islâmica. Ao serem questionados, eles se defendiam alegando que estavam "simplesmente" se lavando.[39]

As abluções e a simples limpeza corporal rapidamente se confundiram; afinal, não era possível sentir a diferença com o nariz. Um mouro de Granada, Bermúdez de Pedraza, foi denunciado por se lavar "mesmo sendo dezembro".[40] Em 1603, em Valência, o mouro Francisco Mançana confessou que havia umedecido um pedaço de pano para lavar o rosto, o pescoço e os genitais, mas negou que se tratasse de uma cerimônia.[41] O alcance do fedor ibérico fica claro na denúncia escandalizada de um cristão-velho de San Clemente, perto de Cuenca, que contou como "era costume dos mouros lavar-se não só ao se casarem e ao morrerem, mas diversas outras vezes durante o ano".[42] Devemos, claro, recordar que se lavar era um costume muito mais raro na Europa do século XVI do que é hoje, mas mesmo assim as consequências desse conceito de limpeza eram extraordinariamente fétidas.

Portanto, a ênfase na pureza, na limpeza do sangue, era totalmente metafórica. A condição de obsessão irracional fica clara nessa curiosa dicotomia entre a ideologia da limpeza e o fedor da realidade. O pavor da limpeza genuína — e talvez a certeza inconsciente de que o ideal não passava de uma fantasia — era expresso perfeitamente pelo horror à lavagem corporal e pelo fato de que isso se estendia ao menor gesto social. O clérigo francês Bartolomé Joly observou, no início do século XVII, que na Espanha as pessoas nunca lavavam as mãos antes das refeições.[43]

Assim como as heresias dos inimigos convertidos e mouros, o mito da impureza foi também, em grande parte, inventado. De fato, a obsessão com a impureza cresceu precisamente no século XVI, quando a maior parte dos convertidos havia desaparecido da Espanha.[44] Por algum tempo ela foi manifestada também através de preocupações em relação aos mouros, e os filhos dos mouros com cristãos-velhos eram tratados como impuros.[45] Após a expulsão dos mouros, a perseguição do sangue impuro se transformou na perseguição de algo que, como os moinhos de Dom Quixote, só existia em uma imaginação febril.

* * *

COMO DEMONSTRA a hostilidade à limpeza corporal, há muitos tipos e estilos de pureza. Para alguns mouros, o conceito cristão-velho de pureza provavelmente era estranho, considerando-se a ênfase da fé islâmica nas abluções rituais. E, enquanto na Espanha as patologias ligadas à pureza do sangue tinham como alvo tanto as "manchas" muçulmanas quanto as judaicas, em Portugal só os descendentes dos convertidos foram associados à impureza. Ao contrário da Espanha, Portugal nunca teve um "problema" mouro. Isso, junto com a investida posterior da Inquisição, significou que os convertidos foram alvo tanto da Inquisição portuguesa quanto das novas doutrinas raciais.

Essa importante diferença entre Portugal e Espanha foi fonte de tensões, pois, em 1580, Felipe II da Espanha assumiu também a Coroa portuguesa; a endogamia nas famílias reais ibéricas era tão forte que ele era o próximo na linha de sucessão ao trono português.[46] Entre 1580 e 1640, Portugal e Espanha foram governados em conjunto, apesar de a Espanha sempre estar em uma posição melhor. O fato de a Inquisição em Portugal ainda lidar com os convertidos levou os portugueses a serem estereotipados na Espanha como judeus. Como se dizia, "o português nasceu do peido do judeu".[47] Isso significava que, em Portugal, a Inquisição se preocupava cada vez mais em se livrar dessa imagem e preservar a pureza do sangue da população cristã-velha.

No início do século XVII, as noções de pureza haviam contaminado a sociedade portuguesa como um vírus. Em 1604, os convertidos de Portugal compraram um perdão geral por quaisquer falhas religiosas, mas a paz foi temporária, e não diminuiu sua marginalização. Na década de 1580, ainda houve tentativas dos convertidos de impedir a generalização dos estatutos de pureza, mas por volta de 1630 os "impuros" haviam sido expulsos oficialmente da vida acadêmica e judiciária, dos postos no tesouro e das ordens militares e religiosas.[48]

No entanto, era mais difícil eliminar os convertidos de posições de prestígio social em Portugal do que na Espanha. Eles formavam uma porção considerável da população urbana e letrada, e a administração não podia funcionar adequadamente sem eles. Como ocorrera na instalação da Inquisição no Brasil, a Coroa portuguesa praticava a *realpolitik*. Por isso, apesar dos seis decretos reais entre 1600 e 1640 proibindo os convertidos de ocupar cargos públicos, "gente da nação hebraica" ocupava constantemente as posições mais influentes.[49]

Assim, houve um avanço na linguagem da exclusão. Em um regimento inquisitorial de 1640, a Inquisição portuguesa determinou que seus oficiais deviam ter sangue puro.[50] Como ocorrera na Espanha, a paranoia se espalhou com a ideia de impureza. Qualquer um com uma gota de sangue impuro era agora considerado cristão-novo, e não velho. Um documento da Inquisição de 1624 fazia referência a 200 mil famílias de cristãos-novos em Portugal, quando na verdade havia no país apenas 6 mil cristãos-novos cujos antepassados não haviam se casado com cristãos-velhos.[51] Durante um conselho em Tomar em 1628, chegou-se a sugerir que os convertidos de Portugal deviam ser expulsos, como ocorrera com os mouros na Espanha.[52]

A obsessão com a pureza do sangue não desapareceria facilmente da sociedade portuguesa. Para quem caminha hoje pelo centro de Lisboa, a cidade passa a imagem de uma das mais cosmopolitas da Europa, com as ruas ao redor do grande Rossio e os bondes que vão e vêm de Belém repletos de imigrantes brasileiros e das ex-colônias na África. Contudo, no império português na África, durante o século XX, ainda persistiam resíduos das ideias de pureza; aqueles de pele mais clara ("mais pura") subiam mais rapidamente nos estratos sociais das colônias de Cabo Verde e Guiné-Bissau.

Para quem andava pelas ruas de Lisboa na virada do século XVI para o XVII, quando a ideologia da pureza começou a ser difundida, o lugar parecia muito diferente. As pessoas não podiam se deslocar de uma paróquia a outra sem autorização do vigário.[53] A escassez de pão e carne era frequente. A falta de água doce era um problema constante.[54] Fantasistas espalhavam superstições infundadas; em 1579, pouco depois da morte do rei Sebastião no Marrocos, um visionário declarou que ele renasceria como uma estrela no céu.[55] Em diversos pontos da cidade oficiais bradavam os decretos reais.[56] Nos dias dos grandes autos de fé, as pessoas corriam às ruas nas quais os convertidos moravam para apedrejar suas casas.[57]

Foi em circunstâncias semelhantes, de violência publicamente tolerada dirigida contra uma comunidade minoritária, que floresceram a perseguição e a ideia da limpeza. Documentos inquisitoriais começaram a registrar se uma testemunha ou um acusado era metade, um quarto, um oitavo e um dezesseis avos convertida.[58] Em 1632, em Goa, o familiar da Inquisição Francisco Pereira foi impedido de se casar porque sua noiva tinha sangue muçulmano;[59] isso ocorreu três anos após a aprovação de uma lei que limitava os dotes das noivas convertidas, em uma tentativa de desencorajar os casamentos entre cristãos-velhos e cristãos--novos.[60] Todas essas medidas vinham acompanhadas de severas perseguições inquisitoriais aos convertidos. Houve tantos julgamentos no distrito de Coimbra no começo da década de 1620 que, em algumas cidades, todos os convertidos solteiros foram presos.[61] A região de Beja, mais ao sul, também foi devastada; lá, oito pessoas foram queimadas em 1619,[62] outras 240 foram relaxadas em todo o país entre 1620 e 1640, e quase 5 mil foram processadas.[63]

O interesse da Inquisição na pureza do sangue e seu foco na minoria eram os dois lados da mesma moeda. A perseguição normalmente precedia esse complexo de culpa da pureza. No entanto, com a diminuição do número de membros genuínos da minoria, a perseguição se voltava para os descendentes das mesmas pessoas que a haviam apoiado quando ela começou, os que tinham apenas um quarto, um oitavo ou um dezesseis avos de impureza.

Cartagena das Índias, 1664

Em 11 de abril de 1664, um inquérito sobre pureza do sangue foi aberto pelo tribunal da Inquisição em Cartagena das Índias. Todos os funcionários da Inquisição foram legalmente obrigados a fornecer provas de sua pureza. A investigação do tribunal colombiano, porém, não se referia ao solicitante de um cargo inquisitorial, mas à linhagem de uma certa Ana Salgado de Castro, que queria simplesmente se casar com Joseph Deza Calderón, o notário da Inquisição de Cartagena.[64]

A família de Ana Salgado de Castro não desconhecia, como se soube depois, a jurisprudência inquisitorial. Seu pai havia sido familiar da Inquisição em Cartagena e, para garantir o cargo, sua ancestralidade fora investigada em sua terra natal, Bayonne, no atual sudoeste francês.

Os tribunais da Inquisição de Córdoba, Galícia, Sevilha e Toledo também foram encarregados das investigações. Cada um desses inquéritos exigiu inquirições em separado nos vilarejos dos distritos em questão, em um processo que durou anos. Sevilha devolveu seu inquérito à Suprema no dia 10 de setembro de 1647, mas as informações da Galícia só chegaram seis anos depois, em 29 de outubro de 1653.

Além disso, esse não foi o único exercício burocrático precipitado pela família de Ana Salgado de Castro. Seu tio materno também fora familiar da Inquisição em Cartagena e, portanto, também tivera que dar provas da pureza de seu sangue. Na época, isso exigiu investigações em apenas três distritos inquisitoriais: Córdoba, Sevilha e Toledo. Considerando-se a enorme distância que separa a Colômbia da Espanha e os vários meses que as comunicações demoravam para atravessar o Atlântico, tentar provar a pureza do sangue de alguém era uma façanha que podia levar toda uma vida, como Antonio Costa, o pai, descobriu até mesmo no ambiente paroquial de Cinctorres.

Como a pureza de sangue da linhagem de Ana Salgado de Castro já havia sido provada tanto pela parte paterna quanto pelo ramo materno da família, era de se esperar que o casamento com um oficial da Inquisição não exigisse muita burocracia. Esse é o ponto de vista racional. Mas a Inquisição em Portugal e na Espanha, assim como nas colônias, era uma organização que encobria as paixões irracionais com uma camada de racionalidade. O inquérito sobre a ancestralidade de Salgado de Castro foi implacável. O tribunal de Cartagena relacionou 13 perguntas para as testemunhas dos distritos de Galícia e Sevilha. Os anos se passaram. Todo o lamentável processo tinha de ser revisado repetidamente, para que quaisquer manchas fossem completamente expurgadas, mesmo em um lugar tão distante do coração do império como Cartagena.

Então, em meados do século XVII, enquanto a aplicação da tortura diminuía nos calabouços inquisitoriais, ela era sublimada na documentação de que os cidadãos necessitavam para confirmar a honra de sua linhagem. A investigação da ancestralidade por vários tribunais inquisitoriais se tornara algo absolutamente normal. Quando Alonso de Medina Merino y Cortés, com seu nome grandiloquente, tentou se tornar familiar da Inquisição em Cartagena das Índias, em 1662, houve investigações em Llerena, Sevilha e Toledo.[65] Em 1670, quando Alonso Sánchez Espinosa y Luna se apresentou para ser familiar em Quito, sua pureza e a de sua esposa, Feliciana, tiveram que ser investigadas nas regiões de Valladolid e Toledo, e todo o processo consumiu desgastantes 18 anos.[66]

Os documentos deste último caso explicam a crescente mania da pureza do sangue e a demora nas investigações. Após fazê-lo esperar por 18 anos, os inquisidores esgotaram a paciência de Sánchez Espinosa y Luna, que tinha que pagar o papel e a tinta do tribunal. Afinal de contas, a pureza do sangue era um mecanismo engenhoso para manter a pureza das finanças da Inquisição.

México, 1709

NO AUGE DA GUERRA de Sucessão Espanhola, quando a Grã-Bretanha, a França e a Holanda brigavam sobre os restos mortais da ambição e do imperialismo espanhóis, o frei Antonio Medrano se apresentou à Inquisição do México para ser qualificador, um verificador da ortodoxia dos livros publicados que decidia se eles deviam ser censurados pela Inquisição.

A conta dos itens que Medrano teve que pagar após a pesquisa sobre a pureza de seu sangue incluía o seguinte:

- — Pagamento pela carta da Suprema recebida no México com informações sobre sua genealogia.
- — Pagamento por uma carta do distrito de Cuenca, na Espanha, sobre sua genealogia.
- — Pagamento pelo atestado oficial redigido para confirmar sua genealogia.
- — Pagamento da cópia do julgamento sobre sua pureza.
- — Pagamento pelo tempo e pelo trabalho investidos pelos oficiais da cidade de Villarobledo, em La Mancha, na investigação de sua ancestralidade.
- — Pagamento pelo trabalho do notário da Inquisição, por ter compilado exaustivamente todas essas informações.
- — Pagamento dos papéis da Inquisição.

E o item mais astucioso de todos:

— Pagamento dos custos com o cálculo da conta emitida ao término do processo.[67]

Essas contas discriminadas eram comuns durante as inquirições. Elas revelam os caminhos metódicos da Inquisição. Por exemplo, cobrava-se por cada testemunha interrogada por um oficial inquisitorial durante todas as investigações de pureza (em 1629, o custo era de quatro reales.[68]) É claro que, para as pessoas presas a esse sistema de crença, tais procedimentos eram uma prática comum e absolutamente normal. O próprio fato de que pareçam absurdos vistos de fora revela que a coerência interna não é pré-requisito para que um sistema de crenças se torne objetivamente verdadeiro ou válido.

Assim como alguns escritórios de advocacia obtêm grandes lucros com suas taxas de fotocópias, a Inquisição também custeava uma parte substancial de seus gastos cotidianos fomentando a ideologia da pureza. As *probanzas de pureza* — como eram conhecidas — continuaram existindo por boa parte do século XVIII[69] e eram uma fonte importante para a estabilidade econômica da Inquisição, embora por fim tenham começado a perder importância.[70]

Isso, obviamente, não equivale a dizer que a Inquisição era inteiramente motivada pela ganância.[71] Ao mesmo tempo em que a paixão frequentemente se sobrepunha à fria racionalidade, muitas vezes a Inquisição enfrentava dificuldades econômicas. Depois da expulsão dos mouros, uma de suas principais fontes de fundos em Aragão e Valência — os confiscos e as taxas pagas pelos mouros à Inquisição — secou. Em geral, como qualquer órgão do Estado, a instituição passava pelos mesmos problemas financeiros que a Coroa espanhola.[72] Com o início de seu declínio, no século XVII, foram necessárias novas fontes de renda, como as taxas por investigação de pureza, que ficavam cada vez mais complexas.

O problema era que isso significava que a Inquisição passara a se sustentar através de práticas burocráticas sem sentido. As diversas tentativas de reformar o sistema eram sempre frustradas. Felipe II faleceu antes de implementar a ideia de só investigar os últimos cem anos da genealogia pessoal, que foi rejeitada em um comitê sobre as inquirições que se reuniu pela primeira vez em 1596.[73] No entanto, foi aceita uma reforma, em 1623, iniciada por Felipe IV, que determinava que após três inquéritos positivos não seriam permitidas novas investigações;[74] porém, 16 anos depois ele teve que reiterar à Inquisição os termos dessa posição.[75] As tentativas de facilitar as exigências de pureza foram ignoradas pela instituição, como fica claro na carta de 1627 que Felipe IV enviou à Suprema na qual ele repetia as condições de 1623 e acrescentava que queria vê-las "executadas e obedecidas tal como foram escritas, sem vossas próprias interpretações".[76]

A ideia de pureza chegou a dominar a instituição de tal maneira que, em 1633, Felipe IV ordenou que o conselho da Inquisição criasse duas cortes: uma para as questões inquisitoriais e outra exclusivamente para lidar com provas de genealogia.[77] O efeito dos inquéritos sobre linhagens fora resumido na carta de Felipe IV à Suprema de 1627, na qual ele recordou aos oficiais que "os maiores interesses de Deus e de minha pessoa consistem em agir de maneira justa e aliviar os custos, os dissabores e as humilhações de meus vassalos, pelo que deveis buscar a maneira de obter informação nos lugares sem criar inimizades e facções e sem levar as testemunhas a perjurar".[78]

Formava-se um fosso diante da sociedade espanhola, mas ela persistia cegamente, provando a pureza do que não podia ser provado. As pessoas discutiam sobre quem era ou não puro, mas tudo se resumia a influências, rumores, amargura. Longe de assegurar a integridade da sociedade, a obsessão com a pureza do sangue iniciara o processo para dividi-la. Em longo prazo, isso teria consequências terríveis.

Lima, 1675

Um certo Andrés de Angulo, requerente de um cargo na Inquisição, teve a pureza de sua genealogia colocada em dúvida. Foram descobertos dados extremamente sérios sobre sua ancestralidade. Não era verdade que o tetravô dos tetravós de Angulo, Fernando Alonsso, havia sido relaxado pela Inquisição? Não era o herege Alonsso nada mais, nada menos, que o tetravô da avó de Angulo? Mais claramente, Angulo era o "neto de Maria de Nalda Garçon [...] que era filha de Pedro de Nalda Garçon e de Isavvel Martinez de Avenzana e Francisca Gonzalez de Higuera, cujos pais eram Sancho Martinez de Avenzana e Catalina Martinez [...]"[79]

O promotor podia até não se expressar com palavras sucintas e claras, mas trabalhava com rigor extremo. Para provar a falta de pureza do pobre Angulo, pinçou dos arquivos da Inquisição um trecho da denúncia apresentada contra Diego Saenz, tetravô do tetravô de Angulo, e incluiu em seu depoimento uma árvore genealógica extraordinariamente minuciosa, que ainda pode ser consultada na sala de leitura do Arquivo Histórico Nacional, na qual as genealogias dos bisavós maternos de Angulo e de seus tetravós paternos podem ser examinadas na mais perfeita tranquilidade por aqueles que se interessem por esses estudos.

Será que essa trabalhosa pesquisa realmente havia deixado claro que o mencionado Andrés de Angulo estava irremediavelmente manchado, era completamente inadequado para um cargo oficial e merecia uma humilhação severa? Apesar disso, nas inquirições em Lardero, Navarrete e Nalda todas as testemunhas declararam que a família Angulo estava acima de qualquer suspeita. A difamação moralista era uma invenção. A intrincada trilha de papel do promotor foi declarada fictícia e Angulo obteve o cargo que almejava.

Enquanto os antepassados de Angulo eram caluniados, em Cidade Real* Luis de Aguilera, que almejava o cargo de comissário da Inquisição, passava por uma experiência similar. Em 1669, usando seus conhecimentos avançados sobre linhagens, o promotor da instituição traçou a genealogia de Aguilera até 1531 para provar que ele não tinha sangue puro; a esses documentos foi anexado um decreto dos Reis Católicos do século XV referente a supostos ancestrais convertidos de Aguilera, os Loaza.[80]

* Primeiro centro das atividades inquisitoriais em Castela, como vimos; ver páginas 60-63.

As árvores genealógicas foram examinadas. Uma delas foi incluída nos documentos do processo — que somava quinhentas páginas focadas apenas na questão dessa ancestralidade do oficial, comparativamente inferior —, provando que, sete gerações antes, um dos antepassados de Aguilera casara-se com uma mulher de ascendência convertida. Como declarou o promotor, a omissão na declaração de relações "tão próximas" como as dos "antepassados maternos da sexta geração" revelava uma impureza intolerável.

O caso se arrastou por dez anos. Foram feitas novas inquirições em Cidade Real. Um total de 37 testemunhas declarou que Aguilera tinha o sangue puro. Oito pessoas afirmaram que não. O tribunal da Inquisição de Toledo decidiu que isso era suficiente para impedi-lo de assumir o cargo, e a vida de Aguilera foi arruinada pelo suposto casamento infeliz dos tetravós de seus tetravós.

Essas dificuldades não eram novidade. Em Ronda, cinquenta anos antes, do alto das montanhas da Andaluzia nas quais mais de três séculos depois as forças de Franco executariam republicanos diariamente durante a Guerra Civil Espanhola, a Inquisição investigara a pureza do sangue de dom Rodrigo de Ovalle. Os inquisidores não tinham tempo para contemplar o terrível abismo sob os penhascos de Ronda ou os vales cultivados que se estendiam mais abaixo. Afinal, como disseram, a linhagem de Rodrigo de Ovalle seria de fato "de muito má qualidade se derivasse de Ysavel Hernández, esposa de Hernando Díaz de Toledo, o tabelião das rendas reais [em Sevilha]". Não era verdade que a terrível Ysavel Hernández fora reconciliada pelo Santo Ofício da Inquisição havia meros 123 anos, em 1502?[81] Os pais dela, Alonso Hernández e Francisca Sanchez, não haviam sido queimados em efígie?

Não se podia permitir semelhante dano à pureza da nação! Não eram eles lembranças da fusão de culturas e povos que formavam o coração da sociedade espanhola?

Um hotel decadente em Buenos Aires, 1996: o recepcionista envelhecido começa um debate político. O lado bom do regime de Pinochet no Chile foi que ele deu um jeito no país, livrando-se dos agitadores e dos incompetentes de boas intenções: *limpió* — fez uma limpeza. Foi uma pena o fato de os governantes militares da Argentina não terem demonstrado tal capacidade de *limpieza*.

A ideia de limpeza tornara-se uma forma de purificação. Nas escolas primárias da África do Sul no século XX, passavam-se pentes nos cabelos das crianças para comprovar se havia cachos que denunciassem a ancestralidade africana.[82] No sul dos Estados Unidos, no século XIX, em uma região muito próxima da influência hispânica do México, a regra de "uma gota" marginalizava as pessoas suspeitas de possuir algum antepassado entre os escravos africanos, mesmo que, a olho nu, elas aparentassem ser brancas.[83] Na Península Ibérica do século XVII, a evidência de "uma gota" de impureza de antepassados muçulmanos ou judeus persistia no cerne da burocracia inquisitorial.

Assim, as sociedades aprenderam que a máscara de um corpo puro podia ser superposta a uma alma impura. Os casos de limpeza percorrem meandros intermináveis nos arquivos da Inquisição.[84] Isso tem sua lógica. Se a mínima mancha, muitas gerações antes, fosse considerada nociva, ela aumentaria o número de gerações a serem verificadas e o detalhamento das investigações. Então, a Inquisição era simplesmente lógica. Mas sua lógica estrangulou, através da burocracia, a sociedade que ela afirmava preservar. A ideologia da pureza significava que a possibilidade de heresia não terminava com a morte. De fato, às vezes até as linhagens de candidatos a cargos oficiais que já tinham morrido eram investigadas;[85] se a pureza pudesse ser provada, beneficiaria seus parentes, mas, caso contrário, todos os cidadãos precisavam saber.

O que tinha nascido como perseguição a um grupo, o dos convertidos, finalmente passou a significar que qualquer impureza na genealogia equivalia à morte social.[86] Isso se aplicava aos hereges e até àqueles cuja fé cristã era irreprimível e que tinham apenas um antepassado distante de origem moura ou convertida. Enquanto a distância temporal dos primeiros hereges crescia, também aumentava o número de pessoas cujas vidas podiam ser arruinadas. A extensão do impacto em todos os grupos sociais transparece na petição de Antonio Costa, o filho, de Cinctorres. Como afirmava o último regimento da Inquisição em Goa, "o simples encarceramento na prisão inquisitorial por qualquer crime significa uma verdadeira infâmia para a pessoa do preso e seus descendentes, mesmo após o cumprimento da pena imposta".[87]

Obviamente, Portugal e Espanha não foram únicos na forma de lidar com pessoas consideradas impuras. Como demonstrou a antropóloga Mary Douglas, cada sociedade tem suas próprias ideias sobre o que é e o que não é puro, e desenvolve técnicas para lidar com o que percebe como anômalo. Contudo, essas ideias não predominam quando a sociedade é sã. Quando a limpeza é a principal obsessão, a neurose se instala.[88] A piedade se impõe. Porque não é verdade que quem assiste a *Macbeth* sente uma pontada de compaixão pela loucura da mulher do rei amaldiçoado, condenada à culpa eterna enquanto lava as manchas que só ela vê?

Capítulo Nove

TODOS OS ASPECTOS DA VIDA

[...] eles são vigiados em suas ações e em sua forma de vida com tal atenção que, quando não cumprem até o menor rito cristão, são considerados suspeitos de heresia e punidos [...]

NESSA CURIOSA HISTÓRIA de violência e emoções extremamente desagradáveis, pode ser difícil responder às questões mais óbvias. Acabamos de examinar uma série de inquéritos longos em pequenos vilarejos sobre a genealogia de funcionários de segundo escalão. Como os inquisidores sabiam que as informações que recebiam eram verdadeiras? A resposta deve estar na confiança que depositavam na capacidade de os aldeãos se vigiarem mutuamente e saberem detalhes íntimos da ancestralidade alheia — ou, pelo menos, fingirem que sabiam. A Península Ibérica se tornara uma sociedade de espiões.

Regressemos brevemente ao ambiente messiânico do lar dos Carvajal, na Cidade do México nos anos 1590. A casa ficava no bairro indígena de Tlatelolco, onde por algum tempo o medo fora derrotado pela saudade. Depois da reconciliação de Luis, o Jovem, em 1590, a família foi inspecionada por Pedro de Oroz, um frade franciscano, que observou com satisfação as imagens religiosas que os Carvajal haviam disposto pela casa como evidência de sua sincera adesão à Igreja católica.*

Contudo, nem todos os vizinhos dos Carvajal estavam convencidos disso. Um deles era uma portuguesa chamada Susana Galván.[1] Susana tinha 50 anos e provavelmente estava entediada com a sua sina. Ela

* Ver página 187.

adorava intrometer-se nos assuntos alheios e fofocar sobre o que havia descoberto. Portanto, ser vizinha de uma família de hereges reconciliados era uma distração bem-vinda.

Galván logo fez amizade com a criada da casa, uma índia chichimeca da região desértica do norte do país. Ela perguntou sobre o que os Carvajal bebiam e comiam. Ouviu que nenhum deles comia porco nem toucinho e que cozinhavam com azeite de oliva ou manteiga em vez de banha. Nas sociedades ibéricas, essas práticas eram consideradas uma prova de que a pessoa, ou a família, não era católica, e sim criptojudia ou criptoislâmica, já que ambas as crenças proibiam o consumo de porco. Animada com a informação, Galván bisbilhotou a cozinha da família Carvajal para ver com seus próprios olhos o tipo de gordura usado nas panelas.

Galván testemunhou no segundo processo contra os membros da família. Ela declarou que sempre desconfiara de que os Carvajal ainda viviam como judeus. Além da prova culinária, a criada havia lhe contado que os Carvajal usavam roupas limpas nas noites de sexta-feira e vestiam seus melhores trajes aos sábados, como se fossem para uma festa. De fato, a própria Galván vira Leonor, irmã de Luis, o Jovem, sentada em uma almofada sem fazer nada num dia de sábado, usando um vestido de veludo preto. Ao ver aquele ócio em um dia de trabalho comum — que, por coincidência, era o sabá judaico —, Galván ficou convenientemente escandalizada, a excitação disfarçada pela máscara da censura moral.

Pelos documentos do caso, fica claro que Galván passou grande parte de seu tempo agindo como espiã não remunerada da Inquisição. Ela observou o tipo de vestimentas dos Carvajal e os dias em que eles as usavam. Espionou seus costumes culinários. Assim, a Inquisição oferecia um notável serviço social aos entediados, aos fofoqueiros e aos maldosos: agora espionar os vizinhos não apenas era legítimo, como também constituía um dever social, como esclareciam os éditos de graça, que orientavam os cidadãos a informarem sobre o que lhes parecesse contrário à fé.

O impacto em todos os aspectos da vida no México ficou claro pouco depois do auto de fé de 1596, no qual morreram Luis, o Jovem, e suas irmãs Isabel e Leonor. Em 1604, Antonia Machado, bisneta de um relaxado, foi processada por usar roupas de seda com uma franja dourada,[2] o que era proibido aos parentes de hereges condenados.* Pode-se imaginar o escândalo que isso provocou, justificadamente, pelas ruas caiadas do México, varridas por escravos africanos e pelos sobreviventes da epidemia que assolou a população asteca: ninguém se chocara com o genocídio em que 95% da população indígena fora dizimada no século anterior;[3] nem com as cicatrizes nos rostos dos índios que sobreviveram à doença; nem com as torturas nas minas e a escravização dos mineiros — não, o que provocava repugnância, afrontava e escandalizava era o fato de aquela descendente de um relaxado ousar vestir-se de seda!

É difícil manter o senso de proporção. Ao focar em uma ou duas anomalias de menor importância, era possível ignorar as maldades e anomalias maiores. A Inquisição, ao definir a conformidade em termos religiosos, como sempre perseguia avidamente todas as religiões diferentes. Ao mesmo tempo, cada vez mais a conformidade e a normalidade eram definidas em termos raciais; portanto, os descendentes dos diferentes também tinham de ser punidos.

Esses dois vetores de marginalização eram ideologicamente incompatíveis e revelavam as contradições da psicologia ibérica entre uma visão de mundo conservadora e quase medieval, centrada no desvio religioso, e a emergente visão de mundo moderna, que definia as diferenças em termos raciais. Mas, como vimos, a Inquisição conseguiu acomodar as duas perspectivas. A extraordinária adaptabilidade da mentalidade do perseguidor fazia com que ele fosse capaz de trocar de cavalo com a elegância e o instinto assassino de um jóquei campeão diante de um animal premiado. A preocupação com a conformidade, porém, só podia se desenvolver se alguns grupos fossem apontados como diferentes. Assim, na virada do século XVI para o XVII, a obsessão com a pureza se intensificou e cada um dos aspectos da vida cotidiana foi perscrutado em busca de anormalidades.

Esses casos mexicanos referiam-se a detalhes da vida cotidiana que preocupavam a Inquisição em Portugal e na Espanha; porém, em geral, a instituição nas colônias além-mar ocupava-se mais de impor outro tipo de conformidade: a aceitação de ideais europeus mais amplos.

---

* Ver página 256.

Para a Inquisição portuguesa em Goa e na África, deixar de usar vestimentas em estilo português era motivo suficiente para que uma pessoa fosse perseguida. Em 1585, o Conselho Geral da Inquisição em Portugal mandou que os inquisidores de Goa "processassem cristãos que vivem na terra dos infiéis e vestem-se como infiéis como se fossem apóstatas desligados de nossa Santa Fé, mesmo que não haja provas de que realizam os ritos e as cerimônias dos infiéis" — e a prova da apostasia seria o fato de que essas pessoas "conservam uma forma própria de vestir, que é diferente da forma dos cristãos".[4] Em 1619, Manoel da Silva foi encarcerado na cidade de Cacheu, na atual Guiné-Bissau. A única evidência contra ele era que, apesar de afirmar ser cristão, fora visto na cidade de Buguendo* e na vizinha Bichangor** vestido "como um preto do lugar", com um bubu (uma túnica) e com aros nas narinas. Silva, nascido em Malaca, foi enviado para o cárcere de Ribeira Grande, em Cabo Verde, onde o futuro governador de Nuevo León, Luis de Carvajal, havia vivido, e mais tarde foi deportado para Angola.[5]

Essas denúncias só podiam ocorrer se os membros da sociedade fossem encorajados a ficar atentos a esse tipo de comportamento, mesmo em lugares tão distantes de Portugal, como Goa e Guiné-Bissau. Embora a autoridade portuguesa tivesse diminuído consideravelmente no Estado da Índia, no fim do século XVII[6] — durante a longa guerra de independência de Portugal contra a Espanha, entre 1640 e 1668 —, o poder da Inquisição continuou sendo importante. Um dos principais crimes que ela costumava julgar em Goa, especialmente a partir de meados do século XVII, era a "bruxaria" dos cripto-hindus que supostamente haviam se convertido ao cristianismo. Para identificar com sucesso esse delito, era necessário observar minuciosamente a vida cotidiana a fim de perceber as práticas heréticas. Como observou o viajante francês Pyrard de Laval em 1619, aquele era um território onde a Inquisição era "muito mais severa do que em Portugal".[7]

---

* Foi em Buguendo que, em 1562, Mestre Diogo encenou a farsa provocadora à qual assistiram Luis de Carvajal e seu tio, Francisco Jorge. Ver página 124.

** A atual cidade de Ziguinchor, na região de Casamance, no sul do Senegal.

No Brasil, assim como em Goa, a Inquisição portuguesa estava particularmente preocupada com a bruxaria. Denúncias de práticas supersticiosas mais uma vez exigiam a observação detalhada dos comportamentos. Elas se tornaram muito frequentes no início do século XVIII, quando um amuleto comum encontrado no Brasil era a bolsa de mandinga. Essas bolsas costumavam conter pedaços de mármore, estrelas de seis pontas ou pedaços de papel com signos cabalísticos. Eram muito valorizadas e dizia-se que protegiam seu dono de facadas e tiros.[8] Também eram usadas pelos escravos brasileiros que viviam em Lisboa e houve três casos inquisitoriais centrados nelas em 1730-1731.[9]

No mundo multifacetado das colônias, havia um grau extraordinário de superstições e práticas não católicas. No Brasil, no início do século XVIII, Joana, uma escrava africana, costumava temperar a comida dos homens que desejava com a segunda água que usara para lavar a vagina.[10] Outra escrava, Marcelina Maria, cozinhava um ovo, dormia com ele entre as pernas e dava-o de comer ao homem desejado; ela também aprendeu que, ao fazer sexo com um homem, devia molhar o dedo na vagina e fazer com ele o sinal da cruz nos próprios olhos, para que ele nunca a abandonasse.[11] No México, as escravas moíam pós e jogavam-nos nos homens para despertar o desejo deles; algumas carregavam consigo terra retirada de túmulos e outras portavam ervas especiais, tudo para conseguir ter relações com o homem desejado.[12] No Brasil, os escravos eram enviados por seu senhor ou senhora para tocar nas pessoas cobiçadas por eles com amuletos, a fim de fazê-las cair sob seu domínio.[13] Havia uma obsessão pelo sexo e uma abundância de superstições em torno do sexo e de tentativas de induzir os outros a praticá-lo; pode-se imaginar que, apesar dos grandes esforços da Inquisição, com essa atmosfera e nas tardes quentes dos trópicos, sexo era o que não faltava.

Esse era, então, como um estudioso[14] o denominou, o "trópico dos pecados", um mundo alheio ao clima, às ideologias e às exigências sociais ibéricas. Muitos daqueles cujas vidas e visões da realidade foram observadas atentamente pela Inquisição eram escravos trazidos da África para o Novo Mundo que conservavam crenças ancestrais.[15] Porém, embora isso signifique que os escravos estavam, portanto, sujeitos à atenção inquisitorial, o fato de eles mesmos muitas vezes usarem a Inquisição para seus próprios interesses é confortador.

Cartagena das Índias, 1648-1650

EM 1648, O ESCRAVO Manuel Bran* foi detido em Cartagena das Índias, acusado de cuspir em cruzes e negar a existência de Deus.[16] Quando consideramos sua história de vida, sua atitude diante da fé de seus opressores não surpreende.

Manuel nasceu em Cabo Verde e, ainda bebê, foi com a mãe para as ilhas dos Açores, onde ela foi escravizada. Nos Açores ele serviu como pajem de um arquidiácono, cultivando as vinhas de seu senhor e fazendo o que lhe era pedido. Ao chegar à idade adulta, casou-se com uma espanhola chamada Leonor de Sossa, criada de seu senhor, e teve um filho com ela. A criança morreu aos 4 anos. Então o arquidiácono ordenou que ele embarcasse a serviço dos irmãos dom Diego de Lobo e dom Rodrigo de Lobo, que o levaram para o Brasil e depois para Cartagena, onde Rodrigo de Lobo o vendeu como escravo. Ele nunca voltou a ver a mulher.[17]

Nessas circunstâncias, não é de se estranhar a hostilidade dos escravos em relação à religião de seus senhores. A hierarquia de valores fica clara em um caso ocorrido no Brasil, em 1737, quando o senhor de engenho Pedro Pais Machado matou dois escravos por supostamente ferirem um boi; um dos escravos foi dependurado pelos testículos até morrer.[18] Poucos anos depois, um dos moradores mais ricos da Bahia, Garcia de Ávila Pereira Aragão, mandou chamar uma escrava de 3 anos de idade e empurrou seu rosto em uma brasa de carvão com uma das mãos, enquanto com a outra avivava o fogo. Aragão também torturou um escravo de 6 anos de idade derramando cera quente de vela em seu corpo e rindo de contentamento enquanto o menino gritava de dor.[19]

---

* Nas colônias ibéricas da África e da América Latina, os escravos costumavam adotar o sobrenome de sua etnia e, na época, Bran era um termo comum para designar um grupo étnico da moderna Guiné-Bissau.

Detalhes obscenos como esses exploram as tragédias de seres humanos que foram suficientemente explorados durante a vida. Mas se esses casos nos ajudarem a compreender algo do incrível oceano de desejo e da necessidade insaciável de satisfação tornada acessível pelas relações de poder no Novo Mundo, pensar sobre eles hoje em dia pode não ser totalmente inútil. O que vislumbramos nesses sádicos terríveis talvez sejam emoções análogas às que vimos nos inquisidores mais lascivos, os Luceros, Salazares e Mañozcas da vida.

Nesse contexto, é um alento saber que os escravos costumavam renunciar a Deus ao serem açoitados ou agrilhoados;[20] o que queriam dizer era, obviamente, "renuncio ao seu Deus". Tratava-se não só de uma expressão de rebelião, mas de uma forma de escapar; se a blasfêmia fosse denunciada à Inquisição, eles podiam ser encarcerados por um ano na prisão inquisitorial e, assim, escapar de novas surras nas mãos dos senhores. Alguns inventavam visões e pactos com o demônio e depois, já encarcerados, confessavam que seus senhores os maltratavam tanto que eles preferiam ser prisioneiros da Inquisição.[21] Em 1650, no México, o escravo Juan de Morga decidiu arriscar. Gritou blasfêmias, declarou-se bígamo e por fim disse que fizera um pacto com o demônio; Morga terminou sua confissão explicando: "Sirvo a um homem muito cruel em Zacatecas [região mineira], e enquanto me mantiverem aqui continuarei vivendo segundo essa lei e negando a Deus."[22]

O fato de a Inquisição ser, para muitos escravos, uma opção melhor do que a vida cotidiana diz muito sobre o horror de sua existência no Novo Mundo. Mas não devemos concluir que a Inquisição tenha sido totalmente benigna com eles. Ela estava encarregada de lidar com os maus-tratos aos escravos no México, por exemplo, mas, apesar de maus-tratos ocorrerem diariamente, apenas três casos foram denunciados entre 1570 e 1620.[23] Além disso, as práticas culturais "diferentes" dos escravos faziam parte de um conjunto de divergências condenadas pela Inquisição, que desejava — ou fingia desejar — a uniformidade de práticas e crenças. As realidades e os povos diferentes das colônias eram tão numerosos que a instituição travava uma batalha perdida. Só a vigilância sobre tantos aspectos da vida cotidiana e sobre as predileções demoníacas dos escravos tornava possível impor um mínimo de "normalidade".

Lisboa, 1637

Três anos antes da revolta de Portugal contra o rei espanhol Felipe IV e o fim da União Ibérica, as tensões chegaram ao auge na península. No Peru, a grande colônia de mercadores portugueses fora assolada por uma série de detenções feitas pela Inquisição (lideradas, como não é de se estranhar, por Juan de Mañozca), durante a qual 83 pessoas foram presas e outras 110 interrogadas. A crença difundida na sociedade espanhola de que os portugueses eram judeus fez com que os mercadores fossem acusados de um complô criptojudaico.[24] Onze deles foram queimados no grande auto de fé de 23 de janeiro de 1639.

Os acontecimentos e os sentimentos nas colônias e nas metrópoles estavam, então, conectados. Mas em muitas partes de Portugal as denúncias à Inquisição frequentemente refletiam preocupações mais paroquiais e cotidianas dos cidadãos. Foi o que aconteceu em abril de 1637 em Lisboa, quando começaram a chegar à instituição informações sobre Cecília da Silva, uma "bruxa" que vivia no campo, nos arredores da cidade. Segundo as testemunhas, Silva era uma pessoa extremamente perigosa e era preciso impedir suas atividades heréticas a qualquer custo.[25]

Uma testemunha descreveu em detalhes as atividades de Cecília. Ela tinha imagens de são Erasmo, que, segundo a acusada, fazia o que ela pedia. Cecília via diabos pintados ao redor de são Erasmo e dizia que os encantava para que lhe obedecessem. Em função disso, muitas pessoas a haviam visitado, dando-lhe dinheiro e fazendo oferendas, o que a tornou uma pessoa rica e, sem dúvida, invejada na comunidade.

Os efeitos dos poderes extraordinários de Cecília foram especialmente severos em um certo António de Bairros, mercador que vivia nos arredores. Por muitos anos Bairros teve um caso com Marta Gonçalves, que era grande amiga da bruxa. Comentava-se que o caso só tinha durado tanto devido aos feitiços de Cecília, e um dia uma criada de Bairros, chamada Antonia, viu um escravo de Marta Gonçalves chegar com uma oferenda para Cecília e uma mensagem queixando-se de que Bairros não ia mais à casa dela. Por que fazer uma oferenda se não fosse para pedir algum serviço em troca? Por que se queixara de Bairros? Em uma sociedade na qual o evento mais insignificante podia ser remetido à alçada da Inquisição, aquilo era realmente excitante.

Um dos aspectos mais diabólicos do "enfeitiçamento" de Bairros era o fato de Marta Gonçalves ser "velha e [ter] o rosto deformado"; em contraste, a mulher dele era bela, jovem e gentil. Mas os feitiços da bruxa Cecília eram tão fortes que Bairros não se ocupava do próprio lar, o que deixava a esposa profundamente triste. O próprio Bairros descreveu as forças ocultas que o levaram a humilhar a esposa e a si mesmo ao se expor aos mexericos: "Diversas vezes, estando na rua, e mesmo estando deitado na cama, uma força interna o levava à casa de Marta Gonçalves [...] outras vezes ele estava em casa com a esposa e os filhos e, de repente, se achava na casa de Marta Gonçalves sem saber como chegara lá, e outras vezes era levado até lá como se estivesse acorrentado."

Tudo isso foi considerado bruxaria; mas pode-se desconfiar de que talvez os denunciantes de Cecília da Silva, admirados com a infidelidade de Bairros com aquela "mulher feia", soubessem mais sobre as atividades cotidianas dos outros do que sobre a psicologia humana. Bairros, o respeitável comerciante casado com uma esposa respeitável, pode ter sido atraído justamente pela aparência repulsiva de Marta Gonçalves. Nele, os impulsos e as contradições internos que nos tornam humanos precisavam de uma válvula de escape, e ele pode tê-la encontrado naquela pessoa que simbolizava tudo o que ele rejeitara externamente em si mesmo e ao escolher a esposa.

Casos como esse revelam que a superstição não era comum apenas no Novo Mundo; na verdade, os arquivos da Inquisição demonstram que a superstição era muito comum em Portugal e na Espanha. As denúncias de bruxaria recaíam principalmente sobre mulheres sós, que roubavam gado à noite e cujas casas estavam repletas de indícios de práticas ocultas, tais como fios de cabelo e dentes caídos.[26] As adivinhas eram acusadas de profetizar acontecimentos em lugares distantes depois de reunir todo tipo de objetos peculiares, tais como feijões, moluscos, trapos e moedas. Dois feijões eram colocados na boca de quem pedia a informação, um representando a própria pessoa e o outro a pessoa amada. Dez feijões eram jogados na mesa e lidos de acordo com os objetos junto aos quais caíam. Às vezes as adivinhas transmitiam seus conhecimentos ocultos a uma amiga, que desistia da prática ao descobrir, com grande surpresa, que eles nunca eram exatos.[27]

Aquela era uma sociedade muito crédula. Porém, embora as pessoas estivessem sempre encontrando indícios de pactos com o diabo no comportamento dos vizinhos — observados minuciosamente —, a Inquisição era menos crédula. Como vimos no prólogo, Portugal e Espanha estavam entre os poucos países europeus que não viveram uma caça às bruxas nessa época, e, de fato, a Inquisição muitas vezes não ouvia quem a procurava para denunciar os pactos diabólicos dos vizinhos.[28] No início do século XVIII, os inquisidores em Portugal já não acreditavam que as bruxas participassem de conspirações e usassem feitiços para amaldiçoar as pessoas.[29]

Esse é um paradoxo curioso de uma instituição que foi capaz de ver que algumas das pessoas que afirmavam voar à noite para reuniões conspiratórias eram doentes mentais, enquanto a população, em grande medida, ainda acreditava que esse tipo de acontecimento era parte da vida diária. A explicação para isso é muito simples: assim como a caça às bruxas no norte da Europa simbolizou poderosas forças sociais e contradições que demandavam bodes expiatórios, na Península Ibérica a Inquisição fizera de convertidos e mouros os seus próprios bodes expiatórios. As bruxas já não eram necessárias; não era preciso fabricar inimigos fantásticos, pois outros já tinham sido inventados.[30]

Para os cidadãos da Espanha e de Portugal, no entanto, as coisas eram diferentes. Era possível exorcizar diariamente a inveja e o ciúme, essas emoções cotidianas, bisbilhotando e tomando conta da vida de vizinhos, rivais e inimigos. Podia-se atingir um propósito moral espionando pessoas que tivessem o sangue puro, mas que estivessem expostas à contaminação por outros tipos de atividades heréticas e por suas próprias fantasias de magia e possessão demoníaca.

É claro que não era preciso ser convertido ou mouro para pactuar com o diabo ou praticar bruxaria. Os cristãos-velhos eram igualmente suscetíveis a esse comportamento. Assim, o sentimento — ainda que equivocado — de grande parte da população de que as bruxas estavam em todo lugar e que interessavam à Inquisição estimulou uma atmosfera em que as práticas diárias de todo tipo de pessoas eram observadas de perto. Assim como o foco na ameaça luterana sob o inquisidor-geral Valdés, em meados do século XVI, ampliara as possibilidades de suspeita, agora qualquer membro da sociedade podia ser objeto de vigilância.

Como líder do movimento que ficou conhecido como Contrarreforma, Valdés chegou a ser uma figura importante na ampliação da vigilância inquisitorial aos cristãos-velhos. Após o caso de Carranza, que estarreceu a elite espanhola nos anos 1550, a Inquisição na Espanha passou a examinar as atitudes coletivas da nação.[31] A instituição se afastou dos centros urbanos e passou a visitar regularmente os distritos rurais, e, na segunda metade do século XVI, começou a perseguir de forma cada vez mais severa os pequenos delitos que expressavam mais ignorância e raiva do que heresia — sendo a bigamia e a blasfêmia as infrações mais visadas.[32]

Para alcançar esse objetivo, Valdés promoveu uma reforma completa da instituição. Reorganizou as finanças e garantiu à Inquisição o direito de cobrar aluguel das *canonjías*, cargos eclesiásticos específicos. Expandiu enormemente a rede de fiscais inquisitoriais das cidades para os povoados e vilarejos de todo o país. Revisou as regras administrativas e, até o fim da vida, conseguiu assegurar a proeminência institucional da Inquisição sobre todas as demais cortes civis e eclesiásticas da Espanha.[33] Assim, como muitos dos mais terríveis perseguidores que o sucederam em outros lugares e épocas, Valdés provou ser um administrador meticuloso.[34]

O avanço da Inquisição foi acompanhado de um programa massivo de doutrinamento religioso, seguindo o impulso do Concílio de Trento,[35] talvez o mais importante realizado pela Igreja católica. Seu objetivo era alcançar uma uniformidade comportamental coerente com a doutrina e a moral cristãs, através de um esforço combinado de doutrinamento.[36] A ironia é que a maior parte dos cristãos-velhos era formada por bons católicos que não entendiam por que tinham algo a ver com a Inquisição.[37] Eles não haviam apoiado sua criação? Tiveram dificuldade de entender como aquela instituição persecutória podia subitamente se voltar contra seus partidários e reprimi-los.[38]

A blasfêmia é um bom exemplo das mudanças na atmosfera espanhola no período entre a criação da Inquisição e as reformas de Valdés. Nas instruções de 1500 promulgadas em Sevilha pelo inquisidor-geral Diego de Deza, foi especificamente definido que palavras pronunciadas "com raiva ou ira" não eram heréticas, e sim blasfemas, e, portanto, não eram da competência da Inquisição.[39] Por volta de 1560 tudo havia mudado, e o comentário mais inofensivo proferido no calor do momento podia ser suficiente para produzir uma denúncia à Inquisição. Assim, nesse mesmo ano o mercador Melchor de Berrio, de Granada, foi sentenciado a três anos nas galés por ofender o Santo Sacramento;[40] em 1562, o trabalhador Luis Godines, de Córdoba, foi processado por dizer que "o dízimo pode ir para o inferno, pois foi criado pelo diabo".[41] Então todos, cristãos-velhos e cristãos-novos, tinham de ter cuidado com o que diziam, e a quem diziam.

Ao ler os arquivos da Inquisição em Portugal e na Espanha, tem-se a impressão de que blasfemar e praguejar eram tão comuns como hoje. Na verdade, apesar de lidar com esses delitos, a Inquisição não conseguiu impedi-los; não é fácil reprimir a raiva nem as palavras que a acompanham.

A blasfêmia tendia a ocorrer em uma de três categorias. A primeira era o desprezo pela Igreja e suas instituições. A rejeição do dízimo por Luis Godines em Córdoba é um bom exemplo disso; outro caso é o de Marco Antonio Font, um meirinho de Valência do início do século XVII enviado para prender um homem que dizia ser oficial das Cruzadas. Font fez uma saudação desafiante (e blasfema): "Então vós sois das Cruzadas, não é? Pois eu cago nas Cruzadas, limpo minha bunda com a bula papal e com as Cruzadas."[42]

O segundo tipo de blasfêmia ocorria quando o ofensor expressava abertamente seu ceticismo em relação a Deus, às vezes beirando o ateísmo. Isso era muito comum, e as pessoas com frequência blasfemavam ao perder a fé no Senhor.[43] Às vezes a blasfêmia era uma mera expressão do senso comum, como quando o trabalhador cristão-velho Afonso Annes declarou perto de Porto, em Portugal, em 1569: "Deus não pode estar no céu e na igreja ao mesmo tempo."[44]

A blasfêmia mais violenta talvez fosse aquela que refletia o que a Inquisição via como desvio sexual. Um dos tipos mais comuns era a afirmação de que a condição de um homem era melhor do que a de um frade. Isso era frontalmente contrário à visão de são Tomás de Aquino, para quem a castidade absoluta era superior a qualquer outra condição, pois era o melhor caminho para a perfeição e para a relação com Deus.[45] Obviamente, sua filosofia era o pão e o vinho dos padres (teoricamente) celibatários, mas certamente exercia menos influência sobre a população em geral. Um exemplo dos que discordavam dessa regra era Alonso García, de Córdoba, que declarou que "não é pecado dormir com uma mulher se lhe pagas".[46] Em Évora, o modo como essas blasfêmias estavam relacionadas à vida cotidiana foi claramente revelado quando Fernão Matheus foi acusado de dizer que não era pecado dormir com duas irmãs; pouco depois sua cunhada Isabel Díaz foi delatada por dizer que não era pecado fazer sexo com o cunhado.[47]

As punições desse tipo de autotraição eram mais amenas do que as dirigidas aos mouros e convertidos, mas costumavam incluir açoites e, às vezes, o exílio, as galés e/ou o cárcere. Para que a Inquisição pudesse condenar, as pessoas precisavam vigiar os vizinhos a fim de detectar sinais de diferença. Assim, enquanto nas colônias a presença da Inquisição na vida cotidiana costumava resultar na denúncia de escravos que renunciavam a Deus ou praticavam algum tipo de "bruxaria", na Península Ibérica ela promovia um estado mental que levava à vigilância até nas conversas mais mundanas.

É nesse contexto que podemos ver por que os historiadores tendem a pensar na Inquisição como uma das primeiras instituições modernas. Com sua organização e sua capacidade de vigiar a vida dos cidadãos, ela foi uma precursora das organizações que tornaram mais sombria a vida dos seres humanos no século XX. É verdade que alguns historiadores afirmam hoje que essa faceta da Inquisição tem sido exagerada e que os cristãos-velhos a entendiam como um tribunal remoto.[48] Mas o alcance da instituição variou de acordo com o período em questão. Na virada do século XVI para o XVII, seu alcance nas comunidades rurais era enorme, e sua presença administrativa existia até mesmo em pequenos povoados onde não havia tribunal. Contudo, apesar de esse alcance ter diminuído, a memória coletiva assegurou que, em seus últimos anos, a abrangência da Inquisição fosse vista como algo muito maior do que realmente era.

Ao entrar em um restaurante na Espanha hoje e examinar o cardápio, podemos observar algo específico da cultura espanhola. Qualquer sopa ou cozido descrito como *a la española* ou *castellana* contém presunto ou porco assado. Uma cadeia de restaurantes populares em Madri é o Museo del Jamón (Museu do Presunto), e assim que se consegue passar pelas dezenas de pernis de porco dependurados nas vigas para curar, é um bom lugar para provar um desses pratos. O prato batizado com o nome mais irônico de todos é *judías con jamón* — judias com presunto —, ou, como se diz hoje, ervilhas com presunto.

Passemos dos restaurantes ao emblema culinário da Espanha, o bar de tapas. Você se senta em um banco junto ao bar, e o barman lhe oferece um prato de aperitivos enquanto você toma uma cerveja gelada. Observe os petiscos que lhe são oferecidos: lascas de porco, um pedaço de chouriço, alguns camarões, uma seleção de moluscos ao vinagrete. É indelicado recusá-los, então você prova, mesmo que estejam passados ou frios. Você provavelmente não vai perceber que esses acepipes — como muitas das porções de tapas — vão contra as regras alimentares islâmicas e judaicas.

Volte trezentos anos no tempo e vá a Maiorca, a joia das ilhas Baleares. No século XVII, uma grande comunidade de convertidos ainda vivia em Palma, a capital da ilha, em um gueto conhecido como Sagell. Em um dia de verão de 1673, um grupo de poderosos se reuniu no jardim de um dos convertidos mais ricos do local, Pedro de Onofre de Cortés. Também estavam presentes Gabriel Ruiz, um familiar da Inquisição, e Antonio de Puigdorfila, parente do meirinho da Inquisição. Miguel Pont, um sapateiro, descreveu o que ocorreu ali.

> Entre outras coisas que [os visitantes] haviam trazido e disposto para comer havia um cozido com chouriço de porco, e um dos irmãos [do convertido Pedro de Onofre de Cortés] — ele não lembra qual — quis provar aquilo, ao que o outro Cortés lhe dis-

> se: "Isso é linguiça com sangue, é porco!" E eles não comeram do cozido, preferiram os peixes e as frutas que havia. Então o dito Antonio de Puigdorfila lhes disse: "Por que não comem isso?" E insistiu para que os malditos judeus comessem. Mas eles disseram que aquilo os deixaria doentes; e os presentes riram e disseram entre si: "Vejam, os judeus se recusam a comer o cozido!"[49]

Essa era uma dinâmica social em que os visitantes generosamente levavam comida para uma casa; se os convertidos da casa seguissem alguns aspectos da lei judaica, estariam impedidos de comê-la. Essa generosidade era um desafio e uma ameaça velada. Ela se espalhou pela tradição culinária como uma forma de testar as pessoas, vigiar sua ortodoxia e controlar os suspeitos. Como tanto o islamismo quanto o judaísmo proíbem o consumo de porco, oferecê-lo a um convertido ou a um mouro era um modo perfeito de humilhá-lo e, ao mesmo tempo, seguir a norma da caridade cristã. A recusa em ingerir porco está sempre presente nos casos inquisitoriais de mouros e convertidos, e demonstra como a ideologia da Inquisição permeou a mais básica atividade humana: a alimentação.

A natureza da vigilância culinária variava entre convertidos e mouros. Para os primeiros, a questão do consumo de porco era crítica, e, como observou o viajante italiano Leonardo Donato em 1573, "eles são vigiados em suas ações e em sua forma de vida com tal atenção que, quando não cumprem até o menor rito cristão, são considerados suspeitos de heresia e punidos".[50] Para os mouros, um período ainda mais perigoso era o Ramadã, quando o menor indício de que não se alimentavam durante o dia podia levar a denúncias, em outro exemplo da interação da generosidade fingida com a ideologia da Inquisição. Em 1578, um mouro do distrito de Valência foi delatado por jejuar um dia inteiro durante o Ramadã enquanto trabalhava com cristãos-velhos em uma casa, apesar de o terem "convidado a comer e petiscar".[51] Nesse mesmo ano, um cristão-velho denunciou quatro mouros que tinham ido trabalhar em suas terras durante o Ramadã em 1577 e não comeram nem beberam durante todo o dia.[52]

Evidentemente, para que essas acusações fossem feitas, os suspeitos deviam ser vigiados constantemente, sempre às voltas com a questão de se comiam ou bebiam. É possível imaginar o prazer e a tensão das testemunhas enquanto os observavam, e pode-se desconfiar que muitas sentissem mais prazer em provar a subversão do que em absolver o suspeito.

É claro que essa vigilância extrema começou muito cedo na história da Inquisição. Enquanto a convertida María de Cazalla — mais tarde acusada de ser uma alumbrada — assistia à missa na cidade castelhana de Guadalajara, em 1525, Diego Carrillo observou que ela baixava os olhos quando a hóstia era erguida e olhava para a porta da igreja.[53] Esse tipo de denúncia era comum, e é difícil não sentir um misto de repulsa e divertimento pela hipocrisia de pessoas capazes de denunciar alguém por não observar a hóstia com a devida atenção quando obviamente elas mesmas estavam mais interessadas em vigiar o comportamento dos hereges em potencial do que em reverenciar o corpo de Cristo.

No entanto, os inquisidores aparentemente não levavam em conta esse tipo de questão, e a igreja era um dos principais lugares onde o comportamento de mouros e convertidos era observado. Em 1566, um mouro foi reconciliado em Granada, "pois quando o padre ergueu a hóstia sagrada ele estava sentado com a cabeça baixa e cobria os olhos com as mãos para não vê-lo".[54] Treze anos mais tarde, o mouro Gómez Enreymada — expulso de Granada após a revolta fracassada — foi denunciado por oito testemunhas por ter se comportado de maneira suspeita quando o padre ergueu a hóstia.[55] A intensidade com que as pessoas eram vigiadas é ilustrada pelo fato de que, em Valência, três testemunhas denunciaram o mouro Miguel Melich porque ele não se confessou durante um ano;[56] obviamente, todos o haviam observado e feito anotações.

Talvez o exemplo mais extraordinário de vigilância seja o de um caso de 1597, quando o mouro Bartolomé Sánchez foi detido com toda a família. Uma das testemunhas, um vizinho, afirmou que Sánchez se lavava inclusive após defecar. Pode-se concluir que até a mais íntima das funções corporais era vigiada, o que talvez não deva nos surpreender em uma sociedade em que o simples asseio era considerado suspeito.

Porém, se era legítimo vigiar as pessoas enquanto defecavam, o problema é que isso era simplesmente a sociedade defecando em si mesma. Considerando-se a extraordinária diligência com que membros da comunidade vigiavam os convertidos e os mouros que viviam entre eles, é difícil não concluir que foi precisamente essa base de vigilância que permitiu que ela se voltasse contra os membros da própria comunidade de cristãos-velhos. A habilidade de obter provas para a perseguição dos demais seria empregada contra a comunidade dominante. Assim, mais uma vez a instituição persecutória foi capaz de usar as práticas e habilidades desenvolvidas em um contexto e voltá-las contra as mesmas pessoas que tinham apoiado sua criação desde o início.

O efeito na sociedade foi grave. Como observou o historiador Juan de Mariana, as investigações secretas da Inquisição "privaram as pessoas da liberdade de ouvir e falar entre si".[57] Como o menor lapso podia provocar denúncias, humilhações e a perda de privilégios, a sociedade da vigilância tornou-se a sociedade da desconfiança e da divisão.

Voltemos aos dias violentos do início das inquisições ibéricas — a Sevilha em 1484 — e às primeiras Instruções do inquisidor-geral Tomás de Torquemada para o funcionamento da Inquisição. O sexto capítulo das Instruções diz o seguinte:

> Os ditos inquisidores devem ordenar que [hereges e apóstatas] não tenham cargos públicos nem benefícios, que não possam ser advogados, proprietários, boticários, mercadores de especiarias, doutores, cirurgiões, doadores de sangue, nem cambistas. E que não possam usar ouro nem prata nem coral nem pérolas nem coisas semelhantes, nem pedras preciosas, nem usar qualquer tipo de seda nem camelão* [...] e que não podem montar a cavalo nem portar armas durante a vida toda, sob pena de serem declarados culpados de recair [na heresia].[58]

Em 1488, em Valladolid, Torquemada foi ainda mais longe e ordenou que os filhos e netos dos hereges fossem banidos de todos os cargos oficiais.[59] Vimos neste capítulo como essas proibições foram postas em prática no caso de Antonia Machado, neta de um relaxado, perseguida

* Tecido de lã mesclado com seda. (N. da T.)

no México em 1604 por usar roupas de seda com uma franja dourada.* Essas perseguições não eram incomuns; em 1587, diversos descendentes de relaxados ou reconciliados pela Inquisição foram multados em Hellín, em Múrcia, por usarem seda e portarem facões.[60]

A ansiedade das pessoas afetadas pelas proibições vem à tona no caso de Jerónima de Vargas, que em 1560 suplicou fervorosamente aos inquisidores que lhe permitissem vestir seda, vista como um sinal de nobreza e honra na sociedade castelhana. Os pais de Jerónima haviam sido reconciliados em Cuenca 18 anos antes, quando ela tinha 2 anos de idade, e ela temia que o marido, membro da pequena nobreza, "não lhe [desse] uma vida boa nem uma vida marital [dormir com ela]" se soubesse que estava proibida de vestir seda.[61]

Vale a pena pensar nas consequências das instruções originais de Torquemada, de 1484. Porque, se certas pessoas eram proibidas de usar determinado tipo de roupas e joias, montar a cavalo, portar armas e praticar certas profissões, então é óbvio que teriam que ser vigiadas. Desde o início, portanto, a vigilância mútua estava subentendida nas normas da Inquisição. Assim, embora a vigilância e as denúncias não fossem todas feitas pela instituição, foram suas regras que criaram o ambiente para que elas ocorressem.

Entretanto, ao mesmo tempo, não devemos cair na armadilha de fazer da Inquisição o bode expiatório das falhas humanas. Muitos seguiam de boa vontade a incitação à bisbilhotice. Se formos honestos, muitos de nós admitirão que gostam de falar dos conhecidos. A fofoca é comunitária, divertida e, o melhor de tudo, permite falar sobre as falhas dos outros em vez de pensar nas nossas próprias. Ao conferir legitimidade moral a esse comportamento, a Inquisição teve uma iniciativa brilhante que garantiu sua popularidade e ocultou a vontade de fofocar por trás do desejo de fazer o bem.

Como vimos, a legitimidade da fofoca permitiu que a Inquisição penetrasse em todos os aspectos da vida pública. Em Portugal, as vidas de professores e parteiras eram averiguadas antes que eles recebessem licença para trabalhar.[62] Na Sicília, os professores não podiam ser

---

* Ver página 241.

nomeados sem autorização da Inquisição, e os autos de fé se espalharam da capital, Palermo, para as cidades de Catânia e Messina, na costa leste.[63] Essa constante promoção da conformidade, porém, teve o mesmo efeito na sociedade humana que a seca em um rio. As pessoas começaram a ficar estagnadas à medida que a criatividade e a inovação eram eliminadas da sociedade pelas gratificações mais imediatas oferecidas pela fofoca e pela vingança.

Capítulo Dez

A ADMINISTRAÇÃO DO MEDO

[...] em vez de falar do "inquisidor do Peru", seria mais correto falar do "Peru do inquisidor" [...]

Neste momento, parece que chegamos ao âmago do ódio amistoso. Questões dignas de menção e outras inomináveis rodeiam as cidades e seu amargo declínio. Como a Inquisição penetrava no cotidiano? O que levava alguém a se submeter à sua administração e à sua alma impiedosa? Vimos que havia um sentimento de cumplicidade, um prazer na autorização para espionar. Mas para tirar vantagem dessa passividade era preciso que houvesse uma organização pronta para assumir o comando.

A história é familiar, apesar de estranha por ser antiga. Como vimos, o detalhamento dos procedimentos é algo que distingue a Inquisição como uma instituição persecutória moderna, uma das primeiras desse tipo. Com a administração da perseguição surgia a possibilidade de obter o poder, e do poder nascia a corrupção do que deveria ser uma instituição de pureza. Teoricamente um instrumento do divino, a Inquisição era fundamentalmente humana.

A corrupção não surpreende. Com o desenrolar da história, ela foi sendo pontuada pela sede de sangue e por vários exemplos de ataques sexuais perpetrados pelos inquisidores. Na verdade, com frequência ambos caminhavam juntos. Os inquisidores Lucero em Córdoba, Mañozca em Lima e no México, e Salazar em Múrcia organizaram incinerações em fogueiras em larga escala enquanto satisfaziam seus desejos mais baixos, e eles sem dúvida não eram a exceção.* Segundo os laços sociais da época, havia algo atraente naqueles homens autoritários — o poder de punir e o poder de perdoar.

Como esses exemplos demonstram, a corrupção era algo tão comum nas colônias quanto em Portugal e na Espanha. O mesmo ocorria em outros lugares. Em Cartagena, eixo do tráfico de escravos para a América do Sul, os abusos de poder eram diários, enquanto um grande número de escravos africanos contrabandeados chegava à América em condições deploráveis. Talvez, então, o colono espanhol Lorenzo Martínez de Castro não tenha ficado surpreso quando, em 1643, foi parar na prisão inquisitorial.

Quando da chegada de Martín Real, visitador da Suprema, Martínez de Castro lhe escreveu contando as atividades do inquisidor Juan Ortiz com sua esposa, Rufina de Roxas. Ortiz havia começado a prática pouco comum de ouvir a confissão de Rufina em uma sessão que durava toda a noite. O marido comentou retoricamente: "Que assunto pode ser tão sério para uma mulher casada precisar confessar-se durante toda a noite, e que escriba poderia existir que escrevesse a declaração dela? Que lei divina leva um inquisidor a cometer adultério público, de modo que, se eu tivesse matado a minha esposa, teria sido por causa dele?"[1] O sentimento de afronta e desonra é compreensível, mas nada na queixa indica surpresa, apenas a esperança de que seu descontentamento fosse ouvido. Ele foi ouvido, e nos seis meses seguintes Real tentou descobrir o que tinha ou não tinha acontecido.

A esposa de Martínez de Castro, Rufina, tinha apenas 17 anos em junho de 1643, quando os seus problemas começaram. Recém-chegada de Sevilha, pode-se presumir que ainda estivesse se adaptando à vida no Novo Mundo e às necessidades de seu corpo. Provavelmente achou o velho marido chato, dominador, ou ambas as coisas. É o que pode ser deduzido do fato de que, na primeira metade de 1643, ela começou a servir-lhe "beringela selvagem", que, segundo lhe dissera sua escrava Thomassa, o faria dormir à noite, permitindo que ela saísse e fizesse o que bem entendesse — e, talvez o mais importante, não fizesse o que ele queria.[2]

---

* Ver páginas 25-29, 90-93 e 146-150.

Os problemas de Rufina começaram quando ela disse a Thomassa que não confessasse a nenhum padre sua participação no entorpecimento de Martínez de Castro, explicando-lhe que não era pecado.[3] Essa ordem de Rufina foi entreouvida por Pedro Suárez, um marceneiro mulato. Era a oportunidade para um pouco de diversão. Ele resolveu denunciar Rufina à Inquisição.[4] Nos documentos fica claro que Suárez não era uma pessoa particularmente devota; o motivo mais provável para a traição deve ter sido seu próprio desejo frustrado por Rufina.

De qualquer maneira, no mesmo dia da denúncia um mensageiro da Inquisição de Cartagena foi à casa de Rufina e convocou todas as escravas para um interrogatório. Rufina entrou em pânico. Procurou um padre para se aconselhar e foi orientada a se dirigir imediatamente à Inquisição e fazer uma confissão completa. Os valores peculiares daquele tempo e lugar distantes ficam claros no fato de que, aos olhos da Inquisição, seu pecado não consistia em drogar o marido, e sim em aconselhar Thomassa a não confessar sua cumplicidade.

Ao voltar do confessionário, Rufina encontrou uma amiga, Inês. Ela certamente sabia uma coisa ou duas sobre o inquisidor Juan Ortiz e sugeriu que Rufina se jogasse aos pés dele; seria útil, ela acrescentou, que ela usasse suas roupas e joias mais finas, para ficar o mais bela possível. Rufina fez isso e foi ver Ortiz naquela noite. Quem acompanhou Rufina e sua escrava pelas ruas estreitas para protegê-las de quaisquer ameaças foi Pedro Suárez, o denunciante.[5]

Naquela noite, Rufina passou meia hora com Ortiz, e a escrava Ana a esperou do lado de fora, no corredor. Quando saiu, disse a Suárez que o inquisidor lhe informara que o caso estava fora da alçada da Inquisição, mas, de qualquer maneira, visitou-o também na noite seguinte, novamente acompanhada por Suárez. Ortiz lhe ordenou que regressasse em dois dias, vestida de preto e carregada nas ruas pelos escravos, para fazer uma confissão oficial.[6] Tratava-se de uma mera formalidade pela qual ela deveria passar, para que qualquer questão de ofensa à fé fosse descartada.

No entanto, Ortiz certamente havia aprendido como fisgar mulheres como Rufina. Uma vez que ela baixasse a guarda, a mudança do alívio para o medo podia provocar outros sentimentos extremos. Quando ela chegou com os escravos às seis da manhã do dia marcado, Ortiz mudou de tática. Ele a atacou, dizendo em tom de raiva que estava claro que a Inquisição não tinha alternativa a não ser detê-la; ela deveria regressar dois dias depois, à noite, para ver se seria possível remediar a situação.[7]

A infeliz Rufina obedeceu. Cruzou Cartagena sob a luz da lua e, na noite em questão, voltou mais uma vez na companhia de Suárez e da escrava Ana. Ortiz perguntou-lhe se fora acompanhada de um homem. Sim, seu protetor Suárez esperava por ela. Ela não devia tê-lo levado, disse Ortiz. Essa gente, ele prosseguiu — sem dúvida pensando na denúncia de Suárez —, não é confiável, e, além disso, ele a convidara "para ir à sua alcova, fazendo-a crer que desejava que ela passasse a noite com ele".[8]

Rufina deu uma desculpa e foi embora. Foi chamada outra vez dois dias depois. Dessa vez, confessou ao visitador da Suprema, Martín Real, que tinha usado uma camisa branca e uma saia bordada com tafetá verde. Chegou tarde da noite e entrou nos aposentos do inquisidor por uma porta lateral, não pela porta principal, como nas outras vezes. Então passou a noite lá.[9]

Primeiro ficamos perplexos com o abuso de poder. Mas consideremos outra vez a maneira como Rufina descreveu as roupas que usava na noite em que Ortiz a seduziu. Essa é a descrição de alguém que cuidou da aparência antes de sair e que, além disso, ao entrar por uma porta lateral, sabia o que a esperava. É o testemunho de uma pessoa aterrorizada pelo poder, mas que conseguia sublimar essa emoção em um sentimento de intensa atração e acabava se entregando à submissão.

Aqui entramos no cenário emocional de um dos experimentos científicos mais perturbadores do século XX. Em 1961, Stanley Milgram tentou testar a resposta humana à autoridade. Os participantes foram instruídos a administrar choques elétricos cada vez mais intensos em uma pessoa oculta no quarto ao lado. Na verdade, não havia ninguém sendo torturado, e os participantes ouviam os gritos e o choro de um ator. Apesar disso, dois terços deles administraram o choque mais forte, que poderia ter sido letal.

A autoridade e o poder atraem. O inquisidor Ortiz jogou habilmente e exibiu um potencial para a compaixão antes de fazer com que Rufina temesse seu poder. Esse poder talvez acentuasse a solidão dela naquela cidade estranha, tão distante de sua terra espanhola. Naquele lugar, com as ruas repletas de índios americanos e escravos africanos, onde era sempre evidente o sofrimento dos que eram descarregados dos navios negreiros, as consequências da desobediência e da falta de poder eram óbvias. Era muito fácil obedecer à autoridade.

Ao saber a verdade, Real, o visitador inquisitorial, concluiu que Rufina pecara ao dormir com Ortiz; em contraste, o delito do inquisidor fora não punir Rufina por seu crime contra a fé. Pode parecer extraordinário que a Inquisição visse a ligação entre os dois como um pecado de Rufina e não do inquisidor, mas essa era a visão (misógina) da instituição.

É difícil perdoar homens como Ortiz. Os inquisidores recebiam treinamento legal e, em geral, não eram frades, e sim padres que não haviam se ordenado.[10] Talvez isso diminua a hipocrisia dessas faltas, mas apenas de forma secundária. No final, o que se descobre é que o poder estava tão concentrado nas mãos daqueles agentes de Deus que muitos deles não resistiam às oportunidades com que deparavam. O fortalecimento dos poderes da Inquisição resultava no aumento da corrupção do poder; os inquisidores não eram, na verdade, "nem demônios nem anjos [...] simplesmente homens, em toda a sua glória e miséria".[11]

O PODER DOS INQUISIDORES não fica evidente apenas nas atividades sexuais; ele estava ligado a cada aspecto de suas vidas: as vestimentas, o comportamento em relação aos colegas, o orgulho. Para analisarmos como o poder podia corromper a percepção do inquisidor quanto ao que era ou não permitido, vamos examinar o testamento do inquisidor-geral de Portugal, dom Francisco de Castro. Castro foi uma figura fundamental na luta pelo poder entre a Inquisição e João IV, o primeiro rei de Portugal após a separação da Espanha, em 1640. Em suas tentativas de tornar o Estado português financeiramente saudável, João IV emitiu uma lei, em 1649, impedindo o confisco de bens dos mercadores convertidos pela Inquisição. Descontente com essa ameaça às suas rendas, a Inquisição, respaldada pelo papado, que não reconhecia João, travou uma prolongada luta de poder com o rei e foi deixando as sés vagas à medida que os bispos faleciam.

Após a morte do primeiro inquisidor-geral de Portugal, o cardeal Henrique, irmão de João III, esses indivíduos tinham tido uma reputação em geral cheia de altos e baixos. Em 1621, o rei Felipe IV* recebeu uma carta urgente na qual era avisado de que a Inquisição portuguesa estava à beira da ruína por culpa da corrupção do inquisidor-geral Fernando Martines Mascarenhas. Era preciso formar um conselho para resolver o problema, e seus membros não deveriam ter nenhum vínculo nem com o inquisidor-geral nem com suas dívidas.[12] Claramente, havia um sentimento de que Martines Mascarenhas não estava completamente acima dos assuntos terrenos.

De forma semelhante, o guarda-roupa do venerável inquisidor Francisco de Castro, descrito em seu testamento, ilustra uma corrupção de outro tipo, porém não menos peculiar. Ele dá uma ideia do estilo de vida desse indivíduo em luta contra a heresia. No guarda-roupa havia peças de camelão, túnicas, capas, coletes, ceroulas, meias de seda pretas, um chapéu de sol de damasco e gorros, tudo guardado em baús de couro, bolsas de damasco e grandes arcas. Na verdade, não devemos nos equivocar e pensar que o inquisidor-geral tinha apenas um chapéu de damasco. Não! Ele tinha dois chapéus com fitas verdes, um para usar no tribunal e outro para viajar, além de mais dois de palha adornados com tafetá e galões pretos e verdes.

Ele não fora forçado a poupar diante das necessidades da vida. Até a escarradeira e o urinol, que levava consigo nas viagens para depositar seu cuspe e sua urina santos, eram feitos de prata. Não lhe faltavam espelhos para se admirar. Ele possuía um serviço de jantar em ouro, grandes toalhas de mesa para banquetes e outras menores, de uso pessoal. Em meio a tanta opulência, o inquisidor-geral Francisco de Castro conseguia preservar as necessárias hierarquias sociais; enquanto ele e seus colegas comiam em pratos de ouro, os serviçais comiam em pratos de estanho.[13]

Isso tudo era congruente com o orgulho e a ostentação característicos dos inquisidores. A instituição era impulsionada pelo status, como suas regras deixam claro. Nos autos de fé, os inquisidores sentavam-se

* Da Espanha, e Felipe III de Portugal.

em cadeiras e os fiscais, em bancos. Na corte, o promotor recebia uma cadeira, mas ela era menor do que a dos inquisidores; na Galícia, um promotor mandou que seus subordinados tirassem os gorros ao lhe dirigirem a palavra.[14] Todo o poder fluía pela hierarquia em direção aos inquisidores, que só se submetiam à autoridade das escrituras; todos os demais integrantes da instituição se submetiam a eles.

Devemos supor que todos os inquisidores tenham começado como hipócritas preparados para dizer uma coisa e fazer outra? Seria muito simplista pensar assim; os inquisidores mais famosos são os que fizeram coisas terríveis,[15] enquanto os muitos outros que "só estavam fazendo o seu trabalho" e progredindo inexoravelmente na carreira tendem a ser negligenciados.[16] De fato, talvez a ideia de que os inquisidores seguiam ou a escola persecutória de Mengele ou a de Eichmann também seja uma resposta fácil demais. Como revelam os arquivos da Inquisição, os seres humanos têm inúmeras maneiras de lidar com os seus tormentos internos.

Entretanto, o que vemos ao examinar as vidas dos inquisidores, e o funcionamento da Inquisição em geral, é um interminável abuso de poder. Inquisidores como Juan Ortiz, de Cartagena, e sua conquista predatória da jovem esposa Rufina de Roxas não eram incomuns. Na verdade, um dos melhores argumentos contra os historiadores que desprezam o impacto da Inquisição é a própria impunidade com que os fiscais da instituição praticavam o abuso de poder. Se a Inquisição não tivesse sido temida e seu poder não tivesse sido desproporcional, certamente as coisas terríveis que os seus oficiais se achavam no direito de fazer não teriam sido toleradas.

Santiago de Compostela, 1609

NA GALÍCIA, coração espiritual da Espanha, destino das grandes peregrinações que partem da França e cruzam a Espanha, nem tudo ia bem entre os dois inquisidores. Com a descoberta de uma rede de convertidos judaizantes perto de Santiago, os inquisidores Muñoz de la Cuesta e Ochoa começaram a escrever cartas queixando-se um do outro. Em julho de 1607, Muñoz de la Cuesta acusou Ochoa de só fazer as coisas do seu jeito e prolongar desnecessariamente os processos de prisioneiros pobres, o que aumentava a carga financeira do tribunal. Então, em 1609, quando o número de prisioneiros na Galícia era tamanho que a Suprema teve que providenciar a construção de edifícios adicionais, Muñoz de la Cuesta acusou Ochoa de se apoderar de alguns deles para ampliar os próprios aposentos. A Suprema repreendeu Muñoz de la Cuesta pelos desentendimentos entre os dois e, temendo ser demitido, ele deu um jeito de que uma carta anônima fosse enviada à instituição denunciando todo tipo de irregularidades cometidas por Ochoa.[17]

Cansada das constantes rixas entre os dois inquisidores, a Suprema enviou um visitador para examinar os assuntos do tribunal. O escolhido foi o inquisidor de Saragoça, Delgadillo de la Canal, que rapidamente formulou mais de sessenta acusações contra os dois, incluindo o fato de que ambos haviam transferido bens confiscados para seus amigos.[18] Mas os seus evidentes pecadilhos sexuais eram ainda mais espantosos, já que eles supostamente respaldavam a santidade da lei divina; convém recordar novamente que os inquisidores eram incumbidos de processar, entre outras blasfêmias, a afirmação de que "a simples fornicação não é pecado".*

Entre as acusações apresentadas contra Muñoz de la Cuesta estava a de que ele frequentava pomares na periferia da cidade para seduzir jovens mulheres. Ele tinha levado para Santiago uma jovem chamada Maria, de apenas 15 ou 16 anos, a quem cobria de presentes. Acompanhava mulheres casadas ao teatro e diariamente as convidava a seus aposentos, no prédio do tribunal; era público e notório que dormia com elas, e inclusive havia enviado intermediários para tentar seduzir algumas monjas.[19] Foi destituído do cargo em 1612, mas isso não impediu que ele fosse nomeado inquisidor de Barcelona em 1615[20] — o que diz muito sobre os concorrentes.

Ochoa não era muito melhor. Assediara uma mulher casada, Quitería Rodríguez, até conseguir convencê-la a se mudar para Santiago, onde viviam abertamente em pecado. Ela estava com ele havia vários

---

* Ver página 147.

anos, e os fiscais da Inquisição eram obrigados a chamá-la de senhora. Quando, posteriormente, foi obrigado a se separar dela, perambulou pelo tribunal aos prantos e soluços, gritando: "Ó, minha amada Quitería!" Mais tarde armou um plano para trazê-la de volta com o marido traído, Juan Piñeiro, que ele nomeou para um cargo burocrático. Ochoa, então, passou a presidir as audiências inquisitoriais com Quitería ao seu lado, enquanto ela havia ficado conhecida por protestar contra o excesso da papelada burocrática e contra os gritos imponderados e egoístas dos prisioneiros nas celas.[21] É evidente que Ochoa decidira que era melhor ser um hipócrita do que induzir Quitería ao crime da bigamia casando-se com ela; nesse caso, poderia ter sido obrigado a processar a amada ou, pior ainda, vê-la ser processada por seu arquirrival Muñoz de la Cuesta.

Esse caso extraordinário revela o abismo entre a teoria e a prática inquisitoriais. Na teoria teológica, a simples fornicação era um pecado, mas esses inquisidores não viam nada de errado em desfrutar dela na prática. Na verdade, todos a praticavam. Além disso, casos semelhantes são muito mais comuns do que podemos imaginar. Em Barcelona, em 1592, o inquisidor Alonso Blanco foi acusado de sair furtivamente durante a noite para visitar os bordéis locais.[22] E 66 anos antes, em 1526, quando a cidade de Granada tentou persuadir Carlos V a instalar um tribunal inquisitorial em seu território, os seus conselheiros escreveram:

> Quando os juízes [inquisitoriais] são ruins, o que pode ocorrer, posto que são seres humanos e não santos como o Santo Ofício [sic], quando eles encarceram virgens e dignas jovens casadas, ou quando ordenam que elas se apresentem secretamente diante deles, como exige o Santo Ofício, sabe-se que fazem com elas o que lhes apraz, contra o que as mulheres protestam debilmente, devido ao grande temor que sentem [deles] [...] e enquanto isso, os escriváes e fiscais do Santo Ofício, sendo homens solteiros como o são em alguns locais, fazem a mesma coisa com as filhas e esposas e parentes dos prisioneiros, e isso é fácil para eles, pois o favor vai ser retribuído e elas saberão algo sobre o caso.[23]

Convém fazer uma pausa para refletir sobre o significado disso. Uma instituição criada com o objetivo de purificar a prática religiosa e impedir a sua corrupção forçou mulheres casadas e solteiras a se prostituir em nome dos homens que amavam ou por temerem as consequências caso resistissem. Esses eventos não eram universais. Na maior parte dos tribunais, podem nem ter acontecido. Mas, certamente, também não eram raros. É difícil não concluir que, se havia um agente corruptor no mundo ibérico da época, esse agente era a Inquisição.

Para os inquisidores, o poder estava em toda parte, e eles tiravam vantagem disso. Alguns chutavam os rostos dos prisioneiros quando não obtinham a resposta que esperavam ou quando queriam intimidá-los.[24] A atitude de alguns deles perante os acusados foi revelada por Miguel de Carpio, inquisidor de Sevilha entre 1556 e 1578, para quem sua missão consistia em "queimar e abraçar as pessoas" — como se as duas ações estivessem de alguma forma relacionadas — e que preferia relaxar alguns prisioneiros a reconciliá-los simplesmente por serem pobres — felizmente, nem sempre isso acontecia, já que outros inquisidores eram mais moderados e essas decisões eram tomadas por meio de votação.[25]

Quando examinamos as evidências francamente espantosas do abuso de poder e da capacidade dos inquisidores de dizer uma coisa e fazer outra, a enorme diferença entre a teoria e a prática é ainda mais perturbadora. Na teoria, portanto, a Inquisição punia severamente os fiscais que aceitavam presentes, e as primeiras regras da instituição de 1484 deixavam claro que isso era inaceitável;[26] no regimento redigido em Ávila, 14 anos mais tarde, em 1498, os inquisidores foram instruídos a viver "honestamente em suas vestes e nos ornamentos de sua pessoa e em todos os demais aspectos" — uma alusão velada à má conduta sexual.[27] Em paralelo a ordens como essas, porém, havia diversos casos de corrupção e suborno.[28]

Assim, a teoria e a prática da Inquisição nunca eram claras, e tentar entender sua história por meio da leitura de seus decretos não adianta nada. Como qualquer outra instituição, a Inquisição detestava renunciar ao poder depois de chegar a possuí-lo. Por isso, pode ter fingido consternação diante de casos de suborno e corrupção, mas esses casos em si eram testemunho de seu poder, algo do qual ela era sempre a favor. O poder era inebriante demais para ser sacrificado no altar da moralidade. Em vez de punir exemplarmente seus próprios malfeitores, a Inquisição costumava transferi-los, como fez com Muñoz de la Cuesta. Não havia o sentimento da vergonha; mas era um tanto inconveniente que a moralidade fosse de fato a justificativa principal de tudo que a instituição fazia.

É claro que a concentração de poder não era fruto unicamente da personalidade dos inquisidores. Ela exigia uma complexa engrenagem administrativa que conferia autoridade à instituição e a seus funcionários. Precisava também da concordância do Estado em relação aos acontecimentos, pois, como vimos, mais do que uma imposição papal, a Inquisição em Portugal e na Espanha foi fruto das condições locais.

A engrenagem administrativa da instituição cresceu lentamente. Na Espanha, o primeiro tribunal foi instituído em 1480 (Sevilha), e o último só em 1659, em Madri. Em Portugal e em Goa, pelo contrário, os quatro tribunais foram fundados num espaço de 25 anos, em meados do século XVI. Na Espanha, a Suprema era composta de seis membros — cinco conselheiros eclesiásticos e um promotor —, e o rei podia nomear dois membros laicos do Conselho de Castela; em Portugal, o inquisidor-geral podia nomear diretamente os membros do Conselho Geral da Inquisição, o que levou a várias acusações de corrupção, como vimos no caso de Fernando Martines Mascarenhas.*[29]

Aos contrastes burocráticos entre as duas inquisições, somavam-se variações em relação aos alvos. Como vimos, ao contrário do que ocorreu na Espanha, a Inquisição portuguesa nunca lidou com mouros nem com grandes números de luteranos. Isso porque Portugal foi reconquistado dos muçulmanos muito antes e os assimilou antes da Inquisição. Quanto aos luteranos, no auge do pânico na Espanha, no final dos anos 1550, a Inquisição portuguesa tinha acabado de ser criada e voltou-se para os convertidos.

Ainda assim, a União Ibérica (1580-1640) levou a uma crescente fusão dos estilos burocráticos. Como observou o inquisidor-geral de

---

* Ver página 264.

Portugal, Francisco de Castro — o do chapéu de damasco —, em 1632: "O modo de proceder se adéqua à lei e, conforme a informação que temos, é essencialmente o mesmo usado pela Inquisição em Castela."[30] Isso significou que muitas reformas na Inquisição espanhola durante o século XVI, quando a sua correspondente portuguesa ainda engatinhava, se tornaram características das duas instituições.

Na Espanha, com a expansão da perseguição aos cristãos-velhos por blasfêmia, bigamia e luteranismo, o crescimento da burocracia coincidiu com o comando do inquisidor-geral Fernando de Valdés, o arqui-inimigo do arcebispo Carranza, de Toledo.* Valdés reorganizou a administração da Inquisição segundo as necessidades da Contrarreforma. Consolidou as finanças da Inquisição ao cobrar aluguéis anuais das igrejas (*canonjías*).**[31] Ele também padronizou os procedimentos inquisitoriais com suas instruções gerais, emitidas em 1561; regularizou as visitações às áreas rurais, para que localidades remotas fossem cobertas com maior frequência, e estabeleceu a Inquisição em áreas onde ela não estava presente.[32]

No entanto, talvez sua mais importante reforma burocrática tenha sido a reorganização dos familiares, através de um decreto de 1553 conhecido como a Concórdia. Os familiares eram espiões da Inquisição e deviam denunciar qualquer atitude suspeita; às vezes eles ajudavam a prender suspeitos e recebiam retratos desenhados dos fugitivos para ajudar a encontrá-los.[33] Antes de Valdés, eles eram escassos na Espanha, mas sob a sua administração o número de familiares passou a variar de acordo com o tamanho da povoação. Granada, Sevilha e Toledo tinham cinquenta familiares cada uma; Córdoba, Cuenca e Valladolid tinham quarenta; em Múrcia, havia trinta; em Calahorra e Llerena, 25; nas cidades com até 3 mil habitantes (*vecinos*), havia dez; naquelas com até mil moradores, havia seis; com até quinhentos habitantes, quatro; e com menos de quinhentos, dois, quando era necessário.[34]

Essa rede proporcional de espiões facilitou a penetração da Inquisição na vida cotidiana[35] e estimulou o crescimento do poder individual dos

---

* Ver páginas 155-167.

** Ver página 250.

inquisidores e demais funcionários. Em seu ápice, havia mais de 20 mil familiares na Espanha.[36] Dali em diante e até o declínio da instituição, a partir de meados do século XVII, nem os vilarejos estavam livres daquelas pessoas que informavam às autoridades delitos insignificantes. Por volta de 1600, até mesmo a isolada província da Guatemala, na América Central, tinha entre sessenta e cem familiares, e não havia cidade colonial sem um deles.[37] Enquanto isso, Portugal, que antes da União Ibérica, em 1580, contava com apenas 18 familiares, passou a ter cerca de 1.600 espiões ativos por volta de 1640.[38] A partir de então, os inquisidores já não seriam os únicos a abusar rotineiramente do poder; seus ajudantes, os familiares, também se tornaram um fardo para os habitantes das cidades e dos povoados em Portugal, na Espanha e nas colônias de ambos.

Lisboa, 1627-1628

A CAPITAL PORTUGUESA sofreu durante os sessenta anos da União Ibérica. Os barcos ainda iam e vinham das docas do Tejo. Ao sair para o mar, passavam diante do palácio real e da bela torre de Belém, sombreada pelas verdes colinas de Sintra. O cais ainda fervilhava com produtos trazidos do Brasil e da Índia, levados pelos carregadores pelas estreitas ruas e travessas para os mercados e as casas da nobreza. Ainda assim, o declínio era visível. A ênfase dos monarcas (espanhóis) no império espanhol prejudicou os postos avançados portugueses. A Espanha não era um país sem inimigos, e a associação de Portugal com o vizinho transformou os seus assentamentos coloniais em alvo para os holandeses, ainda empenhados no conflito de oitenta anos com a Espanha que levou à sua independência, em 1648.

O problema de Portugal era que, enquanto a riqueza do império espanhol na América provinha dos grandes centros mineiros do México e do Peru, o império português se baseava nos portos costeiros, que eram muito mais vulneráveis. Entre 1603 e 1641, os holandeses atacaram Goa (1603 e 1610), as Ilhas das Especiarias* (1605), a Goreia (Se-

* Atual Indonésia. (N. da T.)

negal: 1619 e 1627), Moçambique (1607 e 1608), Malaca (1616, 1629 e 1641), Macau (1622 e 1626) e Mina (atual Gana: 1637).[39] O ressentimento dos portugueses contra o império espanhol era, portanto, intenso, bem como a percepção de seu declínio, acelerado com a guerra de independência da Espanha (1640-1648). Nessas circunstâncias, a presença de um grupo de pessoas — os familiares — que pouco faziam e esperavam que os outros assumissem sua parte nas obrigações sociais só criava mais problemas.

Um exemplo clássico do que ocorria foi o caso de Amador Fernandes, familiar do Santo Ofício nos anos 1620. Fernandes deve ter sido uma figura ameaçadora nas ruas de Lisboa. Tinha cerca de 35 anos, era forte e usava uma barba negra; quando abria a boca, podiam-se contar as falhas entre seus dentes, perdidos devido a doenças, como árvores derrubadas por um furacão.[40] Ganhava a vida vendendo livros, mas parece que a maior parte do tempo ele gastava em outras atividades menos respeitáveis.

Fernandes foi nomeado familiar em 1625. Em 1627, um ano antes de queixas contra ele chegarem aos ouvidos dos inquisidores de Lisboa, desfrutou de seus privilégios de maneira extraordinária. Vestido com o hábito de familiar, ele confiscou duas mulas de um homem que as levava pelas ruas movimentadas da cidade, o que revela a impunidade com que os familiares agiam quando estavam em serviço. As mulas, ele disse ao dono, estavam sendo requisitadas para fins inquisitoriais. Fernandes as usou para ir a uma tourada naquela tarde.[41]

Esse tipo de comportamento era comum para Fernandes. Ao constatar que o reconciliado Manoel Pinto não trajava o sambenito penitencial, fez vista grossa quando lhe foi oferecido um suborno. Pinto conhecia outros dois reconciliados que haviam feito o mesmo. Um familiar, Antonio Antunes, contou que Fernandes comprava promissórias de seus desafetos com o intuito de ameaçá-los com a Inquisição caso não as quitassem.[42] Em março de 1628, mentiu para um grupo de convertidos, afirmando ter recebido ordens de prender um de seus amigos só para assustá-los.[43]

Fernandes, obviamente, gostava de provocar o medo. Também é preciso reconhecer que ele era considerado um mau exemplo; três de seus denunciantes à Inquisição de Lisboa também eram familiares, mas estavam escandalizados com o seu comportamento. O modo como o descreveram deixava claro que não se podia confiar em sua capacidade de exercer os seus deveres inquisitoriais com honestidade. Um deles, Antonio Teixeira, descreveu-o como "o pior homem do país".[44] Outro, Manoel Pires, era cunhado de Fernandes; Pires não tinha ilusões sobre o homem que descreveu como "um dos piores homens do mundo por praguejar e mal obrar".[45]

O fato de outros familiares denunciarem Fernandes indica que havia certa supervisão e equilíbrio no sistema, mas sua reputação de mau caráter também nos leva a questionar por que ele foi nomeado pela Inquisição. As práticas e regras variavam entre os distritos,[46] mas geralmente a designação dos familiares dependia dos caprichos dos inquisidores e, portanto, estava sujeita ao abuso generalizado. Como observou um inquisidor em 1596, "ele suspeita que, da mesma forma que recebeu presentes porque se diz que é normal, outros fiscais devem fazer o mesmo, e que ele recebeu presentes por causa de algumas postulações ao cargo de familiar".[47] Nessas circunstâncias, não surpreende que a hipocrisia e o abuso de poder pudessem com frequência ser sinônimos das atividades dos familiares.

O que isso significava no cotidiano desses funcionários da Inquisição? Os confiscos e ameaças feitos por Amador Fernandes expõem um sistema de poder dependente dos caprichos dos que o detinham. Não havia segurança em relação às posses nem à castidade das mulheres, já que os inquisidores e familiares podiam tentar roubá-las. Aquele era um mundo de arbitrariedades em que era impossível sentir-se seguro.

Em Portugal, na época de Amador Fernandes — assim como na Espanha, como vimos anteriormente —, a distância entre a teoria e a prática era gritante. Assim, em 1739, um regimento elaborado para os familiares de Portugal indica como eles deveriam se comportar e revela como agiam na verdade. Os familiares deviam ser pessoas "que se portam bem, gente de confiança e reconhecidamente hábil".[48] O fato de que com frequência eles não eram assim fica claro no requisito seguinte: "devem ter propriedades que lhes permitem viver bem" — presumivelmente para que não fossem subornados. Os familiares não deviam "constranger ou incomodar ninguém empregando os privilégios de que dispõem" (do que podemos inferir que o faziam constantemente); deviam "mencionar os convertidos com cautela, para não deixar transparecer que os odeiam" (é claro que eles os odiavam e costumavam destilar esse sentimento publicamente); e não deviam pedir empréstimos aos convertidos nem aceitar presentes de pessoas que tivessem algo a ver com a Inquisição (fica claro que era comum exigir propina em troca do silêncio ou de informações).

Apesar de o número de familiares ter começado a diminuir a partir de meados do século XVII,[49] particularmente na Espanha, onde a Inquisição exigia um grau muito mais elevado de riqueza antes de nomeá-los, a hipocrisia e o mau-caratismo dos familiares sempre foram comuns. Em geral eles nem se preocupavam em simular alguma piedade. Em 1566, o familiar Juan de Gonbao, do reino de Valência, foi punido por ter feito uma declaração anticristã: "Renuncio a Deus e tomarei o diabo como meu senhor se ele não tiver carregado a alma de minha mãe para o inferno."[50]

A falta de parâmetros morais envenenou as atividades dos familiares. Dois anos mais tarde, num decreto de Saragoça, reconheceu-se que os familiares de Aragão eram tão corruptos que era necessário demitir todos eles e indicar outros sessenta para substituí-los. O decreto deixa entrever o que estava ocorrendo na época ao estipular, entre outras coisas, que os familiares que fossem mercadores ou comerciantes deviam ser processados por juízes seculares no caso de serem acusados de fraudar pesos, medidas e provisões, e ao proibir que efetuassem prisões sem mandado inquisitorial.[51]

É claro que, para alguns, ser familiar não era tanto uma escolha religiosa. O cargo significava liberdade de ação, e eles sabiam que as punições, quando ocorriam, eram impostas pela própria Inquisição, que tinha um interesse velado em minimizá-las. O que melhor ilustra o poder dos familiares é o fato de a Inquisição ter processado pessoas que se faziam passar por familiares para agir como quisessem. Falsos familiares às vezes roubavam trabalhadores ricos, invadiam suas casas e levavam o que lhes aprouvesse.[52] Outros prendiam mulheres convertidas e depois tentavam fazer sexo com elas.[53]

Os familiares devem ter sido terríveis, já que conseguiam fazer com que as pessoas roubadas por eles ou por pretensos familiares não denunciassem o ocorrido. Não havia vergonha nem falsos pudores. O poder realmente era (i)moral, como percebeu o familiar Francisco Ramírez, da região de Albacete. Ramírez era um familiar que, quando jovem, despia a estátua de Jesus na igreja local, cobria-se com seu manto e percorria as ruas da cidade à noite fingindo ser um fantasma; ia assim disfarçado a uma determinada casa com cuja proprietária tinha um caso; engravidou outra amiga e a convenceu a abortar. Depois de ser nomeado familiar, esse indivíduo devoto mudou muito pouco. Começou a ameaçar todos aqueles de quem não gostava. As vidas das pessoas eram meros brinquedos em suas mãos. Ele passou a implicar com um diácono local e, brandindo uma pistola no ar, perseguiu-o por Yeste, sua cidade natal.[54]

A ponte entre os familiares e os inquisidores era o oficial conhecido como comissário. Os comissários eram remunerados, residiam em grandes cidades, tratavam dos assuntos dos familiares locais e ouviam os depoimentos. No entanto, muitas vezes não eram muito melhores do que os familiares.

Em 1592, o clero do Peru redigiu uma petição denunciando o comportamento dos comissários em todo o país e em Potosí.* Segundo a petição, os comissários eram violentos, desonestos e brigões. Em Cochabamba (atual Bolívia), o comissário Martín Barco de Centinera vingou-se de seus inimigos pessoais por meio da Inquisição. Ele usurpava a autoridade real, se embebedava e se vangloriava publicamente dos casos que mantinha com mulheres casadas. Os inquisidores do Peru não negaram nada disso, simplesmente responderam que era difícil conseguir bons oficiais. Eles faziam o melhor que podiam.[55]

O que isso diz sobre como a Inquisição encarava os poderes que detinha? A declaração no parágrafo anterior demonstra que o abuso de poder era considerado quase inevitável e um delito menor, comparado à

* Parte do Peru no período colonial, atualmente na Bolívia, Potosí era então a capital do comércio da prata.

possibilidade da ausência desse poder. O abuso de poder era algo que não se podia evitar, mas pelo menos nesses casos era cometido por funcionários da Inquisição, e não por outras pessoas alheias à instituição.

Casos como esses trazem à tona a impunidade. Havia disputas frequentes entre oficiais da Inquisição e oficiais reais, que reclamavam que os primeiros faziam o que queriam. Quando, em 1565, o criado de um inquisidor brigou com uma prostituta em um bordel em Barcelona, os oficiais que o prenderam passaram três meses no calabouço inquisitorial.[56] Como vimos, o Conselho de Granada acusou funcionários menos graduados da Inquisição de suborno e exploração sexual.[57] É claro que havia oficiais mais gentis, mas eles nem sempre eram encorajados; quando, no início dos anos 1590, o assistente do cárcere inquisitorial de Toledo, Miguel de Xea, permitiu que alguns prisioneiros saíssem ao pátio e recebessem mensagens, foi denunciado por nove pessoas e processado pelo tribunal.[58]

A Inquisição tentou prender, ou pelo menos censurar, os que faziam mau uso do poder, mas os abusos prosseguiam implacavelmente. No que dizia respeito aos familiares de Portugal e da Espanha, sua liberdade de ação e seu desdém pelos outros tinham origem nos privilégios que a própria Inquisição lhes assegurava. Em Portugal, a partir de 1562 os familiares ficaram "isentos de pagar impostos extraordinários, pedidos e empréstimos e quaisquer outras cobranças do conselho real ou das cidades onde residem [...] nem suas casas, seus armazéns ou estábulos podem ser requisitados pelo exército [...] e tampouco pão, vinho, vestimentas, palha, cevada, madeira, galinhas, ovos, cavalos, mulas e animais de carga de sua propriedade podem ser requisitados".[59]

Essas isenções e liberdades não beneficiavam outros membros da sociedade. Os oficiais da Inquisição reivindicavam direitos e privilégios constantemente, tais como a isenção de impostos ou alojamento gratuito quando viajavam. A garantia contra o confisco de imóveis e bens pelos exércitos reais também era parte da vida inquisitorial da Espanha e objeto de um ódio generalizado. A impopularidade dos familiares nas sociedades ibéricas era tamanha que só na Catalunha houve centenas de ataques a eles ao longo da história da Inquisição.[60] Finalmente, em 1634, quando os impérios ibéricos chegavam ao auge da crise, Felipe IV da Espanha, alegando necessidades de Estado, suspendeu as isenções e os privilégios;[61] mas, como vimos, isso nem sempre os impedia de fazer o que quisessem.

Os abusos cometidos pelos oficiais da Inquisição, do mais respeitado inquisidor ao mais pobre carcereiro, expõem o poder da instituição nas sociedades ibéricas. O viajante italiano Leonardo Donato comentou, em 1573, que a Inquisição possuía "uma autoridade tão extrema e espantosa [...] que não creio que exista outra maior na Espanha".[62] No início do século XVII, a Inquisição recebia solicitações que não tinham nada a ver com o seu papel, tais como punir pessoas que exportavam dinheiro da Espanha.[63] As pessoas recorriam a ela por se tratar do órgão mais poderoso do país e por ser um poder reconhecido e temido por todos.

Ao longo de seus mais de trezentos anos de existência, naturalmente as estruturas da Inquisição evoluíram. Não devemos pensar que seu alcance administrativo tenha sido sempre universal e todo-poderoso, e, como vimos, na Espanha o número de familiares diminuiu rapidamente no século XVII. No entanto, não há dúvidas de que, durante a maior parte de sua existência, a Inquisição atingiu quase todos os aspectos da vida da maior parte das pessoas. Por volta do século XVII, em Portugal, era considerada um Estado dentro do Estado[64] e, indiscutivelmente, contava com a maior e mais poderosa burocracia do país.

A precisão da burocracia inquisitorial é notável em alguns momentos de sua história. Na Espanha, no final do século XVI, todos os descendentes de judeus e mouros tinham de se registrar junto à Inquisição.[65] Essa exigência persistiu por grande parte do século XVIII. Em 1723, a pequena cidade provinciana de Aguilar de la Frontera, perto de Córdoba, relacionou todos os sambenitos pendurados em suas igrejas. Havia um total de 132, incluindo os de 12 relaxados e 111 penitentes entre 1594 e 1723.[66] Essa lista traduz o alcance da Inquisição na Espanha provinciana e indica como os sambenitos pendurados nas igrejas recordavam constantemente a amplitude desse alcance.

O que a presença desses sambenitos implicava? Enquanto assistiam à missa dominical, os paroquianos eram confrontados com a realidade da heresia e com o fato de que ela poderia estar entre eles. Enquanto a hóstia era consagrada e os fiéis ouviam o sermão e rezavam, a ameaça de impureza permanecia em suas mentes. O medo coexistia com a oração mesmo nos momentos mais exaltados de devoção religiosa.

A prática de pendurar sambenitos nas igrejas ostentando os nomes dos penitentes persistiu enquanto a Inquisição existiu na Espanha. Eles eram periodicamente restaurados, segundo alguns documentos,[67] e alguns tinham mais de trezentos anos ao final da Inquisição. Só entre 1788 e 1798, uma comissão começou a estudar a origem dessa prática e se ela deveria ou não ter continuidade.[68]

Outra indicação da burocracia meticulosa da Inquisição é a elaboração dos inventários dos bens dos prisioneiros. Quando alguém era preso, um notário ia à sua casa e fazia uma relação de suas posses. Esses inventários eram extraordinariamente minuciosos. Cada lenço ou lençol era relacionado. Quando Francisco Piñero foi detido em Cartagena, em 1636, seu inventário incluía os seguintes itens:[69]

— Um colchão
— Quatro cadeiras de cedro com os assentos quebrados
— Dois lenços
— Tecidos de Rouen
— Guardanapos
— Travesseiros
— Um paletó de seda preta
— Um guarda-sol velho

Pode-se imaginar que os oficiais não tenham encontrado serventia para as cadeiras de cedro com os assentos quebrados nem para o guarda-sol velho. Eles procediam cautelosamente a cada passo da investigação. Depois de examinar o conteúdo do guarda-roupa de Piñero, decidiram descartar um chapéu puído e algumas meias pretas mofadas, por concluírem que não acrescentariam grande coisa às finanças da Inquisição.

A ênfase nos detalhes da vida cotidiana torna os arquivos da Inquisição um material fascinante. Porém, a burocracia meticulosa também é um testemunho da mentalidade que vimos no Capítulo Três na câmara de tormentos, no sentido de que o que fosse registrado por escrito era, de alguma forma, legitimado. Quando um roubo era anotado, ele era legalizado, e, assim, o que era documentado podia ser usado para o bem ou para o mal.[70]

A administração precisa e o abuso de poder eram os dois lados da mesma moeda: o enorme poder da Inquisição nas sociedades ibéricas. Foi pelo fato de a Inquisição ter acumulado tanto poder que seus funcionários puderam agir de maneira vil sem serem punidos por isso, e foi pelo fato de a Inquisição ser tão poderosa que pôde criar uma burocracia tão rigorosa e meticulosa.

Assim, o mundo aprendeu que o excesso de poder e o excesso de administração costumam andar juntos. A capacidade de determinar a honestidade dos indivíduos através de um papel e de decidir o que deveria acontecer em lugares que os escribas nunca veriam tornou o exercício do poder administrativo uma atividade vaga. Os poderosos podiam ficar imunes às consequências das suas ações.

O auge e a catarse desse poder extremo ocorriam coletivamente nos autos de fé. Como vimos no prólogo, em meados do século XVII os autos de fé eram cercados de pompa e circunstância. A cerimônia e sua importância se traduzem no fato de que, no auto de fé de Córdoba de 1627, depois da construção do palanque, as velas de cera foram o segundo item mais dispendioso.[71] Entre todos os detalhes que se podem conhecer, esse talvez seja o que melhor expressa a extraordinária teatralidade daqueles espetáculos.

No entanto, com a queda da economia espanhola, o custo desses autos de fé tornou-os proibitivos. O século XVII assistiu também ao surgimento dos chamados autos particulares, acontecimentos locais menos dispendiosos.[72] Afinal, os custos para encenar um auto de fé haviam sofrido um aumento de mais de 4.700% entre 1554 e 1632, comparados a uma inflação de pouco mais de 100%.[73] Essa enorme extravagância retrata a expansão insaciável da Inquisição, mas ela era claramente insustentável e pressagiava um longo declínio.

Não é nada original afirmar que, com o tempo, os grandes impérios acabam caindo. O poder embriaga e absorve, mas por fim se esvai. Assim, estudamos com fascínio as ruínas de civilizações como a que um dia dominou a Ilha de Páscoa, os maias, Tiahuanaco, na Bolívia, e o Grande Zimbábue. A dissipação do poder parece ser inerente a ele, apesar de ser algo que talvez os poderosos não consigam aceitar no nível consciente.

A história da Inquisição não foge a essa dinâmica. A Espanha foi o país mais poderoso do mundo durante o século XVI, quando sua instituição persecutória chegou ao auge. Mas a projeção do poder da Inquisição e sua busca incessante de inimigos criaram as condições para o declínio, do qual o próprio poder imperial nunca se recuperou.

A administração não era irrelevante nesse processo. Como vimos nos três últimos capítulos, a infraestrutura inquisitorial se concentrou cada vez mais em tarefas que, de um ponto de vista objetivo, parecem inúteis. Essas tarefas ocuparam um tempo e uma energia enormes, que podiam ter sido empregados em obras mais produtivas. A própria diversificação e a disseminação da máquina inquisitorial simbolizavam o poder da instituição, mas também contribuíram para a estagnação que se seguiu enquanto a Espanha avançava tropegamente em direção ao século XVII e à crise da Guerra de Sucessão (1701-1714).

Ao considerar esse processo de autodestruição do poder, vale a pena voltar à época da criação e expulsão dos inimigos mouros. Vimos que essa foi a escolha de uma sociedade que podia tê-los assimilado, mas que preferiu marginalizar e humilhar um grupo ambíguo para vangloriar-se do poder. Na verdade, foi precisamente a expulsão dos mouros que precipitou a mais grave decadência da Espanha.

Em 1525, com a conversão forçada dos mouros de Aragão após a revolta das *germanías*,* a perspectiva de que os muçulmanos não convertidos saíssem da Espanha deixou os integrantes da nobreza em pânico. Eles escreveram uma longa carta a Carlos V, afirmando que a prosperidade do reino dependia dos muçulmanos e que Aragão seria arruinada se eles partissem. Os muçulmanos faziam as colheitas e todo o artesanato, e seus aluguéis sustentavam as igrejas, os monastérios e a nobreza.[74] Os nobres apoiaram os mouros durante o século XVI e respaldaram suas petições para serem libertados dos cárceres inquisitoriais[75] precisa-

---

* Ver página 151.

mente porque a produtividade das terras cultiváveis dependia deles. Os mouros eram a espinha dorsal da economia agrícola em Aragão e Valência, e seria loucura expulsá-los, mas, como vimos, foi exatamente o que ocorreu, segundo uma ideologia de demonização promovida pela Inquisição.

Os efeitos foram drásticos. Em junho de 1610, depois que foi decretada a expulsão dos mouros, o vice-rei de Aragão registrou que da noite para o dia a nobreza perdeu 80% de sua renda e corria o risco de se ver arruinada pelos credores.[76] Cidades inteiras foram abandonadas. Asco, cidade da Catalunha, ficou vazia, as casas se deterioraram, as vinhas, os olivais e as plantações de amoreiras definharam.[77] Com a perda da maioria dos trabalhadores de Aragão e Valência veio a hiperinflação, já que os mouros venderam seus bens pela metade do valor real.[78] A situação ficou tão crítica que quem se dedicasse à agricultura era dispensado do serviço militar.[79]

Essas medidas, porém, surtiram pouco efeito. Em 1638, o número de assentamentos em Valência caiu de 755 para 550, uma diminuição de quase um terço, e 205 vilarejos mouros foram abandonados.[80] Quatro por cento da população total da Espanha deixou o país,[81] e com ela grande parte do conhecimento agrícola. O quadro era semelhante em Castela, onde a população caiu quase 15% entre 1591 e 1631.[82] As populações continuaram a declinar ao longo do século XVII, e só em 1787 o reino de Castela recuperou o nível populacional de 1591.[83]

Os resultados desse declínio — precipitados em parte pela expulsão dos mouros — foram duros. Em 1620, William Lithgow descreveu a Espanha como "nem bem habitada nem populosa; sim, tão desértica que, no coração da Espanha, atravessei 18 léguas (dois dias de viagem) sem ver casa ou povoado [...] e era comum viajar 8 léguas sem [ver] nenhuma casa".*[84] O despovoamento acompanhou o declínio, e Lithgow, que havia viajado intensamente pela Ásia e pela África, sentiu que "os camponeses mais sofridos do mundo estão aqui e seus lamentos cotidianos podem tirar lágrimas de pedras. Seus vilarejos [...] pedem jardins, cercas, vinhedos, estábulos...".[85]

---

* Uma légua equivale a aproximadamente 5 quilômetros.

A abrangente burocracia inquisitorial presidiu, assim, um declínio igualmente extenso, e, quando pensamos na estagnação que promoveu, os mares que separam a intenção da realidade transformam-se em oceanos. A Inquisição devia, afinal de contas, salvaguardar a sociedade, mas com isso veio o declínio. Devia purificar a fé, mas como as pessoas podiam ter fé se seus guardiões se comportavam tão descaradamente? Longe de salvaguardar a fé, a Inquisição com frequência estimulou apenas o cinismo. Assim como criou inimigos em vez de destruí-los, corrompeu a sociedade em vez de purificá-la.

O fosso entre intenções e resultados pode parecer extraordinário para alguns, mas confirma a visão de alguns psicanalistas de que "a sinceridade de alguém não é determinada apenas pelo fato de essa pessoa acreditar sinceramente em uma afirmação".[86] Por exemplo, assim como uma pessoa ou instituição pode declarar que é motivada por fins religiosos quando seus objetivos são puramente políticos, também os objetivos políticos podem ser invocados quando os fins de uma ação dramática ou violenta são puramente religiosos. Se julgarmos a Inquisição por suas ações e seus efeitos, e não pelas intenções e crenças declaradas, concluiremos que ela não defendia a pureza nem a segurança da sociedade; no final, ela fomentou a corrupção e o declínio.

Lima, 1587

Há uma lenda sobre o inquisidor do Peru no século XVI, Antonio Gutierrez de Ulloa. Suas qualidades foram eloquentemente definidas pelo vice-rei do Peru, Fernando de Torres y Portugal, que declarou que, "em vez de falar do 'inquisidor do Peru', seria mais correto falar do 'Peru do inquisidor'".[87] A intenção do vice-rei ficou clara durante a visitação inquisitorial de Juan Ruiz de Prado, no final dos anos 1580.

Viera à tona que Gutierrez de Ulloa, como tantos outros inquisidores antes e depois dele, tinha um comportamento estranho para uma pessoa em sua posição. Os casos com mulheres casadas — Catalina Morejón, Catalina Alconchel e a mulher do ferreiro Sancho Casco — não eram novidade. Gutierrez de Ulloa, no entanto, foi ainda mais longe que seus rivais (reconhecidamente mais fortes): começou um caso com a jovem nobre María Delgado Tello quando ela tinha apenas 11 anos e teve um filho com ela, que despachou para os arredores das minas de prata de Potosí.[88] Gutierrez de Ulloa logo se transformou no terror das jovens de Lima, entrando em seus aposentos à noite vestido como um jovem pretendente, com meias de seda e capa curta. Engravidou sua governanta. Suas amantes tinham discussões em público, uma das quais ele evitou fazendo a amante que estava em sua casa sair por uma porta secreta, enquanto a outra lhe gritava da rua. Acompanhava algumas de suas amantes às propriedades delas nos arredores de Lima e deixava seu posto abandonado durante semanas. Quando encontrou um rival junto à casa da mulher com quem ia dormir, ele o apunhalou e o deixou ali para morrer.

Quando Ruiz de Prado chegou, Gutierrez de Ulloa já era inquisidor no Peru havia mais de vinte anos. O visitador formulou mais de duzentas acusações contra ele. Era de se esperar que, diante da gravidade do caso, Gutierrez de Ulloa fosse demitido e punido, mas ele conseguiu estender o caso por tanto tempo que as finanças de Ruiz de Prado se esgotaram e ele foi forçado a partir antes de conseguir prendê-lo. Então, qual foi a punição de Gutierrez de Ulloa? Tornou-se visitador inquisitorial nas províncias de Charcas (no norte da atual Argentina) e, em dezembro de 1594, partiu para Buenos Aires.

Como é possível mensurar os efeitos de séculos de abuso de poder e estagnação burocrática? O declínio da Península Ibérica e a correspondente pobreza de suas ex-colônias comparadas à América do Norte são medidas possíveis, mas há outras. No começo da década de 1990, quando eu trabalhava para a prefeitura de Santiago, o Chile me fornecia acomodação como parte do contrato de trabalho, e me foi oferecido um ferro de passar roupa. No entanto, vários meses se passaram até que eu recebesse o ferro de passar; segundo fui informado, o prefeito de Santiago precisava assinar um contrato para que o ferro fosse liberado, e ele em geral estava muito ocupado ou ausente.

Muitas pessoas têm histórias similares de inércia burocrática em outras partes do mundo. Pode parecer simples demais sugerir que essas práticas são herança direta da prosperidade administrativa do Santo

Ofício, mas talvez não seja um erro sugerir que ali se criou uma atitude de deferência diante da administração e de sua importância social, atitude essa que ainda perdura.

Acima de tudo, o que se criou foi um estado de espírito. Como afirmou um estudioso com muita eloquência: "Qual é a diferença entre o sambenito inquisitorial e a estrela amarela imposta aos judeus nos anos 1930 e 1940 em diversos países europeus [...] ou as marcas aplicadas nos escravos em tantos países das Américas no século XIX? [...] Evidentemente, a mentalidade inquisitorial continua viva."[89]

Capítulo Onze

A AMEAÇA DO CONHECIMENTO

Assim, o silêncio foi imposto aos eruditos;
e quanto aos que atenderam ao chamado da ciência,
foram tomados, como tu dizes, de um grande pavor.

EM MEADOS do século XVII, a Península Ibérica avançava rumo à desolação. O declínio se alastrava pelos campos vazios e pelas cidades definhadas. Onde estava o erro? Na secessão das Províncias Unidas Holandesas da Espanha, em 1568? Na morte do rei Sebastião em uma guerra sem sentido no Marrocos, em 1578, sem deixar herdeiros? No envio fracassado da Armada por ambos os países, em 1588? Na perda temporária de partes do Brasil para os holandeses entre 1620 e 1650? A lista cresceu sem parar até a segunda metade do século XVII.

Com o tempo, a Espanha teve que reconhecer suas limitações. Após 28 anos de conflitos, Portugal se libertou do país em 1668, com danos irreversíveis para as duas nações e para seus impérios. Apesar de ter conseguido recuperar Angola (1648), São Tomé (1649) e Pernambuco (1654) dos holandeses, o império português no Estado da Índia fora irremediavelmente abalado. Bombaim (*Bom Baia*) foi transferida para o controle inglês em 1661, como parte do dote de Catarina de Bragança ao se casar com Carlos II, e a cadeia de portos no leste africano, de Mombaça à ilha de Moçambique, sofreu ataques graves do império de Omã a partir de 1650. Por volta de 1700, o poder português do leste da África ao norte de Moçambique chegou ao fim.[1]

Enquanto isso, a Espanha perdera o controle de Portugal e de suas colônias, e em 1648 reconheceu o fim da União Ibérica. A população espanhola diminuía e o Estado se encontrava efetivamente arruinado. Suas colônias na América perdiam importância diante do desenvolvimento da América do Norte. Carlos II, o último rei espanhol do século XVII, era física e mentalmente incapaz, não parava de babar e era impotente; sua morte levou à desastrosa Guerra de Sucessão Espanhola.

Estamos falando aqui do declínio dos poderes imperiais que haviam se expandido pelo globo. Nessas circunstâncias, a burocracia inquisitorial que vimos, tomada por detalhamentos que não fazem sentido de acordo com nenhum critério objetivo, parece incompreensível. Contudo, a ênfase na acumulação constante de folhas de papel denota uma mentalidade incapaz de lidar com a realidade à sua frente: uma sociedade e um império em rápido declínio. Incapaz de encarar esse fato, a mentalidade inquisitorial refugiou-se em documentos inúteis destinados a salvaguardar a honra e a nobreza da nação.

Nesse contexto, não eram bem-vindas as opiniões que divergissem daquele retrato da realidade. A verdade talvez doa mais e provoque mais raiva nos que mais se distanciam dela. Assim, na Espanha em particular, a ampla corrente de pensamento europeu que estava indo em direção ao Iluminismo no final do século XVII foi rechaçada, e era preciso evitar que contaminasse a nação. Esse movimento de questionamento científico, erguido sobre os ombros de Bacon, Descartes, Locke e Spinoza, afrontava diretamente a visão de mundo inquisitorial. A Inquisição percebeu que essa ideologia podia arruiná-la de uma forma que os convertidos e os mouros nunca tinham conseguido fazer.

A instituição tinha motivos para desconfiança, pois as principais raízes dessa ideologia de fato tinham penetrado fundo justamente nas pessoas que os inquisidores haviam perseguido sem remorso por tanto tempo: os convertidos. Na verdade, o desenvolvimento de uma visão científica do mundo tinha profundas ligações com as ondas de perseguição que a Inquisição havia provocado na Espanha no final do século XV, duzentos anos antes do declínio.

— *Saragoça, 1485 — Bordeaux, 1592*

NO ÚLTIMO DIA de fevereiro de 1533, Pierre Eyquem e Antoinette Lopez tiveram um filho no sudoeste da França. Eyquem era um dignitário local proeminente, que mais tarde seria prefeito de Bordeaux e conselheiro na corte de Périgeux. No entanto, o nome Lopez era menos evidentemente francês. Essa não é a primeira vez que o vemos em nossa história, já que a família de Antoinette Lopez emigrara para a França no primeiro ataque da Inquisição espanhola, durante as perseguições que tomaram Saragoça em 1486, após o assassinato do inquisidor Pedro de Arbués.* Assassinatos à meia-noite, autos de fé ardendo nas ruas cercadas por muralhas da cidade, uma atmosfera de paranoia e vingança foram algumas das origens inesperadas da moderna visão de mundo científica.

O pai de Antoinette se chamava Pierre López de Villanueva. Quando os autos de fé devastaram a comunidade convertida em Saragoça, no final do século XV, muitas pessoas fugiram para a França, inclusive Pierre, mas nem todos os membros da família tiveram essa sorte. O pai dele, Misser Pablo López de Villanueva, e o avô, Juan Fernando López de Villanueva, foram queimados nos autos de fé de Saragoça realizados após o sensacional assassinato de Arbués.[2] É aconselhável parar um instante e imaginar o estado de ânimo daqueles refugiados. Eles eram netos e bisnetos de gente que, muitas vezes voluntariamente, renunciara à fé judaica pelo cristianismo.** Essas pessoas tinham sido rejeitadas por sua nova comunidade religiosa e perseguidas devido às suas origens. Seria admirável se elas não começassem a questionar o valor de todas as religiões. Com certeza esse ceticismo foi precisamente implantado na família López de Villanueva.

O filho de Pierre Eyquem e Antoinette Lopez, nascido em fevereiro de 1533, ficou conhecido como Michel de Montaigne. Na opinião de alguns filósofos atuais, Montaigne foi a figura central na evolução da filosofia cética moderna, um precursor de Descartes e Hume e do surgimento da mentalidade científica.[3] No século XVI, foi o defensor mais eloquente de um tipo de pensamento conhecido como ceticismo pirrônico, segundo o qual nunca haveria evidências suficientes para determinar se o conhecimento era possível; portanto, devia-se evitar quaisquer julgamentos[4] — uma espécie de gnosticismo do conhecimento.[5]

---

* Ver página 46.

** Para uma discussão sobre essas conversões nos séculos XIV e XV, ver página 42.

Essas ideias foram reformuladas por Montaigne e desenvolvidas em seu famoso livro *Ensaios*, lido ainda hoje por sua abrangência, seu humor inteligente e seu estilo literário. Diversas proposições dos *Ensaios* traduzem a crença de Montaigne na validade das ideias e opiniões individuais. No ensaio sobre educação infantil, ele diz que traz à luz "meus humores e opiniões: apresento-os porque creio neles, e não porque todos devam crer no mesmo".[6] Ele resumiu sua compreensão das lacunas que separam diferentes visões de mundo, e como cada uma delas parece válida para os seus defensores, ao afirmar, no famoso ensaio sobre os canibais: "As pessoas chamam de bárbaro aquilo que lhes é estranho."[7]

O fato de essas ideias serem relevantes até hoje, mais de quatrocentos anos depois de sua formulação, revela as inovações apresentadas por Montaigne. Vale a pena refletir sobre o contraste entre sua crença na independência essencial do pensamento e da expressão e a ideologia da instituição que perseguira alguns de seus ancestrais em Saragoça. Para a Inquisição, o que era mais perigoso e o que mais precisava ser punido era justamente a independência de pensamento e crença; devemos nos surpreender, então, com o fato de que um descendente das vítimas defendesse as ideias que a Inquisição considerava mais perigosas?

Isso não significa que os *Ensaios* fossem um desafio deliberado à Inquisição ou à ideologia a ela subjacente. Montaigne não foi criado como um criptojudeu. O avô paterno era de Saragoça, mas a avó materna, Honorette Dupuy, pertencia a uma antiga família católica gascoa,[8] e Antoinette, a mãe, tinha sido criada como protestante.[9] Assim como o pai, o próprio Montaigne foi criado como católico, mas logo ficou fascinado pelo pensamento tanto da Reforma quanto da Contrarreforma. Devemos levar em conta seu histórico cristão, mas também temos que reconhecer que o passado convertido de Montaigne imprime uma perspectiva intrigante a algumas de suas ideias.

Uma ideia que emerge em Montaigne é a ênfase na distância entre intenção e ação. Como um Freud do século XVI, ele sabia que eram duas coisas muito distintas. Como explicou, "os atos devem vir acompanhados de palavras [...] o verdadeiro espelho de nossas ideias é o curso de nossas vidas".[10] Seria possível dizer, por exemplo, todo tipo de palavras bonitas sobre caridade e amor ao próximo e sobre a necessidade de semear paz e harmonia em lugares conturbados do mundo, mas se passássemos a vida lutando contra os outros e semeando inimigos, seria difícil argumentar que o amor e a caridade eram nossas primeiras intenções; ou, como ele observou no ensaio sobre liberdade de consciência, "é muito comum ver ótimas intenções que, conduzidas sem moderação, levam os homens a produzir resultados nefastos".[11]

Observamos o desespero de Montaigne diante do papel da paixão na vida dos homens e sua ênfase na moderação. Seu ensaio mais importante sobre o ceticismo é *Apologia de Raimond Sebond*, no qual o filósofo ressalta que a religião não deve ser guiada pela paixão, e sim pela fé. Não existe, ele escreveu, "hostilidade mais esplêndida que a hostilidade cristã. Nosso fervor faz maravilhas quando propicia a inclinação ao ódio, à crueldade, à ambição, à avareza, à difamação, à rebelião [...] Nossa religião é feita para extirpar os vícios, mas ela os encobre, alimenta e incita".[12] Mais uma vez a tensão entre intenção e ação fica evidente, segundo a convicção de Montaigne de que a verdadeira religião não deve ser guiada pela paixão, que leva as pessoas ao mau caminho.

Em *Apologia de Raimond Sebond*, Montaigne ataca a ideia da universalidade cristã, aponta as paixões irracionais que com frequência subjazem à religião e argumenta a favor do relativismo. "Recebemos a religião à nossa maneira e por nossas mãos, e não diferentemente do modo como se recebem outras religiões [...] [em outras circunstâncias] outra religião, outros testemunhos, promessas e ameaças semelhantes poderiam, do mesmo modo, imprimir em nós uma crença contrária [...] somos cristãos do mesmo modo que somos perigordinos ou alemães."[13] Ele argumenta que, em vez de usar nosso raciocínio inerentemente imperfeito para alcançar Deus, a simples fé é o caminho para um "homem de bem",[14] e não devemos tentar submeter o poder divino às interpretações legais do homem.[15] Essa filosofia é chamada fideísmo.

A ideia-chave nessa argumentação é o ceticismo de Montaigne.[16] Na verdade, o ceticismo salvou sua reputação aos olhos da ortodoxia religiosa, pois essa característica foi usada pela Contrarreforma — a partir da proposta de Montaigne — para argumentar que só a fé leva à salvação. A possibilidade de um ceticismo absoluto foi usada pelos teólogos católicos para atrair calvinistas, em particular, a debates que terminavam por levá-los a esse total ceticismo, o que fazia com que seu próprio ponto de vista ficasse sem sentido — e com que a fé no dogma se tornasse uma posição racional.[17]

Contudo, ao mesmo tempo esse desenvolvimento de um agnosticismo do conhecimento foi o início de um longo caminho. Ele seria empreendido entusiasticamente por filósofos e defensores da ciência como Francis Bacon e Galileu,* para levar a Europa a uma perspectiva científica que, no Iluminismo do século XVIII, viria a desafiar definitivamente a visão teológica do mundo sustentada por instituições como a Inquisição. A versão do ceticismo pirrônico em Montaigne foi um dos fundamentos do movimento que, mais tarde, provocou uma crise cética em todas as áreas do conhecimento, da qual emergiu a perspectiva científica.[18] No século XVIII, como veremos, essa visão foi o principal pesadelo da Inquisição, enquanto ela decaía em direção à extinção.

Convém recordar como mouros e convertidos foram levados à heresia pela perseguição que sofreram. Como vimos, de alguma maneira a Inquisição criou a heresia que via como grande ameaça, e que então passou a perseguir. Um processo similar ocorreu com o Iluminismo, como podemos ver no caso de Montaigne. As circunstâncias criadas pela Inquisição levaram ao surgimento das forças que se rebelaram contra ela através de uma nova ideologia: a visão científica do mundo.

Montaigne não era um criptojudeu, mas tinha consciência de sua história. Em um ensaio sobre a relação de algumas pessoas com a morte, ele faz um longo relato sobre a história dos judeus na Espanha, e sua digressão sobre a história desse povo e a dos convertidos é o exemplo mais extenso do texto.[19] O primeiro editor dos *Ensaios*, Simon Millanges, era filho de um convertido, e o livro foi impresso em 1º de março de 1580, data do festival judaico do Purim naquele ano. O Purim era a festa mais simbólica dos convertidos criptojudeus, pois estava relacionada com a manutenção da fé judaica em tempos de opressão.** Na introdução, Mon-

---

* Posteriormente, é claro que o próprio Galileu foi julgado pela Inquisição romana por suas ideias.

** Isso porque Ester, a heroína do festival do Purim, foi, ela mesma, uma espécie de criptojudia.

taigne afirma que a "data [de publicação] foi escolhida intencionalmente, para permitir que os companheiros percebessem sua mensagem oculta".[20] Essa é uma evidência inegável da influência convertida em Montaigne, apesar de só um de seus avós ter sido convertido.

Essa afirmação implica que as verdadeiras crenças de Montaigne se escondiam por trás de suas opiniões exteriorizadas e sugere que posições como a que se encontra em *Apologia de Raimond Sebond* — "A peste da humanidade é a opinião do conhecimento. Por isso a ignorância nos é tão recomendada pela religião, como um elemento adequado à crença e à obediência"[21] — eram escritas em tom de ironia, enquanto supostamente respaldavam seu fideísmo. Para convertidos e descendentes de convertidos como Montaigne, o uso da "linguagem dúbia e do equívoco" havia-se tornado uma forma de esconder opiniões subversivas por trás de outras amplamente aceitas.[22] Isso era algo que ele, um leitor voraz, sabia perfeitamente, ocultando a força de seu ceticismo por trás da fachada de uma grande devoção à fé, que fingia derivar desse ceticismo.[23] Em 1859, em um contexto análogo, essa tática seria empregada por Charles Darwin em *A Origem das Espécies*.

Quando examinamos, nos *Ensaios*, as contínuas afirmações favoráveis ao relativismo e contrárias ao papel das paixões na religião, além da ênfase de Montaigne na importância de avaliar as pessoas pelas ações, e não pelas palavras, é difícil não pensar no impacto da história de seus ancestrais maternos na evolução de sua filosofia.[24] Com sua própria perseguição, a Inquisição propiciou uma atmosfera em que os perseguidos passaram a questionar todas as verdades com que deparavam. Nesse clima se desenvolveu uma nova ideologia, que era cética em relação a todos os argumentos sobre direito e justiça divinos e que proclamaria a era moderna — a mesma era moderna que finalmente derrotaria a Inquisição.

É instrutivo ler relatos sobre o impacto da Inquisição nas atitudes de convertidos e mouros em relação à religião. Alguns, sem dúvida, fortaleceram a fé na crença islâmica ou judaica ao fugir para a África do Norte (mouros) ou para o Império Otomano (convertidos), mas os que permaneceram na Península Ibérica foram obrigados a viver uma vida dupla, que frequentemente os levou a uma visão cética.

Viver como um mouro com frequência levava a uma existência ambígua e dupla. Nos anos 1530, a realidade de alguns deles foi resumida por um cristão-velho de Daimiel, em Castela, quando disse ao mouro Lope Cambil: "Quando vocês eram muçulmanos, sempre disseram a verdade, mas agora nunca o fazem."[25] Por outro lado, como vimos na revolta moura na Andaluzia (1568-70), alguns atos dos mouros dificilmente estavam de acordo com a prática islâmica.*

Entretanto, o ceticismo era mais aparente entre os convertidos. Uma típica visão convertida, denunciada frequentemente aos inquisidores, era a de que "não há nada mais na existência além de nascer e morrer".[26] A posição social dos convertidos estimulava o ceticismo. Como observou o bispo de Porto Alegre no século XVI, aquela gente, "fingindo ser cristã, não é nem judia nem cristã".[27] A falta de qualquer instrução religiosa muitas vezes levava ao ateísmo.[28]

Uma visão religiosa ambígua frequentemente estava ligada à instabilidade geográfica. Muitos convertidos viajavam constantemente entre a Europa e as colônias na África, na América e na Ásia, como vimos no caso da família Carvajal. Essas andanças os posicionavam entre mundos diferentes e, somadas à ambiguidade religiosa, criavam um ambiente em que muitas vezes era impossível adotar uma única perspectiva ou uma religião em particular.[29]

Hoje em dia é fácil entender esses sentimentos, com nossas vidas igualmente fragmentadas. Onde é possível circular livremente em tantos contextos e mundos distintos, a moralidade parece cada vez mais filha do costume. Não foi à toa que, no século XVII, um viajante exclamou: "Quem haveria de dizer que eu, que vi tantas seitas e variedades de religião dispersas pela face da Terra, me aferraria com presteza a alguma delas."[30] Assim, com as contínuas viagens e com a contínua insegurança que eram a sua sina, os convertidos tornaram-se os protótipos do cético moderno.[31] Eles eram viajantes permanentes, porque as perseguições da Inquisição fizeram com que se sentissem inseguros em qualquer parte do mundo ibérico, da Europa e das colônias. Portanto, o ceticismo não era só resultado da lembrança da perseguição, mas também era

---

* Ver página 200.

originário da condição social que tinha se tornado a sina dos convertidos. Nessa situação, Michel de Montaigne não seria o único descendente de convertidos a desenvolver uma filosofia cética que desafiaria diretamente a ideologia da Inquisição.

Montaigne estudou por sete anos no Collège de Guyenne, em Bordeaux. Talvez tenha sido lá que a influência intelectual convertida tenha dado mais frutos, já que esse importante centro educacional fora fundado, em 1533, pelo convertido português André de Gouveia, que atraiu muitos outros convertidos. Em 1547, Gouveia foi substituído por outro convertido, Jean Gellda, o preceptor de Montaigne, e, vinte anos mais tarde, por outro aluno convertido que chegaria a ser tão importante quanto ele para o desenvolvimento do ceticismo.[32] Trata-se do doutor português Francisco Sanches, cujo livro *Que Nada se Sabe** era congruente com a visão de Montaigne e levava diretamente às ideias de Descartes e Spinoza.

Sanches nasceu no norte de Portugal, em 1551, e sua família mudou-se para Bordeaux em 1562, quando os ataques da Inquisição aos convertidos portugueses recrudesceram. Assim como o pai, Sanches estudou medicina e passou a maior parte da vida em Toulouse, onde ocupou as cadeiras de medicina e filosofia da universidade e viveu como um cristão praticante e devoto, tanto que seus dois filhos se tornaram padres.[33]

Em seu livro — publicado em Lyon em 1581 —, Sanches proclama reiteradamente seu total ceticismo. A primeira linha do livro diz: "Não sei nem isso, ou seja, que não sei nada",[34] afirmação que ele repete de diversos modos ao longo do livro. Partindo desse ponto, Sanches prossegue demolindo as teorias aristotélicas da lógica e da ciência que dominavam os círculos escolásticos e afirma ser impossível adquirir um conhecimento certo ou perfeito do mundo racional. Isso o levou a uma primeira forma de empirismo, e ele sustentava que o estudo direto e a verificação dos fenômenos físicos eram o único caminho para o conhecimento do mundo natural.[35] Como ele escreve, desafiantemente, na introdução: "Que se iludam os que assim o desejarem; não escrevo para

* *Quod Nihil Scitur*, no original em latim.

eles, e por isso não precisam ler minha obra [...] Dirijo-me aos que, 'sem estarem presos ao juramento de fidelidade às palavras de um mestre', examinam os fatos por si mesmos, guiados pelo sentido-percepção e pela razão."[36]

Entre esses estavam Montaigne e o próprio Sanches, como observou um estudioso, "responsáveis por reexaminar as antigas afirmações sobre o conhecimento dos pensadores do século XVII".[37] Eles foram os dois filósofos que deram "a maior contribuição para a difusão das ideias céticas [no século XVI]".[38] Além disso, a leitura que Sanches fez de Aristóteles devia muito ao humanista Joan-Lluis Vives, principalmente ao seu livro *De Disciplinis*.[39] Vives nasceu em Valência, em 1493, e estudou na Itália antes de se estabelecer em Bruges, onde morreu em 1540. Amigo de Erasmo e Thomas More, foi uma figura proeminente no movimento humanista que varreu a Europa;[40] talvez não seja surpreendente o fato de que ele, assim como Montaigne e Sanches, era um convertido.

Joan-Lluis Vives teve uma experiência pessoal direta com a Inquisição e seus métodos. Seu bisavô, Pau Vives, foi condenado em um dos primeiros autos de fé da nova Inquisição em Valência, em 1482.[41] Então, em 1500, a Inquisição descobriu uma sinagoga secreta na casa de seu avô, Miguel, onde seu pai, Lluis, tinha se envolvido em cerimônias heréticas. Dessa vez os membros da família foram reconciliados, mas a Inquisição os afetou novamente em 1522, quando prendeu Lluis e mais quatro parentes. Seu pai foi queimado em um auto de fé em 1524, junto com o tio Joan Maçana e as efígies da mãe, Blanquina March (que tinha morrido em 1508), e da tia-avó.[42]

Alguns afirmam que o passado convertido de Vives comprova que as ideias intelectuais no século XVI não foram influenciadas por uma ideologia especificamente convertida.[43] Certamente Vives não era criptojudeu, mas, como vimos, influenciou Sanches em seu poderoso desenvolvimento de uma filosofia cética que se adequasse ao ceticismo do qual os indivíduos convertidos muitas vezes eram acusados. E, como Montaigne e Sanches, Vives afirmou que a verdade absoluta não podia ser conhecida pela mente humana, pois acreditava que o objetivo do cético devia ser descobrir se era ou não possível alcançar um conhecimento confiável, ainda que não totalmente preciso.[44] Em algum momento ele escreveu: "Ignoramos o começo, o desenvolvimento e as causas de todas as coisas."[45]

No que melhor se pode perceber o impacto da Inquisição na filosofia de Vives é no fato de que, como Montaigne e Sanches, ele defendia devotamente a primazia da razão.[46] Ao contrário desses dois autores, Vives propunha alcançar formas prováveis da verdade em vez de abandonar completamente o conceito de conhecimento, mas, como eles, temia o triunfo da paixão sobre a razão. Se a razão fosse descartada, ele escreveu, corria-se o risco de "cair em ficções absurdas e terminar perseguindo sonhos volúveis, em vez de buscar doutrinas sábias".[47] O tipo de volubilidade que ele tinha em mente ficou claro em uma carta ao amigo Erasmo, em janeiro de 1524, na qual manifesta a esperança de que a popularidade de Erasmo na Espanha leve os espanhóis a "suavizar e demolir certas concepções bárbaras da vida, das quais esses espíritos desumanos e não educados estão imbuídos".[48] Convém lembrar que Lluis, pai de Vives, fora encarcerado pela Inquisição em janeiro de 1524, antes de ser queimado na fogueira; é fácil entender quais eram as "concepções bárbaras da vida" que ele temia.

Aqui certamente começa a surgir um padrão nas origens da filosofia cética que dominou a tradição ocidental durante o Iluminismo. A perseguição não resultou unicamente em uma corrente geral de ceticismo entre os convertidos em suas viagens pelo mundo; ela também levou os intelectuais dentre eles a formular ideias que ajudaram a descartar todas as certezas herdadas. Esses filósofos pregaram o ceticismo e a necessidade de alcançar o conhecimento através da observação do mundo natural — que passou a ser conhecida como experimentação científica. Foi justamente a vivência da perseguição que levou esses intelectuais a desenvolverem uma ideologia concreta que, com muitas outras, ajudou a abalar as certezas que fundamentavam a ideologia da Inquisição entre os séculos XVI e XVIII.

A influência dessa primeira geração de céticos convertidos foi enorme. *Que Nada se Sabe*, de Sanches, foi reimpresso em Frankfurt em 1618[49] e pode ter sido lido por René Descartes — que estava na cidade em 1619 —, que se preparava para escrever sua famosa obra sobre o ceticismo, *Discurso sobre o Método*.[50] Descartes foi, por sua vez, estudado por Baruch Spinoza, judeu de Amsterdã cuja família fora convertida e se mudara para a Holanda a fim de viver segundo suas crenças.[51] Spinoza rejeitou o judaísmo e desenvolveu uma forma de empirismo científico e um sistema metafísico essencialmente desprovido de Deus que prefigurou algumas das ideias do Iluminismo que tanto perturbaram a Inquisição no século XVIII. As ideias de Spinoza provinham da forte corrente do ceticismo convertido e, de diversas maneiras, ele reformulou tanto os estilos literários quanto as ideias dos convertidos.[52]

Seria um erro levar essas ideias longe demais. Não se pode atribuir aos convertidos todo o crédito — ou a maior parte dele — ou toda a culpa pelo surgimento da filosofia cética. Mas é bastante sugestivo o fato de que talvez os três mais importantes céticos do século XVI — Montaigne, Sanches e Vives — provinham de famílias com experiências com a Inquisição e que, no século XVII, o defensor da visão de um mundo sem Deus no qual o conhecimento seria alcançado mediante a experimentação científica — Spinoza — também possuísse um passado convertido.

Como vimos no capítulo anterior, a corrupção da Inquisição em casa levou à decadência das mesmas coisas que ela desejava preservar. Fora de casa, seu histórico de perseguição deu origem a filosofias que a arruinariam ainda mais. Talvez toda ação extrema provoque uma reação extrema. E assim, como toda instituição ou governo autoritário, a Inquisição possuía as sementes das tendências que iam destruí-la.

EM 1499, FOI ESCRITA uma peça teatral que, junto com *Dom Quixote*, de Cervantes, é amplamente considerada uma das obras-primas da literatura espanhola. Trata-se de *La Celestina*, sobre o amor infeliz de um jovem burguês libertino chamado Calisto. Calisto ama uma nobre dama chamada Melibea, mas a ama em desespero, pois não tem a mesma posição social que ela. No entanto, o criado de Calisto, Sempronio, o apresenta a uma cafetina chamada Celestina, especializada na arte secreta (mas importante) de restaurar o hímen das "virgens". Celestina atrai Melibea para Calisto, mas o jovem galã morre ao cair de uma escada quando saía no escuro da casa de Melibea, e sua amada reage à dor matando-se. Substituindo a impossibilidade de superar a arrogância pela impossibilidade de restaurar a harmonia entre casas nobres feudais, temos um enredo semelhante ao de *Romeu e Julieta*, um século antes de Shakespeare.

A trama de *La Celestina* combina belos tratados sobre muitas emoções humanas admiráveis a um texto extremamente poderoso. Contudo, uma característica do texto é a presença de frases que também podem ter um significado inquisitorial. Calisto diz a Sempronio na cena de abertura: "Maior é a chama que mata uma alma do que a que queima cem mil corpos."[53] Para Calisto, a chama é o seu amor por Melibea, mas quando Sempronio o critica por insistir em algo nocivo, ele responde: "Pouco sabes sobre firmeza", ao que Sempronio retruca: "Perseverar no mal não é obstinação, mas teimosia, ou pertinácia, como dizem na minha terra."[54] Ao considerar esse subtexto inquisitorial, deve-se recordar que os hereges condenados à fogueira eram chamados de pertinazes pela Inquisição.

Outro criado, Parmeno, diz a Calisto: "Perdeste o nome de um homem livre ao deixar que tua vontade fosse cativada"[55] (como os convertidos tinham se tornado cativos da jurisdição inquisitorial ao se converterem ao cristianismo). Celestina descreve o sofrimento da mãe de Parmeno, julgada por bruxaria em um auto de fé, e conta que "com falsos testemunhos e duros tormentos a fizeram confessar daquela vez o que não era",[56] e que ela ouviu de um padre: "Bem-aventurados os que sofrem a perseguição da justiça, pois eles herdarão o reino dos céus."[57]

Esses claros exemplos de subtexto inquisitorial não ocorrem em todas as páginas de *La Celestina*, mas sem dúvida estão lá, ainda que não possam ser usados como a única perspectiva para interpretar a peça.[58] Contudo, são um importante elemento de seu contexto, e o fato de seu autor, Fernando de Rojas, ter nascido em Castela por volta de 1476 em uma família convertida não é hoje nenhuma surpresa. Quando ele tinha 10 anos de idade, em 1486, seu futuro sogro foi reconciliado pela Inquisição, enquanto os pais de seu sogro foram exumados e seus restos mortais, queimados.[59] Rojas escreveu a peça na juventude e tornou-se uma figura de destaque na sociedade, um advogado, inclusive participou de alguns processos inquisitoriais, mas quando lemos determinadas passagens de *La Celestina*, temos a certeza de que o seu passado convertido foi uma das fontes emocionais da peça.

Havia muitos convertidos entre os escritores mais importantes do Século de Ouro espanhol. A primeira novela picaresca de todas, *Lazarillo de Tormes*, escrita anonimamente em 1554, é conhecida por ter sido criada por um autor convertido e descreve a sociedade espanhola sob a perspectiva de um indivíduo pertencente a uma classe social baixa,[60] como o grande poeta Luis de Góngora.[61] Até Cervantes tinha alguma ascendência convertida, e alguns historiadores chegam a sugerir, com base em sua alimentação, que o próprio Dom Quixote era um suposto convertido.

O fato de alguns dos mais proeminentes dentre os primeiros céticos terem sido convertidos não foi coincidência, assim como o fato de os convertidos serem predominantes entre os principais dramaturgos, poetas e romancistas espanhóis do século XVI. A dissonância entre o indivíduo convertido e seu papel social ambíguo criou uma alienação que foi o ponto de partida para a literatura do Século de Ouro e, na verdade, para a alienação no cerne de toda a literatura moderna.[62]

É verdade que havia outras razões para a predominância de convertidos na literatura e na filosofia. Seus ancestrais judeus tinham chegado à Espanha cristã, em primeiro lugar, provenientes do mais refinado reino muçulmano de Al-Andaluz; eram herdeiros de uma tradição erudita e literária inalcançável para os cristãos militaristas, para quem o excesso de atividade intelectual teria impedido a Reconquista.[63] Inevitavelmente, isso significava que um número muito maior de pensadores e escritores eram convertidos, mas significava também que pensar e escrever passaram a ser associados à heresia.

O impacto disso começou a se fazer notar no século XVI, quando a classe convertida como um todo adquiriu a reputação de ser inteligente (*agudos*). Segundo um cronista, quando o bispo de Granada, Fernando de Talavera, convertido e confessor da rainha Isabel, tentou converter os judeus, descobriu que, "como [os judeus] eram naturalmente inteligentes e podiam citar as Sagradas Escrituras prontamente, costumavam argumentar contra o que lhes era pregado,[64] enquanto a maioria das pessoas parecia simplesmente aceitar. Em outro caso, um professor da Universidade de Salamanca foi acusado de descender de convertidos em 1572 simplesmente porque "[seu pai e seus tios] eram todos muito inteligentes".[65]

A associação entre inteligência e liberdade de pensamento com os convertidos e, portanto, com a heresia teve início com a perseguição dos seguidores de Erasmo nos anos 1530, quando, como vimos no Capítulo Cinco, um grande número de intelectuais foi detido por se desviar da ortodoxia. Rodrigo de Manrique, filho do inquisidor-geral Alonso Manrique, que nessa época estava afastado do cargo, descreveu a situação de maneira eloquente em uma carta a Joan-Lluis Vives em 9 de dezembro de 1533, após a prisão do respeitado humanista Juan de Vergara:

> Quando penso em seu espírito distinto, na sua erudição superior e (o que mais importa) na sua conduta irreprimível [...] me causa grande tristeza saber que algum mal pode ser feito a esse homem excelente. Mas tremo ao reconhecer nisso a intervenção de caluniadores desavergonhados, sobretudo se caiu em mãos de indivíduos indignos e incultos que odeiam os homens de valor, que pensam levar a cabo uma boa obra, uma obra piedosa, fazendo desaparecerem os sábios devido a uma palavra ou uma piada. Disseste bem: nossa pátria é uma terra de inveja e soberba; e podes acrescentar: de barbárie. De fato, cada vez fica mais evidente que ninguém poderá cultivar as belas-letras na Espanha sem que logo se descubra nele um acúmulo de heresias, de erros, de taras judaicas. Assim, o silêncio foi imposto aos eruditos; e quanto aos que atenderam ao chamado da ciência, foram tomados, como tu dizes, de um grande pavor.[66]

Os historiadores que destacaram o papel da Inquisição na formação da sociedade espanhola tentaram frequentemente refutar a acusação de que ela era "contrária ao saber",[67] mas nos prolongados debates sobre essa questão ao longo do século XVIII, os defensores da Inquisição argumentavam com citações de obras de teologia em vez de obras de ciências naturais. A atitude geral da hierarquia inquisitorial diante do talento individual e dos avanços científicos transparece em diversos casos: o do espanhol Manuel de Tovar Olvera, acusado por volta de 1660, no México, de ter feito um pacto com o diabo por ser capaz de controlar uma manada de éguas que geralmente mantinha dez ou 11 homens ocupados;[68] ou o caso extraordinário, do início do século XVIII, em que a Inquisição de Lima processou um capitão simplesmente por ter conduzido uma nau de Callao (o porto de Lima) a Valparaíso, no Chile, em menos da metade do tempo recorde anterior.[69]

Casos como esses confirmam a validade da opinião do grande historiador H. C. Lea sobre a Inquisição: "A verdadeira importância da Inquisição não reside tanto nas horríveis solenidades dos autos de fé nem nos casos de algumas vítimas célebres, e sim na influência silenciosa que sua obra incessante e secreta exerceu entre as massas e nas limitações que impôs ao intelecto espanhol."[70] A perseguição aos intelectuais erasmianos paralisou o desenvolvimento das ideias, e a ausência de debates esclarecidos sobre os grandes temas científicos da época contribuiu para a decadência que afetou a região no sul dos Pireneus no século XVII.[71]

Os efeitos disso foram severos. No início do século XVII, nenhuma imprensa espanhola usava caracteres gregos — um fato extraordinário, considerando-se que, um século antes, as universidades de Alcalá e Salamanca haviam sido centros helenistas.[72] O medo da ciência era tamanho que, em 1640, todas as obras de Copérnico foram listadas no índex de livros proibidos pela Inquisição.[73] As grandes obras literárias adquiridas por Felipe II para a biblioteca do seu sombrio palácio em El Escorial não foram lidas e na verdade só foram catalogadas no início do século XIX, quando a tarefa foi entregue a um bibliotecário francês.[74]

A partir de então, a erudição e a leitura passaram a ser encaradas com cautela. A Inquisição deparou com um novo oponente que, especialmente no século XVIII, passou a ser sua principal fonte de preocupação: o livro. Como observou um inquisidor no final do século XVI: "A verdade é que nada dissemina e distribui melhor a [doutrina dos hereges] do que os livros, que, como mestres silenciosos, falam constantemente; eles ensinam todo o tempo e em todos os lugares [...] o adversário e inimigo típico da fé católica sempre confiou nesse meio eficiente e nocivo."[75]

Em uma atmosfera assim, os livros eram tão condenáveis quanto as pessoas, e eram queimados em público nos autos de fé junto com os hereges.[76] Em 1579, o inquisidor-geral de Portugal ordenou que fossem incinerados até que não restassem nem as cinzas.[77] Mas é claro que os pensadores e escritores satirizavam esse tipo de coisa. Cervantes incluiu em *Dom Quixote* uma cena na qual ridiculariza a incineração de livros em um auto de fé quando os romances de cavalaria que o pobre cavaleiro iludido colecionava são, como ele diz, "relaxados" pelo braço secular da governanta — jogados em uma fogueira no pátio para impedir que Dom Quixote continuasse a lê-los.

A incineração de livros em *Dom Quixote* foi precursora de cenas literárias similares, dentre as quais a mais famosa hoje talvez seja a do romance de Umberto Eco *O Nome da Rosa*, na qual frei Jorge, o beneditino cego, queima um acervo secreto de livros inestimáveis para impedir que suas heresias se disseminem. As ideias são perigosas. Como os vírus, podem ser contagiosas. Devem ser banidas. Uma perspectiva futurista dessa mesma visão foi imaginada de maneira brilhante por Ray Bradbury no romance *Fahrenheit 451*, que François Truffaut adaptou para o cinema de forma memorável. Na visão de Bradbury, os livros são perigosos demais para a população e estimulam o elitismo e a divergência das normas socialmente aceitas; o papel usado nas obras arde a 451 graus Fahrenheit, e os bombeiros já não apagam incêndios nas casas, e sim queimam livros. Ergue-se, assim, um cordão de segurança contra ideias que poderiam destruir o Estado, cordão que a Inquisição foi a primeira a criar.

COM O DESENVOLVIMENTO da imprensa no final do século XV, as pessoas começaram a tentar censurar o que podia ser impresso, o que não é um comentário irrelevante sobre a condição humana. Sempre há um lado da humanidade — o que detém a autoridade — que teme os produtos da criatividade humana e tenta suprimi-los.

Na Espanha, o potencial dos livros de ameaçar a identidade nacional ficou evidente durante os conflitos com os muçulmanos em Granada. A queima cerimonial de milhares de livros islâmicos na cidade, promovida por Cisneros em 1501, foi seguida por um édito promulgado em 12 de outubro do mesmo ano ordenando a queima de todos os livros islâmicos, "para que não reste lembrança deles e para que ninguém se equivoque novamente em sua fé".[78] O perigo potencial dos livros se apossou da consciência real no ano seguinte, quando os Reis Católicos promulgaram uma lei, em 8 de julho de 1502, proibindo impressores e livreiros de publicar sem a permissão real.[79]

Não demorou muito para que a Inquisição se envolvesse na censura. Em 1505, o inquisidor-geral Diego de Deza tentou proibir um livro do gramático erudito Antonio de Nebrija sobre a Bíblia,[80] apesar de o livro ainda não estar finalizado.[81] Deza caiu em desgraça após o caso Lucero, e o cardeal Cisneros, seu sucessor, permitiu que o livro fosse publicado. Ainda assim, um precedente havia sido aberto.

Nos anos 1520, a máquina inquisitorial começou a investigar os livros que entravam na Espanha. Em 1523, foi encontrado um pequeno baú com livros luteranos em uma embarcação francesa, o que levou a Inquisição a visitar 16 lugares na região de Guipúzcoa (no País Basco) para assegurar que os exemplares não haviam sido distribuídos por lá.[82] Em 1530, todas as livrarias de Aragão receberam visitas inquisitoriais, e a associação da Inquisição com a censura já era irreversível.[83]

As instruções para as visitas às livrarias em busca de obras proibidas eram bem precisas. Primeiro, o funcionário da Inquisição devia ordenar o fechamento da loja e pedir ao livreiro a lista dos livros, item que ele era obrigado a ter. Então o fiscal perguntava se algum livro deveria ser acrescentado à lista. Verificava a relação para checar se alguma obra constava do último rol de livros banidos. Finalmente, verificava os livros nas estantes e comparava-os com a lista do livreiro. As instruções da operação sugeriam que o ideal era que as visitas fossem feitas de manhã cedo, para não prejudicar o comércio.[84]

Hoje não vemos os livreiros como grandes aventureiros, mas na Península Ibérica daquela época eles eram. Não imaginamos lojas repletas de livros pesados acumulando poeira em mãos de pessoas dispostas a correr riscos, mas essa era a realidade. Podem-se imaginar os livreiros divididos entre as exigências da Inquisição e o fato de que os livros proibidos proporcionavam os maiores lucros. Assim, se de um lado a burocracia reprimia as ideias insurgentes, outro as estimulava.

Os livreiros corriam riscos diariamente; com frequência os livros eram confiscados, o que significava ameaça de falência. No final do século XVI, Vicencio Millis, livreiro da cidade de Medina del Campo, apelou às autoridades inquisitoriais. Seu pai, Jacob, tinha lhe enviado 33 pacotes de livros de Lyon, na França, que haviam sido retidos no porto de Bilbao para inspeção. O processo estava demorando tanto que Millis escreveu para pedir que a inspeção fosse feita em Medina del Campo, para que ele pelo menos pudesse vender os que fossem considerados adequados para o público.[85]

É verdade que, de seu ponto de vista, a Inquisição tinha motivos para desaprovar alguns livros. Os hereges também estavam adotando esquemas para introduzir seu material subversivo — e devasso — na Espanha, e em 1604 inclusive convidavam para o chá da tarde os fiscais da Inquisição que iam inspecionar as embarcações no porto à procura de livros proibidos.[86] Às vezes imprimiam livros heréticos com nomes de impressores de cidades católicas e os enviavam a aliados na Espanha para serem contrabandeados até Sevilha, escondidos dentro de livros ortodoxos e decentes, que não despertavam suspeitas.[87]

A verdade é que um país com uma costa tão extensa não tinha como evitar a invasão de livros e ideias estrangeiros. Em 1651, foram encontradas 250 obras proibidas em uma biblioteca particular.[88] Era possível contrabandear livros pelos desfiladeiros dos Pireneus ou escondê-los em roupas, em baús e nos compartimentos secretos das embarcações. Depois, eles podiam ser levados pela costa em barcos, na calada da noite, para pontos distantes dos principais portos. A demanda era constante, pois, como diz o clichê, o que é proibido é melhor.

Entretanto, apesar de a censura não poder evitar que as ideias entrassem na Espanha, podia limitá-las a uma faixa muito restrita da sociedade e agir como uma declaração de intenções de acordo com as quais a aprendizagem e o pensamento científico inovador eram malvistos; e esse foi precisamente o efeito dos primeiros índices da Inquisição.

Como uma persistente dor de coluna que não desaparece quando mudamos de posição, deparamos outra vez com um velho inimigo: o inquisidor-geral da Espanha, Fernando de Valdés. Ele é, devemos lembrar, o mesmo Valdés que destruiu seu rival, o arcebispo Carranza, de Toledo, expandiu o âmbito da Inquisição dos convertidos e mouros para a população cristã-velha e reorganizou a estrutura administrativa inquisitorial, espalhando familiares por todas as pequenas cidades espanholas. Com seu talento ímpar para administrar a perseguição e a repressão, Valdés presidiu a elaboração do primeiro índex espanhol verdadeiramente abrangente em 1559 — no auge da campanha contra o arcebispo Carranza.

Diante de todos os casos que vimos de parentes e amigos denunciando uns aos outros, não deve nos surpreender o fato de a inimizade pessoal ter exercido uma influência tão decisiva na subsequente história cultural da Espanha. O índex de 1559 foi criado precisamente para desacreditar o *Catecismo* de Carranza, em uma das principais ofensivas do processo contra ele.*

Em fevereiro de 1559, sob a liderança de Valdés, a Suprema ordenou o confisco de todos os livros sobre a Bíblia publicados em línguas vernáculas fora da Espanha, acrescentando em uma carta à Inquisição de Sevilha que os comentários sobre o *Catecismo* de Carranza deviam ser recolhidos e que, "para que não pareça que só esse livro é examinado [ou seja, esse era exatamente o livro visado], convém promulgar éditos ordenando o confisco de todos os livros escritos no vernáculo que tratem da doutrina cristã".[89] As coisas andaram rápido e, em 20 de março, a Suprema já falava em publicar "o mais breve possível" um "catálogo de livros". Finalmente, a edição saiu em agosto de 1559, mês em que Carranza foi preso.

É verdade que havia precedentes para a atitude de Valdés. Antes de seu primeiro índex, a Inquisição já havia publicado listas de livros suspeitos em 1540 e em 1545,[90] e a proibição dos livros luteranos data de 1521.[91] O primeiro índex completo foi publicado em 1551, mas não havia nada distintivamente espanhol nele, pois se tratava da reprodução de uma lista de 1550 publicada em Louvain (na atual Bélgica, naquela época sob o controle de Carlos V).[92]

O índex de Valdés era diferente porque, em meio à perseguição a Carranza e à ameaça luterana em Valladolid e Sevilha, com ameaças supostamente brotando de toda parte, ele aproveitou a oportunidade

---

* Ver página 156.

para banir não apenas os livros religiosos, mas de todos os gêneros. Os romances de Bocaccio estavam relacionados, além do romance picaresco *Lazarillo de Tormes* e obras de alguns dos escritores mais importantes do início do século XVI.[93] Pela primeira vez a censura se expandia para além da esfera religiosa.

Seria um equívoco pensar que Valdés e a Espanha agiam de maneira isolada. O primeiro índex papal foi emitido pelo papa Paulo IV em 1557, como resultado das discussões no Concílio de Trento,[94] e em 1547 e 1551 foram publicados índices em Portugal.[95] Valdés agia com plena aprovação real, pois desde 1554 o Conselho de Castela era o único autorizado a emitir licenças para a impressão de livros[96] e, em 1558, Felipe II havia promulgado uma lei que condenava à morte os livreiros que possuíssem ou vendessem livros banidos pela Inquisição, além de proibir a posse de livros escritos em linguagem vernácula publicados fora da Espanha sem licença real.[97] O conhecimento tornara-se um bem a ser monitorado.

Como era de se esperar, Valdés não se limitou ao índex. A própria censura foi centralizada; no auge do caso Carranza, a Suprema determinou que nada podia ser censurado sem sua aprovação.[98] A partir de 1558, os impressores passaram a ser visitados a cada quatro meses, e às vezes a produção de obras suspeitas era interrompida.[99] Um decreto real de 1558 impôs, pela primeira vez, o controle sistemático da importação de livros, e outras 33 cartas reais sobre esse tema foram escritas até 1612.[100] Cresceu o número de qualificadores, pessoas religiosas em cada um dos distritos da Inquisição que recebiam livros para ler e aprová-los ou censurá-los segundo a visão ortodoxa.[101] Se a pureza física da nação estava cada vez mais ligada às ideias do sangue, sua pureza mental se associava à prevenção da corrupção por ideias "impuras".

Assim como a associação entre conhecimento e heresia desestimulava as pessoas a aprender, esse "julgamento do livro" também teve enormes efeitos na sociedade. Nos anos 1560, poucas linhas suspeitas eram suficientes para que um livro fosse proibido; uma obra do advogado de Carranza, o dr. Navarro, foi denunciada em 1572 simplesmente por conter algumas palavras favoráveis ao arcebispo.[102] O número de livros proibidos cresceu como um câncer, de 699 sob Valdés, em 1559, para 2.315 sob o inquisidor-geral Quiroga, no índex publicado em 1583. O *Gran Índice Prohibitorio* baniu livros de Abelardo, Dante, Maquiavel, More, Rabelais e Vives, além das traduções de Erasmo para o espanhol e 22 obras suas em latim, e livros de autores clássicos como Heródoto, Tácito, Platão, Plínio e Ovídio. A proibição estendia-se a imagens, moedas, retratos, medalhas, canções e estátuas.[103]

Pobre equipe inquisitorial! Como lutar contra um mundo com tanto material herético à disposição? Em visita à casa de um vizinho, via-se uma imagem blasfema em uma medalha. Tentava-se ignorá-la lendo um livro para alcançar alguma paz de espírito, mas logo vinha o choque diante de uma afirmação contrária à ortodoxia. Ao fechar os olhos para os pecados do mundo, ouviam-se blasfêmias atraentes como o canto das sereias nas vozes de um coro. Os quatro qualificadores de Córdoba escreveram à Suprema em 1584 dizendo que os livros na lista eram tantos que eles não conseguiriam terminar a tarefa de censurá-los sem reforços.[104]

Nessa sociedade, ser ortodoxo significava viver em indignação permanente. O potencial para a indignação aumentava o tempo todo devido ao apetite voraz da indústria do livro. Em 1559, o índex tinha 58 páginas in-oitavo;* os índices de 1707 e 1747 tinham mais de mil páginas in-fólio.**[105] Era cada vez mais fácil ficar escandalizado e afrontado, como deixavam claras as cartas dos qualificadores, repletas de insultos: tais e tais trechos eram escandalosos, soavam mal, eram prejudiciais à fé.

A disposição para se ofender e reagir de maneira violenta é uma expressão típica da mentalidade da vítima. A visão de mundo criada pela Inquisição estava sob ataque e, portanto, ela sentia que suas perseguições eram justificadas. Mas o cerco tinha sido instalado mais pelas repressões internas do que pelos feitos dos inimigos.

O que ocorreu na Espanha não foi um caso inquisitorial isolado. Em Portugal, a censura começou a ser organizada com a criação da In-

* Uma página in-oitavo tem 20 centímetros de comprimento.

** Uma página in-fólio tem 30 centímetros de comprimento.

quisição no país, em 1536. Já em 1539, os livros só eram publicados com a autorização da instituição, e, em 1540, o cardeal Henrique delegou a censura a três frades dominicanos.[106] Não só os livros publicados eram censurados; as obras eram submetidas à censura prévia — deviam ser revisadas antes de serem publicadas e corrigidas quando necessário.[107]

No último quarto do século XVI, a censura em Portugal já estava bem-estabelecida. Todos os livros passavam pelo crivo do Conselho Geral do Santo Ofício, pelas autoridades religiosas do local onde o livro seria publicado e pelo Desembargo do Paço.[108] Em 1581, foram proibidos livros, comédias e peças lascivos que retratassem religiosos.[109] Entre os livros confiscados durante uma visitação de surpresa às livrarias em 1606 estavam *La Celestina* e *Dom Quixote*.[110]

No Novo Mundo, todas as obras da imaginação e os livros e as peças profanos foram proibidos durante todo o período colonial.[111] Os portos eram fiscalizados e as embarcações, inspecionadas com regularidade até em distritos distantes como a Guatemala.[112] Com uma área de atuação tão vasta, a censura foi, de muitos modos, mais severa do que na Espanha.[113] Assim que as embarcações aportavam perto de Veracruz, no México, fiscais da Inquisição inspecionavam a bagagem de todos os passageiros e marinheiros à procura de livros, elaborando um inventário para ser enviado à alfândega, onde a liberação das obras era discutida.[114] Os impressores estrangeiros eram perseguidos, e a maior parte da correspondência entre o tribunal na Cidade do México e os comissários regionais tinha a ver com o comércio de livros.[115] Em 1690, o número de visitas inquisitoriais às embarcações inglesas à procura de livros banidos era tão alto que o embaixador inglês na Cidade do México prestou queixa junto à Inquisição.[116]

Obviamente, é um equívoco entender a censura como um fenômeno exclusivamente ibérico. Luis XV da França (1715-74) ameaçou de morte os autores e impressores de livros revoltosos,[117] enquanto 294 livros foram proibidos na Inglaterra entre 1524 e 1683.[118] Mas, se compararmos esses números com os 2.315 livros proibidos apenas pelo índex espanhol de 1583, fica claro que a censura ibérica tinha um caráter peculiar. Ela pode não ter sido totalmente eficaz, e os livros proibidos furavam as barreiras pouco a pouco, mas a ideologia que a respaldava criou um ambiente no qual muitos tipos de aprendizagem se tornaram suspeitos. Talvez a autocensura que esse clima incitava fosse ainda mais nociva do que a censura oficial, já que as pessoas temiam ser marginalizadas caso se desviassem da ideologia dominante. Assim, a partir de pequenas iniciativas e proibições individuais, um mundo inteiro de ideias caiu na inércia. Entre os intelectuais surgiu um sentimento permanente de insegurança, o que implicou um temor diante das novas ideias e descobertas.[119] A atividade intelectual voltou-se para a mera repetição dos esquemas estabelecidos, e a vida intelectual ibérica se fossilizou,[120] tornando-se um espelho da paralisia econômica e política da região a partir do século XVII.

É difícil imaginar essa história triste e curiosa quando visitamos os arquivos de Portugal e da Espanha, com seus tomos memoráveis e documentos bem preservados. No entanto, se observamos bem, o legado está lá. Em Lisboa, um dos lugares em que pesquisei foi o arquivo do Palácio da Ajuda, localizado em um alto promontório acima do estuário do Tejo e da torre de Belém. Os paralelepípedos sujos das ruas abaixo lembram mais os bairros da classe operária de Montevidéu e Santiago do Chile do que uma cidade europeia, e o próprio palácio é uma anormalidade; porque acima das dificuldades e dos sacrifícios cotidianos de uma das cidades europeias mais pobres há salões de mármore nos quais as prateleiras, repletas de livros quase tão altos e volumosos quanto uma pessoa, se erguem até as vigas como torres de Babel.

No Palácio da Ajuda pode-se sentar entre cópias de Mercator, globos antigos, poeira e silêncio. Ali, pelo menos, os livros são valorizados e preservados, mas com um respeito excessivo, que remete às polaridades dos séculos anteriores, quando as elites tinham acesso a um conhecimento deliberadamente proibido ao restante da população.

Cartagena das Índias, 1634

Cartagena, na Colômbia, foi cenário de um caso extraordinário em 1634, fruto da fusão dos impulsos contraditórios de expansão e medo do conhecimento que se desenvolveram sob a égide moral da Inquisição. Capitaneado por Diego Barassa, o navio *Nuestra Señora de Montserrate* chegou ao porto vindo de Cacheu, em Guiné-Bissau, trazendo mais de trezentos escravos contrabandeados escondidos sob a popa, sujeitos a condições terríveis durante os quarenta dias da viagem que tivera início na África.[121]

Tendo aportado no dia 30 de julho, o barco foi visitado pelo secretário inquisitorial, preocupado com a possibilidade de haver livros proibidos a bordo. As condições naquelas embarcações foram minuciosamente descritas por ele no mesmo ano, em uma visita a outro navio, dessa vez proveniente de Angola. Naquela ocasião, o funcionário escreveu:

> Havia um grande número de pretos machos e fêmeas ocultos sob as esteiras que os cobriam. E querendo eu passar entre eles para visitar o dito navio, não pude, apesar da labuta, por estarem tão juntos e amontoados. O calor era tão forte que era insuportável, então mandei dois marujos avançarem com velas acesas por entre os pretos. Pareceu-me que ali havia mais de quatrocentos pretos escondidos.[122]

O funcionário da Inquisição fez uma inspeção completa no *Nuestra Señora de Montserrate*, mas não encontrou livros proibidos pela instituição e ficou contente de terminar a visita sem precisar tomar providências.[123] Os livros proibidos podiam ser uma maldição para a Inquisição, mas as condições terríveis dos escravos contrabandeados não mereceram, nessa ocasião, nem uma menção do lacaio inquisitorial. Teologicamente, a inércia do funcionário se justificava, já que o papado havia conferido certa legitimidade ao tráfico de escravos como uma maneira de salvar almas. Talvez, de fato, quanto mais almas se espremessem naqueles pútridos santuários de madeira flutuantes, melhor. Mas isso certamente nos revela apenas que nenhum dogma de seres humanos é suficientemente divino para merecer nossa aprovação incondicional.

Foi com certeza um aspecto diferente desse mesmo dogma que levou à tentativa de impedir certos tipos de produção literária nas sociedades da Península Ibérica. Como vimos anteriormente, em 1583 muitos grandes autores haviam sido banidos, inclusive Dante, Erasmo, Thomas More e Ovídio. Embora os inquisidores estivessem mais interessados em teologia do que em obras literárias,[124] os grandes autores continuaram a ser proibidos. Na virada do século XVI para o século XVII, a Inquisição recebeu diversas queixas sobre a impossibilidade de se obterem livros de Maquiavel na Espanha,[125] e em 1659-1660 teve início um longo debate em Saragoça e em Madri sobre Bartolomé de las Casas.

A *Brevíssima Relação da Destruição das Índias* é hoje reconhecida como um clássico texto histórico sobre a descoberta espanhola da América, mas as coisas eram muito diferentes no século XVII. Em 1659, a primeira pessoa a propor a censura da obra, o jesuíta Francisco Minguijon, justificou-se dizendo que aquelas "lendas injuriosas sobre a nação espanhola devem ser recolhidas [...] ainda que sejam verdadeiras".[126] No ano seguinte, cinco frades franciscanos concordaram, dizendo que o livro "na maior parte é um libelo difamatório contra os espanhóis, injurioso, nocivo e aviltante, e uma desculpa para que nações estrangeiras odeiem e abominem os espanhóis, o que é suficiente para fazer dele algo escandaloso".[127] Como comentou outro qualificador, "como os excessos foram remediados [...] ele deve ser proibido, e se encaixa na lei 16 do índex proibitório de 1640, que trata das palavras e cláusulas que detratam a reputação dos vizinhos".[128]

Nessa ideologia, a verdade já não importava; a aparência de verdade era tudo. A literatura, apesar de permanecer no campo da cultura, era produzida com a consciência de que não escaparia aos olhos dos censores. *La Celestina* — proibido muito antes em Portugal — foi expurgado diversas vezes antes de ser banido da Espanha em 1793, três anos após a proibição de todos os ensaios de Montaigne.[129] Toda a obra de Rabelais foi considerada ilegal na Espanha em 1667, inclusive o livro pelo qual ele é mais lembrado: *Gargântua e Pantagruel.*[130]

Com o avanço do Iluminismo no século XVIII — e a reação da Inquisição a ele —, o número de livros proibidos aumentou. Os autores incluíam Condorcet, Hume, Locke, Montesquieu, Pope, Rousseau, Swift e Voltaire; Laurence Sterne foi proibido em 1801, e *Declínio e Queda do Império Romano*, de Gibbon, que certamente tratava de questões cruciais, foi proibido em 1806.[131] Na livraria de Estanislao de Lugo, invadida em 1817, os livros confiscados incluíam obras de Hume (*Diálogos sobre a Religião Natural*, hoje considerada uma obra fundamental da filosofia), Erasmo, Gibbon, Locke, Milton (*Paraíso Perdido*), Montesquieu, Rabelais, Rousseau e Voltaire.[132]

De acordo com qualquer parâmetro moderno, esses autores estão entre as mais proeminentes figuras da literatura e da filosofia ocidentais; a Inquisição não queria saber deles.

Como vimos nos capítulos anteriores, no século XVII foram os efeitos sociais da Inquisição que ficaram mais evidentes. Com o declínio da influência mundial dos impérios espanhol e português, o alcance geográfico da Inquisição e sua capacidade de infligir violência também diminuíram. Isso nos lembra que se tratava de uma instituição essencialmente política e que, como vimos, para as autoridades a teologia católica e a autoridade papal serviram como meras desculpas e justificativas.

No final do século XVII em Portugal, por exemplo, o papado voltou a ser uma influência repressora. Em julho de 1672, alguns dos convertidos mais ricos de Lisboa foram presos, levando o papado a lançar um ultimato ao regente dom Pedro, no qual exigia uma investigação dos processos e ameaçava suspender a Inquisição.[133] Nessa época, estava circulando em Roma um relato anônimo sobre as terríveis práticas da Inquisição portuguesa. Quase nada tinha mudado desde os primeiros anos da instituição: a tortura ainda era rotina; os advogados não tinham autorização para ver as provas contra os acusados; os católicos mais genuínos estavam mais fadados à condenação. Quando, em um auto de fé em Coimbra, o carrasco teve que afrouxar um pouco a corda devido aos esforços da vítima, o homem agonizante gritou: "Jesus!"[134]

Enquanto isso, na Espanha, a ênfase na pompa e na cerimônia nos autos de fé fez com que eles se tornassem mais escassos, mas quando aconteciam, tendiam a ser violentos. Uma herança da União Ibérica foi a associação de todos os portugueses ao criptojudaísmo,* o que levou à condenação de muitas vítimas portuguesas ao longo do século XVIII.

---

* Ver página 229.

Em Maiorca, houve uma sucessão terrível de julgamentos da comunidade convertida de Palma, que resultou na reconciliação de 250 convertidos em cinco autos de fé em 1679 e no relaxamento de outros 37, em 1691, por pertinácia.[135] Enquanto isso, em Madri, um dos maiores autos de fé da história da Inquisição ocorreu em 1680, quando 23 pessoas foram relaxadas em um cadafalso de 58 metros de comprimento por 30 de largura erguido na Plaza Mayor, no centro da cidade.[136]

Esse auto de fé ocorreu quase exatamente duzentos anos após o primeiro auto, em Sevilha, em 1481, e deixou claro que, mesmo que já não houvesse incinerações e decapitações todos os anos, a Inquisição, quando queria, ainda podia fazer as comunidades sentirem a sua fúria. É difícil, hoje, imaginar aquela cena diante dos balcões de cores brilhantes da Plaza Mayor, mas as memórias do horror e da brutalidade se desbotam rapidamente; é apenas em seus legados sociais que se pode discernir algo da memória cultural do medo.

Talvez o que mais chame a atenção seja a falta de alegria daquilo tudo. O prazer era uma maldição para os censores. A partir de meados do século XVII, pinturas e jogos de cartas foram proibidos por ofenderem a moralidade dogmática.[137] No final do século XVIII a Inquisição recebeu queixas referentes às letras dos hinos cantados nas igrejas.[138] Algumas obras de Goya foram proibidas.[139] Era possível se opor a qualquer aspecto da cultura: literatura e filosofia, música e artesanato, pintura e teatro. A ideologia por trás desse processo contribuiu para o declínio dos poderes ibéricos através de duas vertentes: primeiro, ao ajudar a fomentar uma ideologia — o ceticismo — que daria um golpe mortal na Inquisição durante o Iluminismo, e segundo, ao beneficiar a estagnação intelectual da cultura que originara a Inquisição, tornando-a incapaz de lidar com a ameaça que despontou no século XVIII.

Outras sociedades, em outras épocas e outros lugares, tiveram tendências similares, mas a Inquisição foi a primeira a deixar registros detalhados de seu caminho em direção à ruína. Sua documentação minuciosa abriga uma verdadeira tragédia, pois ali jazem os restos da emoção que pode levar alguns seres humanos a destruir as próprias coisas que os sustentam.

Capítulo Doze

A SOCIEDADE NEURÓTICA

[...] elas têm ataques de loucura e os procuram,
e os guias espirituais as beijam e [...] põem as mãos nos seios delas
e em seus corações, dizendo-lhes que esses contatos não são pecaminosos,
que agem assim para fazê-las felizes [...]

O MONASTÉRIO DE BORJAS ficava no distrito do tribunal de Saragoça, terra natal dos antepassados de Montaigne, onde o inquisidor Arbués foi assassinado. Lá teve início um caso bizarro em 1705, no auge da Guerra de Sucessão Espanhola. A situação envolvia uma monja do convento local, a irmã Teresa Longas. Ela entrara para o convento na adolescência, e logo começaram os comentários a seu respeito, pois vestia-se de forma extravagante e se recusava a cuidar das monjas doentes.[1] Porém, seu comportamento questionável foi apenas o prelúdio de uma carreira singular no convento, que levou Longas a ser acusada de literalmente centenas de delitos diante dos inquisidores de Saragoça.

As acusações foram resumidas: "[Longas é] uma renomada mentirosa, hipócrita, escandalosa, impertinente, ímpia, ofendeu o sagrado Sacramento da Eucaristia e os exorcismos da Igreja, é desrespeitosa, suspeita de manter relações ilícitas com seu mentor espiritual [...] uma vaidosa que finge fazer profecias, revelações, aparições, comunicações com os santos e mártires, e milagres."[2] Com uma folha corrida como essa, é claro que nem tudo era paz e espiritualidade dentro dos sagrados muros do convento de Borjas.

O caso se desenrolou aos poucos. Aos 19 anos, Longas adotou um novo mentor espiritual, um frade franciscano chamado Manuel de Val. As fofocas começaram imediatamente, já que Val também era jovem:

tinha 27 anos. Havia bons motivos para os rumores, pois Longas "passou a se comunicar com tanta frequência e excesso no confessionário que permanecia lá todos os dias por uma hora e meia ou duas horas pelas manhãs e, depois do almoço, ele [Val] regressava ao confessionário onde ficava com [Longas] até o anoitecer, e às vezes retornava outra vez à noite".[3] Não estava claro em que momentos Longas tinha a oportunidade de cometer a quantidade de pecados que aquelas numerosas confissões implicavam, já que ela parecia passar todas as horas de vigília com Val; talvez os pecados fossem cometidos no próprio confessionário. Certa vez Val só saiu do convento às três da manhã, após "administrar a comunhão" à sua "filha de confissão".

Longas e Val logo se tornaram amigos íntimos. Muitas monjas do convento ficaram escandalizadas com o "prazer que podiam perceber nos sentimentos de ambos" ao se fitarem.[4] Pode-se imaginar os sorrisos radiantes e a alegria da tensão e da inveja que o prazer dos dois provocava. Em uma ocasião, ajudaram a cuidar de uma monja enferma. No entanto, sua solicitude não era tudo que aparentava. Eles aproveitaram a situação para, durante a noite, ocupar um quarto próximo a fim de discutir questões espirituais. Não fica claro que questões espirituais eram essas, mas as religiosas ouviam gargalhadas ecoando do quarto.[5]

Longas e Val passaram a comer do mesmo prato e beber água do mesmo copo.[6] Val começou a observar o extraordinário valor espiritual de Longas, que, afirmava ele, tinha visões e cujas obras eram prodigiosas e tocadas pela divindade.[7] Formou-se um séquito de adeptas de Longas no convento, gente que talvez admirasse sua atitude de desafio. Naturalmente, isso acirrou os ânimos dos inimigos. As coisas chegaram ao ápice nove anos após o início do relacionamento entre eles, quando Longas fez uma manobra audaciosa para tornar-se a abadessa do convento.

Longas recolheu-se à sua cela. Iria se retirar do mundo, disse ela. Não precisava de sustento material. Não, só iria alimentar-se com pão e água de sexta-feira até domingo e sobreviveria à base de acelga e feijão no resto da semana. Sim, ela se autodisciplinava e se supliciava constantemente na cela, por isso as paredes estavam salpicadas de sangue.[8] Essa demonstração de disciplina e devoção tão extraordinárias ficou enfraquecida aos olhos de algumas monjas, já que, às vezes, a cela de Longas exalava odores de toucinho e chocolate, mas a devota religiosa levou as coisas adiante. Jejuou por quarenta dias sem água e comida; no entanto, junto à porta de sua cela às vezes havia farelos de pão e potes com chocolate.[9] Apesar de tudo, a encenação teve o efeito desejado e Longas foi eleita abadessa.

Quando ela se tornou a primeira no convento, os problemas realmente começaram. Longas usou sua posição para atormentar as adversárias. Estimulada por seu confessor, Val, dizia ter visões com as monjas do convento que já tinham morrido e que uma delas estava em uma horrível situação no inferno. Essa monja morta era culpada pelos ruídos que algumas — Longas e suas seguidoras — ouviam no convento; as adversárias dela diziam que não havia nenhum ruído. A tensão aumentou quando algumas monjas começaram a sofrer convulsões ao ouvir os barulhos.

Numa tentativa de enfrentar os ruídos fantasmagóricos, Longas e Val levaram um grupo de monjas ao coro da capela do convento. Assim que entraram, Longas pulou para trás e gritou: "Ouvistes? Vós ouvistes isso?" Val se juntou a ela, respondendo com uma voz assustada: "O que é?", e se encolheu, indicando que ouvira os mesmos ruídos. Nem todas as monjas se convenceram, e uma delas respondeu: "Padre, isso é o ar subindo pela chaminé." Longas enxotou as monjas e foi vista tendo uma longa conversa com Val; em determinado momento a voz ficou mais alta e ele perguntou a ela: "Condenada pela eternidade?" A resposta, obviamente, foi sim.[10]

Agora, muitas diziam que ouviam os ruídos. Longas e Val exorcizaram as pobres monjas, que estavam cada vez mais desesperadas. A cela da monja morta a quem Longas tinha tanta aversão e que era a suposta responsável pelos ruídos ardeu em chamas às três da manhã; na noite anterior, Longas fora vista carregando um balde com carvão em brasa. Na verdade, ela e Val não ficaram tão perturbados quanto o restante da comunidade, pois Val foi visto certa noite com uma flor branca na mão, com Longas a seus pés, ambos rindo por algum motivo.[11]

No total, Longas foi acusada de 377 delitos. Sua defesa foi pouco convincente e ela foi considerada culpada. A Inquisição condenou-a a abjurar seus erros e passar seis anos reclusa em sua cela. Só podia sair para assistir à missa com as mesmas monjas cujo comportamento havia alterado com sua ânsia de poder e atenção.

Os episódios do convento revelam que, após mais de dois séculos de trabalho duro para extirpar a heresia do coração da Península Ibérica, a Inquisição construíra uma sociedade cada vez mais neurótica. Hoje é difícil usar o termo "neurótico" sem pensar em Freud. Ele via a neurose como um estado resultante da repressão de alguns instintos. Contudo, em algum momento essa repressão não funcionava e os instintos conseguiam alcançar seus objetivos, fazendo uso das fantasias da pessoa. Mas, quando alcançavam esses objetivos, distorciam a realidade, e as fantasias emergiam como um substituto.* Essa é uma descrição bastante precisa do que ocorria no convento de Borjas e, em grande parte, na Espanha e em Portugal durante esses séculos.[12]

Esse tipo de comportamento não se restringia à atmosfera repressora dos conventos. Acontecia também entre as mulheres santas, conhecidas como beatas, de povoados e vilarejos da Península Ibérica. As beatas eram mulheres seculares que viviam na comunidade e às quais se atribuíam poderes especiais de mediação com o divino.[13] Ao contrário das mulheres casadas e das monjas, elas não acatavam a autoridade de nenhum homem em particular, o que as colocava em uma posição incomum de liberdade e poder em sociedades profundamente misóginas.[14] A hierarquia da Igreja estava descontente com isso e cada vez mais forçava as beatas a seguir as regras de alguma ordem espiritual. A Inquisição também começara a desacreditá-las através da repressão e da deturpação.[15] Estava armado o cenário para uma série de denúncias extraordinárias.

---

* Em anos recentes, as ideias de Freud sofreram ataques sistemáticos de diversas frentes. Freud é acusado de suprimir casos reais de abuso sexual (Masson: 1990) e de inconsistência científica no desenvolvimento da teoria psicanalítica (Eysenck: 1985 e Crews: 1993), de deliberadamente transformar em mito seu próprio papel no desenvolvimento das ideias psicanalíticas (Eysenck: 1985) e do fato de que o próprio processo psicanalítico não consegue demonstrar um êxito mensurável em seu tratamento dos pacientes (Stannard: 1980). Assim, apesar da inquestionável influência de suas ideias, a força crítica da psicanálise foi abalada. Uso algumas terminologias freudianas neste livro em razão de meu próprio argumento de que, apesar de a utilização de certos conceitos por Freud ser questionável, isso não invalida os conceitos em si. O conceito de neurose descreve claramente alguns fenômenos. Ver Green (2007: Apêndice A) para uma discussão mais ampla.

Uma das condições para ser beata era que a mulher precisava fazer um voto particular de castidade, o que levou algumas pessoas a chamá-las de "noivas de Cristo".[16] Elas usavam hábitos simples e desprezavam os bens materiais; eram exemplos vivos da própria pureza da Virgem. Mas pureza e castidade não eram qualidades pelas quais as beatas eram conhecidas.

Córdoba, 1718 – Villar, 1801

Em 24 de abril de 1718, a Inquisição de Córdoba condenou uma beata à reconciliação. Ela pervertera as crenças de quatro frades franciscanos, um dos quais preferiu o garrote à indignidade do sambenito. O sentimento de humilhação do pobre frade era compreensível. A beata, "através da astúcia do demônio", fizera uma imagem do menino Jesus falar com os frades e lhes dar instruções precisas e insólitas sobre a melhor maneira de alcançar a salvação.

A imagem do menino Jesus disse aos quatro frades que, dos quadris para baixo, a alma não habitava o corpo, e que a salvação deles exigia que tivessem relações sexuais com a beata. Só então seriam santificados. No entanto, para garantir a eficácia da salvação, teriam que ficar nus e lubrificar o corpo com certos óleos, e o frade e a beata deviam esfregar o óleo um no outro de cima a baixo. Depois disso não precisariam receber a comunhão nem se confessar, desde que seguissem certos preparativos muito precisos antes da missa. Os preparativos incluíam beijar os seios da beata e depois olhar para a hóstia, na qual ele veria a própria beata com os seios à mostra.

A estranha líder dos frades transmitiu-lhes muitos outros ensinamentos e profecias dignos de nota. Informou-lhes que teria quatro filhos, um com cada um deles, e que as crianças iriam aos quatro cantos do mundo para pregar a sua extraordinária lei divina. E quando um deles tinha dor de dente, seu método para aliviar a dor era enfiar a língua na boca do paciente.[17] Os quatro frades aceitaram seus ensinamentos sem questionar, e certamente com algum alívio ao ver que todas as suas emoções e necessidades podiam, por fim, ser divinamente satisfeitas.

Passados 83 anos, a beata María Herraínz foi processada em Vilar, depois de reunir muitos seguidores na cidade num período de três anos. A maioria de seus seguidores homens, como era de se esperar, pertencia a ordens religiosas. Os poderes extraordinários de Herraínz foram confirmados por sua criada, Manuela Perea, que disse ter visto diversas vezes o menino Jesus no colo da patroa. Um grupo de seguidoras, conhecido como as *endiabladas*, passou a latir, rugir e dançar diante da igreja, gritando com aqueles que não pertenciam ao grupo, até que a beata mandou que se acalmassem.

Um dos seguidores de Herraínz, Atanasio Martínez, revelou que tipo de ocorrências era comum no círculo da beata. Ele a conhecera em Cuenca, onde costumava tirar o chapéu sempre que passava pela casa dela, e recebia "uma luz interior do mistério que lá se ocultava". Um dia, quando estava orando em Cuenca, percebeu que Deus vivia na beata e, seguindo um "impulso interior, abraçou-a e beijou-a na face e nos seios, que estavam decentemente cobertos com um tecido". Logo Martínez começou a chamar a beata de *Señor* — referindo-se a Nosso Senhor — e a expressar o seu amor a Deus beijando-a no rosto e colocando a língua na boca do Senhor enquanto, de olhos fechados, beijava os seus mamilos nus e "sabia que era uma verdade infalível que esses atos eram obra do próprio Senhor em união com ele [Martínez], sem nenhuma influência do desejo carnal". Curiosamente, ao terminar essas demonstrações do sincero amor de Martínez pelo Senhor, ele percebeu que sua ansiedade diminuiu, e a beata Herraínz lhe disse: "Vossa mercê pode partir depois de receber todos os sacramentos."

Quando o comportamento de Herraínz veio a público, Martínez foi preso pela Inquisição. Encarcerado, enlouquecia sempre que se mencionava o nome de Herraínz. Depois de ter relações íntimas com "o Senhor", ele acreditava levar Jesus no peito. Em uma ocasião pôs o dedo na boca, lambeu-o e cuspiu nos médicos que o examinavam, para que recebessem o reino de Jesus Cristo.

Herraínz havia sido festejada por muitos sacerdotes — todos com idade entre 30 e 50 anos —, que haviam tido aquele mesmo tipo de intimidade com o Senhor. Quatro deles costumavam cercar o leito dela em reuniões privadas. Mas não havia nada prejudicial nisso, já que, como disse a criada Manuela Perea aos inquisidores, quando um deles se deitava com ela, o quarto se enchia de luz e os anjos rodeavam o leito.

A beata chamou outro sacerdote ao seu quatro e ficou nua. Abraçando o padre junto aos seios, ela gritou: "Eu o sinto aqui, eu o tenho aqui, eu o vejo aqui, aqui é onde Deus colocou o seu amor para os mais elevados fins de sua providência. Venha, vossa mercê, pedi o que quiserdes, adorai-o, vossa mercê, beijai-o, não temais, é o que Deus quer, é o seu desejo, é o que o compraz." O padre fez o que lhe foi ordenado, beijando e adorando o Senhor onde lhe foi dito, e até o tocou com a mão, ainda que, como explicou à Inquisição, "sem sentir o menor efeito da sensualidade [...] e sim do amor a Deus, do respeito pelo Senhor e da devoção à Santa Virgem".[18]

Casos extraordinários como esses eram muito comuns na Espanha do século XVIII. Frequentemente as beatas eram acusadas de simular milagres. Algumas fingiam levitar; outras anunciavam subitamente aos companheiros que a Virgem estava diante delas e Jesus lhes havia entregado uma Coroa, depois esbofeteavam a si mesmas, dizendo que o demônio lhes roubara a Coroa.[19] Muitas vezes essas fantasias eram claramente destinadas apenas a obter uma vida mais fácil; porém, do ponto de vista contemporâneo, parece que com frequência havia uma intensa associação entre desejo e repressão.

Por que as pessoas acreditavam sinceramente na santidade das beatas? Só pode ser porque elas lidavam com certas necessidades arraigadas, com algumas das distorções da realidade que a repressão tinha forçado as pessoas a adaptar. No plano físico, claramente forneciam uma válvula de escape para a crescente repressão à sexualidade da Península Ibérica sob a influência da Inquisição. Contudo, no plano psicológico, esses casos eram sintomáticos dos efeitos do culto à Virgem.

Vale a pena lembrar que uma das blasfêmias mais comuns condenadas pela Inquisição estava relacionada às dúvidas quanto ao nascimento virginal. Enquanto alguns se recusavam a crer que uma virgem pudesse dar à luz, outros podiam usar as atividades sexuais das beatas para demonstrar que as mulheres supostamente puras eram iguais a todas as outras. A impureza sexual de algumas beatas satisfazia a necessidade psicológica de uma mulher supostamente pura que, na verdade, não era nem pura nem virgem; inconscientemente, as beatas representavam o profundo ressentimento da sociedade com a utilização da história da Virgem e a crença coletiva em sua impossibilidade.

Muitas pessoas gostam de milagres. No México, a Basílica da Virgem de Guadalupe é o templo religioso mais importante, localizado na atual periferia norte da Cidade do México. A basílica celebra as miraculosas visões da Virgem que se acredita que o trabalhador indígena Juan Diego teve em 1531, apenas dez anos após a conquista do México. Em julho de 2002, o papa João Paulo II viajou à Cidade do México para canonizar Juan Diego. Milhões de pessoas se acotovelaram na principal avenida da cidade, o Paseo de la Reforma, a fim de assistir à passagem do papa a caminho da Basílica de Guadalupe para canonizar um indivíduo que alguns historiadores hoje duvidam que tenha existido. Muitos dos espectadores pertenciam a comunidades indígenas mexicanas, e um deles disse à TV: "Esta canonização é para todos nós."

Talvez sentimentos similares estivessem nas mentes daqueles que adoravam as beatas. Afinal, era muito melhor adorar a divindade na carne do que relembrar histórias cada vez mais distantes dos feitos de Jesus e Maria em um país remoto que ninguém jamais tinha visitado. Porém, quando essa credulidade foi ampliada para abarcar toda sorte de frutos proibidos, foram reveladas as verdadeiras motivações por trás daqueles desejos inocentes.

Vale a pena recordar a atmosfera religiosa dos anos 1520 e as primeiras perseguições de cristãos-velhos pela Inquisição espanhola. Um dos grupos fortemente vigiados foi o dos alumbrados, e uma das doutrinas mais incomuns de um membro dessa seita, Antonio Medrano, era que os "devotos deviam se abraçar despidos ou vestidos"* — algo que não se encontra em muitas obras religiosas, antigas ou recentes, mas que demonstra o tipo de sentimentos subjacentes ao avanço da Inquisição em toda a sociedade.

Com o avanço do século XVI, nas mentes dos inquisidores, beatas e alumbrados foram sendo cada vez mais associados uns com os outros, e ambos carregavam conotações de sexo ilícito. Nos primeiros

---

* Ver página 143.

Lisboa, c.1553. A Inquisição recebeu plenos poderes em Portugal com as bulas papais de 1536 e 1547. Nos autos de fé, as fogueiras eram erguidas na ribeira (em primeiro plano, no centro).

Cena de um auto de fé na ribeira de Lisboa, com o palácio real ao fundo.

A Inquisição na Nova Espanha (México). O primeiro tribunal inquisitorial fora da Europa ocorreu na Cidade do México, em 1528, antes de a instituição se espalhar por toda a América Latina e chegar a Goa e a algumas colônias portuguesas na África, como Cabo Verde, Luanda (Angola) e São Tomé.

Acima Estandartes da Inquisição espanhola (*à esquerda*) e da Inquisição de Goa (*à direita*).

À direita Retrato de sir John Hawkins. Os sobreviventes do navio avariado de Hawkins, *Jesus of Lubeck*, mais tarde condenados como hereges luteranos, foram as primeiras vítimas do Tribunal da Inquisição no México.

Mapa de Goa do século XVI. Essa colônia abrigou o mais sangrento dos tribunais portugueses, focado principalmente nos “cripto-hindus”, hindus secretos que fingiam ser católicos.

Acima, à esquerda e à direita Isabel de Carvajal sendo torturada antes de morrer no auto de fé de 1596, na Cidade do México.

À direita Mariana de Carvajal foi queimada na fogueira no mesmo auto de fé em que morreram sua irmã Isabel e seu irmão Luis. Eles eram sobrinhos do governador de Nuevo León, Luis de Carvajal y la Cueva.

À direita (detalhe abaixo) Representação do grande auto de fé de Madri, em 1680, um dos mais espetaculares realizados na Espanha. No final do século XVII, os autos eram extremamente elaborados, mas os custos da encenação acabaram tornando-os menos frequentes.

Abaixo Representação de um exorcismo na Espanha, prática que se tornou comum no século XVII.

Um auto de fé em Lisboa no século XVIII. A Inquisição ainda era muito poderosa em Portugal na primeira metade do século, e os autos continuavam relaxando um grande número de penitentes, em geral pelo crime de criptojudaísmo.

A destruição da Inquisição de Barcelona, em 10 de março de 1820. Após tantos anos de violência sancionada pela Inquisição, a destruição de seus escritórios e arquivos logo se tornou uma atividade popular.

casos de perseguição a alumbrados na região de Toledo, a atividade sexual foi uma parte insignificante das acusações, mas, com o tempo, passou a ser um elemento muito mais forte. O grupo seguinte de alumbrados foi descoberto na árida região da Extremadura nos anos 1570. Seus integrantes foram revelados por um monge itinerante da região, Alonso de la Fuente, que percebeu formas estranhas de religiosidade ao encontrar uma sobrinha perto de Badajoz que "mostrava fortes sinais de santidade [...] estava amarela, suja, magra, caminhava grunhindo, suada e abatida".[20]

A mulher era uma beata, e confessou a De la Fuente que seu mestre tinha dito a ela que se confessasse de uma maneira que a fez sentir "um enorme peso de maus pensamentos, considerações revoltantes, sentimentos carnais, ideias ímpias, heresias, blasfêmias contra Deus e os santos e contra a pureza da mãe de Deus [...] que se sentiu morta, consumida, louca e sem razão ou corpo de mulher; e que suportava tudo com paciência, pois seu conselheiro espiritual lhe dissera que tudo aquilo era sinal de perfeição e de que estava no caminho certo".[21] Se viver atormentado e em situação miserável era considerado perfeição, pode-se imaginar o que seria o inferno para esses conselheiros espirituais.

De la Fuente imediatamente soube que "todos os mestres dessa maldade eram ministros do anticristo".[22] Na cidade onde vivia a sua sobrinha, a líder dos alumbrados era Marí Sánchez, que, segundo De la Fuente, "era celebrada como uma mulher santa e sábia [...] e havia alcançado tal estado de perfeição que recebia a comunhão diariamente como uma necessidade espiritual, porque tinha tanta fome do Sacramento que se não o recebesse por um só dia caía de cama, grunhia mil vezes, sofria cruéis tormentos e comportava-se como uma mulher afetada pela raiva".[23] Na linguagem atual pode-se dizer que se não recebesse a comunhão, a beata tinha um surto neurótico.

Os líderes desse grupo eram Hernando Alvarez e Cristóbal Chamizo, que tinham sido condenados em um auto de fé em Llerena, em 1579.[24] Esses padres confessores tinham métodos excepcionalmente eficazes para induzir sintomas neuróticos em suas "filhas de confissão". Declaravam que apenas eles podiam confessar as mulheres. Instruíam-nas a jejuar e a se disciplinar através do autoflagelo no mínimo uma vez a cada cinco dias. Diziam a elas que rezassem rigorosamente e contemplassem o significado da paixão de Cristo. Após algum tempo desse programa austero de automutilação, os padres perguntavam às mulheres se elas tinham sentido alguma coisa.[25]

Um relato anônimo enviado à Inquisição descreve o que ocorria em seguida:

> Os que fazem essa oração com sentimento experimentam ondas de calor, ardor e dor em partes específicas do corpo, no coração, no peito, nas costas, no braço esquerdo e em partes ulceradas; desmaiam, sofrem convulsões, palpitações, cansaço, raiva, ansiedade e outras coisas estranhas. Então os confessores lhes dizem que isso provém de Deus e do Espírito Santo. Algumas beatas, ao fazer essas orações, têm visões, ouvem ruídos e vozes, têm muitos temores e medos e não podem ver as imagens nem ir à igreja [...] e parece-lhes que o Cristo que contemplam é um homem e, subitamente, sentem grande tentação carnal, e realmente parece-lhes que o tocam sexualmente até que ele se polui [ejacula]. Essa é então a desculpa para que os seus conselheiros as ensinem a vê-los também como homens, e eles as tomam, põem boca contra boca e coxas contra coxas, e os conselheiros lhes dizem coisas bonitas e amorosas, como: "Carne da minha carne, ossos dos meus ossos." [...][26]

Chamizo foi julgado culpado de deflorar diversas beatas. Os sintomas provocados por seu método de confissão extrapolavam o âmbito da explicação inquisitorial:

> Assim que essas mulheres se confessam com seus conselheiros, sentem uma estranha afeição por eles e perdem-se em grandes tentações da carne. Logo elas têm ataques de loucura e os procuram, e os guias espirituais as beijam e abraçam e põem as mãos nos seios delas e em seus corações, dizendo-lhes que esses contatos não são pecaminosos, que agem assim para fazê-las felizes, para consolá-las e ajudá-las a se livrarem desses sentimentos [...] e alguns vão além com esses contatos, colocando a língua nas suas bocas, tocando-as nas partes privadas e jogando-as nuas no leito com eles.[27]

As correntes de energia reprimida liberadas por esses métodos de oração e contemplação eram tão fortes que, sob essa paixão ardente, que chamavam de "devoção", algumas mulheres conseguiam derreter cera com as próprias mãos.[28] Nos anos 1620 ocorreu em Sevilha um surto ainda maior de alumbramento, liderado por uma beata chamada Catalina de Jesús e por seu seguidor, o padre Juan de Villalpando. Mais uma vez, um confessor se aproveitava de sua posição para tocar suas "filhas de confissão", e havia tanta gente nesse grupo que mais de quinhentas pessoas testemunharam contra Villalpando.[29]

Muitos homens haviam ido para o Novo Mundo partindo tanto da Extremadura quanto de Sevilha, onde esses alumbrados foram encontrados,[30] lugares de saudades, desejos e tristezas, mas, sobretudo, lugares onde esses fenômenos coexistiam com a repressão sexual, supervisionada pela mesma ideologia que dera origem à Inquisição. Essas condições fomentaram o desenvolvimento de sintomas neuróticos nas pessoas com quem a repressão era mais severa. Normalmente eram mulheres que não se casavam por escassez de homens. Assim, as forças sociais desencadeadas pela expansão em direção à América também precipitaram uma exploração em massa das mulheres por homens, que ocorreu em uma escala até então inimaginável.

O papel da Inquisição na propagação da repressão é complexo. Na época da descoberta do comportamento perturbado dos alumbrados de Extremadura, nos anos 1570, o Concílio de Trento havia colocado o comportamento sexual dos católicos sob a alçada da investigação inquisitorial. Foi o Concílio de Trento que estabeleceu o matrimônio monogâmico como a única forma legal e moralmente aceitável de comportamento social, e a Inquisição fora encarregada de supervisionar a repressão diária do "desvio sexual" — o sexo fora do casamento.[31] Bulas papais entre 1559 e 1561 exigiram que a Igreja examinasse o comportamento dos padres no confessionário, e logo cresceu a atenção dada à sodomia e à bigamia. Começara o que o filósofo Michel Foucault denominou "ciclo do proibido".[32]

A sodomia — o sexo homossexual — foi condenada pelas Inquisições das Coroas de Aragão e de Portugal, mas não pela Inquisição da

Coroa de Castela. Os primeiros processos por sodomia em Aragão ocorreram em 1531, em Barcelona,[33] enquanto em Portugal ela passou à jurisdição da Inquisição em 1555[34] e foi o segundo delito mais perseguido depois do criptojudaísmo.[35] O direito dos inquisidores portugueses de investigar a sodomia se estendeu a Goa em 1567.[36] Mulheres e homens foram contemplados na definição inquisitorial de sodomia, com a inclusão do lesbianismo, ainda que o número de processos fosse muito pequeno; houve diversos casos de mulheres denunciadas por lesbianismo no Brasil nos anos 1590,[37] mas em 1646 foi decidido que as mulheres só deviam ser processadas por participação no sexo anal.[38]

Muitos casos de sodomia denunciados aos inquisidores eram testemunhos da natureza dura e cruel da vida nos séculos XVI, XVII e XVIII. A migração para os portos e entre as zonas de trabalho sazonal significava que a Península Ibérica era um lugar cheio de estalagens, onde estranhos compartilhavam o quarto antes de prosseguir viagem.[39] Eles podiam ser pastores transportando rebanhos, criados de pessoas poderosas ou almocreves e carreteiros que levavam produtos pelo país. Eles tinham que se encarregar da própria comida e diversão. As estalagens pulsavam com energia, cansaço e frustrações físicas exacerbadas pela tentação. Era comum que quatro estranhos compartilhassem uma cama para manter o calor corporal. Isso significa que aqueles que tinham inclinações homossexuais frequentavam deliberadamente as estalagens em busca de parceiros.[40]

Além dos encontros homossexuais casuais pela estrada, havia as feias histórias de abusos. Francisco da Cruz trabalhava no convento de Santa Catarina, em Évora, e foi acusado por vários jovens de tocar suas partes íntimas ao compartilharem a mesma cama,[41] enquanto um frade do monastério dominicano na mesma cidade era conhecido no início do século XVII por tentar estuprar rapazes do bairro. Um de seus alvos, Manoel Pires, só conseguiu escapar porque esmurrou o homem alto e gordo e o jogou no chão.[42]

Embora hoje, em um encontro homossexual, façamos distinção entre tentativas predatórias e abusivas e o sexo consensual, a Inquisição não o fazia. Desde a Idade Média a sodomia estava associada à heresia.[43] Era considerada uma violação da ordem natural e algo cada vez mais significativo, enquanto a presença do Estado se fazia sentir em diversos aspectos da vida e enquanto se desejava impor a noção de uma ordem e uma hierarquia naturais.[44] Assim, todos os atos de sodomia, violentos ou não, precisavam ser julgados.

A Inquisição não foi a única na Europa a perseguir os homossexuais. Mais pessoas foram executadas por sodomia na Holanda calvinista entre 1730 e 1732 do que em toda a história da Inquisição portuguesa.[45] Portanto, a repressão da homossexualidade pela instituição não era única; ainda assim, era testemunho da atmosfera de repressão sexual, que também se expressava através da perseguição aos bígamos.

A bigamia hoje não é vista como um grande problema, mas nos séculos XVI e XVII era muito comum. Isso ocorreu por dois motivos: primeiro, as relações sexuais legítimas só podiam acontecer no casamento; segundo, aquele era um mundo em que as pessoas cruzavam o oceano tentando fazer fortuna, no qual escravos podiam ser arrancados de um ponto para serem depositados em outro.

Assim, muitos bígamos punidos pela Inquisição nas Américas eram escravos que, separados das esposas ou dos maridos, tinham decidido se casar novamente.[46] Às vezes as pessoas tinham motivos mais prosaicos para cometer bigamia; era o caso de um homem acusado em Lisboa, em 1666, de ter se casado com uma viúva rica a fim de conseguir dinheiro suficiente para sustentar a primeira esposa e os filhos.[47]

O modo como a Inquisição lidava com a bigamia revela, acima de tudo, uma forma de cegueira institucional, similar à busca oficial por livros proibidos em um navio ignorando os escravos empilhados no porão como sardinhas. Porque, quando lemos alguns dos processos julgados pela Inquisição nessa área, fica claro tanto que eles refletem vidas de tristeza, medo e perigo, quanto que a Inquisição tinha pouca empatia pelas pessoas que eram capturadas no meio dessas emoções.

Recife, Brasil, 1663

Antonio Marques da Sylva apresentou-se às autoridades inquisitoriais para acusar a esposa, Maria Figueira de Abreu, de bigamia. Sylva era um homem desesperado com uma história desesperadora; a Inquisição era sua última esperança. Casara-se com Maria 16 anos antes, em Salvador, e, depois de viver com ela por três anos e terem filhos, ele partiu para Portugal a negócios. Essa decisão teria repercussões desastrosas para o resto de sua vida.[48]

A caminho de Portugal, a embarcação de Sylva foi atacada por piratas ingleses e ele foi levado para Harwich, na Inglaterra. Lá, passou 11 meses preso até obter permissão para ir a Portugal. Após passar alguns anos juntando dinheiro lá, embarcou como passageiro em uma caravela com destino à ilha da Madeira para negociar vinho. Dali planejava voltar ao Brasil, mas o barco foi capturado de novo por piratas e, dessa vez, ele foi abandonado nos Açores.

Sylva não estava, obviamente, nas boas graças dos céus. Foi obrigado a retornar a Portugal, onde demorou a reunir o dinheiro necessário para voltar para a mulher. Finalmente, em agosto de 1661, 11 anos após deixar o Brasil, embarcou em um navio inglês com destino ao Rio de Janeiro. Chegou a salvo, mas a cidade ficava a cerca de 1.600 quilômetros do seu lar. Embarcou em um navio do Rio de Janeiro para a Bahia que afundou no litoral do Espírito Santo, e ele teve que nadar até a costa sem nada além da roupa do corpo.

Após essa extraordinária série de aventuras, o lar devia-lhe parecer realmente doce, mas talvez Sylva tivesse aprendido a adotar um certo fatalismo; no Espírito Santo, soube que a mulher se casara outra vez e que, se ele aparecesse, ela e o marido o matariam. Contudo, sentiu que provavelmente não havia mais nada a fazer a não ser prosseguir. Ele não tinha dinheiro, posses, nem outro contato além do antigo lar. Ao chegar à Bahia, adoeceu e passou três meses no hospital. Não tentou encontrar a esposa; manteve a cabeça baixa mesmo depois que saiu do hospital e partiu para Recife, até que uma noite, ao saber que ele reaparecera, a mulher mandou buscá-lo e o levou para casa.

Viveram juntos por dois meses. Ele fingiu ser o cunhado dela, já que qualquer outra coisa teria levantado suspeitas. Maria lhe disse que não se preocupasse, pois lhe daria dinheiro para regressar a Portugal; porém, uma noite, ela e o segundo marido, Francisco Alvares Roxo, tentaram levá-lo para fora da cidade, para a casa da tia de Roxo. Percebendo que aquele era o prelúdio de sua morte, Sylva fugiu e contou sua história aos inquisidores; Maria foi presa e o processo foi aberto.

Histórias como essa revelam a causa principal de muitos dos casos de bigamia da época: a imprevisibilidade e o perigo à vida na época dos descobrimentos. Maria, a esposa de Sylva, estava claramente com medo das consequências da descoberta de seu pecado pela Inquisição e sem dúvida não foi a primeira bígama a considerar o assassinato de um inconveniente marido ou esposa extra.[49] Às vezes, os homens exilados casavam-se novamente em seu lugar de exílio, para profunda tristeza das primeiras esposas, que iam aos prantos à porta para ouvir notícias daqueles que haviam amado e perdido.[50]

As penalidades dos culpados de bigamia eram cruéis. Em 1774, em Portugal, incluíam o açoitamento e entre cinco e sete anos nas galés para os homens, e para as mulheres, de seis a oito anos de exílio em Angola ou no Brasil.[51] Enquanto isso, em Aragão e Portugal a sodomia podia levar ao relaxamento ao braço secular. Assim como o sexo fora do casamento era considerado pecaminoso, os casamentos múltiplos e, na enigmática expressão da Inquisição, a "poluição fora do vaso [o sexo não vaginal]" não podiam ser tolerados em uma sociedade governada por valores morais.

Mais uma vez nos vemos no abismo entre as intenções e os efeitos da Inquisição. Com suas noções de conformidade sexual, a instituição declarava que desejava uma sociedade moralmente pura; porém, como vimos no caso das beatas e dos alumbrados, a sociedade da qual era a guardiã moral estimulava neuroses sexuais que levavam a resultados que eram tudo, menos puros. Havia uma preocupação aparente com a moralidade, mas nenhuma ideia do que isso podia provocar nas emoções íntimas das pessoas. A preocupação obstinada com os detalhes dos casos deixava os investigadores cegos aos sentidos morais e emocionais do inquirido.

O nível de repressão da atividade sexual habitual emerge casualmente dos detalhes. Considere-se o francês Charles Dellon, no final do século XVII, em Goa: num contexto em que as embarcações chegavam constantemente ao porto trazendo homens em busca de sexo e de um pouco de alívio, um português disse a Dellon que, se levasse uma mulher para dormir com ele, devia cobrir o crucifixo acima da cama.[52] Os impulsos naturais haviam se convertido em tabus, e a Inquisição reforçava esse código. Nessas circunstâncias, os rompantes de insanidade, como os que periodicamente aconteciam com as beatas, eram quase inevitáveis. Esses atos neuróticos de satisfação sexual eram um mecanismo de defesa vital e uma das poucas formas de exorcizar os demônios que corroíam as pessoas.

México, 1691-1717

Por volta de 1717, chegaram ao fim os conflitos pela sucessão da Coroa espanhola que haviam assolado a Europa. O Bourbon Felipe V foi coroado rei, ainda que com certa amargura, inclusive na Espanha, onde muitos temiam as consequências de uma dinastia francesa para a sociedade espanhola. A França não era a porta de entrada para o norte da Europa e para todo tipo de heresias? No século XVIII, os franceses adotaram o livre-pensamento, e a França se tornou uma das potências do mundo atlântico contrária aos mundos intelectuais e culturais fechados da Península Ibérica. Esse não era, de fato, o princípio do fim da sociedade neurótica?

Nas colônias, o fim da Guerra de Sucessão Espanhola deve ter trazido alguma paz. Corsários como William Dampier e Alexander Selkirk — o modelo para o *Robinson Crusoé* de Defoe — já não podiam atacar as províncias espanholas como território inimigo.[53] Grandes assentamentos como a Cidade do México, com seus aristocratas, as riquezas extraídas das minas e suas casas de paredes caiadas, devem ter ficado mais seguros. Mas, apesar do tratamento das feridas externas, não era tão fácil lidar com os demônios internos que cada vez mais afligiam as sociedades do mundo ibérico.

Assim, no convento de Jesús María, na Cidade do México, acontecimentos estranhos começaram a afligir a irmã Margarita de San José, em 1717. A irmã Margarita se via constantemente atormentada pela tentação de cometer todo tipo de atos sacrílegos. Queria se livrar de seu rosário. Tinha ânsias de açoitar crucifixos. Subitamente se via tomada pelo desejo de tirar a hóstia da boca, cortá-la ao meio com uma faca e então fritá-la em azeite. Possuída por uma fúria e uma espécie de raiva inflamada, ela fugia da missa cantada durante o credo. Às vezes até se irritava com os padres que oficiavam as cerimônias sagradas e lançava-lhes rajadas de insultos.[54]

Para a irmã Margarita e para aqueles que denunciaram seu caso aos inquisidores, estava claro que ela fora possuída pelo demônio. De fato, foi o que confessou. O diabo a tentava continuamente a ofender a Deus e a fizera escrever um contrato escravizando-se a ele. Isso ocorrera em um momento de arrebatamento; o contrato fora assinado por Margarita de próprio punho, como "a escrava de Satã". Então, ela descobriu que sempre que tentava contemplar os mistérios divinos e as obras de Jesus Cristo, era incapaz de pensar. E quando foi aconselhada a buscar a companhia de freiras de santidade inabalável, teve um ataque de riso insano.

Como reconheceu o historiador Fernando Cervantes, esse é um exemplo claro de alguém sofrendo de ilusão neurótica. Ela atribuía ao demônio o furioso ódio inconsciente pela religião que lhe inundava o peito e, por isso, tudo era permitido. Como observou Freud, "as neuroses [...] de outros tempos emergem em roupagem demonológica".[55]

É fácil imaginar o que levou a irmã Margarita àquele estado: talvez forçada a entrar para o convento pelos pais, obrigada a reprimir seus desejos, cercada de símbolos e ensinamentos que lhe diziam que seus desejos eram pecaminosos, ela fosse ao mesmo tempo incapaz de resistir ao sentimento de que eles continham uma verdade que era tão válida quanto a ideologia que a encurralara no ciclo ritual de oração, jejum e lamentação. Como essa pobre mulher deve ter sido infeliz; quão abençoada deve ter sido ao se render às provocações do diabo, que ao menos lhe permitiam expressar, de alguma forma, os seus sentimentos.

Esse relato não é hipotético. Nas sociedades ibéricas da época, as moças escolhidas pelos pais para se tornarem freiras trajavam hábitos desde pequenas.[56] Aquelas desprezadas pelos homens logo eram questionadas se não pensavam em entrar para o convento, a fim de viver uma vida de contemplação.[57] Nessas circunstâncias, não é estranho que a repressão levasse à neurose com tanta frequência.

A maneira como a ortodoxia religiosa extrema — encorajada pela Inquisição nas sociedades ibéricas — levava diretamente à neurose já se revelara em um povoado ao norte da Cidade do México. Em 1691, a Inquisição tratou do caso dos demoníacos de Querétaro. Eles foram descobertos por um grupo de austeros missionários franciscanos quando os frades se dedicavam a uma forma inédita de pregação na cidade.[58]

Os franciscanos do movimento Propaganda Fide haviam chegado a Querétaro em 1683 e estabeleceram uma pesada rotina de orações e contemplação que envolvia a privação do sono de todos. Assim que as horas do coro terminavam, às duas e meia da manhã, eles caminhavam pela cidade portando cruzes, cordas e coroas de espinhos. Forçavam seus seguidores laicos a estapeá-los no rosto, arrastá-los com cordas e pisoteá-los. Em pouco tempo a pregação operou uma "reforma universal dos costumes": jogos, festas e comemorações foram suspensos, assim como bailes e comédias. Algumas mulheres trocaram os vestidos por toscos hábitos franciscanos e começaram a sair de casa sem avisar a ninguém para assistir a sermões de três horas de duração, nos quais choravam copiosamente — e pode-se imaginar que não fosse de alegria.

Em dezembro de 1691, o ascetismo dos missionários começou a surtir efeitos alarmantes. Após cada noite de pregação, um demônio novo surgia na missão franciscana. Uma mulher, Francisca Mejía, foi possuída pelo demônio, que falou por sua boca, deixou marcas de mordidas em seu corpo e rasgou o seu hábito franciscano. Ela ficou completamente atordoada e só abria a boca quando colocavam relíquias sagradas diante de si; quando isso ocorria, tinha convulsões violentas e dores terríveis pelo corpo. Quando o demônio falou através dela, disse que fora posto em seu corpo por um grupo de quatro bruxas; ao ser exorcizada, Francisca expeliu quatro caroços de abacate, cerca de 250 gramas de seixos de rio que pareciam nozes, um pequeno sapo e uma cobra que se esgueirou para fora de sua orelha.

Outra possuída foi Juana de los Reyes. Os objetos mais estranhos emergiam de seu corpo, especialmente de suas partes íntimas; eles incluíam uma rosca de ferro, uma bolsa com vinte alfinetes e uma trouxa de lã preta, que ela expeliu dos pulmões. No dia 1º de janeiro de 1692, disseram que quatrocentos diabos habitavam o corpo de Juana, embora duzentos deles tivessem sido bons ao afirmarem que deixariam o seu corpo imediatamente. Ela engoliu e ficou roxa, e os franciscanos lhe deram a extrema-unção; na manhã seguinte, miraculosamente, deu à luz um bebê, embora, como explicou o seu guia espiritual, o franciscano Pablo de Sarmiento, os diabos pudessem obter sêmen humano e transferi-lo.

A realidade de casos de exorcismo como esses, de confissões que se transformavam em jogos sexuais, ou de manifestações exageradas de sentimentos, era a repressão, a coerção e o abuso em massa das mulheres pelos homens. Os únicos casos em que os papéis de gênero se invertiam eram os das beatas, e a Inquisição fez tudo o que pôde para reprimi-las.

O espetáculo de uma gangue de homens reprimidos vitimizando um grupo de mulheres reprimidas, explorando-as sexualmente e catalisando a expressão de suas neuroses, não é muito edificante. Porém, isso foi exatamente o que ocorreu em Querétaro. Alguns membros de outras ordens religiosas reconheceram a natureza do fenômeno. Um carmelita escreveu que "o número de possuídos cresceu tanto que supera toda a credulidade possível", e as mulheres vagavam pelas ruas da cidade com expressões loucas e vazias nos rostos. Como vimos, quando se tratava de bruxaria e possessão demoníaca, a Inquisição era menos crédula do que muitos membros da sociedade, e o caso foi sumariamente dispensado pelos inquisidores da Cidade do México.

ACONTECIMENTOS COMO o exorcismo de Juana de los Reyes, em Querétaro, são uma realidade do mundo moderno. Os exorcismos não são nem um pouco incomuns, e não devemos fingir que eles mesmos são provas de neuroses. Muita gente crê piamente que lida com alguma forma de possessão demoníaca. No entanto, quando as manifestações religiosas se sobrepõem claramente aos desejos sexuais reprimidos, expressando-se por meio de explosões incontroláveis de energia e atos extraordinários de catarse sexual, as pessoas sensatas concordam que alguma forma de neurose está em ação.

Um aspecto particular do mundo presidido pela Inquisição era que o exorcismo frequentemente se relacionava à exploração sexual das mulheres possuídas — a pessoa exorcizada quase sempre era mulher. Quando lemos os arquivos fica claro que, embora fosse uma forma mental de possessão, estava cada vez mais sendo exorcizada por uma possessão inteiramente física.

No México, isso se tornara óbvio havia muito tempo. Mais de cem anos antes dos acontecimentos de Querétaro, o frei dominicano Francisco de la Cruz foi preso na Cidade do México em janeiro de 1572. Dizia-se que tinha visões perturbadoras. Após diversas sessões de interrogatório, Cruz confessou que tinha um caso com uma mulher chamada Leonor de Valenzuela e que, em dezembro de 1570, soubera que ela estava grávida.[59] Ao ouvir a notícia, Cruz regressara ao monastério em um estado de profunda agitação e se pusera a orar. Logo ele foi apresentado a Catalina Carmeño, cuja filha, María Pizarro, dizia ter visões. María Pizarro mantinha conversas absurdas com anjos e santos e, ao ser apresentada a Cruz, lhe informou, por meio de um anjo, que seu filho com Leonor de Valenzuela, que se chamaria Miguelico, seria um santo.

Com a consciência apaziguada, Cruz procurou Valenzuela para lhe comunicar que uma criança divina estava para nascer e seria abandonada à sua porta. Não é nenhuma surpresa, considerando-se seu alívio, que Cruz tenha sido arrebatado pelo anjo de Pizarro. O anjo lhe disse inclusive que ele não cometeria outros pecados mortais (gerar mais filhos). Mas, para Cruz, a tentação era uma cruz difícil de carregar. Valenzuela tinha quatro irmãs, e, ao encontrar-se com ela e algumas delas, ele as beijou repetidamente e quase, como contou, se rendeu à lascívia. Quando foi pedir perdão ao anjo (Pizarro), ouviu de Deus (Pizarro) que o anjo estava muito enfezado, e com toda a razão, como afirmou Pizarro.[60]

Talvez não seja cético demais sugerir que era Pizarro quem estava enfezada com Cruz e o desejava em segredo. Certamente, suas visões impressionantes de anjos agora atraíam a atenção de outros membros das comunidades religiosas do México. Ela descreveu como o anjo lhe aparecia na forma de um homem sem barba, com cabelos longos até abaixo das orelhas. Descreveu como falara com os santos e eles a aconselharam a fazer boas ações, mas ao final confessou que, na verdade, tinha um pacto com o diabo.[61]

Aquela possessão claramente requeria um exorcismo. Dois frades começaram a dormir no quarto dela para protegê-la do demônio. O jesuíta Luis López tentou exorcizá-la, mas o diabo a possuiu imediatamente, e ela teve visões de horríveis escravos negros e sentiu como se sua língua estivesse presa com uma tranca de ferro. O diabo fazia insaciáveis exigências de joias, veludo, tafetá, pérolas e colares, que ela transmitia a López e ao dominicano Alonso Gasco, seus exorcistas.[62] O diabo também teve relações sexuais com ela diversas vezes, aparecendo na forma de um cavalheiro e prometendo desposá-la.

Qualquer que tenha sido a verdade sobre sua relação com o diabo, ela certamente fez sexo com López, seu exorcista. Após dormir várias noites no mesmo quarto que ela, beijando-a e abraçando-a numa tentativa de exorcizar o demônio, ele apagou a luz e forçou-a a deitar-se em sua cama, onde tirou sua virgindade e a fez sangrar copiosamente.[63] Depois disso, Pizarro observou uma curiosa correlação. Cada vez que López dormia com ela, o diabo fazia o mesmo. Então, outro frade que tentava exorcizá-la, Jerónimo Ruíz de Portillo, adotou a técnica de López e dormiu com ela diversas vezes.[64]

A Inquisição afirmou que aquelas eram provas de um pacto com o demônio, e María foi reconciliada no dia 1º de junho de 1573; gravemente doente e cada vez mais insana, morreu em dezembro, aos 23 anos. Porém, a verdadeira causa de sua doença era evidente, como percebeu Pedro de Toro, um inteligente frade. Ele observou que "a origem da enfermidade com demônios que se apossou de dona María [...] era que sua mãe queria colocá-la num convento para que fosse freira porque pensava que ela nunca seria capaz de cuidar de uma casa e servir a um marido, e também porque essa era uma maneira de fazê-la abrir mão de uma soma que uma tia lhe deixara em herança".[65]

Todas as origens da neurose estavam lá: a necessidade de chamar atenção, o desespero de enfrentar uma vida de repressão. Os exorcistas satisfizeram a necessidade interna de expressão sexual de María ao satisfazerem a sua própria, mas a neurose inexoravelmente a levou à morte. Se considerarmos o bom-senso do frade que entendeu as causas de sua enfermidade, perceberemos que a religião em si não levava à escuridão e ao excesso; as personalidades das pessoas permitiram que elas usassem a religião dessa forma.

Os exorcismos tornaram-se comuns nas sociedades ibéricas a partir de meados do século XVI. Na primeira metade do século, suspeitava-se que os que afirmavam ter visões estivessem almejando ganhos materiais ou alguma espécie de notoriedade, porém mais tarde o ceticismo do senso comum se dissipou.[66] Essa mudança coincidiu exatamente com a ascensão da Inquisição como guardiã da moralidade na Espanha; a repressão deu origem à fantasia e a um estilo sexual de exorcismo.

Nos anos 1620 e 1630, os exorcismos públicos nas igrejas eram ocorrências corriqueiras. A possessão tornara-se um fenômeno quase cotidiano, e grande parte dos exorcizados era formada por beatas.[67] Em um caso de Alicante, nos anos 1630, a beata Francisca Ruíz foi exorcizada por seu conselheiro espiritual, Lorenzo Escorcia, cônego da catedral de Alicante. Uma testemunha que visitou a casa dele descreveu o que ocorria durante os exorcismos:

> [Ela] encontrou Francisca Ruíz de boca aberta no chão, e Lorenzo Escorcia a golpeava e dizia: "Você está aí, obedeça-me, saia daí." E Francisca Ruíz continuava estirada e não conseguia falar [...] e o dito Lorenzo Escorcia enfiou o braço por baixo das saias da beata, avançando até que seu braço ficou coberto até acima do cotovelo, entre a camisa e a carne dela, e [a testemunha] não viu o que ele fez, mas pareceu-lhe que ele alcançou seu vaso natural [vagina] [...] e então o cônego tomou uma sandália da irmã dele, Lelia, e surrou-a diversas vezes nas nádegas, sobre o vestido, e depois golpeou-a por todo o seu corpo, dizendo: "Obedeça-me, saia daí." Mas nada [mais] aconteceu.[68]

Ruíz não foi a única pessoa a ser exorcizada pelo sádico Escorcia. No convento agostiniano de Alicante, três freiras supostamente possuídas passaram por seus exorcismos; uma das colegas delas observou que, aparentemente, os demônios só se manifestavam no convento quando o próprio Escorcia chegava.[69] Longe de exorcizar demônios, ao exacerbar as ilusões neuróticas, ele simplesmente convertia fantasias em realidade. Mas isso não nos surpreende, pois se trata de outro exemplo do modo como, ao longo de sua história, a Inquisição inventou inimigos e hereges só para poder exorcizá-los.

Talvez seja injusto culpar a Inquisição pelos tipos de sintomas neuróticos observados neste capítulo. Pode-se provar qualquer coisa ao se ressaltarem exemplos extremos, e toda sociedade tem os seus neuróticos; é só assistir a um *reality show* na TV para confirmar isso. Talvez, até, ao tratar os sintomas da neurose, os ataques terríveis, as convulsões e as ilusões, os exorcistas tenham na verdade lidado com a sua origem primordial — a repressão sexual —, usando sua própria forma de predação sexual. Talvez estivessem certos os padres de Extremadura que lideraram os alumbrados nos anos 1570, quando disseram que "esses contatos [sexuais] não são pecaminosos, que eles assim procedem para fazê-las felizes [...] e para ajudá-las a se livrar desses sentimentos [...]".[70] E, claro, deve-se levar em conta que a Inquisição não sancionava nenhuma dessas atitudes.

Em vez de focar nos sintomas extremos, devemos tentar imaginar a vida nos povoados, vilarejos e cidades do século XVII. Enquanto a Espanha caía no caos da Guerra de Sucessão em 1701, Portugal estava à beira da expansão econômica provocada pela descoberta de ouro em Minas Gerais. Lisboa estava repleta de mercadores ingleses, que descreviam a vida na capital portuguesa com uma mistura de admiração e perplexidade.

As casas da cidade eram cobertas de gesso na parte de fora, e as portas e janelas eram feitas de um mármore rústico; no interior, os pisos eram de tijolos ou azulejos e todas as janelas tinham uma sacada. As estradas eram pavimentadas até três léguas para fora da cidade, e a cada légua havia uma cisterna com água para os animais.[71] No entanto, essa realidade física era permeada por uma atmosfera de zelo religioso. Um mercador escreveu em 1701: "Calcula-se que as pessoas religiosas somem um terço, e alguns dizem que são três quintos do total. Diz-se que o clero possui um terço das terras [...] Quem golpear um padre pode ter a mão decepada."[72] Ele afirma também que havia pelo menos 6 mil frades mendicantes em Lisboa, que se recusavam a comer sobras e vagavam pelas ruas cantando em voz alta, batendo de porta em porta com um saco de linho pendurado no ombro.[73] Diariamente havia missa nas igrejas, das seis da manhã ao meio-dia — os padres precisavam ter o que fazer —, e era comum as pessoas dizerem suas preces em meio a uma conversa.[74] Os sinos das igrejas dobravam ao entardecer; todos deviam parar o que estivessem fazendo nas ruas e rezar a ave-maria, e até os artistas de rua e as carruagens se detinham para isso.[75] Mas pelo menos tinha sido feito um acordo entre Portugal e a Inglaterra, e os protestantes ingleses já não eram processados pela Inquisição.

Sem dúvida, nessa sociedade quase todas as ações eram determinadas pela religião. O mesmo ocorria na Espanha, onde no século XVIII se tomava extremo cuidado para que nenhuma migalha de hóstia ficasse presa nos dentes do comungante; os doentes recebiam água depois da comunhão e lhes era perguntado: "A Majestade desceu?"[76] Como ocorria em Portugal, quando os sinos repicavam à noite, os atores e o público dos espetáculos teatrais jogavam-se no chão gritando "Deus! Deus!", e nas casas as festas eram abruptamente interrompidas.[77] Quando passava um padre segurando a eucaristia em uma liteira levada por carregadores, todos tinham que parar e se ajoelhar, batendo no peito até ele ter passado; quem não o fizesse corria o risco de ser chamado de herege pelo padre.[78]

Nesses lugares, a alegria e a espontaneidade não eram apreciadas nem possíveis, já que tudo estava subordinado às exigências categóricas da ortodoxia religiosa. Como defensora dessa ortodoxia, a Inquisição era a principal responsável pela adesão ao código e, como vimos neste capítulo, sua entrada na censura moral no final do século XVI coincidiu com o surgimento dos primeiros sintomas do alastramento da neurose pela sociedade. Assim, apesar de não instigar diretamente as diversões sexuais de beatas e alumbrados e, na verdade, os processar, a Inquisição era o bastião moral por trás da atmosfera social que os criou.

Tudo isso era muito diferente da situação em Portugal e na Espanha antes do advento da Inquisição. O nobre silesiano Nicolaus von Popplau visitou Lisboa em 1485 e, segundo o que descreveu, as portuguesas eram "ardentes no amor", vestiam-se de uma maneira que expunha a metade dos seios e estavam "ébrias de sensualidade, como os homens, prontas para tudo".[79] O viajante italiano Federico Bodoardo descreveu em 1557, quando a Inquisição estava começando a censurar o comportamento moral, como os espanhóis "comem e bebem em excesso, o que, combinado ao calor do clima, significa que se entregam entusiasticamente aos prazeres do amor e que as mulheres estão dispostas a todo tipo de vícios".[80]

Parece, então, ter havido muita liberdade sexual no final da Idade Média.[81] Os bordéis eram muito comuns, sendo inaugurados rapidamente durante a colonização das ilhas Canárias, no início do século XVI, por exemplo.[82] No início do século XVI a nudez não era tabu, e as pessoas se vestiam e se banhavam na frente dos outros.[83] Mas um decreto real, em 1623, determinou o fechamento dos bordéis na Espanha,[84] e, como vimos, no início do século XVIII uma escala de valores diferente passou a reger a vida em Portugal e na Espanha.

Como, então, explicar essas sociedades extraordinariamente reprimidas, nas quais as energias sexuais deslocadas derretiam velas; nas quais o nível de ilusão era tão alto que as mulheres acreditavam ter feito um pacto com o diabo, que aparecia sempre na mesma forma, como um estudante que queria fazer sexo;[85] nas quais padres e beatas acreditavam que seus desejos sexuais eram bênçãos divinas; nas quais a violência, o sadismo e o masoquismo eram inerentes ao exorcismo dos possuídos? É difícil mensurar a violência emocional e a automutilação, mas se considerarmos que, no final do século XVII, um ato comum de penitência era colocar a mão na chama de uma vela e mantê-la ali pelo maior tempo possível, refletindo sobre a perenidade das chamas do inferno,[86] então fica claro que aquele nível de repressão tinha de levar às terríveis expressões que vimos neste capítulo.

Na interpretação freudiana da sociedade, a repressão é parte essencial do contrato pelo qual os seres humanos chegam à civilização; precisamos reprimir alguns desejos para interagir com os outros e compartilhar objetivos comuns. Quando as pessoas são bem ajustadas, esses desejos reprimidos se manifestam nos atos falhos, nos sonhos ou na literatura, mas quando as pessoas desenvolvem fixações, as neuroses podem se desenvolver. Nesses casos, os desejos reprimidos continuam existindo, mas a repressão força os aspectos rejeitados da libido a se expressarem de maneira indireta e distorcida.

Talvez isso ajude a repensar o grau de violência que acompanhou o surgimento da nova Inquisição, no final do século XV. Como vimos, a violência foi, finalmente, substituída por uma atitude persecutória mais sistemática, ainda que menos propensa à combustão. Mas a violência repressora não cedeu. Em busca de outra válvula de escape, foi redirecionada, pelas neuroses que observamos, para sua fonte original: as sociedades ibéricas.

Esse é um exemplo clássico do que Freud denominou "retorno do reprimido": o retorno dos desejos reprimidos. Por sua vez, isso nos faz recordar que a violência, uma vez deflagrada, dificilmente pode ser contida. Ela se inflama. É transferida — dos convertidos aos luteranos, destes aos mouros e depois de volta para os cristãos-velhos. A violência pode emergir durante a expansão imperial, mas, com o tempo, regressa às suas origens.

Então, uma vez estabelecida a Inquisição e institucionalizada a perseguição, estavam assentadas as bases para a sociedade neurótica. Os exorcismos e as ilusões risíveis que as acompanhavam eram meros lembretes dos perigos que sempre sobrevêm quando perseguimos o inimigo, enquanto, na verdade, nossos maiores inimigos estão sempre — se ousarmos ser honestos conosco mesmos — dentro de nós. A violência e a repressão talvez só possam seguir seus próprios rastros circulares até voltar às suas origens.

Por muitos anos vasculhei os arquivos da Inquisição em Portugal e na Espanha. Tanto em Lisboa quanto em Madri, eles foram instalados nos edifícios neofascistas construídos durante as ditaduras ibéricas de Franco e Salazar, no século XX. Cada vez que um grosso pacote de papéis amarelados era trazido à minha mesa e eu desamarrava os laços de tecido que os envolviam para começar a ler, um pouco do pergaminho se desintegrava. Quando eu terminava e devolvia os documentos, restos de pó se assentavam onde eu tinha lido, recordando-me a fragilidade e a instabilidade da vida e dos padrões morais.

Como quase todo mundo, eu ouvira falar da Inquisição, mas quando comecei a fazer aquelas visitas solitárias aos arquivos, não tinha ideia das enormidades que descobriria. O mundo escurecia diante das histórias de terríveis aflições, sadismo e perda da identidade. Como mensurar um abuso sistemático como esse através de sistemas, análises, ciências? Ele ia além das palavras. Às vezes eu me entristecia não tanto com as histórias que lia, mas com a compulsão sem remorsos com que voltava a lê-las e que às vezes me parecia um reflexo da falta de remorso dos inquisidores ao conduzirem seus inquéritos. Mas então eu encontrava uma história de resistência, e a tristeza daquelas salas de leitura empoeiradas e pesadas se dissipava.

Às vezes, o declínio que acompanhava a aflição era confortador. Na primeira década do século XVIII, a arquitetura social de inércia moral e cultural da Inquisição começou a desmoronar. Porém, seus líderes seguiam como se nada estivesse acontecendo. Quando Felipe V foi confirmado como o novo rei da Espanha e a Guerra de Sucessão chegou ao fim, as condenações voltaram a aumentar; houve 54 autos de fé durante o seu reinado (1700-1746), e 79 pessoas foram relaxadas em pessoa e outras 63 em efígie.[87] Cinco judaizantes foram relaxados em pessoa em Cuenca em 1721; três mais, em pessoa, em Valladolid em 1722; e 12 em Granada em 1723.[88] Em Portugal, onde nenhuma guerra interrompeu o andamento inquisitorial, a violência não diminuiu. Em Lisboa, oito pessoas foram relaxadas em 1732 e outras sete em 1735.[89] Doze vítimas tiveram o mesmo destino em 1737, inclusive uma do Brasil, e 11 mais em 1739 (com mais um caso brasileiro).[90] Só em Lisboa, 17 pessoas foram relaxadas entre 1744 e 1746.[91] A maioria desses casos, nos dois países, tinha relação com o criptojudaísmo — a "heresia portuguesa".

Na Espanha, o governo reformista liderado pelos Bourbon tentou limitar o poder inquisitorial. Em 1713, o ministro de Felipe V, Melchor de Macanaz, propôs a suspensão dos subsídios à Inquisição; a instituição respondeu lançando uma investigação sobre ele, que fugiu do país.[92]

O ressurgimento parcial da Inquisição no início do século XVIII na Espanha demonstra que ela se expandia e diminuía junto com o poder real e que, portanto, era impulsionada fundamentalmente por objetivos laicos, e não religiosos. A Inquisição havia declinado na segunda metade do século XVII, sob o reinado do babão Carlos II, para depois ser revigorada pelo ímpeto de uma nova dinastia real. Contudo, ainda que a Inquisição acreditasse ter recobrado o dinamismo, as sociedades neuróticas que ela ajudou a criar estavam a ponto de dar o troco. Na primeira metade do século XVIII, o "crime" que mais cresceu aos olhos da Inquisição foi a solicitação pelos padres no confessionário, o que por si só refletia o tipo de sociedade que havia se desenvolvido sob a sua guarda.

Valência, 1784-1805

QUANDO O SÉCULO XVIII chegava ao fim, teve início em Valência um caso extraordinário, que resumia algumas das correntes subjacentes às sociedades ibéricas. Ele estava relacionado aos métodos disciplinares que o frade franciscano Miguel de Palomeres empregou com suas "filhas de confissão". Palomeres primeiro chamou a atenção das autoridades em 1784, ao ser denunciado por Ramona Rica, uma mulher de 29 anos de idade que queria ser freira. A história parece um manual de sadomasoquismo.

O problema com o desejo de Rica de entrar para o convento era seu analfabetismo, e um dia, após sete meses de aulas, Palomeres se irritou porque ela não havia aprendido a lição do dia. Imediatamente ele

> ordenou-lhe que levantasse a saia por trás, pois queria açoitá-la, ao que [Rica] resistiu [...] mas, ao perceber que após o castigo daria mais atenção aos estudos, ela decidiu obedecer-lhe, o que fez alguns dias mais tarde, depois dos quais [Rica] teve uma indisposição e pediu [a Palomeres] que viesse confessá-la. [Palomeres] concordou e foi confessá-la em seu leito, o que fez antes de deixar o quarto sem dizer uma palavra. Depois de três ou quatro minutos ele voltou e entregou-lhe uma lição para que estudasse, e [Rica] lhe disse que prestaria mais atenção se ele a punisse como fizera antes; então ele a puniu, ordenando-lhe que tirasse as roupas e se deitasse de bruços; e ele a açoitou e depois acariciou as partes que havia açoitado.[93]

Logo Rica se recuperou. Depois de certo tempo, procurou Palomeres e disse que estava preocupada porque achava que ele não a castigara com fins nobres e que havia gostado de tocar sua carne. Isso levou a um jogo de mais atividades sadomasoquistas, e nas semanas seguintes Palomeres açoitou-a com frequência, às vezes com Rica deitada no chão, outras na beira da cama; porém, esses rituais disciplinares já não ocorriam após a confissão.[94]

Palomeres foi chamado pela Inquisição para apresentar sua defesa em 1784, mas argumentou, com sucesso, que Ramona Rica era uma aluna teimosa, pertinaz em suas falsas crenças, e que, portanto, merecia uma disciplina rigorosa. No entanto, quatro anos depois, ele foi novamente acusado, dessa vez por Gertrudis Tatay, outra futura freira que o havia procurado para ser instruída. De novo, ele às vezes a açoitava nas nádegas, outras vezes observava a carne dela depois que lhe administrava a punição, "e muitas vezes, sem que fosse dia de confissão, ele a fazia ir à sua casa para ser instruída, e às vezes a disciplinava com um açoite de ferro, e outras vezes ele a perdoava".[95]

Novamente a Inquisição voltou-se para as atividades de Palomeres, mas o promotor não deu prosseguimento ao caso. Então, em 1805 mais duas mulheres, Pasquala Monfort e Josefa Marti, o denunciaram. Marti contou que frequentara a casa de Palomeres por um período de dois meses de confissão, durante os quais ele a forçara a se ajoelhar com as nádegas expostas e golpeara-a com tanta força com a vara de ferro que ela quebrou duas vezes e o sangue escorreu pelo chão. Um dia ele esqueceu o látego e usou um cilício para golpeá-la nas nádegas, deixando-as laceradas, antes de acariciar o resultado da carnificina. Marti se convenceu de que Palomeres "não estava guiando bem a sua alma" e deixou de ir à confissão, mas continuou sendo disciplinada por ele por mais dois anos.[96]

Pessoas como Palomeres eram conhecidas pela Inquisição como "flagelantes".* Nos séculos XVI e XVII os casos de padres acossadores eram comuns e os de flagelantes eram escassos, mas no século XVIII os flagelantes tornaram-se cada vez mais numerosos.[97] Isso nos indica que, no século XVIII, a repressão havia se infiltrado na sociedade e afetara decisivamente o comportamento emocional das pessoas. Quando pensamos em Marti, voltando para ser açoitada durante dois anos, ou em Rica, que "desconfiava que as intenções de Palomeres ao açoitá-la não eram nobres e que ele gostava de tocar a sua carne [ou seja, ela compreendeu que suas próprias intenções não eram puras e que ela gostava de ser tocada]", temos um vislumbre da repressão e da coerção mútuas

* Apesar de haver poucas evidências de que muitas delas se autoflagelassem.

expressadas nesses atos de pseudorreligião, dominação, submissão e desespero. Não era à toa que as mulheres que responderam a Palomeres queriam ser freiras; conscientemente, desejavam ser reprimidas, mas inconscientemente a repressão teve efeitos lacerantes sobre elas.

A relação entre os confessores e suas "filhas" era carregada de conotações decididamente sexuais.[98] Os arquivos da Inquisição portuguesa e espanhola contêm inúmeros casos de padres que se aproveitavam das correntes subjacentes de paixão para importunar as mulheres que se confessavam com eles. Durante a visitação inquisitorial aos Açores em 1618, diversos padres foram denunciados por importunação durante a confissão,[99] e em Lima, em 1595, 16 padres foram processados pelo mesmo motivo; um deles, Melchor Maldonado, foi acusado por 67 mulheres;[100] um padre em Lima foi denunciado por noventa vítimas.[101]

Seria errado julgar esses padres com excessiva severidade. Se colocarmos homens e mulheres sexualmente reprimidos em um lugar fechado, é provável que ocorra algo semelhante. O nível do problema fica claro no manual intitulado *Antídoto contra Padres Acossadores*, publicado na Espanha em 1778 (um correspondente da Inquisição recomendou que fosse censurado, pois podia cair em mãos erradas).[102] Isso e o modo como a importunação se transformou em flagelação no século XVIII revelam a extensão dos sintomas da sociedade neurótica da época.

Ao considerar as emoções e os desejos que devem ter rondado os confessionários durante os séculos em que a Inquisição foi o bastião moral das sociedades ibéricas, vem à mente o padre Francisco Martínez, acusado em Saragoça, em 1683, de dizer a uma mulher casada: "Os negros olhos de vossa mercê roubaram o meu coração."[103] Afligido pelo conflito entre o desejo e a necessidade de reprimi-lo, Martínez encontrou uma saída quase poética.

Mas nem todos eram capazes de purgar seus demônios internos. Diante da natureza da repressão inquisitorial, a neurose aprofundava o mal-estar das sociedades que devia proteger. A repressão começou sendo projetada para fora, em direção ao inimigo percebido, mas ricocheteou de volta com força, assombrando a Península Ibérica às vésperas da Revolução Industrial.

Capítulo Treze

PARANOIA

[...] o número de homens associados a essa Congregação é verdadeiramente impressionante, pois, segundo os seus livros e pronunciamentos públicos, chega a 4 milhões [...]

A DESCOBERTA DE OURO em Minas Gerais, no Brasil, fez de Lisboa um dos portos mais movimentados da Europa no século XVIII. O rei que mais se beneficiou dos lucros, João V, esbanjou-os na construção de um palácio barroco na pequena cidade de Mafra, o noroeste de Lisboa. Do outro lado da fronteira, a ascensão de Felipe V, da dinastia Bourbon, ao trono da Espanha significou o fim das desavenças que caracterizaram o século XVII, e a Espanha se vinculou ao reino da França, mais rico. A Península Ibérica chegara a um período de consolidação.

No entanto, o influxo da nova aristocracia francófila trouxe problemas para a Espanha. A França estava no centro do Iluminismo, e foram precisamente os seus ideais que a Inquisição considerou o grande inimigo durante o último século de sua existência. Nos primeiros anos do reinado de Felipe V, os criptojudeus de Portugal foram sendo cada vez mais substituídos por novos alvos, como os pensadores iluministas jansenistas e os franco-maçons.

A capacidade de considerar qualquer grupo uma ameaça fica clara no processo contra o toureiro alemão Antonio Berkmeier, quase no final do século XVIII. Berkmeier foi trancafiado no calabouço da Inquisição, acusado de "tentar fundar uma sociedade para reformar o mundo e cumprir os objetivos do Antigo Testamento e de afirmar que nem todas as suas profecias haviam se cumprido".[1] Para alcançar os objetivos dessa sociedade insurgente, dizia-se que ele fingia ter visões de Deus e Jesus Cristo, o que lhe permitira "seduzir" muitas pessoas para a sua sociedade.

O primeiro delator de Berkmeier foi Juan Joseph Heideck, um compatriota para quem o perigo do grupo era, em parte, seu internacionalismo. "A dita sociedade", informou ele, "é composta não só por músicos e soldados suíços, mas também por outros alemães, franceses e espanhóis". A sociedade buscava subverter não só a religião, mas também o Estado e o governo, e a cada dia adquiria mais membros. Outra testemunha afirmou que Berkmeier e seus assistentes haviam se reunido junto a uma fonte com um grupo de alemães para discutir a nova religião; o perigo do grupo era evidente, porque Berkmeier, segundo as palavras dessa testemunha, "tem um livro e talvez alguns papéis".

Berkmeier era um livre-pensador do tipo que a Inquisição mais temia. Ele escrevera um livro intitulado *El Tonto Sobrenatural* (O bobo sobrenatural), no qual expressava mais ceticismo quanto ao sobrenatural do que preocupação com o Antigo Testamento. Convocado no final de agosto de 1798 para responder às denúncias, escreveu respostas longas e detalhadas às perguntas que lhe foram feitas. A crueldade da justiça inquisitorial saltam aos olhos com a indicação de ninguém menos que Juan Joseph Heideck, o delator, como intérprete de Berkmeier, e com o fato de que o acusado penou durante quatro anos no cárcere antes que suas respostas ao inquérito fossem julgadas heréticas.

Está claro que o mais importante era dissolver imediatamente o grupo de Berkmeier; com o agitador encarcerado, a ortodoxia de suas opiniões podia ser examinada com calma pelos inquisidores. Essa atitude diante de associações e reuniões derivava do medo que a Inquisição havia desenvolvido em relação à maçonaria nos anos 1730. Os franco-maçons foram condenados pelo papa Clemente XII em abril de 1738, através da bula *In Eminenti*; a bula foi confirmada em 14 de junho de 1739, pelo cardeal Firrao, secretário do Estado do Vaticano, em um documento no qual a mera suspeita de maçonaria foi declarada uma ofensa capital.[2]

O crescimento da maçonaria na Europa começou no início do século XVIII e foi marcado pela publicação da *Constituição das Ordens Maçônicas*, em 1723. As ordens maçônicas reinventaram os ritos de iniciação dos franco-maçons da Idade Média, inclusive com a guarda de segredos da loja maçônica. Era o segredo que parecia tão suspeito para seus inimigos, ainda que ele aparentemente estivesse mais relacionado com as interpretações de certas cerimônias rituais do que com a religião ou a política.[3]

Apesar disso, autoridades como o papado condenaram rapidamente o movimento. Após a proibição papal de 1738, o impacto principal das atividades do cardeal Firrao se deu em Portugal, quando ele escreveu ao inquisidor-geral, o cardeal Cunha, ordenando que perseguisse os franco-maçons. Cunha proibiu a maçonaria em um édito de 28 de setembro de 1738, e houve cinco grandes autos de fé em 1743.[4] Uma das vítimas, o protestante suíço John Coustos, descreveu suas experiências com certa licença poética.[5] Ele contou que as celas eram tão escuras que era impossível ler. Os prisioneiros não podiam gemer, suspirar, rezar em voz alta nem cantar os salmos, e eram açoitados se o fizessem. Quando era torturado, a porta da câmara de tormentos era coberta com colchões, para que seus gritos não fossem ouvidos nos corredores da prisão, e as cordas foram tão estiradas no cavalete que cortaram sua carne até chegar ao osso. A tortura durou apenas 15 minutos, mas degradou-o a ponto de, nos três meses seguintes, ele não conseguir levar a mão à boca. Quando finalmente foi condenado a quatro anos nas galés, onde foi acorrentado pelos pés a outro prisioneiro e tinha que realizar tarefas insignificantes, ele escreveu que o alívio de estar longe do medo da Inquisição era tanto que as galés lhe pareciam comparativamente agradáveis.[6]

Com a Inquisição, pouco havia mudado. Isso se aplicava tanto ao sistema da prática inquisitorial quanto aos motivos para o encarceramento. Evidências da obscuridade que envolvia essa questão transparecem nas instruções originais do cardeal Firrao ao inquisidor-geral Cunha sobre os franco-maçons, nas quais ele o incita a "descobrir o propósito oculto dessa companhia ou instituição [dos franco-maçons], para que o papado seja informado em detalhes".[7]

O inquisidor Cunha seguiu as instruções de Firrao. Convocou pessoas que haviam participado de jantares maçônicos para descobrir seus propósitos nefastos (mesmo que esses propósitos já tivessem sido condenados) e foi informado de que "nos ditos lugares nada se discutiu contra a religião católica, e que seu objetivo era simplesmente comer bem e se divertir com um pouco de música, cada um deles tendo contribuído com alguns escudos para os custos, além de algum dinheiro para ser dado aos pobres".[8] Além disso, Cunha escreveu na carta para Firrao, assim que soube da condenação da maçonaria pelo papado, que "eles abandonaram completamente aqueles conventículos".[9] Após o interrogatório completo de nove membros dessas lojas maçônicas, até o inquisidor que os interrogou declarou que "a dita reunião e sociedade de nenhum modo se opõe à fé ou aos bons costumes".[10] Porém, nada disso evitou a proibição da maçonaria e a prisão e tortura de Coustos e de outros franco-maçons em 1743. Em outras palavras, o papado e a Inquisição haviam proibido algo e dedicaram-se a puni-lo sem nem ao menos saber do que se tratava, e prosseguiram com a perseguição apesar de não terem encontrado nada que fosse herético. Isso levou às alturas a especialidade da Inquisição: a invenção da heresia.

Em 18 de maio de 1751, o papa Bento XIV confirmou a bula de seu antecessor, Clemente XII, que proibia a maçonaria. Memórias de um anônimo explicam as razões por trás desse ato: "Ainda que, até agora, não tenha sido possível conhecer com alguma certeza os mistérios dessa seita, eles só podem ser abomináveis a Deus e às autoridades, já que professam total liberdade e admitem em sua sociedade gente de todo tipo e de toda religião."[11]

Essa igualdade de classe e religião era profundamente herética e, coincidentemente, também desafiava o *status quo*. Bento XIV estava convencido de que havia um exército de hereges no seio das "misteriosas seitas" dos franco-maçons. Em uma carta, ele assinala que havia 90 mil membros de lojas maçônicas em Nápoles, "pelo que dizem".[12] O mestre das lojas maçônicas napolitanas escreveu-lhe educadamente para dizer que em Nápoles havia quatro lojas, com um total de aproximadamente duzentos membros.[13]

Na Espanha, o rei Fernando VI, que sucedeu Felipe V em 1746, emitiu um édito contra os franco-maçons em 2 de julho de 1751, por insistência de seu confessor, o jesuíta Francisco Rávago. Rávago havia escrito em um longo memorial que a ameaça à nação espanhola parecia iminente. Afinal, ele dizia, "o número de homens associados a essa Congregação é verdadeiramente impressionante, pois, segundo os seus livros e pronunciamentos públicos, chega a 4 milhões".[14] No entanto, Rávago era cético quanto a essas afirmações bizarras e gostou de diminuir o número de membros para cerca de 500 mil, um oitavo daquele total. Ainda assim, afirmou, esses 500 mil representavam uma ameaça terrível para a monarquia. Em primeiro lugar, a maioria era de soldados. Além disso, seu líder era "um rei belicoso sobre quem não é impertinente dizer que aspiraria à conquista e à monarquia universais, se tivesse como alcançá-las".[15] E a ameaça não era puramente hipotética, pois se esse meio milhão de pessoas formasse um exército, poderia conquistar todo o mundo, e não era inconcebível que fossem levados a isso pelo rei da Prússia. Portanto, era forçoso imaginar ou desconfiar de que os franco-maçons talvez desejassem conquistar toda a Europa; e, já que o assunto era tão grave que a simples suspeita era suficiente, mesmo sem provas ou certeza era necessário tomar providências imediatamente.[16]

Pode-se apenas imaginar a insanidade completa de Rávago. Porém, essa loucura havia permanecido em fermentação por um longo tempo. As acusações lembram as que foram dirigidas aos mouros, igualmente incriminados por planejar invadir a Espanha com a ajuda de um grande número de aliados estrangeiros convocados pelo duque de Berne e vários partidários franceses, turcos e portugueses.* Eles também "desejavam" uma "conquista universal". Não é preciso ser um freudiano ortodoxo para imaginar que Rávago era quem nutria um desejo de dominação mundial.

No entanto, Fernando VI prestou atenção ao conselho de seu confessor. Com a publicação do édito e as hordas de franco-maçons que supostamente se espalhavam a torto e a direito pela Espanha, ondas de denúncias vagas se seguiram. Um frade, Torrubia, publicou um livro em 1752, um ano após o édito, no qual afirmava que os franco-maçons eram homossexuais que mereciam ser queimados. Ele admitia que na verdade não sabia quais eram as características exatas dos franco-maçons, mas isso não importava. Afinal, como ressaltou:

* Ver página 209.

> Os pretos são inquestionavelmente pretos, apesar de não conhecermos a origem de sua tintura etíope. Os galos cantam a certa hora do dia, apesar de não sabermos o que os leva a cantar. Até agora ninguém negou aos pretos sua cor preta nem o canto aos galos só porque eles ignoram a origem de seus atributos [...] então os franco-maçons podem esconder de nós o que sabem e o que juram não dizer, mas não aquilo que vemos. Já conhecemos sua cor e o seu canto. E sabemos que são maus.[17]

À luz dessa lógica inexorável, a sorte fora lançada. No ano seguinte, diversas cartas chegaram à Inquisição de Córdoba, dizendo que havia 6 mil franco-maçons na corte, enquanto outras diziam que eles eram 12 mil. Os membros da seita secreta reuniam-se duas vezes por semana na casa de Zenón de Somodevilla, diante do quadro "de uma mulher muito lasciva ao lado de um homem nu que comete o ato básico de fornicar [com ela]".[18] Zenón de Somodevilla era grão-mestre de uma seita de 14 mil famílias, todas assalariadas. No entanto, deve ter sido um descendente das trevas absolutamente ineficaz, pois, mesmo com tantos seguidores, nunca conseguiu realizar sua revolução infame.

Diante de ameaças tão terríveis e dos exércitos espantosos de franco-maçons, era de se esperar milhares de processos inquisitoriais, mas em todo o arquivo da Inquisição espanhola só há dois casos: um de 1751, quando Ignacio Le Roy delatou a si mesmo como franco-maçom, e outro de um francês chamado Tournon, que confessou ser franco-maçom e foi expulso da Espanha.[19] Houve poucos outros casos no México, onde, em 1789, o pintor veneziano Felipe Fabris recebeu duzentas chicotadas por ser franco-maçom, e alguns casos isolados entre 1793 e 1795.[20] Mas são números baixos para uma situação em que meio milhão de soldados supostamente clamava pela destruição da monarquia.

A ameaça à nação tinha sido inventada. A franco-maçonaria foi considerada crime, ainda que a Inquisição não soubesse defini-la, e muito provavelmente inexistia na Espanha antes das guerras napoleônicas.[21] Além disso, aqueles que entraram para as lojas maçônicas podem ter sido motivados pelo interesse por algo proibido; como o mestre das lojas napolitanas escreveu a Bento XIV: "Minha curiosidade foi aguçada e quis conhecer pessoalmente o que alguns atacavam de maneira tão acintosa e outros elogiavam tão incondicionalmente."[22]

A fantasia maçônica que se desenvolveu na Península Ibérica no século XVIII foi mais uma entre várias. No final do século XV houve o complô convertido para colocar Castela nas mãos da lei muçulmana; em 1559, o complô luterano, que levou às grandes conflagrações de Valladolid e Sevilha; no final do século XVI, os planos extraordinariamente complexos dos mouros para entregar a Espanha aos muçulmanos, protestantes e convertidos;[23] e o grande complô dos convertidos portugueses em Lima, nos anos 1630 — tudo meticulosamente documentado e frustrado pela Inquisição. Em Portugal, um documento inquisitorial menciona 200 mil famílias convertidas em 1624, quando não mais de 6 mil convertidos "puros" restavam no país.[24] Então houve a ameaça dos livros heréticos, quando a existência de alguns exemplares de Calvino e Bíblias vernáculas provocaram clamores de que havia 30 mil livros de Calvino e 6 mil exemplares da Bíblia vernácula em circulação.[25] É verdade que o advento da imprensa significou certa ameaça à ideologia católica na Espanha, mas o número de livros proibidos foi exageradamente desproporcional.

Para avaliar a solidez desses medos, devemos indagar: a Inquisição realmente descobriu alguma conspiração? Os fatos respondem por si. Os mouros nunca se aliaram aos calvinistas nem aos convertidos, tampouco aos turcos e huguenotes, para destruir a Espanha. Os convertidos nunca oprimiram Portugal com seu índice de natalidade. Nenhuma horda de franco-maçons se aliou ao rei da Prússia para destruir a monarquia Bourbon. Alguns membros mais esclarecidos da aristocracia possuíam livros proibidos nos séculos XVII e XVIII, mas eram poucos — nunca houve milhares de "licenças para a heresia" em circulação que ameaçassem destruir a nação.

Nenhum dos complexos complôs que a Inquisição alegava ter descoberto se realizou. Nenhum deles chegou nem perto do sucesso. Portanto, deve-se concluir que a maioria foi inventada e que, quando houve complôs, a hostilidade dos grupos inimigos se devia principalmente ao fato de eles serem perseguidos. A Igreja muitas vezes compartimentalizou os medos das pessoas para lidar com eles de modo mais completo, e foi essa tradição que a Inquisição colocou em prática na Península Ibérica ao pretender lidar com uma ameaça de cada vez.[26] Porém, apesar das ameaças à sua existência, a Igreja e as monarquias de Portugal e da Espanha persistiram obstinadamente, mesmo com a decadência da sociedade à sua volta. Era mais fácil atribuir essa decadência às ameaças, internas e externas, e à frequência de seus ataques, ainda que o dano maior tenha resultado justamente da perseguição incansável a inimigos que, em sua maioria, não existiam.

Ao se estudar um aspecto específico da Inquisição, é possível se deixar levar pela paranoia, sensibilizado pela "ameaça" moura, ou pelos luteranos que varriam a Espanha (mas que, curiosamente, não varreram Portugal), ou pelos convertidos. Os funcionários da Inquisição escreveram persuasivamente sobre os problemas que enfrentavam e os perigos em todo lugar. Mas, ao se considerarem os fatores comuns que operavam em cada caso, fica claro que aquilo com que estamos lidando é paranoia, uma busca permanente por ameaças para então sufocá-las. Só quando se observa o todo é que ficam claros os fios individuais no seio da Inquisição.[27]

É preciso descrever um último caso, para recordarmos como a sociedade paranoica se desenvolveu sob a Inquisição. Trata-se de um dos mais extraordinários casos documentados, o das "bruxas" de Urdax e Zugarramurdi, no País Basco, no início do século XVII. Foi a última ocasião em que pessoas foram queimadas por bruxaria na Espanha, mas também revela como a paranoia vinha à tona no cotidiano na Península Ibérica.

Zugarramurdi, 1608-1610

Nas colinas da região basca, ao sul da fronteira com a França, os conflitos internos levaram a uma crise no início do século XVII. Havia muitas inimizades, mas, enquanto as regiões de Aragão e Valência purgavam seu infortúnio expulsando os mouros, no País Basco essa saída não era possível. Foi assim que o inimigo — onipresente e pronto para atacar

— se manifestou, com a descoberta de uma reunião de bruxas. Um fiscal da Inquisição relatou detalhadamente que essas reuniões haviam feito incursões terríveis nas comunidades daquelas regiões isoladas.

O fiscal inquisitorial contou que, quando alguém resolvia se tornar bruxo, recebia a visita de um membro do conventículo duas ou três horas antes da meia-noite do dia combinado e era "untado com uma água verde-escura fedorenta nas mãos, nas têmporas, no peito, nos genitais e nas solas dos pés, [e o membro visitante] saía pela porta ou pela janela, que o diabo abria para ele".[28] Durante a reunião, o diabo surgia acomodado em uma poltrona de ouro ou de madeira escura semelhante a um grande trono. Tinha o rosto feio e triste, e parecia "um homem preto com uma Coroa de pequenos chifres e três chifres grandes, como um carneiro: tem um chifre de cada lado e outro mais na testa, e com os chifres ele ilumina os que estão ali reunidos com uma luz mais forte que a da Lua".[29]

Não é nenhuma surpresa que a maioria das pessoas que encontravam o diabo se assustasse. Ao falar, sua voz era como o zurro de uma mula. Ele parecia estar sempre zangado, com expressão sempre melancólica e uma voz triste; isso, junto com os olhos "redondos, grandes, abertos, brilhantes e terríveis", a barba de bode e o torso que lembrava o de um bode, era suficiente para atemorizar a maior parte das pessoas.[30] Elas o adoravam; beijavam-lhe a mão esquerda, a boca, o peito e os genitais, e depois levantavam sua cauda e beijavam seu traseiro feio, sujo e fedorento. Então, o diabo fazia uma marca no iniciante com a unha, fazendo-o sangrar, e entregava-lhe um sapo como anjo da guarda. O iniciante era levado então para dançar em torno da fogueira com os outros bruxos e, ao som de flautas e pandeiros, entretinham-se com excessos pecaminosos até o amanhecer.[31]

Esse tipo de relato é familiar hoje, principalmente depois que Arthur Miller retratou a caça às bruxas na cidade de Salem, Massachusetts, na peça *As Bruxas de Salem*. Essa obra clássica de Miller, em parte um comentário à atividade macarthista nos Estados Unidos nos anos 1950, tornou-se integrante do mobiliário cultural dos que desejam examinar a psicologia da paranoia e da perseguição. *As Bruxas de Salem* remete ao poder do passado para falar do presente e mostra como o particular pode ser universal; elaborado com muita criatividade, seu retrato da caça às bruxas poderia ser substituído pela perseguição aos supostos comunistas nos Estados Unidos ou pelos acontecimentos em Urdax e Zugarramurdi, ocorridos mais de três séculos antes.

O fenômeno na região basca chamou a atenção dos inquisidores quando María de Ximildegui, de 20 anos, voltou do sudoeste da França para Zugarramurdi afirmando ter participado de vários conventículos. Ao voltar para o seu vilarejo, Ximildegui contou que outra mulher, María de Yurreteguía, era membro do conventículo local, em Zugarramurdi. Yurreteguía negou a acusação diversas vezes, mas sua delatora falava de modo tão convincente que os habitantes do vilarejo acreditaram nela. Finalmente, Yurreteguía desmaiou e, ao voltar a si, confirmou que era tudo verdade.[32]

Ao confessar, Yurreteguía passou a ser perseguida por bruxos. O diabo chamou-a pessoalmente e as bruxas se disfarçaram de:

> cães, gatos, porcos e bodes, e transformaram a rainha do conventículo, Graciana de Barrenechea, em uma égua, e foram à casa de María de Yurreteguía, que pertencia ao sogro dela [...] entraram na casa pelas portas e janelas que o diabo lhes abriu: lá, encontraram María de Yurreteguía na cozinha, cercada de diversas pessoas que tinham se reunido ali para fazer-lhe companhia e protegê-la do que havia ocorrido nas noites anteriores, e porque ela lhes dissera que naquela noite haveria um conventículo e que as bruxas iriam ali para maltratá-la. E o diabo e rei do conventículo, Miguel de Goyburu, e os demais bruxos se esconderam atrás de uma cadeira, e levantavam a cabeça para ver onde ela estava e o que fazia, e faziam-lhe sinais chamando-a para ir com eles. María de Chipía, tia e professora dela, e uma de suas irmãs ficaram no alto da chaminé e de lá gesticulavam chamando-a para ir ter com elas, e ela se defendeu gritando e apontando para os bruxos; mas os que estavam com ela não podiam vê-los, porque o diabo os enfeitiçara e os envolvera em sombras, de modo que só María de Yurreteguía os via, e ela gritou: "Deixem-me em paz, traidores, não me persigam, já cansei de seguir o diabo!"[33]

No dia seguinte, os moradores atônitos de Zugarramurdi descobriram que o diabo e seus assistentes haviam destruído árvores frutíferas e hortas, e inutilizado o moinho d'água ao quebrar a roda e deixar a mó no telhado.[34]

Há uma ligação evidente entre essas fantasias extraordinárias e as energias reprimidas e os sintomas neuróticos que vimos no capítulo anterior, mas o que fica claro em Zugarramurdi é como a neurose rapidamente alimentou a paranoia. As ilusões neuróticas de Ximildegui e Yurreteguía rapidamente se alastraram com seus temores. Pouco depois do ano-novo de 1609, cerca de uma dúzia de vizinhos invadiu as casas dos suspeitos de bruxaria à procura dos sapos demoníacos que supostamente os protegiam. Não acharam sapos, mas os suspeitos foram arrastados até o padre para serem torturados caso não confessassem. Em janeiro, muitos haviam admitido a "verdade", e um fiscal da Inquisição foi enviado à cidade para fazer um relatório.[35]

Logo ficou evidente que o caso era uma farsa. Yurreteguía disse à tia, María de Chipía, que confessara unicamente para se salvar e aconselhou-a a fazer o mesmo. Dentre os que confessaram, seis foram levados à sede da Inquisição em Logroño, onde afirmaram terem feito falsas declarações sob ameaça de tortura. Mas, depois que os medos foram soltos, foi difícil controlá-los. Um visitador inquisitorial que chegou a Urdax em agosto de 1609 foi informado de que o frei Pedro de Arburu era um bruxo, apesar de ter sido visto dormindo na cama dele na hora das reuniões. Não era óbvio que se tratava de outro corpo, colocado ali pelo diabo para servir de álibi?[36]

A paranoia se disseminou. No vilarejo de Vera, na região vizinha de Navarra, os sermões do padre Lorenzo de Hualle diziam que mais de três quartos dos habitantes do vilarejo eram bruxos e que ele repetiria essa informação mil vezes. Confinou uma grande quantidade de crianças e adultos em sua casa por quarenta dias, durante os quais ninguém sairia sem confessar suas atividades diabólicas. Isso levou à exposição triunfante de Hualle a respeito da seita, ainda que, como escreveu ao enviado inquisitorial de Logroño: "Os homens e as mulheres suspeitos [...] declaram sem pestanejar que não são bruxos, mas que eu inventei isso em minha casa; que tudo o que digo na igreja é mentira e mito, e que não se pode acreditar em mim; que levo as pessoas a dizerem coisas que não existem através de promessas e ameaças."[37]

Como na Salem de Miller, os bruxos do País Basco foram inventados. Vizinhos denunciaram vizinhos e sobrinhas denunciaram tias. Assim como a Inquisição criara uma atmosfera em que ninguém estava livre da suspeita de heresia, supostamente qualquer um podia ser bruxo. No auto de fé de Logroño, em novembro de 1610, seis bruxos foram relaxados e outros cinco tiveram suas efígies queimadas; 13 outros já haviam morrido nos cárceres inquisitoriais devido a uma epidemia.[38]

É verdade que a Suprema encomendara a investigação a Salazar, o mais cético inquisidor do tribunal de Logroño, na esperança de conter a paranoia. Salazar concluiu que quase três quartos dos testemunhos eram falsos. Mais de mil entre os casos examinados envolviam crianças com menos de 12 anos de idade, e muitas não sabiam dizer nem mesmo como tinham ido parar nos conventículos. Na verdade, não havia evidências da existência de bruxos.

Salazar sugeriu que seria melhor suspender a caça às bruxas. Afinal, no sudoeste da vizinha França, onde recentemente houvera uma irrupção semelhante de bruxos, todos tinham sumido por si mesmos depois que o bispo de Bayonne proibiu que fossem mencionados em conversas ou por escrito.[39] Assim, a ameaça ao tecido social dependia profundamente de uma paranoia que, para início de conversa, a inventara.

Em 1750, dizia-se na Espanha que o país estava vivendo sob um ataque tripartido das forças do mal contra as forças do bem. Duas delas eram compostas por franco-maçons e filósofos.[40] Como vimos, um desses inimigos fora inventado, e o outro assentaria as bases para o mundo tal como o conhecemos hoje; isso diz muito sobre a mente inquisitorial no século XVIII. O terceiro inimigo eram os jansenistas, que, no início do século XVIII, foram a principal preocupação intelectual da Inquisição.[41] No entanto, como ocorreu com os franco-maçons, a instituição não sabia exatamente o que era o jansenismo. Mais uma vez foi muito útil inventar um rótulo para criar um inimigo.

No começo, a questão tinha sido bem clara. Os jansenistas eram seguidores de Jansênio, cujo livro *Augustinus*, publicado em 1640, fora imediatamente condenado pelo papado como herético.[42] Já no século XVIII, o movimento tinha se tornado mais amorfo, contendo tanto os que desejavam uma renovação espiritual em oposição às correntes do Iluminismo quanto os que apoiavam o novo humanismo racionalista, como fizera Erasmo no século XVI.[43]

De muitas formas, o elemento espiritual no jansenismo do século XVIII representava um retorno dos movimentos pela interiorização da piedade, que sempre foram condenados pela Inquisição.[44] Os jansenistas espanhóis desejavam resgatar o país de seu crescente isolamento intelectual do restante da Europa, mas também reforçar sua herança cultural. Frequentemente eles se baseavam nas obras de convertidos como Sanches e Vives, os primeiros inimigos intelectuais da Inquisição, ou em pensadores mais conhecidos, como Descartes.[45] Outros escritos teológicos de convertidos, gente como Luis de León e Juan de Ávila, também eram referências importantes.[46]

Quando paramos para pensar nas implicações dos fundamentos intelectuais do jansenismo do século XVIII, fica claro que a Inquisição estava correta — até certo ponto — em identificá-lo como uma ameaça. Os membros desse movimento buscavam a renovação intelectual nos escritos de muitos pensadores condenados pela Inquisição dois séculos antes, e de filósofos cujas ideias eram igualmente suspeitas. Porém, o fato de que tantas daquelas ideias proviessem de convertidos demonstra, mais uma vez, que a Inquisição simplesmente ajudou a estabelecer as correntes ideológicas que depois lhe impuseram grandes desafios.

Muitos jansenistas espanhóis tentaram integrar a renovação espiritual aos princípios do Iluminismo.[47] Isso significa que, frequentemente, eles se opunham à jurisdição do papado.[48] Tendiam a defender o aumento do poder real sobre a Inquisição, o que ficou conhecido como regalismo.[49] Isso lhes conferia um perfil político que, junto com sua simpatia por algumas ideias iluministas, era o suficiente para que fossem associados às forças que minavam o edifício da ideologia inquisitorial.

A ironia é que o próprio movimento jansenista fora em parte criado pela Inquisição, pois, guiados pelos jesuítas, os inquisidores definiram seus inimigos como "jansenistas" na primeira metade do século XVIII. Em 1803, um jansenista escreveu que os jesuítas "sempre afirmaram, de maneira deliberada, que a ideia do jansenismo era horrível, apesar de obscura e confusa, de forma que pode ser aplicada a todos aqueles que [...] apoiam a reforma ou a abolição de sua companhia".[50]

A ligação com os jesuítas surgiu porque, na primeira metade do século XVIII, as inquisições de Portugal e da Espanha foram cada vez mais dominadas pela Companhia de Jesus.[51] Os jesuítas viam o jansenismo como uma doutrina especificamente contrária a eles, associada à França e a Voltaire.[52] Quando dois frades jesuítas foram encarregados de compilar o índex espanhol em 1747, um deles simplesmente copiou um édito de 1722 denominado Biblioteca Jansenista e incluiu nele todos os livros que repudiava.[53] Alguns frades de outras ordens ficaram furiosos, e um deles declarou que os livros do índice que estavam sendo chamados de jansenistas na verdade não eram[54] — o que demonstra como o conceito era vago e como era fácil se apropriar dele para fins ideológicos.

Os protestos contra o índex de 1747 e o papel dos jesuítas tiveram sérias consequências na Espanha, e alguns contemporâneos chegaram a ponto de dizer que duvidavam da legitimidade do índex.[55] Em Portugal, os jesuítas e a Inquisição logo sofreriam um retrocesso ainda mais prejudicial. Muito mais sério do que o inimigo fantasma dos jansenistas foi um inimigo real, o homem que fez de tudo para pôr um fim ao estrangulamento da sociedade portuguesa pela Inquisição: Sebastião José Carvalho e Melo, o primeiro-ministro de Portugal, mais conhecido como o marquês de Pombal.

Há uma história boa, mas sem dúvida apócrifa, sobre Pombal. Em 1773, diz-se que ele se aborreceu com uma proposta irritante do rei José I. O rei, como muitos antes dele, sugerira que aqueles que tivessem ancestralidade judaica usassem um chapéu amarelo. Poucos dias depois, Pombal chegou à corte com três chapéus desses casualmente enfiados debaixo do braço. José I ficou compreensivelmente perplexo. Perguntou para que serviam e Pombal respondeu-lhe que simplesmente desejava obedecer às ordens do rei. "Mas", teria dito José, "por que tendes três chapéus?". "Um é para mim", teria respondido Pombal, "um é para o inquisidor-geral e o outro é para o caso de Vossa Majestade desejar cobrir-se".[56]

Pombal era filho do Iluminismo. Rechaçou a proposta de José de reeditar velhas formas de discriminação e continuou a humilhar o rei, ao propor a abolição das distinções legais entre cristãos-velhos e convertidos. Como Pombal detinha o poder absoluto em Portugal, foi bem-sucedido e, assim, conseguiu acabar com a razão de ser da Inquisição portuguesa.

O fato de Pombal ter adquirido tanto poder de influência sobre a Coroa estava diretamente relacionado com outro acontecimento que tinha mudado a história de seu país: o terrível terremoto que destruiu Lisboa em 1755. O primeiro tremor atingiu a cidade logo depois das nove da manhã do dia 1º de novembro de 1755, dia de Todos os Santos. Durou dois minutos e foi seguido de outros sete minutos de abalos violentos. O terremoto provocou ruídos terríveis, como se as pedras sobre as quais o mundo estava construído estivessem nos estertores da morte.[57] Abriram-se fendas enormes nas ruas da cidade, e abaixo viam-se incêndios subterrâneos.[58]

O primeiro tremor destruiu o palácio da Inquisição no Rossio e o palácio real, à margem do Tejo. Uma mansão perdeu duzentas pinturas, que incluíam um Rubens e um Ticiano, e uma biblioteca com 18 mil livros e mil manuscritos. No palácio real, 70 mil livros se perderam. Das quarenta igrejas paroquiais de Lisboa, 35 ruíram, muitas repletas de paroquianos. A poeira jogada pela destruição na atmosfera escureceu o céu,[59] e a devastação foi completada por um segundo tremor, por volta das 11 da manhã, que provocou ondas tão altas no Tejo que, das 20 mil casas da cidade, só 3 mil permaneceram habitáveis.[60] As ondas destruíram embarcações e inundaram as ruas. Brotaram incêndios, insuflados por um vento norte, e as pessoas fugiram da cidade em pânico, acreditando que o mundo estava a ponto de acabar.[61]

A bela Lisboa, protegida pelo castelo de São Jorge e dando a impressão, aos visitantes, de que eles estavam em um anfiteatro,[62] agraciada com céus abertos que se estendiam pelo Atlântico, foi completamente destruída. As ruas foram reduzidas a pilhas de cinzas, pedras destruídas e restos de paredes chamuscadas.[63] As cidades do Algarve foram igualmente devastadas.[64] A força do terremoto pode ser avaliada pela experiência dos habitantes apavorados de Mafra, que viram o enorme palácio de João V se elevar e se abaixar, movendo-se de um lado para outro, rachando e vergando-se junto com a terra e ameaçando despir a vaidade de todos os monumentos à ambição humana.

Com a destruição de Lisboa, Pombal recebeu de José I poderes absolutos; ele era o único ministro que estava preparado para enfrentar a situação. Pombal agiu rapidamente; executou os saqueadores e se desfez dos corpos dos mortos, jogando-os em alto-mar amarrados a pedras. Depois deu início à reconstrução, criando a estrutura da moderna cidade de Lisboa; as agradáveis ruas largas que se estendem do Rossio ao Tejo foram todas construídas naquela época. Mas a Inquisição não viveu um renascimento parecido.

Os sentimentos ficaram exaltados após o terremoto. A cidade e o país haviam passado dois séculos nas garras da Inquisição. Além disso, muitos encaravam os acontecimentos como uma punição divina pelos erros cometidos. Era preciso um novo bode expiatório, e Pombal, cujo poder crescia a cada dia — ele ganharia o título de conde de Oeiras em 1759[65] —, mirou nos jesuítas, que considerava inimigos dos valores iluministas que ele queria impor ao novo Portugal.

Como na Espanha, os jesuítas em Portugal desempenharam um importante papel na Inquisição no século XVIII. Mas isso não interrompeu os rumores que circulavam sobre eles logo após o terremoto. O próprio Pombal escreveu uma série de panfletos anônimos acusando os jesuítas de todo tipo de crimes, inclusive de administrar as comunidades que controlavam no Paraguai com trabalho escravo.[66] Dizia-se que os jesuítas encorajavam a desobediência ao papa, que apoiavam a traição e o regicídio, e que haviam criado um reino no Paraguai com o único propósito de enriquecer.[67]

Os panfletos começaram a surtir efeito. Em 21 de setembro de 1757, os jesuítas foram expulsos do palácio real. Seguiram-se mais denúncias, à medida que as pessoas perceberam que havia um novo bode expiatório. Quatro meses depois, em janeiro de 1758, os cônegos de Lisboa escreveram que os jesuítas costumavam mentir sobre o passado, difamar o governo ou outras pessoas para enfraquecê-los e desejar a morte de um vizinho se isso lhes trouxesse vantagens pessoais — acusações que, certamente, revelavam as atitudes prevalecentes com relação aos jesuítas.[68]

Pombal avançou inexoravelmente em direção ao seu alvo. No verão de 1758, foi descoberto um suposto complô contra José I liderado pela casa nobre de Távora, em que se dizia haver padres jesuítas envolvidos. Muitos foram presos, acusados de traição, e, em 3 de setembro de 1759, a Companhia de Jesus foi expulsa de Portugal. Um dos "conspiradores", Gabriel Malagrida, ainda definhava no cárcere da Inquisição e, em 21 de setembro de 1761, foi queimado no cais de Lisboa diante de uma multidão — a última pessoa a ser queimada em Portugal. O jesuíta Malagrida representava tudo que o iluminado Pombal detestava. Após o terremoto de 1755, ele havia pregado que o desastre fora um castigo pelos pecados de Portugal. Dizia-se também que estimulava as pessoas a vê-lo como um santo e que fomentava a credulidade das massas. Era o perfeito bode expiatório para um déspota iluminado como Pombal.[69]

O tratamento dispensado aos jesuítas criou um escândalo internacional e levou à expulsão dos enviados portugueses ao Vaticano por nove anos. No entanto, para Pombal isso representou uma oportunidade de usurpar ainda mais o poder da Igreja, na tentativa de construir um Estado moderno. Apesar de ser um sexagenário à época, ele era um homem de energia infatigável e dedicou-se ao alvo mais importante de todos: a Inquisição.

Defensor do livre-comércio e das ideias do Iluminismo, Pombal não tinha nenhum apreço pela Inquisição. Considerava-a ultrapassada e um empecilho ao crescimento econômico por meio de sua perseguição à classe comercial dos convertidos,[70] e se deleitava tolhendo os seus poderes. Em 1768, Pombal colocou a censura sob a égide do Estado, tirando-a das mãos da Inquisição.[71] Em 1769, subordinou a Inquisição ao poder real e ordenou que todas as propriedades confiscadas passassem ao Estado.[72] Um decreto de 1773 aboliu o preconceito legal contra os convertidos,* e no documento comenta que esse preconceito era contrário ao espírito e aos cânones da Igreja universal;[73] com isso, arruinou a lógica da Inquisição portuguesa, demonstrando que alguns de seus princípios eram contrários à verdadeira teologia católica.

Após esses atos decisivos, em 1774 Pombal emitiu um decreto abolindo a Inquisição em Goa — embora ela ainda tenha sido restabelecida por um curto tempo.[74] Enquanto em Portugal a perseguição aos conver-

* Ver página 357.

tidos era predominante, em Goa, a partir de 1605, a atenção voltou-se para a perseguição ao crime da "gentilidade" hindu, gente que continuava praticando o hinduísmo mesmo depois de batizada.[75] Em 1768, em um auto de fé em Goa,[76] pessoas foram queimadas por esse crime; Pombal evidentemente achava que essa barbárie não combinava com o Estado moderno que desejava construir.

Aquelas reformas radicais devem ter deixado os portugueses bastante perplexos. Em 1750, a Inquisição era um bastião da sociedade, com sua posição inatacável; por volta de 1774, embora não a tivesse abolido, Pombal subordinou-a à Coroa e abriu o caminho para sua completa extinção. Além disso, de certa maneira, a instituição se voltara contra si mesma ao queimar, em seu último auto, um membro da ordem jesuítica que a havia apoiado com tanto afinco ao longo de sua história.

Contudo, isso não é surpreendente. A Inquisição sempre havia sido, afinal de contas, uma instituição através da qual se canalizavam os desejos dos setores mais poderosos da sociedade de encontrar bodes expiatórios e por meio da qual se fomentava a paranoia. Consciente ou inconscientemente, as classes dominantes sempre haviam apontado os bodes expiatórios, e, após o terremoto de 1755, quem se tornou invencível foi Pombal, e não a Inquisição; sua escolha de um bode expiatório era o que importava, e ele se voltou para os jesuítas.

Nesse momento crucial da história da Inquisição, a perseguição que sempre promovera se voltou contra ela.[77] A paranoia promovida por ela significava que as ameaças à sociedade eram sempre críveis; contudo, dessa vez a ameaça era personificada por seus aliados, os jesuítas. Assim, como um bumerangue, a cultura da paranoia voltou-se contra a instituição. Enfraquecida, estagnada e cercada, a Inquisição não conseguiria resistir à violência de seu próprio poder.

Sevilha, 1767-1777

Atacada em Portugal, na Espanha a Inquisição continuou completamente comprometida na luta contra o Iluminismo. Assim, enquanto a França desfrutava de uma renovação intelectual com Diderot, Montesquieu e Voltaire, na Espanha os proponentes das ideias desses pensadores eram atacados. Era necessário um julgamento espetacular, e a Inquisição mirou em Pablo de Olavide, corregedor-assistente de Sevilha e intendente do exército da Andaluzia.

Olavide era o tipo de internacionalista que a Inquisição execrava. Nasceu em Lima, em 1725, e só se mudou para a Espanha aos 27 anos. Aos trinta e poucos anos já havia viajado pela França e pela Itália, e, ao regressar à Espanha, em 1764, abriu um salão ao estilo parisiense, justamente o tipo de veículo para novas ideias que a Inquisição não tolerava.[78] Dois anos depois, em 1766, começaram a surgir denúncias contra ele.

O primeiro delator foi Carlos Redonc, criado do marquês de Cogulludo, que contou que em Valdeaveiro, o palácio de Olavide, havia centenas de "pinturas extremamente escandalosas" que podiam "provocar a sensualidade".[79] Outra testemunha, Francisco Porvelo, continuou falando sobre as pinturas "provocativas", que segundo ele retratavam "mulheres aparentemente jovens, com as pernas e os seios descobertos, fazendo acordos com ermitãos".[80] Enquanto isso, o escândalo foi exacerbado pelo fato de Olavide ter montado sua alcova num aposento que fora um oratório e onde tinham sido realizadas missas.[81] Tudo isso, além do grande número de livros que possuía[82] — o que, por si só, já era suspeito —, foi o suficiente para criar sua reputação de inimigo da religião.

Essa imagem já estava claramente difundida. Ao saber que Olavide fora nomeado corregedor-assistente de Sevilha, o conde de Santa Gadea declarou: "Esse Olavide pratica a mesma religião que a mula que puxa minha carruagem."[83] Ainda assim, Olavide se instalou nos arredores grandiosos do alcácer real de Sevilha,[84] com seus belos jardins, pátios ornamentados e a sofisticada arquitetura moura do período da convivência. Ali, em apartamentos com vista para os pináculos da enorme catedral de Sevilha, Olavide dedicou-se alegremente a escandalizar seus pares.

Em 1768, apenas um ano após sua nomeação para Sevilha, chegaram novas denúncias ao tribunal da Inquisição. Em casa, Olavide só servia carne às sextas-feiras, desrespeitando o costume de evitá-la nesse dia. Seus aposentos estavam outra vez repletos de pinturas "provocativas" de mulheres em trajes sumários. Dizia-se que possuía um retrato de Voltaire, o grande inimigo da Inquisição, e alguns inclusive afirmaram que ele conhecia esse importante personagem do Iluminismo. Ele dissera a uma jovem que, se alguma vez ela pensasse em tornar-se freira, devia descartar a ideia como se fosse uma sugestão do diabo. E, coroando todos esses desvios da ortodoxia religiosa e da devoção, assistia à missa apoiado em um bastão e não se levantava durante a consagração da hóstia.[85]

Todas essas denúncias contra Olavide revelavam as divisões crescentes na sociedade espanhola. Não era mais uma sociedade de uma única fé, atitude e propósito. A ascensão dos Bourbon no século XVIII levara ao surgimento de uma minoria influente de intelectuais guiados pelo Iluminismo francês.[86] Olavide era um representante dessa classe: zombava abertamente do modo espanhol de orar e dizia que as nações esclarecidas tinham razão ao rir disso; dizia que os pregadores eram fanáticos e que os confessores eram ignorantes, e era amplamente conhecido como "o grande Voltaire".[87] A Inquisição resolveu então fazer dele um caso exemplar.

Os testemunhos contra Olavide foram se acumulando ao longo de uma década como lenha para uma fogueira. O nível extraordinário de detalhamento do processo iniciado posteriormente revela em que extensão a burocracia da Inquisição o estava sufocando. O processo tinha 11 pastas, cada uma com aproximadamente quinhentas páginas meticulosamente manuscritas; mais de 140 testemunhas foram convocadas para atacar um homem que, de acordo com a análise final, era um blasfemo. Finalmente, em outubro de 1775, a Suprema escreveu ao rei resumindo os crimes pelos quais pretendia processar Olavide.[88]

Olavide não só era blasfemo e duvidava de milagres, afirmava a Inquisição, como também havia declarado que, se os autores dos Evangelhos nunca os tivessem escrito, o mundo seria um lugar melhor. Estava "contaminado pelos erros de Voltaire, Rousseau e outros, responsáveis pela grande infâmia de nosso século". Pior ainda, havia introduzido bailes públicos e festas à fantasia nas cidades espalhadas pelas colinas marrons da Sierra Morena, ao norte de Sevilha. Seu escárnio pela hierarquia da Igreja católica podia ser resumido na pergunta à queima-roupa que dirigiu a um padre da cidade de Nueva Carolina: "O que vossa mercê acha da fornicação?"[89] Escandalizado, o padre não se atreveu a registrar a resposta.

O mandado de prisão de dom Pablo de Olavide foi finalmente emitido em 14 de novembro de 1776.[90] Ele foi levado para o calabouço inquisitorial de Madri e teve os bens confiscados: meias de seda brancas, caixa de tabaco de ouro, uma bolsa repleta de moedas de ouro. Olavide foi, por fim, reconciliado em um humilhante auto de fé, em 1777, e passou três anos fazendo penitência em diversos monastérios. Em 1780, conseguiu fugir para a França, onde viveu exilado até o fim de seus dias.

A Inquisição canalizara para essa batalha a luta contra as ideias iluministas e, nas palavras de um historiador, "escolheu Olavide".[91] Isso significava que para muita gente na Espanha ele era a encarnação do mal. Uma testemunha contou que Olavide era conhecido na corte como "herege ou judeu".[92] Havia uma canção que resumia o processo de eleger um bode expiatório e a ameaça móvel mas constante sob a qual a sociedade espanhola acreditava estar vivendo nos últimos trezentos anos:

> Olavide é um luterano,
> Um franco-maçom, um ateu;
> Ele é um gentílico, um calvinista,
> Ele é judeu, e é ariano.[93]

É óbvio que as ideias de Olavide ameaçavam a Inquisição, mas, como a canção revela, a ameaça foi inflada e passou a abarcar todos os males existentes, o que remete à paranoia criada pela Inquisição.

Todos vivem momentos de paranoia. Desenvolvemos medos infundados de que as pessoas não gostam de nós. Preocupamo-nos durante muito tempo com coisas que dissemos quando os interlocutores já as esqueceram. Vemos ameaças onde elas não existem. Mas então, quando recuperamos nosso senso de proporção, reconhecemos a paranoia como tal, e nossa própria parte nela.

Historicamente, com frequência existiu um vínculo entre o autoritarismo e a paranoia. Sékou Touré, o violento ditador da Guiné nos anos 1960 e 1970, estava convencido de que havia uma conspiração permanente contra o seu governo. Enquanto isso, no Chile, parte da polícia acreditava que, durante o governo de Pinochet, a principal ameaça eram os comunistas, e nos anos 1990 o perigo foi transferido para os traficantes de drogas. Infelizmente, a queda de Pinochet (e dos comunistas) não significou o fim das ameaças à sociedade.

Em 18 de maio de 1776, Ignacio Ximénez, notário da Inquisição de Córdoba, recebeu uma carta do padre de Nueva Carolina, cidade onde Pablo de Olavide escandalizara o padre local. A carta denunciava Olavide por semear ideias perigosas entre os camponeses de Nueva Carolina, com base em um livro que trouxera da França: "Foi proposto", escreveu o padre, "o ensinamento na Sociedade Agrícola e Industrial de alguns capítulos do *Dicionário*, que tratam de indústria, fábricas e comércio". O padre estava indignado, pois, como observou, "eu sabia que, segundo as proibições francesas, havia capítulos perigosos nessa obra [...] e era minha obrigação opor-me à sua leitura".[94]

O medo das ideias iluministas entre os círculos inquisitoriais era tão grande que os livros que traziam novas ideias técnicas e científicas eram frequentemente proibidos. Quando, em 1748, o matemático Juan Jorge escreveu um livro defendendo a ideia de que o Sol ocupava o centro do sistema solar, o inquisidor Pérez Prado procurou bani-lo com base no processo de Roma contra Galileu no século anterior.[95] Enquanto isso, em consonância com esse medo da ciência, os censores inquisitoriais — os qualificadores — criticavam os países onde havia "liberdade de consciência",[96] como se esta fosse intolerável. Como comentou o frade Andrés de la Asunción em 1783, frases de livros eram censuradas por serem "cúmplices da tolerância".[97]

Asunción era um símbolo do ódio alimentado por muitos de sua classe no final do século XVIII. Ele censurou um livro intitulado *O Clamor da Juventude*, publicado em Madri em 1776. Nesse livro, Asunción desaprovava particularmente a sugestão: "Tolerai vossos irmãos sem atentar para sua religião, assim como Deus os tolera." Isso significava que um católico genuíno devia "dissimular, silenciar, sofrer o desdém deles pela vida monástica, o clero, a Inquisição [...] comungar com eles, viver com eles, falar com eles".[98] A indignação de Asunción também foi provocada pelo trecho: "A paciência e a submissão [...] são as armas mais poderosas [...] e seu uso nunca é excessivo." Isso não era desejar "a extinção da raiva ao lidar com os ímpios, isto é, sufocar a raiva santa que provoca a vingança sagrada contra quem ofende o Criador"? Asunción obviamente fazia parte daquela classe que estava permanentemente encolerizada.

Esse ódio brotava da percepção de que a sociedade espanhola estava sob cerco. As armas intelectuais dos inimigos franceses esclarecidos ficavam cada vez mais afiadas, e a censura se tornou a principal preocupação da Inquisição na segunda metade do século XVIII. Entre 1746 e 1755, Voltaire, Montesquieu e Rousseau escreveram livros capitais, e a Inquisição reagiu proibindo o conjunto de suas obras em 1756.[99] Entre 1747 e 1787, foram pregados nas portas das igrejas e dos conventos 36 éditos proibindo livros; um só édito, em 1750, proibiu sessenta livros.[100]

Em 1797, estava claro para os que apoiavam o Iluminismo da Espanha, pessoas como Gaspar de Jovellanos, então ministro da Justiça, que a Inquisição obtinha a maior parte do poder que ainda possuía do seu papel na censura de livros.[101] O calibre intelectual dos censores de livros era muito medíocre. A maior parte só lia em espanhol, ainda que a maioria dos livros que censurava fosse escrita em francês; em Logroño, os livros franceses tiveram que ser enviados a Madri, pois ninguém na cidade conseguia entendê-los.[102]

Para além dos Pireneus, a proibição cada vez mais histérica de obras importantes para a modernização do mundo fez a Espanha afundar em um poço ideológico que ela mesma havia cavado. As classes esclarecidas que geravam pessoas como Jovellanos não tinham dificuldade em obter livros,[103] já que para os censores era cada vez mais difícil impedir sua disseminação,[104] mas os éditos polarizavam a sociedade e mantinham a maior parte da população alheia às novas ideias. A Espanha se dividiu em dois campos: uma facção burguesa liberal e uma ala não burguesa conservadora,[105] cisão que perduraria por séculos.

A nova divisão foi condensada no processo contra os irmãos Bernardo e Thomas Iriarte, que teve início em Madri, em 1778. Eles eram figuras bem-sucedidas da sociedade madrilena do século XVIII; Tomás era romancista, e Bernardo, que entrou para o Ministério do Interior ao regressar a Madri, tinha servido como diplomata em Londres.[106] Os Iriarte mantinham uma espécie de salão, em Madri, no qual se discutiam ideias religiosas, o que escandalizou os mais ortodoxos com os quais conviviam. Um deles, José Antonio de Roxas, do Chile, observou que os ouvira dizer que a única razão da ignorância espanhola era a Inquisição.[107]

Esse era um refrão constante entre as classes esclarecidas da Espanha no século XVIII. Muitos apoiavam a Inquisição, como o próprio Jovellanos admitiu, mas figuras influentes nas artes e na política a culpavam pelo crescente atraso intelectual e material da Espanha em comparação com o restante da Europa. Essas pessoas desprezavam as massas a favor da Inquisição e de seus padres, como indica a denúncia contra os Iriarte apresentada por seu próprio irmão, o frei Juan Iriarte, dominicano nas ilhas Canárias.

Juan não suportou a zombaria dos irmãos. Eles se divertiam com suas crenças religiosas e sua afirmação de que era capaz de fazer exorcismos. Também questionavam a verdade dos Evangelhos e a falta de sentido da missa.[108] Em sua denúncia, Juan Iriarte afirmou que "com frequência provocava discussões sobre religião para ver se suas suspeitas [sobre a falta de fé dos irmãos] tinham fundamento",[109] expondo as divisões ideológicas que começavam a vir à tona na sociedade espanhola.

Não há dúvida de que os irmãos Iriarte se divertiam provocando os crentes. No começo dos anos 1770, em um mês de novembro, Bernardo conversava com o frade Felix de la Guardia na biblioteca do El Escorial, palácio construído por Felipe II. Ele perguntou se La Guardia falava francês; ao ouvir que sim, mostrou-lhe um livro que estava lendo sobre onanismo ou masturbação — dos quais, pode-se presumir, nem todos os frades se abstinham. La Guardia ficou compreensivelmente ofendido e respondeu que esses livros deviam ser queimados. De jeito nenhum, zombou Iriarte; o livro não ensinava nada ruim, só um pecado da natureza, o da ejaculação voluntária — afinal, fora precisamente para não ser tentado por esse vício que ele próprio passara 36 senhoritas nobres pela espada.[110]

O comportamento de Bernardo Iriarte era realmente intolerável, mas o peso de seu escárnio e a raiva de seus delatores expõem a impaciência de ambos os lados. Para quem se interessava por novas ideias, aquele ambiente de estagnação intelectual deve ter sido insuportável. Uma das testemunhas de acusação de Bernardo Iriarte era o frade Juan Núñez, bibliotecário do El Escorial. A biblioteca do palácio era a mais importante da Espanha, mas Núñez descreveu uma conversa com Iriarte em que defendeu a proibição de livros pela Inquisição. "Gostaria que eles proibissem mais livros", o grande bibliotecário teria dito.[111]

No fundo, esse medo das novas ideias era uma espécie de autorrealização. A Inquisição sabia que o Iluminismo anunciava sua destruição e, como toda instituição, faria qualquer coisa para adiar sua ruína. Contudo, esse processo requeria certo autoconhecimento para se desenvolver.

Assim, como vimos, o segredo era uma das características institucionais da Inquisição, mas, em 1751, seu defensor, Francisco Rávago, protestou contra "o terrível juramento dos franco-maçons para manter os seus segredos".[112] Ou, como alegou o jesuíta Luengo, colega de Rávago, em 1786: "A qualidade desses [franco-maçons] só pode ser perversa [...] basta ver como ocultam tudo [...] se aquilo fosse inocente, bom e impecável, e não ofendesse ninguém, nem o Estado nem a religião, que importância teria que se soubesse tudo?"[113] O que era verdade sobre os maçons também se aplicava à Inquisição.

Esse autoconhecimento inconsciente também ocorreu em Portugal, onde os inquisidores escreveram no último Regimento do Santo Ofício, de 1774: "A loucura [...] [pode existir] na fixação da imaginação do louco em um ponto de vista ao qual adere irrevogavelmente, de modo que ele só demonstra sua insanidade ao se mencionar o dito assunto; fora isso, fala de outras coisas de maneira comum e correta."[114] O que era a essência da Inquisição senão a perseguição irracional de heresias frequentemente inventadas em pessoas que falavam de maneira racional sobre diversas outras coisas? Essa digressão sobre a loucura e as reprovações contra o segredo refletem o lento e inconsciente surgimento do autoconhecimento. Mas era tarde demais. A Inquisição não conseguiu evitar o colapso, provocado em grande parte por sua própria visão de mundo.

Capítulo Catorze

O FRACASSO DO MEDO E O MEDO DO FRACASSO

[...] oposto à soberania e à independência da nação e à liberdade civil dos espanhóis [...]

EM 1789, A REVOLUÇÃO varreu a França. As forças que desencadeou aniquilariam a Península Ibérica durante os 25 anos seguintes. As invasões napoleônicas forçaram a família real portuguesa a fugir para o Brasil em novembro de 1807. No ano seguinte, a monarquia espanhola foi substituída por um rei fantoche, e a primeira Constituição liberal da história do país foi proclamada no porto de Cádiz, no sul, em 1812. Todo o edifício imperial se desintegrou numa baforada de fumaça napoleônica, e as colônias americanas formaram movimentos independentistas, liderados por Simón Bolívar, Bernardo O'Higgins e José de San Martín.

Não foi apenas a mudança política que deixou Portugal e Espanha de cabeça para baixo. As novas liberdades puseram fim a séculos de repressão religiosa e sexual. Reconhecendo que corria perigo de morte, a Inquisição atacou, como uma fera acuada, as liberdades originadas na França que se espalhavam pela Europa. Em 13 de dezembro de 1789, a Inquisição espanhola declarou guerra a todos os livros e ideias franceses, e observou que os líderes da Revolução defendiam tudo aquilo a que ela se opunha:

> Sob o belo disfarce de defensores da liberdade, eles trabalham contra ela, destruindo a ordem política e social e, com isso, a hierarquia da religião cristã [...] assim, fingem fundar essa liber-

> dade quimérica sobre as ruínas da religião, uma liberdade que equivocadamente supõem ter sido dada a todos os homens pela natureza e que, temerariamente afirmam, torna os indivíduos iguais e dependentes uns dos outros.[1]

Assim, podemos resumir da seguinte maneira os inimigos e os amigos da Inquisição em 1789: os inimigos eram a liberdade, a igualdade e a interdependência; os amigos eram o *status quo* e a hierarquia. A instituição prosseguiu seriamente em suas tentativas de censura. A proibição de livros e a inspeção de bibliotecas tornaram-se sua função principal. Seus arquivos secretos cresciam com o grande número de casos documentados, à medida que cada vez mais livros eram publicados, promovendo o que ela considerava ideias ultrajantes.

O grande número de livros proibidos naquela época assinala tanto o florescimento das edições quanto a incapacidade da Inquisição de conter seu fluxo. Um panfleto de duas páginas intitulado "Um sermão burlesco para rir e passar o tempo" foi censurado em 1802 por conter brincadeiras como "a aguardente tem mais virtudes do que a água benta" e uma descrição do cocheiro que "se crê eternamente condenado sempre que está longe da taverna".[2] Livros lascivos sobre "amores profanos" foram proibidos em sua totalidade.[3] O *Barbeiro de Sevilha* foi proibido por zombar da vida triste de elevadas virtudes morais.[4] As obras que difamavam e demonizavam a Inquisição proliferavam e eram acusadas de "ímpias, cheias de temeridades, insubordinadas e injuriosas",[5] mas eram cada vez mais populares.

Era impossível conter a libertinagem e o escárnio sobre a Inquisição e sobre tudo que ela prezava. Em 1803, foi proibida a importação de certos leques franceses que, ao abrir e fechar, mostravam um frade capuchino e uma mulher em "posições indecentes"; os leques eram vendidos ao redor da Plaza Mayor e da Puerta del Sol, em Madri, e "praticamente não havia mulher que não tivesse um, pois estavam no auge da moda".[6] Quando, alguns anos depois, um frade se queixou a uma vendedora que expunha enfeites de porcelana retratando figuras indecentes, ela se recusou a entregar-lhe as peças e seu filho acrescentou: "Talvez o bom frei queira se entreter com elas em seu quarto."[7]

Nada mais era sagrado. Em 1799, durante a Quaresma, foi encenada em Barcelona uma peça sobre a paixão de Cristo. A Inquisição ficou horrorizada com a ideia de que um homem mortal pudesse representar o papel de Cristo e conseguiu proibi-la, mas o simples fato de ter sido encenada revela a atmosfera daqueles tempos e as crescentes divisões entre os que apoiavam e os que combatiam a visão de mundo inquisitorial. Essas divisões refletiam cada vez mais as tensões no seio da sociedade espanhola. Elas opunham rural e urbano, liberais e conservadores.[8] A Inquisição, responsável pela doutrina da limpeza do sangue e incapaz de acomodar novas ideias, foi tão responsável por essas divisões quanto qualquer um.

Em um artigo publicado em 1782 em Paris, Nicolás Morvilliers descreve a Espanha como uma nação "atualmente paralisada".[9] Segundo ele, isso devia-se ao medo do conhecimento e da ciência, evidente na censura inquisitorial de livros.

"O orgulhoso e nobre espanhol tem vergonha de se educar, viajar, tratar com outros povos", escreveu Morvilliers.[10] "O espanhol possui habilidades científicas", ele acrescentou, "e tem à disposição muitos livros para ler, mas essa é provavelmente a nação mais ignorante da Europa [...] todos os livros estrangeiros são confiscados, avaliados e julgados [...] um livro impresso na Espanha passa por seis atos de censura antes de ver a luz do dia".[11] O resultado, na opinião de Morvilliers, era a estagnação das ciências naturais na Espanha, enquanto no restante da Europa elas estavam no auge. "O que se deve à Espanha? [...] Arte, ciências e comércio foram extintos [...] na Espanha não há matemáticos, físicos, astrônomos ou naturalistas."[12]

O artigo causou furor na Espanha, e muitos o atacaram com insultos e defenderam a vitalidade das ciências no país. Porém, analisadas atentamente, essas "ciências" referiam-se às humanidades, que versavam sobre temas como gramática, jurisprudência e teologia. Ninguém conseguia apontar exemplos de expoentes das ciências naturais na Espanha.

As divisões entre o Iluminismo e os defensores ferrenhos da autoridade papal absoluta e da Inquisição se aprofundaram quando os iluministas espanhóis saíram em defesa de Morvilliers. Um deles, Cañuelo, descreveu a situação da Espanha em termos drásticos: "Nossa pobreza e ignorância nunca foram tão grandes [...] Mas nos consolamos", prossegue Cañuelo com amarga ironia "ao pensar que nossa riqueza ainda não é tanta que tenhamos o suficiente para comer e nos vestir [...] Precisamos de grão-de-bico, feijão [...] precisamos de carne; a metade da Espanha carece de toucinho; temos que importar todo o peixe que comemos, exceto o peixe fresco; há grande escassez de ovos, trazidos de Berna para serem vendidos na Plaza em Madri".[13] Tudo era importado, da linha de coser aos móveis e brinquedos, e era pago em prata e ouro, disse ele. "Mas consolemo-nos e confiemos em nossos apologistas. Eles nos farão crer que somos a nação mais rica e poderosa do universo e, inclusive, que alcançamos os mais altos níveis da felicidade humana [...] e assim nos mantêm na ignorância."[14]

De fato, no final do século XVIII a ignorância assolava a maior parte da Espanha fora das cidades. Um exemplo dessa condição era Villacañas, no distrito de Toledo, onde, nos anos 1770, Andrés de las Blancas afirmou possuir a habilidade de livrar os jovens do serviço militar. Isso se devia, contou ele aos vizinhos, a um pacto que fizera com o diabo para entregar-lhe seu filho, Lorenzo. Lorenzo desaparecia ao entardecer para visitar o mestre diabólico em Toledo e regressava à meia-noite com pós e outros ingredientes de um fedor tão repugnante que provocava ânsia. Por uma taxa que variava entre sessenta e cem reales, Las Blancas vendia uma poção mágica aos clientes e orientava pai e filho a tomá-la em jejum. As infelizes vítimas do engodo deviam enfiar as mãos em uma jarra e recitar o seguinte:

> Um demônio eu sou,
> Sou parceiro do diabo,
> Minha mão entra e vai testar
> As correntes do meu fado.
> Meu pagamento é recompensado,
> A liberdade me guia;
> Tomo o nome do diabo
> E ponho a mão ao lado.[15]

Esses acontecimentos não eram incomuns; ainda se acreditava que um feitiço podia fazer o rosto de uma bruxa má aparecer em um tonel de água.[16] Quando Ignacio Rodríguez, um mendigo manco, ofereceu a algumas mulheres talismãs capazes de atrair o homem que desejassem para suas camas, conseguiu convencer várias delas de que os extraordinários talismãs só funcionariam se tivessem relações sexuais com ele; consumado o ato, só precisariam misturar o talismã com seus pelos púbicos para que seus desejos fossem realizados.[17]

Alguns defensores da supremacia moral da Inquisição afirmavam que a Espanha era "a sociedade menos supersticiosa do mundo" nesse período.[18] No entanto, à luz de histórias como essas, e dos acontecimentos envolvendo as beatas e os exorcismos que vimos no Capítulo Doze, essa afirmativa soa curiosa. Grande parte da população, sem dúvida, ainda era extremamente impressionável e supersticiosa, mas essas qualidades se opunham ao movimento que favorecia o Iluminismo nos círculos intelectuais.

Foram esses círculos, com seu maior acesso aos mecanismos do poder e às ideias que invadiam o restante da Europa, que ganharam impulso. Assim, no final do século XVIII, quando as forças de Napoleão avançaram pela Europa, os episódios de resistência que haviam pontuado a história da Inquisição finalmente começaram a se avolumar.

Para assegurar e manter seu lugar no coração da sociedade, uma instituição persecutória deve contar com apoio popular. Como explica Hugh Trevor-Roper, "sem as tribunas do povo é impossível organizar a perseguição social".[19] Contudo, uma vez que as tensões sociais se acalmam, as massas se escondem novamente nas suas vidas respeitáveis, e a culpa passa a ser atribuída às instituições que recebiam sua aprovação silenciosa. Assim, a sociedade utiliza como bodes expiatórios as instituições que promoviam a caça aos bodes expiatórios, para que paguem por seus próprios crimes.

A Inquisição sempre foi um movimento com apoio popular em Portugal e na Espanha.[20] Assim que ela foi criada, as pessoas não corriam para denunciar convertidos?[21] Será que a Inquisição não foi um produto da mentalidade popular, em vez de sua causa?[22] Na verdade, ela foi ambas as coisas; a Inquisição não poderia ter prosperado sem o apoio popular, mas usou os poderes que esse apoio lhe conferiu para moldar as ideias do povo.

Teria havido alguma forma de deter o crescimento da Inquisição? É claro que no início havia fatores locais: as tensões entre cristãos-velhos e convertidos, a guerra civil em Castela, o aumento da urbanização. Portugal e Espanha tinham suas especificidades, particularmente a mescla cultural que, naquela época, era única na Europa. A Inquisição foi, no final, um instrumento ideológico para o desenvolvimento de uma nação e uma cultura "puras" a partir de "impurezas" — a contraparte ideológica da violência da derrota dos mouros e da expulsão dos judeus.

Certamente a violência não era uma novidade. O que era novo, e que transpôs as fronteiras da Península Ibérica, foi a sua institucionalização. O poder da Inquisição simbolizava a crescente força do Estado, que acompanhava a modernização. Era o princípio do totalitarismo. Todavia, nos mundos da Inquisição o apoio popular à agressão, à expansão e à perseguição estava sempre em tensão com a resistência a elas.

Ao longo dessa história vimos sinais de resistência em diversos pontos: o complô dos convertidos para matar o inquisidor Arbués, em Saragoça; as constantes queixas dos aragoneses dirigidas ao tribunal até meados do século XVI; os ataques recorrentes a oficiais da Inquisição feitos por mouros. Esses não foram simplesmente casos isolados: no auge dos protestos contra o inquisidor Lucero, em Córdoba, em setembro de 1506, uma multidão invadiu o alcácer e libertou todos os prisioneiros;[23] houve duas revoltas populares contra a Inquisição na Espanha, em 1591;[24] e uma multidão apedrejou um inquisidor no Rio de Janeiro em 1646.[25]

Essas pressões favoráveis e contrárias à perseguição refletem os conflitos mentais de inúmeros indivíduos, talvez de todos nós, entre o impulso de amor e o de destruição. Eles estavam no cerne do drama psicológico da Inquisição, e é confortador saber que, ao longo de sua história, houve gente capaz de fazer seus bons impulsos vencerem. Porque, assim como as histórias de horror e crueldade, os arquivos da Inquisição são ocasionalmente tocados por emoções mais delicadas. Encarcerado na prisão inquisitorial de Málaga em 1620, William Lithgow teve seu ânimo melhorado por alguns dos funcionários. Um dos escravos mouros da prisão escondia um punhado de passas e figos na manga da camisa a cada 15 dias, começando na noite após a tortura de Lithgow; aleijado de ambos os braços, o escravo era obrigado a deixar as frutas caírem no chão, onde Lithgow as lambia uma a uma. Quando ele adoeceu, uma escrava africana cuidou dele por quatro semanas, levando-lhe comida diariamente e contrabandeando uma garrafa de vinho para ele. Lithgow ficou tão comovido que compôs um poema para ela, que terminava dizendo: "Pois ela, criada como selvagem/ manifesta amor/ e piedade humana/ capazes de mover o deserto."[26]

Talvez Lithgow tenha percebido que, de fato, a Inquisição era um deserto emocional — um espaço de mutilação, automutilação e repressão. Porém, longe desse deserto sempre havia gente disposta a arriscar suas vidas e suas reputações para proteger os perseguidos. Em Portugal, cristãos-velhos abriram cartas inquisitoriais e as mostraram aos convertidos para alertá-los.[27] Muitos cristãos-velhos esconderam convertidos em fuga.[28] E já vimos como, em 1497, à época das conversões forçadas de judeus, cristãos cuidaram de crianças judias para evitar que fossem arrancadas dos pais pelas autoridades.* Contudo, o apoio mais comovente que os cristãos-velhos deram aos convertidos, demonstrando que sempre haverá indivíduos corajosos para enfrentar a perseguição, talvez tenha sido quando alguns deles se converteram à religião judaica e, em consequência, morreram em autos de fé.[29]

Sevilha, 1720

NO DIA 25 DE JULHO DE 1720, um frade de 36 anos, Joseph Díaz Pimienta (também conhecido como Abraão Díaz Pimienta), foi decapitado antes de ser queimado em um auto de fé em Sevilha pelo delito do criptojudaísmo. Pimienta tivera uma extraordinária vida de aventuras, trapaças, fraqueza de espírito e, ao final, grande coragem. O que mais assombrou os inquisidores foi o fato de ele ser um cristão-velho e ter sofrido a pena máxima por sua conversão ao judaísmo.[30]

Pimienta passou a maior parte da vida adulta no Caribe. Estudou gramática e moral — esta última aparentemente sem muito sucesso —

* Ver página 77.

em Puebla de los Ángeles, a segunda maior cidade mexicana, encravada num vale fértil entre o antigo templo de Cholula e a cidade de Tlaxcala. De Puebla foi para Cuba, onde entrou em um monastério em 1706, aos 22 anos. Seu caráter tempestuoso fica evidente quando se lê que ele uma vez discutiu violentamente com alguns de seus colegas frades, fugiu do monastério dois meses depois e passou dez meses vivendo com os pais antes de regressar à vida monástica.

Podia-se perceber que as coisas não iam bem no monastério cubano. Depois de um ano e meio, ele pediu autorização para terminar os estudos em outro lugar, mas teve o pedido negado. Irritado com as restrições da vida monástica, Pimienta fugiu novamente. Primeiro foi para Caracas. De lá seguiu para a costa do Caribe, cruzou as selvas de Darien e as antigas terras maias em Yucatán, e chegou a Veracruz, o porto caribenho que servia à Cidade do México. Ali era o lugar em que os Carvajal haviam aportado no Novo Mundo 150 anos antes, o porto no qual Luis de Carvajal, governador de Nuevo León, tinha ajudado a vencer o pirata John Hawkins: Veracruz ainda atraía aventureiros e pessoas que desejavam se reinventar.

De lá, Pimienta subiu para as terras altas ao redor de Puebla, onde falsificou uma certidão de batizado a fim de obter permissão por escrito para se tornar padre. Mas aquela vida de viagens constantes pelas fétidas terras baixas da costa, indo de um posto avançado da barbárie colonial a outro, não acalmou o seu espírito. De Puebla ele regressou a Veracruz e, quatro meses depois, voltou para Havana. Em Cuba, o bispo o destituiu dos títulos monásticos ao saber de seus documentos falsificados. Ele retornou ao monastério por duas vezes e fugiu duas vezes — e cada vez que voltava era posto no tronco. Foi perdoado e decidiu tentar voltar para o México. Tinha pouco dinheiro, então resolveu roubar algumas mulas da própria mãe. Um dos criados descobriu o roubo e Pimienta atirou nele, ferindo-o. Sabia que as autoridades estavam em seu encalço, então embarcou em um navio pirata inglês que o deixou em um cabo isolado na costa cubana. Dali, Pimienta partiu para Trinidad, onde resolveu voltar à vida monástica.

O que pensar da história desse enviado divino? Como padre, em Trinidad, envolveu-se com uma mulher casada, e o marido ameaçou matá-lo. Passou a andar armado e disparou em um mulato durante uma discussão. Então, como suas opções diminuíam rapidamente, rumou para Curaçao, outra ilha caribenha ao norte da costa da América do Sul. A ilha era controlada pelos holandeses e abrigava uma vasta população judaica, descendente dos judeus de Portugal e da Espanha. Pimienta decidiu se converter; a escolha era compreensível em uma pessoa tão profundamente religiosa como ele, especialmente porque soube que as pessoas recebiam para se converter, às vezes até trezentas pesetas.

No entanto, em Curaçao as coisas não ocorreram como o planejado. Pimienta inventou a história de que descendia de uma boa família judaica que fora forçada pela Inquisição a se converter ao cristianismo. Ele pretendia pegar o dinheiro e fugir. Porém, os judeus insistiram em instruí-lo em sua fé e levaram-no para viver em uma aldeia, onde aprendeu preces e rituais importantes. Finalmente foi aceito na fé e recebeu algum dinheiro, mas Pimienta, para quem aparentemente era impossível se fixar em um só lugar por mais do que alguns meses, achou as exigências do judaísmo extremamente onerosas. Mudou-se para a Jamaica, onde tentou jogar um exemplar do Novo Testamento no fogo, mas teve a impressão de que o livro vertia sangue e entendeu que a visão era um sinal para que abandonasse o judaísmo.

Pimienta tornou-se um homem atormentado por desejos insatisfeitos. Por duas vezes foi à sinagoga na Jamaica, mas recitou preces católicas durante o culto. Então soube que a Inquisição estava atrás dele novamente e escapou da ilha com 15 indígenas e um judeu; os conflitos internos que o devoravam vieram à tona quando tentou exorcizar a frustração açoitando o judeu, forçando-o a comer porco e fazendo-o repetir os nomes da Santíssima Trindade. Então foi espancado pelos indígenas e abandonado à morte. Arrastou-se pelas selvas da costa sul-americana até chegar a um acampamento, onde foi detido, acorrentado e enviado ao assentamento espanhol mais próximo, no rio de La Hacha. De lá, foi entregue ao tribunal da Inquisição em Cartagena, onde foi reconciliado e deportado para passar o restante de seus dias na Espanha.

Sem um tostão, Pimienta buscou ajuda entre os criptojudeus de Cádiz. Escreveu ao comissário da Inquisição de lá, afirmando ser judeu convicto — com o objetivo de enganar os criptojudeus e revelar sua heresia, segundo contou depois ao comissário. A Inquisição o deteve. Declarou que desde que fora reconciliado, em Cartagena, vivia como um bom cristão. Depois mudou de ideia e disse que realmente se convertera ao judaísmo quando vivia em Curaçao. Contou que respeitava o sabá na prisão e não comia porco e nenhuma carne que não fosse abatida segundo a lei judaica.

Por dois meses o calabouço inquisitorial de Sevilha foi palco de esforços para salvar Pimienta, mas talvez ele só desejasse ser liberado de seus sofrimentos incessantes. Obstinadamente, confirmou seu judaísmo. Em 22 de julho, soube que em três dias seria morto no auto de fé e, ao passar no meio da multidão pelas ruas de Sevilha, rogou o perdão cristão. Esse cristão-velho confuso e triste, desgastado por uma vida de aventuras e confusões na América e na Europa, recebeu a clemência de ser estrangulado pelo carrasco antes que seu corpo sem vida fosse queimado e suas cinzas subissem em direção aos céus.

Como um cristão-velho podia converter-se ao judaísmo? Desde a mais tenra infância, os espanhóis cristãos eram imbuídos da ideologia que demonizava as crenças judaica e muçulmana e sabiam que aceitar os princípios daquelas religiões podia levar à morte. Porém, Pimienta não estava só, e ao longo da história da Inquisição houve casos de cristãos--velhos que fizeram o mesmo.

Além disso, a questão não era só o fato de que alguns cristãos-velhos se tornavam hereges. Aspectos das culturas judaica e muçulmana impregnaram a sociedade ibérica e foram amplamente adotados pela população cristã-velha. Muitas dessas práticas perduram até hoje. Nos anos 1970, o pesquisador espanhol José Jiménez Lozano estudou as práticas culturais no interior rural de Castela e descobriu que muitos habitantes idosos recordavam costumes que, sem o conhecimento deles, vinham diretamente do judaísmo. Toda a gordura da carne abatida era completamente removida e o sangue que manchava o piso era recoberto. As refeições frias chamavam-se adafinas, o nome que os judeus na Espanha davam às refeições do sabá, preparadas na sexta-feira para serem comidas no sábado. Os corpos dos mortos eram lavados, e, depois de dar à luz, as mulheres ficavam de resguardo por quarenta dias. O mais extraordinário foi que ele descobriu que na cidade de Palencia cozinhavam o pão sem fermento na Páscoa, um legado do pão ázimo da Páscoa judaica, que ocorre na mesma época do ano.[31] Os entrevistados se consideravam cristãos devotos, mas, como escreveu Lozano, se tivessem sido investigados pela Inquisição certamente teriam sido detidos por heresia.

Esses não eram apenas costumes rurais isolados. O uso do óleo em vez da banha, que hoje é considerado um costume tipicamente ibérico, tem origem judaica e foi denunciado por Andrés Bernaldez, defensor da Inquisição, no século XV.[32] No século XX, um grande número de pessoas conservava elementos culturais judaicos em Portugal e no Brasil — cerca de 20 mil em Portugal, segundo um pesquisador, ainda que poucos tivessem sangue convertido "puro".[33] Assim, apesar dos esforços da Inquisição para expurgar a heresia, aconteceu o inverso: traços da odiada heresia se disseminaram na sociedade ibérica, afetando não só pessoas de ascendência islâmica e judaica, mas toda a cultura.

Essa evidência é ainda mais extraordinária quando consideramos que, como vimos no início de nossa história, a maioria dos convertidos na Espanha do século XV era formada por criptojudeus que haviam se afastado da fé de seus antepassados. Assim, a questão não era que a Inquisição perseguisse hereges, nem mesmo que estimulasse seus primeiros alvos, os convertidos, a se tornarem hereges; a realidade é que mesmo os que tinham pouca ou nenhuma ancestralidade judaica eram levados à heresia pela atmosfera criada pela Inquisição.

Ao considerar por que isso devia acontecer, recordamos alguns personagens que encontramos ao longo da nossa história: as senhoras cristãs-novas atraídas pelas ideias de Erasmo justamente porque ele era tão atacado em alguns círculos, ou o líder das lojas maçônicas de Nápoles que se tornou maçom por essa mesma razão. A perseguição e a demonização podem fazer um grupo parecer mais atraente. Afinal, o desejo de quebrar tabus e proibições é inerente aos seres humanos, como Eva demonstrou no jardim do Éden. Além disso, os costumes dos convertidos eram constantemente alardeados à população durante os éditos de graça inquisitoriais, que advertiam as pessoas sobre os costumes heréticos a serem evitados.

Na verdade, os atos de demonização e perseguição asseguraram a persistência das ameaças à sociedade. Portanto, em algum nível inconsciente a sociedade ibérica imperial e expansionista desejava que essas ideias persistissem como ameaças inimigas contra as quais podia se autodefinir. Essa autodefinição por meio do ódio foi poderosa, mas também fomentou a paranoia, a ilusão e, por fim, o colapso do edifício imperial que a Inquisição tentou sustentar com tanto afinco.

O último século da Inquisição na Espanha assistiu a diversas tentativas de reforma. Melchor de Macanaz, ministro de Felipe V, elaborou em 1713 um programa de secularização do Estado que incluía a reforma da Inquisição. Na visão de Macanaz, a Suprema teria um secretário real, o que efetivamente faria dela apenas outro ministério, enquanto a censura passaria da égide inquisitorial à alçada real, que seria encarregada de designar os censores. Contudo, como vimos, essas ideias não foram bem-vistas pela Inquisição, que processou Macanaz e o obrigou a fugir para a França.*[34]

No entanto, afinado com os acontecimentos no governo do marquês de Pombal durante o reinado de Carlos III (1759-1788), o Estado espanhol começou a invadir o território da Inquisição. Em 1768, houve tentativas de frear os poderes de censura da Inquisição, e um decreto de 1770 restringiu esses poderes às questões relativas à fé, excluindo delitos como a bigamia da alçada da Inquisição. Nos anos 1790, houve diversas propostas de reforma, uma delas apresentada pelo primeiro grande historiador da Inquisição, Juan-Antonio Llorente, que era também secretário do Tribunal. No entanto, por uma razão ou por outra, todos os programas tardios de reforma fracassaram e a Inquisição continuou cambaleando em direção ao fim.[35]

Em 1800, a energia que a Inquisição espanhola ainda tinha foi dirigida aos livros provenientes da França. No entanto, os próprios inquisidores eram cada vez mais influenciados pelas ideias francesas, e alguns foram acusados dos mesmos delitos de jansenismo e tolerância excessiva de que acusavam os outros.[36] Um exemplo foi o último inquisidor-geral

---

* Ver página 339.

da Espanha, Ramón José de Arce. Dizia-se que Arce era educado, esclarecido e que tinha um caso com a marquesa de Mejorada. Quando o exército de Napoleão ocupou Madri, em 22 de março de 1808, Arce renunciou ao posto no dia seguinte e emigrou para a França.[37]

Foi a chegada de Napoleão que marcou o verdadeiro fim da Inquisição. Primeiro ele havia invadido Portugal, depois de disputas com o rei português João VI referentes ao bloqueio dos portos ingleses pelos franceses. Depois de forçar a família real portuguesa a fugir, Napoleão começou a ocupar as cidades ao norte da Espanha. O rei espanhol Carlos IV foi deposto por uma facção aristocrática, e seu filho, Fernando VII, o substituiu; Napoleão enviou-os ao sul da França "para sua segurança" e instalou seu irmão, José, no trono espanhol.

Em 4 de dezembro de 1808, o novo governo aboliu a Inquisição na Espanha através de um decreto. Num período de dez dias, oito membros da Suprema foram presos, os escritórios da Inquisição em Madri foram saqueados e grandes somas de dinheiro, confiscadas. As forças napoleônicas ocuparam a maior parte da Espanha e fecharam os tribunais. Em Roma, o papa Pio VII foi detido pelas forças francesas, o que significou um ataque à legitimidade espiritual da Inquisição.[38]

Com o império espanhol afundado no caos, as Cortes Gerais foram reunidas no porto de Cádiz, no sul da Espanha, que não havia sido tomado por Napoleão. Guerrilhas eclodiram por toda a Espanha e ficou claro que, independentemente do resultado da guerra entre os franceses, as guerrilhas espanholas e as tropas portuguesas e britânicas que defendiam a Península Ibérica sob o comando do futuro duque de Wellington, o país nunca mais seria o mesmo. As Cortes foram convocadas no dia 24 de setembro de 1810 e reuniram liberais, realistas e uma proporção significativa de clérigos — quase um terço. Apenas dois dias depois de inauguradas, um dos líderes da facção liberal, Agustín de Argüelles, levantou o tema da liberdade de imprensa.

O debate durou várias semanas. Argüelles argumentou que a liberdade de imprensa estava na origem da prosperidade britânica, mas um dos deputados eclesiásticos, o cônego José Isidro de Morales, respondeu que ela era "totalmente irreconciliável com os cânones, com a disciplina da Igreja e com o próprio dogma do credo católico".[39] Outro aspecto irreconciliável, como podemos ver, era o abismo entre os dois partidos no parlamento.

Finalmente, em 18 de outubro de 1810, o decreto que permitia a liberdade de imprensa foi aprovado. Subitamente, uma enxurrada de panfletos, revistas, jornais e livros começou a atacar a Inquisição. A imprensa liberal era mais elegante, mais bem-escrita e tinha um público mais amplo do que a dos rivais conservadores. Destacou-se rapidamente na batalha ideológica. Apesar de seis meses depois começarem a circular panfletos favoráveis à Inquisição, já era tarde demais. Um porto cheio de navios e marinheiros dos países do norte europeu, onde as ideias do Iluminismo estavam na moda,[40] Cádiz era uma das cidades mais liberais na Espanha.

Rapidamente a Inquisição passou a encarnar tudo o que era considerado errado no velho regime. Além disso, havia a percepção de que ela nunca estivera tão enfraquecida. Um de seus oponentes nas Cortes Gerais de Cádiz a descreveu como um "colosso [...] de cabeça dourada brilhante, peito e braços de prata, estômago e músculos de cobre, pernas de ferro; mas parte de seus pés é de barro, então é muito fácil derrubá-lo".[41]

Seria impossível desacelerar o ritmo dos acontecimentos. Em 1812, criou-se uma comissão para julgar se a Inquisição devia ser restabelecida na Espanha após a derrota dos franceses e se isso era compatível com a Constituição liberal promulgada pelas Cortes Gerais em 12 de março de 1812. A comissão apontou diversos problemas: o papa estava encarcerado e o inquisidor-geral havia renunciado, então não havia autoridade a quem prestar contas. Além disso, ressaltou, a Inquisição se "opunha à soberania e à independência da nação, e à liberdade civil dos espanhóis, que o parlamento desejava assegurar e consolidar". A comissão propôs, então, um sistema para investigar heresias que operaria por meio dos bispos: estava aberto o caminho para a abolição.

Vale a pena examinar algumas das táticas empregadas pelos liberais contra o velho e esgotado colosso que por tanto tempo exercera influência sobre a Espanha. Os panfletários caracterizaram a Inquisição de um modo inaudito por mais de sessenta anos, com as torturas e execuções sendo descritas como se ainda ocorressem. Os polemistas responsabilizavam a instituição pela decadência da Espanha, pelo desaparecimento das ciências aplicadas, da agricultura, da indústria e do comércio. Curiosamente, as mesmas acusações dirigidas aos jesuítas no início do século XVIII haviam causado a expulsão da ordem de Portugal em 1759 e da Espanha em 1767.[42]

Quando as acusações permanecem as mesmas e só a identidade do grupo acusado é que muda, é sensato supor que o grupo esteja sendo culpado por algo cujas causas têm outras origens. A Espanha tivera de conviver com inúmeros inimigos! Convertidos, luteranos, mouros; franco-maçons, jansenistas, o Iluminismo; sodomitas, bígamos e blasfemos; e, dessa vez, os jesuítas e a Inquisição. Todos foram acusados de ameaçar a força e a identidade da nação espanhola. Mas em todos os casos havia uma dinâmica mais complexa em funcionamento, que requeria que fosse encontrado um bode expiatório.

Mais uma vez essa dinâmica foi bem-sucedida na Espanha. A campanha foi tão convincente que, quando as multidões invadiram os escritórios da Inquisição agonizante, esperavam encontrar instalados os instrumentos de tortura que aleijavam suas vítimas. Isso aconteceu apesar de ninguém se lembrar de ter assistido a um auto de fé e de poucos saberem de alguém que tivesse sido preso pela Inquisição.[43] A repressão regressara à sua origem: a instituição que antes procurara bodes expiatórios por toda parte tornou-se o bode expiatório de todos os males da Espanha.

As polêmicas que se agitaram nos últimos dias da Inquisição e do antigo regime foram os primeiros debates públicos sobre o passado espanhol. A divisão que vimos crescer entre conservadores e liberais se cristalizou em torno de perspectivas diferentes sobre a Inquisição e do que elas diziam a respeito da história da Espanha.

No final do século XIX, um dos defensores da visão conservadora da história espanhola, que voltara a predominar nos círculos intelectuais e políticos, era Marcelino Menéndez y Pelayo, um homem notável pela precocidade intelectual e pela verborragia. Aos 27 anos, publicou uma história em oito volumes, lida ainda hoje, sobre as ideias e os pensadores espanhóis não ortodoxos, incluindo muito material sobre a Inquisição. Menéndez y Pelayo era um defensor ferrenho do papel da Inquisição na formação da sociedade espanhola. Ele argumentava que "a intolerância é uma lei inata à inteligência humana saudável":[44] a inteligência ativa buscava a verdade e depois tentava impô-la aos demais, sendo intolerante em suas ideias.

Enquanto eu frequentava os arquivos em Portugal e na Espanha, a afronta inicial provocada por essa ideia foi sendo substituída por outras emoções. O que eram aquelas pilhas de papéis amarelados senão uma tentativa de impor uma visão de mundo? Ali estavam aqueles papéis, firmemente atados com fitas de tecido nas caixas que os protegiam, esperando pacientemente que sucessivas gerações de historiadores os destilassem e desmembrassem. Eles representavam jornadas ao passado e à psicologia do passado que formara o presente, mas eram também jornadas que, de alguma maneira, tornavam mais fácil suportar a dor e a discórdia do presente ao deslocá-las para os traumas daqueles que não sofriam mais.

Foi difícil descartar inteiramente o ponto de vista de Menéndez y Pelayo sobre a intolerância da mente humana. Era cada vez mais fácil apontar os responsáveis por diversos males: os inquisidores por sua venalidade e seu apego ao poder, os torturadores por seu sadismo e os belicosos por suas guerras, das quais os intelectuais liberais muitas vezes se beneficiaram indiretamente. Assim, a visão liberal também precisava de inimigos, os quais, como ocorreu com a Inquisição, eram renovados de acordo com a mudança das estações intelectuais e a passagem do tempo.

Seria possível afirmar que a atitude inquisitorial de alguma forma foi uma precursora inevitável da condição humana moderna? Não há dúvida de que ela teve inúmeros sucessores, ao menos por analogia. Houve a rede de informantes da Stasi, conhecida como Inoffizielle Mitarbeiter, que durante a Guerra Fria se espalhou pela Alemanha Oriental como familiares inquisitoriais para monitorar os politicamente incorretos; e os carrascos de Mao Tse-tung, que amputavam a laringe de suas vítimas para que não pudessem protestar, assim como as vítimas dos autos de fé eram amordaçadas, e que cobravam das famílias dos mortos as balas usadas para executá-los, assim como as vítimas da Inquisição tinham que pagar pela tarefa de seus torturadores.[45]

Descobriu-se que a administração era uma ferramenta crucial, que podia ser usada para projetar os fracassos nos outros. Então, a psicologia humana esteve no cerne da história da Inquisição. Contudo, enquanto a literatura histórica falou com precisão das estruturas inquisitoriais, das estatísticas dos autos de fé, dos detalhes dos processos inquisitoriais e de suas atividades no mundo ibérico, raramente se debruçou sobre a psicologia subjacente aos acontecimentos ou tentou compreender o que realmente motivou a perseguição.[46]

Isso sempre pareceu um erro. No entanto, no clima em que essas pesquisas eram conduzidas, é possível perceber o porquê dessa omissão: o grande volume de informações sobre as atrocidades, o avanço gradual da cultura persecutória, o acúmulo das "evidências" de ameaças, tudo isso inevitavelmente levava aqueles que consumiam essas informações a se relacionar com elas à sua própria maneira, portanto ficou difícil analisá-las de uma perspectiva externa e alcançar uma compreensão psicológica do que realmente estava acontecendo.

Nas décadas posteriores à abolição da Inquisição, a tarefa de compreender sua dinâmica psicológica foi cada vez mais transferida aos romancistas. Exemplos clássicos são Dostoievski, com sua devastadora alegoria do "Grande Inquisidor" em *Irmãos Karamazov*, e o retrato de uma perseguição inquisitorial burocrática na história de Joseph K. em *O Processo*, de Kafka. É impossível esquecer as andanças de K. atrás de um pedaço de papel insignificante cujo nome ele desconhecia e sua súbita execução depois de um encontro na catedral.

Outro autor que usou esse tema foi Elias Canetti. Como eu, Canetti descendia de judeus ibéricos, os primeiros alvos da Inquisição. Isso foi um empecilho à objetividade, mas talvez permita um nível de empatia que, espera-se, libere as emoções produzidas pela Inquisição em vez de esmagá-las. Uma das obras mais conhecidas de Canetti é o romance *Der Blendung*, publicado na Áustria em 1935 e traduzido para o inglês sob a supervisão do autor como *Auto de Fé*.* No livro, Canetti — que recebeu o Prêmio Nobel em 1981 — retrata a crise psicológica de Peter Kien, um erudito da Europa Central, cada vez mais dominada pelo

* Este é também o título da edição brasileira. (N. da T.)

autoritarismo nos anos que antecederam a Segunda Guerra Mundial. Depois de perder o apartamento, enganado pela governanta Thérèse e pelo caseiro fascista Benedikt Pfaff, Kien submerge num submundo do qual não consegue mais sair.

O livro de Canetti repete a sátira ao auto de fé composto três séculos antes por Cervantes. Na perturbadora visão de Canetti, o pano de fundo da loucura e do colapso de Kien são a crescente agressão, a violência e a utilização de bodes expiatórios por uma sociedade à beira da guerra genocida. Este mundo é incapaz de se responsabilizar por suas atrocidades. Obcecado por sua própria visão da verdade em seus livros, cercado por uma cultura de perseguição incipiente, derrotado, intenso e louco, Kien já não era capaz de viver com o que criara no microcosmo de seu apartamento em ordem. Kien, que criara aquele espaço de tanta erudição e cultura, decide incendiar o apartamento, queimar os livros e destruir a si mesmo no processo.

O DEBATE das propostas apresentadas pela comissão para o futuro da Inquisição espanhola foi inaugurado em Cádiz, em 4 de janeiro de 1813. Agustín de Argüelles, membro da comissão, defendeu suas opiniões, reiterou as dificuldades envolvidas no restabelecimento de uma Inquisição sem um inquisidor-geral e acrescentou que a instituição, em vez de promover a pureza da religião, havia contribuído para arruiná-la, ao "encorajar denúncias [...] e se basear na honestidade dos juízes, tão cheios de maldade quanto qualquer homem".[47] Prosseguiu acusando a Inquisição de ter secado as fontes do Iluminismo e expulsado da Espanha todos os homens talentosos e esclarecidos.

Argüelles foi apoiado pelo conde de Toreno, que ressaltou a falta de um inquisidor-geral e a oposição da Inquisição ao Iluminismo; ele declarou: "A Inquisição sempre se dedicou a vigiar e investigar a conduta dos homens sábios e da *intelligentsia* [...] não consigo pensar em nenhuma pessoa esclarecida que eu conheça que não tenha sido ameaçada pela Inquisição."[48] Houve muitos, porém, que falaram a favor da instituição. Alguns deputados comentaram que a nação não era composta unicamente de pessoas esclarecidas ou que gostavam de novidades, mas de gente comum, e que essa gente preferia a continuidade da Inquisição. Outros afirmaram que as Cortes não deviam tratar de assuntos relacionados a crenças, e que deviam se limitar a defender a fé, o que, na sua opinião, equivalia a manter a Inquisição.

Os críticos da Inquisição nas Cortes armaram um estratagema. No dia 16 de janeiro, quando muitos de seus oponentes assistiam ao funeral do bispo de Segóvia, os liberais aprovaram às pressas um decreto segundo o qual "a religião católica apostólica será protegida pelas leis que conformam a Constituição".[49] A Inquisição estava condenada; em 22 de fevereiro de 1813, o decreto da abolição foi aprovado. Os livros proibidos foram imediatamente postos à venda, anunciados como "obras proibidas pela Inquisição". Nos desfiles de mascarados da Quaresma, pessoas fantasiadas de bispos portando machados flamejantes iam de praça em praça para ler o decreto da abolição. Em Cádiz, centro da Espanha burguesa e internacionalista, a comemoração estava no ar.

Esses acontecimentos ecoaram em Portugal e no Novo Mundo. No México, o líder do movimento de independência, Miguel Hidalgo y Costilla, um padre liberal da região de Querétaro, foi acusado pela Inquisição de "rebelião e heresia" em dezembro de 1810. Segundo diversas testemunhas, Hidalgo teria duvidado da volta do Messias, dito que a Bíblia só havia alcançado sua forma completa no século III d.C. e que Santa Teresa de Ávila sofrera delírios devido ao autoflagelo e ao jejum constante.[50] Testemunhas disseram que, na casa dele, "um amplo grupo de gente comum reúne-se constantemente para comer, beber, dançar e perseguir mulheres";[51] que padres dançavam com vasilhas do óleo consagrado penduradas no pescoço, e que os ornamentos e as vestimentas da igreja eram usados em bailes de máscaras. Na noite de Natal, a hóstia foi escondida no altar; o padre que oficiava a cerimônia desconfiou que tivesse sido roubada e se pôs a procurá-la, provocando risos entre a congregação.[52]

Hidalgo afirmou que fora acusado de heresia por apoiar o movimento de independência. Contudo, as histórias a esse respeito que ele divulgou entre seus seguidores podem ter disparado a fúria persecutória da Inquisição. Para horror dos oficiais da instituição, ele afirmou que "os inquisidores eram homens de carne e osso; podiam cometer erros; e que seus éditos eram ditados pela paixão".[53] Muitos padres concordavam com Hidalgo, e um deles, o frade José Bernardo Villaseñor, anunciou que o édito emitido contra o "herege Hidalgo" só servia "para limpar nossos traseiros".[54] Hildago e seus seguidores, então, marcharam até a Cidade do México, mas no início de 1811 retrocederam para o norte, onde foram derrotados em março. Hidalgo teve um julgamento sumário pela Inquisição antes de ser fuzilado.

No entanto, não morreu à toa. A independência mexicana ocorreu logo em seguida, e em junho de 1813 o decreto de abolição de Cádiz já era de domínio público, e o tribunal do México foi suspenso. O mesmo ocorreu em Lima, enquanto no Chile o conselho municipal de Santiago havia suspendido a renda eclesiástica da *canonjía* destinada à Inquisição quase dois anos antes, em setembro de 1811. Naquele mesmo ano, Cartagena, na Colômbia, foi palco de manifestações violentas que exigiam a abolição da Inquisição.[55]

Enquanto isso, em Portugal, os acontecimentos eram igualmente dramáticos. A Inquisição foi declarada abolida pelos liberais quando a família real portuguesa fugiu das tropas de Napoleão, em 1807; os escritórios da Inquisição foram saqueados, e o inquisidor-geral fugiu para o sudoeste da França.[56] Um édito definitivo extinguiu o tribunal de Goa em 16 de junho de 1812.[57] O vice-rei escreveu sugerindo que todos os documentos dos processos fossem queimados, e eles nunca foram encontrados. Por fim, a Inquisição foi oficialmente abolida em Portugal pelo governo constitucional em 31 de março de 1821,[58] após o fim das revoltas da Guerra Peninsular.

Enquanto isso, o decreto de abolição aprovado pelas Cortes Gerais de Cádiz em 1813 finalmente foi implementado na Espanha. Após a expulsão das tropas francesas, em 1813, o rei Fernando VII regressou à Espanha e reinstalou a Inquisição por um breve período. Mas em janeiro de 1820 houve uma revolução, novamente centrada em Cádiz, e Fernando só conseguiu se manter no trono mediante a promessa de respeitar a Constituição aprovada pelas Cortes de Cádiz. Libertou os prisioneiros dos cárceres inquisitoriais e em 9 de março de 1820 aprovou um decreto abolindo a Inquisição,[59] finalmente convertido em lei em 1834.

Em 8 de março de 1820, assim que a decisão de Fernando VII de respeitar a Constituição de Cádiz foi publicada, o povo tomou as rédeas da situação. Em Madri, centenas de pessoas dirigiram-se ao cárcere da Inquisição para libertar sete detentos, todos presos políticos. Os libertos se recusaram a ser carregados em triunfo para suas casas; um alfaiate se apresentou para o papel, apesar de nunca ter tido nada a ver com a Inquisição. Depois, a multidão fez uma fogueira com os móveis e papéis retirados do palácio.[60]

Foi impossível deter a onda de revanche; o ódio e outros sentimentos reprimidos retornaram com uma inevitabilidade impressionante. Os cárceres da Inquisição foram invadidos em Sevilha e em Valência no dia 10 de março. O palácio inquisitorial de Palma, em Maiorca, foi destruído.[61] Em Barcelona, no dia 10 de março, uma multidão chegou à uma da tarde ao palácio do capitão-geral para exigir que a Constituição fosse declarada. Ele concordou, e todos se dirigiram ao palácio inquisitorial com o intuito de dar cabo da Inquisição para sempre. Forçaram os portões do calabouço, como ocorrera em Madri, e libertaram os prisioneiros. Muitas fogueiras foram acesas e colunas de fumaça se elevaram em direção ao céu, escurecendo-o com os restos dos arquivos e documentos do tribunal catalão.[62]

Pobre Península Ibérica! Portugal e Espanha, antigas sedes dos maiores impérios do mundo, estavam arruinados. Havia divisões por toda parte. A Inquisição tentara produzir uma ideologia unificada e perseguiu as ameaças quando e onde as encontrou, mas só conseguiu presidir o declínio imperial. Não se pode dizer que a perseguição ao inimigo tenha contribuído para a prosperidade ou para melhorar a vida do povo. Ela resultou em repressão e frustração. Da frustração brotou a raiva, e dela o rancor mútuo.

O cenário para uma amargura crescente estava montado. Com o tempo, as divisões produziriam o terrível conflito da Guerra Civil Espanhola e o antagonismo entre conservadores e liberais que antecedeu o regime de Salazar, em Portugal. O inimigo nunca desapareceu. A Inquisição ajudou a persegui-lo, mas, como consequência, a divisão que se produziu ficou mais larga do que um oceano. A paranoia em Portugal e na Espanha transformou a prosperidade em decadência. Foram a intolerância da sociedade imperial e a perseguição às ameaças ilusórias que carregaram seu próprio império pelos arroios melancólicos do esquecimento.

NOTAS

Para uma lista das abreviaturas utilizadas nestas notas, ver página 424.

Prólogo

1. Bethencourt (1994: 79) descreve as armas da Inquisição nos domínios espanhóis. Meu relato desse auto de fé é extraído da tradução feita por Liebman (1974) da descrição de Bocanegra, baseada no testemunho ocular deste último.
2. Liebman (1974) 38.
3. Ibid. 41-5 para a descrição do palco, que tinha 44 *varas* de comprimento e 28 *varas* de largura; uma *vara* equivale a 8 centímetros.
4. Ibid. 50-4.
5. Ibid. 54.
6. Ibid. 57.
7. Wiznitzer (1971b) 144-5; Wachtel (2001a) 116-20. No julgamento de Sobremonte, seu filho recitou uma prece judaica que o pai lhe ensinara, e soube-se que ele era considerado um rabino no México e celebrara seu matrimônio com Mari Gómez segundo a lei judaica. Sobremonte havia sido reconciliado pela Inquisição mexicana em 1625; sua segunda ofensa permitiu que fosse proferida a sentença de relaxamento — morte. Seu julgamento foi publicado em BAGN (1935-7) Vols. 6-8.
8. Liebman (1974) 62-3.
9. Ibid. 65.
10. Ibid. 63.
11. Ibid. 64.
12. Ibid. 39.
13. Ibid. 24.
14. Ibid. 24-5.
15. AGI Santa Fé 228, Expediente 63.
16. AGI Santa Fé 228, Expediente 81A, n. 6-7, 9.
17. Ibid. 12, 18; Mañozca ameaçou aquela pobre gente com as galés e a perda do cargo se não recuassem.
18. Ibid. 19.
19. Ibid. 30.
20. Ibid. 33.
21. A entrevista foi feita em 1623; ver Lea (1908) 476.
22. AGI, Quito, Expediente 20A, n. 5.
23. Ibid.
24. Ibid. 8.
25. Toribio Medina (1887) Vol. 1, 191.
26. Liebman (1970) 57. Ver Wachtel (2001a: 134-9) para uma análise da ligação entre a ideia de alguns rituais judaicos e o fazer amor na linguagem dos criptojudeus mexicanos.
27. Pérez Canto (1984) 1134.
28. Liebman (1970) 64.
29. Palmer (1976) 63.

30. Cinchilla Aguilar (1952) 227.
31. PV, 272.
32. Toribio de Medina (1890) Vol. 1, 283.
33. Hakluyt (1600) 727.
34. AHN, Inquisición, Libro 1028, 160r-164r. Durante o julgamento Drake afirmou que descobrira, ao chegar a Assunção, que desejava se tornar católico. Os documentos não descrevem o que sucedeu após sua libertação do monastério, mas o mais provável é que tenha permanecido no Peru, já que a Inquisição na América sempre proibia que os reconciliados de países protestantes viajassem, para não serem tentados a repetir os erros anteriores.
35. Blázquez Miguel (1986b) 83.
36. Ibid.
37. Blázquez Miguel (1990) 28.
38. Blázquez Miguel (1986b) 64.
39. Blázquez Miguel (1990) 29-30.
40. Contreras e Henningsen (1986) 113-114; Bethencourt (1994) 365.
41. García Cárcel e Moreno Martínez (2000) 87.
42. Bethencourt (1994) 365.
43. Marques (1972) 292, 399, 402.
44. Mario Cohen (2000) 56.
45. Paiva (1997) 189.
46. Kinder (1997) 61-6.
47. Ruiz de Pablos (ed.) (1997).
48. Uma excelente apreciação dessa visão é a de Pinta Llorente (1953-8) Vol. 2, 61.
49. Trevor-Roper (1984) 113; Paiva (1997) 347-9.
50. Rawlings (2006) 2.
51. Sierra Corella (1947) 17.
52. Ver a introdução de Tomás y Valiente (1990) à segunda edição de seu livro sobre a tortura, publicado originalmente em 1973, na era franquista.
53. É como se interpreta a acusação de Pinta Llorente (1961: 123-4) de que o declínio da Espanha no século XVIII devia-se aos professores universitários ou sua afirmação de que "hoje conhecemos perfeitamente o espírito paternal e misericordioso que quase sempre acompanhou as ações e os procedimentos da Inquisição espanhola. Quem põe a honra e a glória de Deus, e a manutenção da ordem moral acima de tudo (...) tem que admitir a excelência dessa instituição nacional" (81).
54. Esse é um hiato curioso na historiografia da Inquisição. Ainda que seja compreensível que os historiadores portugueses e espanhóis se dediquem às suas histórias nacionais, os autores que escrevem em inglês têm se concentrado na Espanha: Lea (1906-7) tratou de Portugal em um capítulo de seu livro sobre a Espanha, como se aquele país fosse uma província espanhola, ao passo que Kamen (1965, 1997) e Monter (1990) só miraram a Espanha. A melhor obra comparativa sobre os tribunais espanhol, português e romano é a de Bethencourt (1994).
55. O protocolo do auto de fé no México descrito nesse capítulo pode ser comparado ao do auto de fé de 1623 em Évora (Mendonça e Moreira (1980: 135-40)); eles podem ser considerados muito semelhantes, mesmo que os padrões da Inquisição na Espanha e em Portugal tenham sido muito diferentes (Ibid. 134).
56. Almeida (1968) Vol. 2, 401.
57. Esses pontos semelhantes são ressaltados por Vainfas (1989) 190.
58. Lea (1963) 128.
59. Kagan e Dyer (2004) 11.
60. Esses atos como rompimentos com o passado são citados por Bethencourt (1994) 22.
61. Lea (1906) Vol. 1, 163.
62. Almeida (1968) Vol. 2, 387-9, 403, 414.
63. Llorca (1949) 61, 68; García Cárcel e Moreno Martínez (2000) 33-4. A perseguição da Inquisição italiana posterior também foi muito menos rigorosa do que em Portugal e na Espanha. Só 2% ou 3% dos prisioneiros foram torturados em Veneza no século XVI, muito menos do que nos tribunais portugueses e espanhóis. Um número muito menor foi executado pela Inquisição na Itália no século XVI do que durante os conflitos entre católicos e protestantes na Inglaterra entre os reinados de Henrique VIII e Mary Tudor (Grendler (1977) 52-8).
64. García Mercadal (ed.) (1999) Vol. 2. 354, 371.
65. AHN, Inquisición, Libro 937, folio 14r.
66. Esse ponto de vista se opõe ao de alguns acadêmicos, tais como Dedieu (1989: 57) e Domínguez Ortiz (1993: 26), que enfatizam que o tribunal era eclesiástico. Se os interesses da maior parte de seus funcionários se concentravam principal-

mente no teológico, não há dúvida de que no contexto político mais amplo a separação dos tribunais ibéricos de Roma tornou-os instituições fundamentalmente políticas.

67. F. Ruiz (1987) 40-1.
68. AHN, Inquisición, Legajo 2022, Expediente 24, folio 4r: "*no es sino mierda y más mierda*".
69. Isso apesar da destruição, por toda a Espanha, de grande número de documentos durante as guerras napoleônicas e a subsequente revolução liberal, o que significa que os arquivos dos tribunais de Córdoba, Granada e Sevilha foram quase totalmente destruídos (García Fuentes (1981) xi).
70. Lithgow (1640) 479-80.
71. García Mercadal (ed.) (1999) Vol. 1, 582.
72. García-Arenal (1978) 42-3.
73. AHN, Inquisición, Libro 938, folio 168r: o caso de Pedro Mufferi de Chelva, perto de Valência, datado de 1602.
74. Benassar (1987) 178.
75. Ibid.
76. Ibid.
77. Contreras e Henningsen (1986) 120; para uma discussão mais completa da imposição do reino do medo, ver Contreras (1987) 53-4.
78. Benassar (1987) 183.
79. Como veremos, não é por nada que alguns historiadores veem na Inquisição os elementos básicos dos modernos regimes totalitários. Ver Lewin (1967) 9; Gilman (1972) 168.
80. Bradley (1931) 319-22.

Um — O fim da tolerância

1. Assim, em 1484, os Reis Católicos tiveram que mandar que a elite de Ciudad Real não abrigasse "hereges" para protegê-los da Inquisição, que havia sido instalada lá em 1483; Beinart (1974-85) Vol. 4, 295-6.
2. Pinta Llorente (1961) 56.
3. Há intensas discussões acadêmicas sobre a natureza dessas conversões. A visão tradicional dessa onda de conversões afirma que ela teria ocorrido, em grande medida, após os violentos *pogroms* contra os judeus de Sevilha, em junho de 1391, que se espalharam rapidamente pelo país até lugares como Córdoba, Toledo, Cuenca, Maiorca, Valência e Barcelona (Baer (1966) Vol. 1, 96-110). Ainda que parte da historiografia recente respalde esse ponto de vista (Netanyahu (1995a) 148-51), Norman Roth argumenta de forma convincente que a realeza defendia os judeus (ver também Suárez Fernández (1980) 215) e que os que foram compulsoriamente convertidos ao cristianismo poderiam ter retornado ao judaísmo se tivessem desejado (2002: 33-45); em vez disso, ele afirma que as conversões voluntárias entre as elites precipitaram uma crise espiritual entre os judeus da Espanha, levando a ondas de conversões voluntárias alimentadas pela pregação incendiária de São Vicente Ferrer. Certamente, o fato de que alguns judeus atuaram nos *pogroms* sugere que a perspectiva tradicional precisa ser revisada (Blázquez Miguel (1989) 127-8).
4. García-Arenal (1996) 165.
5. Monter (1999) 6.
6. Pinta Llorente (1961) 60-1; ações como essas fazem com que seja difícil compreender a afirmação de Menéndez y Pelayo (1945: Vol. 3, 433) de que a resistência em Aragão foi "leve".
7. Monter (1999) 7-9.
8. Ibid. 9.
9. Havia mais mouros em Aragão do que em todo o restante da Espanha exceto Granada; eles eram mais numerosos do que os cristãos no campo (García Mercadal (1999) Vol.1, 301), e eram suas habilidades na semeadura, no cultivo e na irrigação que respaldavam o estilo de vida da nobreza. Um refrão local dizia: "*Quien no tiene moros no tiene oro*" [Quem não tem mouros não tem ouro]. (Ibid. Vol. 1, 388.)
10. Extraí esse relato geral de Saragoça dos escritos de 1525 do embaixador veneziano Navajero — García Mercadal (1999) Vol. 2, 16.
11. Trasmiera (1664) 4-5.
12. Ibid. 52-3.
13. Zurita (1610) Livro 20, 341.
14. Ibid. 342.
15. Ibid.
16. Sabatini (1928) 217.

17. Llorente (1841) 144.
18. Zurita (1610) Livro 20, 342.
19. Trasmiera (1664) 73-4.
20. Ibid. 82-3.
21. Sabatini (1928) 221; Llorente (1841) 158-9.
22. Sabatini (1928) 222-3.
23. Jama (2001) 35-47.
24. É de suma importância que a ira inicial dos convertidos tinha sido acompanhada na mesma medida pela dos *caballeros* e da *gente principal*: Zurita (1610) Livro 20, 341.
25. Amador de los Ríos (1960) 29, 69.
26. Green (2006) 30-1; Fonseca (1995) 15 (segundo Barradas de Carvalho). A valorização de uma geografia de espaços físicos em vez de uma de lugares humanos acompanhou a modernização das consciências e o desenvolvimento de uma visão de mundo abstrata e científica.
27. Bernis (1978) Vol. 1, 16-17.
28. Ibid. Vol. 1, 20-3.
29. Ibid. Vol. 2, 20; visão de Alonso de Palencia, cronista de Henrique IV.
30. Ibid. Vol. 2, 21.
31. Ibid.
32. Castro (1954), 126.
33. Ibid. 121; além disso, a influência islâmica estendia-se à comunidade judaica — por exemplo, na arquitetura de sua grande sinagoga em Toledo, conhecida como *El Tránsito* — e à sua literatura e teologia (Ibid. 446; Roth (1994) 170-82).
34. Castro (1954) xxix.
35. Fletcher (1992) 143.
36. Roth (2002) 66.
37. Roth (1994) 133.
38. Nirenberg (1998) 138-9.
39. Fletcher (1992) 138.
40. Os cristãos na Espanha não teriam tido êxito na reconquista se tivessem se dedicado às ideias intelectuais (Castro (1972) lii).
41. Escandell Bonet (1984a) 270.
42. A evidência do embaixador florentino Francesco Guicciardini — García Mercadal (ed.) (1999) Vol. 1, 578.
43. Bernáldez (1962) 15-16.
44. Ibib. 18.
45. Ibid. 15.
46. Valera (1927) 5.
47. Douglas (1984) 4, 38. Agradeço a meu orientador no doutorado, Paulo Farias, por essa análise sobre a posição dos convertidos.
48. Pérez de Guzmán (1965) 43.
49. Sicroff (1985) 52-3.
50. Benito Ruano (1961) 186.
51. Ibid. 188.
52. Ibid. 187-8.
53. Pérez de Guzmán (1965) 39.
54. Ibid. 45-6
55. Ibid. 46.
56. A relevância da fraqueza de João II diante dessa questão é ressaltada por Sicroff (1985) 56.
57. Benito Ruano (1961) 206.
58. Ibid. 193: "*facen otros géneros de olocaustos e sacrificios judaizando*".
59. Ibid. 193, 194-5.
60. Netanyahu (1995) 357-9.
61. A análise de Ladero Quesada sobre Badajoz, Toledo e a Andaluzia mostra que, no último terço do século XV, apenas entre 10% e 15% dos convertidos dedicavam-se ao comércio, e que a vasta maioria (entre 50% e 77,5%) se constituía de artesãos (1992: 42-4); na diocese de Osma, no final do século XV, só 3,1% dos convertidos praticavam o comércio (Valdeón Buruque (1995) 56).
62. Valdeón Buruque (1995) 71-81.

63. Fromm (1951: 69) demonstra muito bem como as inconsistências de um argumento podem revelar os sentimentos subjacentes que o motivam.
64. No início do século XV, menos de vinte anos após os acontecimentos de 1391, os judeus de Évora, em Portugal, reclamaram que o bairro judeu da cidade não era suficientemente grande, o que significa que os custos de possuir uma casa eram proibitivamente caros, e muitos judeus estavam emigrando para Castela (Almeida 1967: Vol. 2, 389); em 1467, as revoltas e a conversão forçada de judeus em Tlemcen, na África do Norte, forçaram um rabino, Yeshu'ah ha-Levi, a emigrar para Toledo; como ele conta, "veio para a terra de Castela para preservar [sua] vida do perigo por um tempo" (Hirschberg (1974) 388-9). A dicotomia entre a violência dirigida aos convertidos e a ausência de um comportamento similar com relação aos judeus é apontada por Sicroff (1985: 85).
65. Suárez Fernández (ed.) (1964) 21; Roth (2002) 50-1, 82-5.
66. A ideia de que o ressentimento dos convertidos derivava da hostilidade com relação aos centros urbanos é explorada mais amplamente em Green (2007: Apêndice B); ver também Ladero Quesada (1999) 314.
67. Beinart (1974-85), Vol. 4 (1985) 8-11.
68. Ibid. (1985) 26.
69. Beinart (1981) 67.
70. Bernáldez (1962) 96-8.
71. Esse é o argumento sem resposta de Netanyahu (1966).
72. Roth (2002) xix.
73. Baer (1966) Vol. 2, 272.
74. Declaração de Pulgar em Toledo, citada em Benito Ruano (2001) 31.
75. Beinart (1971a) 435.
76. Kamen (1977) 40.
77. Sabatini (1928) 124-5; ver também a discussão de Kamen (1997) sobre as provas de Ciudad Real.
78. Kamen (1997) 60.
79. Gitlitz (1996: 18-19): "De diversas formas [a Inquisição] ajudou a criar a própria cultura que se dedicava a erradicar"; ver também Novinsky (1972: 37); Azevedo (1974: 108).
80. Mariana (1751) Vol. 8, 186.
81. Ibid. Vol. 8, 185.
82. Bernáldez (1962) 76.
83. García Mercadal (ed.) (1999) Vol. 1, 380-1.
84. Bernis (19778) Vol. 1, 39.
85. Trata-se do informe de Nicolau von Popplau *c.* 1485 (García Mercadal (ed.) (1999: Vol.1, 298). Sobre a extraordinária influência dos convertidos na corte de Isabel, ver também Amador de los Ríos (1960) 683-4.
86. Collantes de Terán (1977) 74-8.
87. Ladero Quesada (1976) 49.
88. Pulgar (1943) Vol. 1, 310.
89. Llorente (1841) 112-13.
90. Beinart (1981) 10-20. Um relato recente da *Fortalitium Fidei* de Espina está em Vidal Doval (2005); pouco se sabe sobre a origem de Espina, apesar de parecer que ele escreveu principalmente para a corte e que tentou favorecer uma facção da corte. Antes era considerado um convertido, mas hoje isso é tido como algo improvável; ver Netanyahu (1997).
91. Barrios (1991) 19; a bula fundadora só faz menção à heresia dos convertidos (Llorca (1949: 49-50), razão pela qual a afirmação de García Cárcel e Moreno Martínez (2000: 43) de que "a Inquisição não foi criada unicamente para resolver o problema dos convertidos" soa extraordinária.
92. A sugestão de Llorente (1841: 111).
93. León Tello (1979) Vol. 1, 531-2. Mesmo os que se apresentaram durante o período de graça tiveram que doar parte de seus bens para contribuir com a guerra contra Granada; ver Jiménez Monteserín (ed.) (1980) 90.
94. Gil, (2000-1) Vol. 1, 35; ver também Edwards (1999; 55-6), quem sugere que o papel da guerra civil no estabelecimento da Inquisição foi levar as facções da Andaluzia a se aliarem a facções na guerra civil entre Isabel e sua rival na disputa pelo trono, Juana la Beltraneja, apoiada por Portugal. Edwards sugere que Isabel legitimou sua posição como monarca ao vincular a oposição à sua reivindicação aos convertidos judaizantes e ao estabelecer a Inquisição.
95. Kamen (1997) 7. Esse padrão está de acordo com Adorno et al. (1950) e com as descobertas de Ackerman e Jahoda (1950) sobre a maneira como o antissemitismo — e, de fato, todos os atos de demonização dos outros — pode ser uma estratégia defensiva psicológica para proteger-se da doença mental; no caso de Castela, a "doença" pode ser interpretada como as guerras civis, e a demonização seria a invenção dos judaizantes convertidos.
96. Barrios (1991) 20.

97. Gil (2000-1) Vol. 1, 93-110.
98. Domínguez Ortiz (1971) 34.
99. Gil (2000-1) Vol. 1, 123-38.
100. Pulgar (1943) 337.
101. Blázquez Miguel (1989) 90-1, 134.
102. Barrios (1991) 20; Bernáldez (1962) 100.
103. Barrios 91991) 20.
104. Ibid.
105. Bernáldez (1962) 99.
106. Llorente (1841) 121.
107. Kamen (1997: 47) e Netanyahu (1995a) sugerem que a morte de Susán no cadafalso é um mito, pois ele supostamente morreu antes de 1479. No entanto, isto foi documentado por Bernáldez, que em geral é um cronista confiável para nomes e datas, o que me leva a crer que a história é verdadeira.
108. Sabatini (1928) 127.
109. Bernáldez (1962) 101.
110. Gil (2000-1) Vol. 1, 155.
111. Bernáldez (1962) 101.
112. Ibid. 99.
113. Martínez Millán (1984) 12; isso era parte da modernização das estruturas administrativas empreendida pelos Reis Católicos [Escandell Boner (1980a: 275); Benítez Sánchez-Blanco (1983: 65); Ruiz (1987: 42)].
114. Beinart (1974-85) Vol. 1, xvi-xvii.
115. Ibid. 2-25.
116. Ibid. 41-69.
117. Ibid. 275.
118. Ibid. 302.
119. Ibid. 92-130.
120. Ibid. 17-18.
121. Ibid. 391-2.
122. Ibid. 254.
123. Blázquez Miguel (1990) 28.
124. Outra acusada, Maria González la Panpana, mulher de Juan Panpan, disse que se recusava a judaizar com o marido e que não o tinha acompanhado quando ele deixara a cidade dez anos antes para não cair em seus erros doutrinários. Seu testemunho foi amplamente confirmado por padres, mas, apesar de confessar pequenos deslizes durante o período de graça, ela também foi queimada. Ibid.; Beinart (1974) Vol. 1, 71-89.
125. Ibid. 36.
126. Llorca (1949) 68-9.
127. León Tello (1979) Vol. 1, 512-14.
128. Bethencourt (1994) 45.
129. Domínguez Ortiz (1993) 37.
130. Pulgar (1943) vol. 1, 336; isso faz com que a estimativa de Kamen (1997: 60) de 2 mil mortes até 1530 pareça insuficiente.
131. Bernáldez (1962) 102.
132. López (1613) 365, 369.
133. Ibid. 369.
134. Jiménez Monteserín (1980) 111 — a situação em toda a Espanha em 1488, segundo as instruções elaboradas em Valladolid.
135. Blázquez Miguel (1990) 29; a cifra de Monter de oitenta mortes em Saragoça por volta de 1530 provavelmente está aquém dos fatos.
136. BL, Egerton 1832, fólios 37v-38v.
137. Monter (1990) 17.
138. La Mantia (1977) 42-3.
139. Ibid. 38.
140. Monter (1990) 18; La Mantia (1977) 44, 53.
141. Llorente (1841) 140.

142. A afirmação moderna clássica desse ponto de vista é a de López Martínez (1954); não por acaso, essa é uma das obras mais egrégias do antissemitismo na história da literatura sobre os judeus na Espanha.
143. A principal obra sobre a racialização do movimento do qual a Inquisição seria a ponta de lança é a de Netanyahu (1995a).
144. À diferença de outros países europeus, o vernáculo era a língua do governo na Espanha desde o século XIII (Castro (1954) 357). Anderson (1991: 12-18) propõe, convincentemente, que o uso do vernáculo foi um elemento importante no advento do nacionalismo europeu, e o fato de isso ter ocorrido mais cedo na Espanha do que no restante da Europa explicaria por que a institucionalização da perseguição também ocorreu mais cedo. O próprio uso do vernáculo era um legado da *convivencia* e do papel dos judeus na transmissão da cultura árabe aos poderes cristãos do norte (Castro 1954: 451-8). Para uma discussão mais ampla desse processo, ver Green (2007) Apêndice B.

Dois — O fogo se espalha

1. Caro Baroja (1978) Vol. 1, 145.
2. CRP, 967-8.
3. Ibid. 972-7.
4. Ibid. 972, 978-9.
5. IAN/TT, Inquisição de Évora, Processo 8779, fólios 1r-3r; 6r sobre a sua idade.
6. Ibid. 6r-v.
7. Ibid. 3r, 8r.
8. Ibid. 66v; o julgamento de Jorge está em AIN/TT, mas não pode ser consultado devido às más condições do documento. As linhas gerais do caso de Jorge no índice em IAN/TT confirmam que sua detenção também ocorreu em 10 de janeiro de 1545.
9. Ibid. 67r.
10. Roth (1959) 54.
11. Tavares (1982) Vol. 1, Herculano (1854) Vol. 1, 108.
12. IAN/TT, Inquisição de Évora, Processo 8779, 66v; confirmado em Toro (1982) 278-9.
13. Gaspar de Carvajal morreu em Benavente (Ibid. 279), assim como Álvaro e Antonio, pai de Jorge (ibid.); outros membros da família viveram em Salamanca e em Medina del Campo (ibid.).
14. Godinho (1969) 425.
15. Boxer (1948) 1.
16. Godinho (1969) 829.
17. Herculano (1854) Vol. 1, 184 — queixas às cortes de Torres Novas, 1515; o rei Manuel I havia falecido em 1521.
18. Marques (1972) Vol. 1, 80.
19. IAN/TT, Inquisição de Évora, Processo 8779, 17r-v.
20. Góis (1949) Vol. 1, 11-12.
21. Ibid. Vol. 2, 223-6.
22. Costa Lobo (1979) 130.
23. As provas de Nicolaus von Popplau (c. 1485) — García Mercadal (ed.) (1999) Vol. 1, 289, 295.
24. Lobo (1979) 117.
25. Douglas (1984) 38.
26. Révah (1971) 483.
27. Góis (1949) Vol. 1, 42.
28. Osório (1944) Vol. 1, 81.
29. Tavim (1977) 83-84.
30. Osório (1944) Vol. 1, 81.
31. Ibid.
32. Lobo (1979) 34.
33. Extraído de Góis (1949) Vol.1, 254-7; ver também Bernáldez (1962) 505.
34. Azevedo (1922) 59.
35. IAN/TT Inquisição de Évora, Processo 8779, fólios 23r-v.
36. Ibid. 27v-28r.
37. Ibid. 134r-137v.
38. Azevedo (1922) 61-3.

39. AG, Vol. 1, 116; o relato de Nunes sobre suas experiências entre os convertidos de Lisboa está publicado em AG, Vol. 1, 103-18.
40. Ibid. 107-15.
41. Ibid. 343-4.
42. Tavares (1987) 113.
43. Monteiro (1750) Vol. 2, 424.
44. Saraiva (1985) 41.
45. Herculano (1854) Vol. 1, 262-4.
46. Ibid. Vol. 2, 1-90; Almeida (1968) Vol. 1, 387-401; Tavares (2004) 146.
47. Os dois parágrafos anteriores são extraídos de Góis (1949) Vol. 2, 112.
48. Mendonça e Moreira, (1980) 121.
49. Almeida (1967) Vol. 2, 404-6; Azevedo Mea (1997) 61-5.
50. Azevedo (1922) 95.
51. Almeida (1967) Vol. 2, 414-415.
52. Remédios (1928) Vol. 2, 50.
53. Roth (1959) 73.
54. IAN/TT Inquisição de Évora, Processo 8779, fólio 158r.
55. Toro (1982) 279; Espejo e Paz (1908) 41.
56. Toro (1944) Vol. 1, 40.
57. Baião (1921) 21.
58. Provas de um embaixador polonês com data de 1524; García Mercadal (ed.) (1999), 770.
59. *Documentos de la época de los Reyes Católicos*, 338-9.
60. Contreras (1987) 48.
61. Barrios (1991) 31.
62. Ibid. 31-2.
63. García Fuentes (1981), xxii.

Três — Justiça torturada

1. Llorente (1841) 229.
2. Barrios (1991) 58.
3. Gracia Boix (ed.) (1982) 96-101; para uma confirmação mais generalizada, ver Anônimo (ed.) (1964) 153-4.
4. Barrios (1991) 57.
5. Herculano (1854) Vol. 1, 230; citado em Lipiner (1977) 171.
6. Meseguer Fernández (1980) 379-89; Fernando García (1995) 480.
7. Gracia Boix (1982) 30-1.
8. Esse escravo certamente era nativo da Costa do Ouro.
9. Gracia Boix (1982) 31-77.
10. Ibid. 100-1.
11. Ibid. 101.
12. Ver, por exemplo, Ackroyd (1998: 387) sobre a sentença de morte inicial de Thomas More em 1535.
13. Vainfas (1989) 191-2; Blázquez Miguel (1990) 79: Ceballos Gómez (1994) 121; Rawlings (2006) 2.
14. AHN, Inquisición, Libro 938, fólios 37v-39v.
15. Ibid. Libro 938 fólios 9v-39v.
16. Ibid. Legajo 2105, Expediente 26.
17. Carrasco (1983) 181.
18. Ibid. 182, n.38.
19. Ibid. 184.
20. Mott (1988) 79-81 descarta sumariamente a opinião de Vainfas (1989: 247) de que a tortura não teria sido usada em Portugal contra crimes como a sodomia. Vainfas é um dos que afirmam que a tortura inquisitorial não era tão severa como se costuma pensar.
21. Pulgar (1943) Vol. 1, 440.
22. Caro Baroja (1968) 38.
23. Jiménez Monteserín (ed.) (1980) 98, n.15.

24. Barrios (1991) 36.
25. Monterroso y Alvarado (1571) fólio 52r.
26. Vassberg (1986) 81.
27. Tomás y Valiente (1980) 53; (1994) 91.
28. Barrios (1991) 36.
29. Ver Lea (1906-7) Vol. 3, 1-30 sobre o uso generalizado da tortura; diversos tribunais latino-americanos revelam esse fato, como, por exemplo, AHN, Inquisición, Legajo 1620, Expediente 15.
30. Jiménez Monteserín (ed.) (1980) 426-7.
31. Toro (1944) Vol. 1, 281, 285.
32. Fernández-Armesto (1982) 182-3.
33. Rumeu de Armas (1956) 141-2.
34. Wolf (ed. e trad.) (1926); Millares Torres (1981).
35. Alberti e Chapman (eds.) (1912) 88: "*[illegible] [el testigo] entiende es no oyr misa y hurtar*".
36. Ibid. 120: "*la iglesia de Inglaterra no es iglesia sino sinagoga del demonio*".
37. Ibid. 84.
38. Ibid. 84-5.
39. Ibid. 87.
40. Ibid. 84-101.
41. Algo particularmente evidente nos casos dos mouros no final do século XVI e começo do século XVII. Ver, por exemplo, AHN, Libro 936, fólios 182r-184r, sobre Valência em 1578-1579.
42. Rêgo (1971) 90.
43. IAN/TT Inquisição de Lisboa, Livro 223, fólios 99r-v.
44. Ibid. fólio 99v.
45. AHN, Inquisición, Libro 1020, fólio 514r.
46. Ibid. Legajo 1647, Expediente 13, fólios 134r-v.
47. IAN/TT, Inquisição d'Évora, Livro 91, fólios 197r-199r.
48. Eymeric (1972) 15.
49. Ibid. 23-4.
50. Ibid. 25.
51. Ibid. 63.
52. Sabatini (1928) 140-2; ver também IT.
53. AHN, Inquisición, Legajo 1620, Expediente 11, fólios 54r-56v, 72r, 74r.
54. Ibid. Legajo 1620, Expediente 18, fólios 33r-33v.
55. Ibid. Legajo 1620, Expediente 15, 105r-v.
56. Pinta Llorente (1961) 72.
57. Mariana (1751) Vol. 8, 506.
58. Ibid. Vol. 8, 507.
59. AHN, Inquisición, Legajo 2022, Expediente 2, fólio 3r.
60. Ver também Dedieu (1989) 142-3.
61. Mariana (1751) Vol. 8, 506-7.
62. AHN, Inquisición, Legajo 1647, Expediente 11, fólio no.4.
63. Fernando de Rojas, o convertido autor de *La Celestina*, atuou como advogado em casos inquisitoriais. Ver também Kamen (1997) 194.
64. Gracia Boix (1982) 201-2; as instruções de Torquemada (1484) deixam claro que esse pagamento depende de sua capacidade financeira (IT: fólios 6r-vb).
65. Kamen (1997) 201-2.
66. Rêgo (1983) 117-8; Rêgo (1971) 126-7; o caso português refere-se principalmente às "mortes" no cárcere, mas o texto assinala que em muitos casos se tratava de morte por suicídio.
67. Citado em Souza (1987) 327; essa evidência não confirma inteiramente a afirmação de Lea ((1906-1907): Vol. 2, 509) de que os cárceres inquisitoriais eram melhores do que os civis.
68. IAN/TT, Inquisição de Lisboa, Livro 218, fólios 27r-28r.
69. Jiménez Rueda (ed.) (1945) 317.
70. Fonseca (1612) 126.
71. Dellon (1698) 5.
72. Ferrer Benimeli (1976-77) Vol. 3, 429-32.

73. Eymeric (1972) 18.
74. AHN, Inquisición, Legajo 1620, Expediente 15.
75. Dessa maneira, 22,9% dos acusados de judaizantes e 12,8% dos acusados de luteranismo entre 1621 e 1700 em Toledo foram torturados (Dedieu (1989:79)).
76. González Obregón (ed.) (1935) 171-9.
77. Böhm (1984) 291.
78. González Obregón (ed.) (1935) 299-307.

Quatro — FUGA

1. As naus partiram de Lisboa para Cabo Verde em fevereiro, segundo o piloto anônimo (Anônimo (1551/2?)).
2. Toro (1932) 280-1. O mesmo pode ser entendido do relato de sua vida feito aos inquisidores do México em 1589.
3. MMA, II, 441.
4. A visão dos marinheiros que informaram Valentim Fernandes *c.* 1506 — ver Mauney et al. (eds.) (1951) 110.
5. Carletti (1965) 67.
6. Anônimo (1551/2?) 89. A maior parte das naus provinha de Sevilha ou das recém-descobertas terras da América, e o primeiro carregamento de escravos a ir diretamente da África para o Novo Mundo zarpou daquele porto por volta de 1514; o primeiro envio legal foi feito por Lorenzo de Garrevod, em 1517 (Correia Lopes (1994: 4)); contudo, escravos eram rotineiramente embarcados pelo menos a partir de 1514 como parte de contrabando (Hall (1992) Vol. 2, 428).
7. Toro (1932) 280. A família também tinha laços em Benavente — foi lá que a irmã de Luis, Francisca, se casou e formou família.
8. IAN/TT, Inquisição de Évora, Processo 8779, fólio 66v.
9. Toro (1932) 281.
10. Saunders (1982) 55.
11. Ibid. 17.
12. Vogt (1973) 10.
13. O relato de Hieronymus Münzer (1494) — García Mercadal (ed.) (1999) Vol. 1, 354.
14. Vogt (1973) 10.
15. Ibid.
16. Ibid. 12.
17. Saunders (1982) 76.
18. Ibid. 75-7.
19. Ibid. 52.
20. Toro (1932) 280-1; também há evidências do trabalho de Luis de Carvajal em Cabo Verde em HGGV: II, 522.
21. Hall (1992) Vol. 1, 143-6.
22. Vogt (1973) 10.
23. Baião (1921) 202.
24. Há uma vasta literatura sobre a possibilidade de que o próprio Colombo fosse um convertido. Os que defendem a teoria argumentam que Colombo usava letras hebraicas como monograma no cabeçalho de sua correspondência privada; além disso, os contatos de Colombo em Palos, perto de Sevilha, incluíam diversas famílias de convertidos cujos membros mais tarde foram julgados pela Inquisição. Ver David (1933) 66: Gil (2000: Vol. 1, 181); Gil cita Pintos de Pelos como um contato de Colombo, e afirma que, ao partir de Sevilha em 1492, ele deixou o filho Diego aos cuidados de Juan Rodríguez Cabeludo, mais tarde reconciliado pela Inquisição; Cohen (2000: 39-40) resume os argumentos da teoria sobre sua condição de convertido.
25. Wattmeter Baron (1969) Vol. 13, 134.
26. Liebman (1970) 47.
27. Liebman (1971) 475; (1970) 48.
28. Baião (1945) 17-23.
29. Fernández del Castillo (1982) 584.
30. Böhm (1963) 13.
31. Salvador (1978) 126-7. Isso se deveu principalmente à ausência de outros portugueses alfabetizados. Há excelentes amostras dessa referência, como, por exemplo, o fato de que o notário do cônsul de São Paulo durante anos foi Fructuoso da Costa, que se exilara no Brasil devido à sua crença.

32. Os Aboabs eram uma das mais importantes famílias sefardi, e um deles, Isaac, era um *gaon*, ou supremo guardião da Lei pouco antes da expulsão da Espanha em 1492 (Azevedo (1992: 20)).
33. Salvador (1969) 15; Samuel (2004) 69-79.
34. Salvador (1978) 130-4.
35. Todorov (1982) 146.
36. Isso é um eco do ponto de vista de Davis (1994: 16) de que as comunidades judaicas do Caribe (ao contrário dos convertidos) encontraram o limiar de sua emancipação em uma região escravocrata. Para uma discussão mais ampla desse processo de transferência, ver Green (2007) e Hall (1992).
37. As principais obras sobre o início da história moderna de Cabo Verde são HGCV, Correia e Silva (1995), Green (2007) e Hall (1992).
38. Anônimo (1551/2?) 85.
39. Ventura (1999) 121-33.
40. Carletti (1965) 7
41. Saunders (1982) 14.
42. Carletti (1965) 7: "seus homens portugueses amam essas mulheres negras mais do que suas próprias mulheres portuguesas, e têm por certo e comprovado que ter comércio com elas é muito menos prejudicial e também muito mais prazenteiro, pois se diz que elas possuem uma natureza mais fresca e saudável".
43. Ibid.
44. Ibid. 8.
45. AGI, Escribanía 119A, 145r-17r — uma carta de Cabo Verde de 12 de maio de 1574 para um dos administradores posteriores de Duarte de Leão detalha esse processo.
46. Carletti (1965) 14-15.
47. IAN/TT, Inquisição de Lisboa, Maço 25, n. 23.
48. Um deles era Antonio Duarte; Duarte vivia em Buguendo com Jorge. Ibid. fólios 24v, 38v.
49. Baleno (1991) 169.
50. Ibid.
51. Teixeira da Mota (1978) 8.
52. Révah (1971) 504.
53. IAN/TT, Inquisição de Lisboa, Livro 840, fólio 8r.
54. Silva (2004) 164.
55. Esses sao os números de 1582 a partir de Fernando de Andrade, MMA, Vol. 3, 100.
56. IAN/TT, Inquisição de Lisboa, Livro 214, fólio 13r.
57. ASV, Secretaria di Stato di Portogalo, 164v-175r.
58. Toro (1932) 21.
59. Jiménez Rueda (1946) 5-7.
60. Toro (1932) 108.
61. Jiménez Rueda (1946) 9.
62. Russell-Wood (1978) 33-4.
63. Havik (2004a) 104.
64. IAN/TT, Inquisição de Lisboa, Maço 25, n. 233, fólio 4r.
65. Ibid. 4r.
66. IAN/TT, Inquisição de Évora, Livro 91, fólio 41r.
67. Sweet (2003) 53-4; Mott (1988) 32.
68. Sweet (2003) 70-5.
69. Ibid. 73.
70. Fernández (2003) 82; isso é comprovado pelas punições infligidas aos parceiros ativos e passivos ao longo da história da instituição, mas ver Mott (1988. 11), que afirma que o parceiro ativo era condenado, e Sweet (2003: 73), que afirma que os parceiros passivos eram tidos como o agente criminoso.
71. AHN, Inquisición, Libro 936, fólio 114r.
72. Baião (1945) Vol. 2, 489.
73. Citado em Caro Baroja (1968) 34-5.
74. IAN/TT, Inquisição de Lisboa, Maço 25, n. 233, fólio 4v.
75. Ibid. 24r-v.
76. Ibid. 42r.
77. Ibid. 42v-43r.

78. Ibid. 38v.
79. Ibid. 2r.
80. HCGV: II, 522.
81. Toro (1932) 281.
82. Camões (1973) 5.
83. Conway (ed.) (1927) 7-8.
84. Léry (1975) 19.
85. Ibid. 32-3.
86. Delumeau (1978) 39.
87. Green (2007) Parte I, Capítulo 4.
88. Toro (1944) Vol. 1, 26.
89. ENE, Vol. 10, 286.
90. Cohen (1995) 442-3.
91. Osorio Osorio (1980) 55.
92. AHN, Inquisición, Legajo 265, Inquisición de Toledo, Expediente 2.
93. AGI, Contratación 5539, Libro 5, 218v; a prova de 12 de abril de 1634 da limpeza de Luis Fernández Suárez, sobrinho do convertido Antonio Núñez Gramaxo, um dos maiores mercadores de Cartagena.
94. Lea (1906-07) Vol. 2, 308.
95. BA, Códice 49-X-2, fólios 243r-245r; AGI Justicia 518, n. 1, Autos Fuscales; BA, Códice 49-Xp-2, fólio 244r; AGI, Escribanía 119A. "*Los herederos de Duarte de León y Antonio Goncalez de Guzman con el fiscal de su Magd sobre pieças de esclavos*".
96. Toro (1932) 281.
97. Ibid. 281.
98. Hakluyt (1600) 549.
99. Ibid. 18.
100. Ibid. 541.
101. Conway (1927) 10.
102. Ibid.
103. Thomas (1997) 157.
104. Hakluyt (1600) 558; Hawkins (1569) 3v-3r.
105. Jiménez Rueda (ed.) (1945) 414, 417.
106. Hawkins (1569) 5v-6v.
107. Hawkins (1569) 11v-15r; Hakluyt (1600) 560-2.
108. Hawkins (1569) 15v; Hakluyt (1600) 562-4.
109. Jiménez Rueda (ed.) (1945) 419-20; Toro (1944) Vol. 1, 33.
110. Toro (1944) Vol. 1, 35; Toro (1932) 47-9.
111. Toro (1932) 47-9.

Cinco — O INIMIGO INTERNO

1. Huerga (1978-88) Vol. 1, 367.
2. Ruiz de Pablos (ed.) (1977) 302. Esse relato foi feito por um luterano conhecido como Gonzáles Montes que fugiu de Sevilha. Sua veracidade foi muito questionada pelos historiadores, mas o editor dessa versão recém-publicada discorda dos críticos, sustentando que, apesar dos exageros, ele é em grande parte verdadeiro. (Ibid. 88-103)
3. García Mercadal (1999) (ed.) Vol. 1, 317-7.
4. Ibid. Vol. 1, 320-1.
5. AHN, Inquisición, Legajo 1198, Expediente 32; as evidências do caso contra Costa consistem em uma cópia não numerada do arquivo original anexado a um inquérito sobre a limpeza do sangue, datado de 1713. O restante da informação a respeito do caso neste capítulo foi extraído desse arquivo.
6. Ver Vassberg (ed.) (1996:19) para alguns exemplos extraordinários.
7. Novalín (1968-71) Vol. 2, 1809.
8. Deve-se observar que o caso de Costa ajuda a conhecer os julgamentos e relaxamentos dos luteranos naqueles primeiros anos. Portanto, talvez a ideia de que a perseguição contra os luteranos diminuiu antes dos grandes tribunais de Valladolid e Sevilha deve ser revisada (Tellechea Idigoras (1977: 8)).

9. Contreras (1987) 48.
10. Meseguer Fernández (1984) 350-6; Arzona (1980).
11. Uma das melhores análises sobre a carreira e a influência de Cisneros continua sendo a de Bataillon (1937: 1-64).
12. Barrios Aguilera (2002) 78.
13. Ver, por exemplo, Lea (2001) 109.
14. Bataillon (1937: 63-4).
15. Durante a revolta dos *comuneros* das cidades castelhanas em 1501-1502, por exemplo, podia-se sentir um forte teor anti--inquisitorial; Contreras (1987) 48.
16. Hamilton (91992) 28-36; extraído do édito de graça emitido em Toledo no dia 23 de setembro de 1525 e publicado por Márquez (1972) 272-82. É um resumo das diversas acusações contra os *alumbrados*.
17. Nieto (1970) 60 n. 42.
18. Ibid.; Hamilton (1992) 26.
19. Ibid. Márquez (1972) 62.
20. Hamilton (1992) 51-3.
21. Ibid. 56-61.
22. Ortega-Costa (1978) 31: "*que estando ella en el acto carnal con su marido estava más allegada a Dios que si estuviese en la más alta oración del mundo*".
23. Llorca (1980) 273-4; Medrano tinha uma clara obsessão sexual por Hernández, pois entre suas crenças pessoais estava a de que um cinto que ela lhe havia presenteado era tão sagrado como se tivesse sido enviado pelo bispo, de que ela era beneficiada por uma graça infinita e que para ela era "impossível" cometer um pecado carnal (Ibid. 274).
24. Ibid. 66-77; Nieto (1970) 80-3.
25. Márquez (1972) 67.
26. Selke (1980) 622-3; Márquez (1972) 62.
27. Hamilton (1972) 77-9.
28. Ibid. 63, 71-5.
29. Ibid. 2.
30. Menéndez y Pelayo (1945) Vol. 4, 98.
31. Hamilton (1992) 77-9.
32. Escandell Bonet (1984c) 436-7.
33. Bataillon (1937) 167.
34. Ibid. 254.
35. Ibid. 467.
36. Aviléz Fernández (1984) 467ff.
37. Kinder (1997) 63.
38. Bataillon (1937) 473-526.
39. Kinder (1997) 63-8.
40. Alcalá Galve (1984) 793.
41. Sobre o interesse da Inquisição por Teresa de Ávila, ver Llamas Martínez (1972); sobre seus antepassados convertidos, ver Caro Baroja (1970: 33-5) e Révah (1959: 38). O julgamento inquisitorial original de Luis de León está publicado em CDIHE, Vols. 10 e 11 (1-358), onde se cita sua linhagem conversa, Vol. 10: 146-63; para Sicroff (1985: 16-19) a ancestralidade judaica de León foi um fator importante no julgamento, mas isso é questionado por Márquez (1980: 101-3). León era claramente um bom cristão, mas seu interesse pelo Velho Testamento e pelos estudos hebraicos denota certa ligação com a fé de seus antepassados.
42. Márquez (1972) 68; Selke (1080) 626.
43. Isso e todas as acusações contra o dr. Sánchez estão em AHN, Inquisición, Legajo 2023, Expediente 23.
44. Ibid. Expediente 10; Novalín (1968-71) Vol. 1, 226.
45. AHN, Inquisición, Legajo 2023, Expediente 22.
46. Para essa e todas as listas de acusações contra Salazar que constam aqui, ver ibid. Expediente 25.
47. Ibid. Expediente 9.
48. Esse detalhe e o resto do material desse parágrafo foram extraídos de AHN, Inquisición, Legajo 2012, Expediente 6.
49. Blázquez Miguel (1985) 25 n. 8.
50. Esse detalhe e o resto do material desse parágrafo provêm de AHN, Inquisición, Legajo 2023, Expediente 29.
51. AHN, Inquisición, Legajo 2022, Expediente 1.
52. Ibid. Legajo 2022, Expediente 2.

53. Novalín (1968-71) Vol. 1, 235-6; mais uma vez isso demonstra a dificuldade de chegar a números concretos, e Monter (1990: 43) calcula em cem o número entre 1558-1568. Porém ambos os relatos lançam dúvidas sobre a afirmação de Kamen (1997: 97) de que se tratava de "um fenômeno local de importância passageira".
54. Lea (2001) 135-6.
55. Fonseca (1612) 11.
56. García-Arenal (1996) 107.
57. BL, Egerton MS 1832, fólio 21r.
58. García-Arenal (1996) 107-8.
59. Lea (2001) 136-49; Domínguez Ortiz e Vincent (1978) 24.
60. BL, Egerton MS 1832, fólio 21r.
61. Domínguez Ortiz e Vincent (1978) 26.
62. García Mercadal (ed.) (1999) Vol. 2, 60.
63. Ibid.
64. Lea (2001) 167, n. 23.
65. Benítez Sánchez-Blanco (1983) 128, 139.
66. Novalín (1968-71) Vol. 1, 217-8.
67. Domínguez Ortiz e Vincent (1978) 28-9.
68. Fernández Álvarez (ed.) (1971) Vol. 4, 75.
69. García Mercadal (ed.) (1999) Vol. 2, 223, 280.
70. CDIHE, Vol. 5, 397-8.
71. Ibid. 425.
72. Salazar de Miranda (1788) 27-9; Menéndez y Pelayo (1945) Vol. 5, 19-20.
73. Ibid. 5, 20.
74. CDIHE, Vol. 5, 398.
75. Salazar de Miranda (1788) 30.
76. Ibid. 192-6.
77. Novalín (1968-71) Vol. 1, 9-11.
78. Ibid 17-166.
79. Ibid. 64-66.
80. Ibid. 226.
81. Ibid. 170.
82. Tellechea Idigoras (1977) 119-20.
83. Ibid. 125; DH Vol. 1, 118 — a evidência de Bartolomé de las Casas, o famoso bispo de Chiapas (México) e defensor dos ameríndios, que era amigo de Carranza.
84. Tellechea Idigoras (1968) Vol. 1, 83-4; (1977) 31.
85. DH, Vol. 1, 163.
86. Ibid. 85, 110, 175; citado em Tellechea Idigoras (1968) Vol. 2, 101.
87. DH, Vol. 1, 163.
88. Ibid. 162-3.
89. Tellechea Idigoras (1977) 123.
90. DH, Vol. 1, 123.
91. Tellechea Idigoras (1977) 35.
92. Ibid. 115.
93. Tellechea Idigoras (1968) Vol. 1, 177.
94. Tellechea Idigoras (1977) 31.
95. Menéndez y Pelayo (1945) Vol. 5, 40.
96. Tellechea Idigoras (1977) 31.
97. Tellechea Idigoras (1969) Vol. 2, 122, n. 73.
98. Ibid. Vol. 1, 192-7.
99. Tellechea Idigoras (1978) 122.
100. Sobre as cartas para Felipe II, ver Novalín (1968-71) Vol. 2, 225, 227; as cartas de 16 de maio de 1559 oferecem amplas provas disso. Sobre os rumores públicos, CDIHE, Vol. 5, 407.
101. DH, Vol. 1, 212.
102. Tellechea Idigoras (1978) 35.
103. CDIHE, Vol. 5, 404.

104. DH, Vol. 1, 301-2.
105. Menéndez y Pelayo (1945) Vol. 5, 47.
106. CDIHE, Vol. 5, 465.
107. Ibid. 411, 468.
108. Ibid. 408, 468.
109. Todo o parágrafo, ibid. 411-12.
110. Ibid. 469-71.
111. Novalín (1968-71) Vol. 2, 216-21.
112. Kamen (1997) 98.
113. Menéndez y Pelayo (1945) Vol. 4, 446 n. 2, 467.
114. Ibid. 441-3.
115. Ibid. 452.
116. Tellechea Idigoras (1969) Vol. 1, 129-33.
117. Tellechea Idigoras (1977) 53-62; Menéndez y Pelayo (1945) Vol. 4, 478. Talvez essa possa ser considerada uma história apócrifa, já que outros relatos afirmam que Seso foi amordaçado durante o auto.
118. Monter (1990) 41-2; Novalín (1968-71), Vol. 2, 216-22 traz o pedido de dispensa.
119. BL, Egerton MS 2058, fólios 7v-10v.
120. Novalín (1968-71) Vol. 2, 239, 248.
121. BL, Egerton MS 2058, fólios 23r, 10v.
122. AHN, Inquisición, Legajo 2075, Expediente 1.
123. Ibid. Expediente 2.
124. Ibid. Expediente 3.
125. Ibid. Expediente 4.
126. Ibid. Expediente 6.
127. Contreras (1987) 55.
128. Ibid.; Bataillon (1937) 753-5.
129. Huerga (1978-88) Vol. 4, 10.
130. Ver, por exemplo, Menéndez y Pelayo (1945) Vol. 4, 183-205; Dias (1975).
131. Tellechea Idigoras (1977) 61-90.
132. Tellechea Idigoras (1968) Vol. 1, 200-3.
133. Salazar de Miranda (1788) 155.
134. CDIHE, Vol. 5, 414.
135. Ibid., Vol. 5, 414-16.
136. Llorente (1841) 334-40.
137. CDIHE, Vol. 5, 456-7.
138. Contreras (1987) 56.
139. Sarrión Mora (2003) 56; Alcalá Galve (1984: 813) traz um bom resumo das opiniões de Cano sobre as doutrinas suspeitas.
140. García Mercadal (ed.) (1999) Vol. 2, 312; Israel (1988b) 100, 144-6; Caro Baroja (1978) Vol. 1, 360.

Seis — O terror envolve o mundo

1. Chinchilla Aguilar (1952) 26-37.
2. Ibid. 37-8 para todos os casos citados nesta sentença.
3. Conway (ed.) 1927) 12.
4. Ibid.
5. Conway (ed.) 1927) 12-10.
6. Ibid. Apêndice III.
7. Hakluyt (ed.) (1600) 569.
8. Ibid. 569-70. É difícil ter certeza do número de presos; Phillips afirma que eram mais de sessenta, mas os registros do julgamento sugerem que havia só 36 sambenitos por aqueles anos (Toro (ed.) (1932) 48-9) e ver também Conway (ed.) (1927: 156-66) e Jiménez Rueda (ed.) (1945: 505-6), que sugerem que só vinte pessoas foram julgadas no tribunal de 1574. É possível que Phillips tenha exagerado os números para jogar com os medos protestantes da Inquisição na Ingla-

terra, mas, considerando-se que seu relato foi feito a um só interlocutor (Hakluyt) e que não foi publicado com fins comerciais, não se pode ter certeza.

9. Hakluyt (ed.) (1600) 570.
10. A evidência de Robert Thomson dos anos 1560 (Conway (ed.) (1927) 19-10) e Henry Hawks de 1572 (Hakluyt (ed.) (1600) 549-50).
11. Ibid. 572.
12. A evidência de Miles Phillips — Hakluyt (ed.) (1600) 569.
13. Jiménez Rueda (ed.) (1945) 368-9.
14. Ibid. 377-9, 412.
15. Ibid. 460-80, 500-1.
16. Ibid. 281, 280.
17. Ibid. 301-2 para esse detalhe sobre a tentativa fracassada de fugir para a China.
18. Toro (1944) Vol. 1, 36.
19. Huerga (1984) 955.
20. Toro (1944) Vol. 1, 128-30.
21. Palmer (1976) 50.
22. González Obregón (ed.) (1935) 42.
23. Toro (1944) Vol. 1, 42-3.
24. González Obregón (ed.) (1935) 127.
25. Toro (1944) Vol. 1, 72.
26. Ibid. Vol. 1, 74-9.
27. González Obregón (ed.) (1935) 47, 54.
28. Ibid. 47-51 e Toro (1932: 213-14, 237-40). Eles celebravam o *Succot*, o *Yom Kippur* e a Páscoa judaica e comiam *tortillas* de milho em vez do pão fermentado *matzá*.
29. Toro (1932) 239.
30. AHN, Inquisición, Libro 1028, folio 227v; a evidência de Francisco Díaz, de Lima, *c.* 1592.
31. González Obregón (ed.) (1935) 217-8.
32. Ibid. 269.
33. Shastry (1981) 122-30; Scammell (1981) 167.
34. Subrahamanyan (1993) 68.
35. Boyajian (1993) 4-5.
36. Ibid. 13, 63-4.
37. Essa descrição é extraída do relato de Pyrard de Laval (1619) Vol. 2, 42-75; a importância dos escravos para a economia da Índia portuguesa é discutida mais amplamente em Scammell (1981: 171-2).
38. Ibid. 169-70.
39. Subrahamanyan (1993) 230.
40. Baião (1945) 25; Shastry (1981) 71-2.
41. Subrahamanyan (1993) 230-1.
42. Baião (1945) 26.
43. Boyajian (1993) 31.
44. Baião (1945) 26; Rêgo (ed.) 1983) 10; Tavares (2004) 117.
45. Baião (1945) 27-35.
46. Laval (1619) Vol. 2, 56.
47. Ibid. Vol. 2, 60.
48. Ibid. Vol. 2, 94.
49. Quanto a esse aspecto, agradeço ao examinador externo de minha tese de doutorado, o professor Francisco Bethencourt.
50. Ibid. Vol. 2, 94-6: '*ils ne font que mourir aux riches, et aux pauvres ne donnent que quelque penitence*'.
51. Baião (1945) 265; IAN/TT, CGSO, Livro 96, N. 3, folio 2r.
52. Boyajian (1993) 31.
53. IAN/TT, CGSO, Livro 96, N. 25, folio 1r.
54. Ibid. N. 4, fólio 1v.
55. IAN/TT, CGSO, Livro 100, folios 40v, 47r.
56. Baião (1945) 68, 290.
57. Ibid. 290.

58. Toribio Medina (1887) Vol. 1, 57.
59. Toribio Medina (1889) 65-90.
60. Toribio Medina (1887) Vol. 1, 253-97.
61. Dominguez Ortiz (1971) 135.
62. Esse número inclui o Brasil (onde as cifras foram publicadas pela distinguida pesquisadora Anita Novinsky). Aqui, agradeço ao examinador externo de minha tese de doutorado, o professor Francisco Bethencourt.
63. AHN, Inquisición, Libro 1030, folio 254r; o caso de Juan Crespo de Aguirre, detido em 1622.
64. AHN, Inquisición, Libro 1028, folio 1r-v; o caso de Francisco Bello Raymundo, detido em 1587.
65. Ibid. folio 4r; Pero Gutiérrez de Logroño, preso por bruxaria em 1587.
66. Ibid. 208v; o caso de Pedro Luis Henríquez, de 1592.
67. AHN, Inquisición, Legajo 1620, Expediente 12, folios 1r-16r.
68. Lea (1908) 338-42 oferece um bom resumo dessas tentativas.
69. Boyajian (1993: 73, 80) cita vários exemplos.
70. IAN/TT, Inquisição de Lisboa, Livro 223, folio 194r — com data de 16 de maio de 1606.
71. AHN, Inquisición, Legajo 1198, Expediente 18 — o pedido de Alonso de la Cruz Crespillo para ser um familiar em Arica (no norte do Chile), em 1629.
72. AHN, Inquisición, Libro 1030, folio 213v.
73. AHN, Inquisición, Libro 1020, folio 327-329r.
74. Souza (1987) oferece uma análise potencial da associação do Brasil com ideias demoníacas.
75. González Obregón (ed.) (1935) 5.
76. Ibid. 8-9, 12.
77. Ibid. 8-9; Toro (1944) Vol. 1, 204-5, 225-32.
78. Gonzáles Obregón (ed.) (1935) 17, 20-2.
79. Ibid. 7-8.
80. Ibid. 40-2.
81. Toro (1944) Vol. 1, 335-42.
82. Ibid. Vol. 1, 343-6.
83. Rocha Pitta (1880) 2.
84. Ibid.
85. Gandavo (1858) 4.
86. Ibid. 5, 36.
87. Léry (1975) 95.
88. Ibid. 97-109.
89. Baião (1921: 141) demonstra que, por volta de 1543, havia gente no Brasil com filhos nos calabouços inquisitoriais em Portugal, acusados de serem judaizantes. Ver também Salvador (1969: 83-4).
90. AG, Vol. 9, 204-5.
91. Godinho (1969), Novinsky (1995) 515.
92. Pereira (1993) 116.
93. Martínez Millán (1984).
94. Este resumo é de Gonsalves de Melo (1996: 6).
95. Ibid. 167-96.
96. IAN/TT, CGSO, Livro 92, folio 53r; IAN/TT, CGSO, Livro 12a, folio 54r; IAN/TT, Livro 99, fólios 32v-33r, citados em Green (2007) Parte II.
97. Novinsky (1971) 437, n. 34.
98. Salvador (1978), xvii.
99. Novinsky (1972) 60-1
100. Ibid. 111.
101. Ver, por exemplo, Kohut (1971) 35.
102. Toro (1944) Vol. 2, 8.
103. Ibid. 20.
104. Ibid. 199.
105. Esse é o conhecido argumento de K. Anthony Appiah.
106. Gonzáles Obregón (ed.) (1935) 131-4.
107. Ibid. 136-60.
108. Ibid. 457.

109. Ibid.
110. Ibid. 229.

Sete — A AMEAÇA MUÇULMANA

1. García-Arenal (1996) 157-63.
2. Fonseca (1612) 89-93.
3. AHN, Inquisición, Legajo 549, Expediente 7, fólio 46r.
4. García-Arenal (1996) 165.
5. BL, Egerton MS 1510, fólios 6r-7v — datado de *c.* 1502.
6. García-Arenal (1996) 165.
7. AHN, Inquisición, Legajo 549, Expediente 1. Não há número de folio nesse documento; todos os demais detalhes do caso de Arco a seguir foram extraídos daqui.
8. Ver, por exemplo, AHN, Inquisición, Libro 936, fólios 182-184, 269r-270r, para os casos de Valência daquele ano.
9. BL, Egerton MS 1510, fólio 71r.
10. Mesmo nos primeiros anos, quando houve esforços para oferecer uma educação cristã, esta se limitou a ensinar o básico do ritual católico (Benítez Sánchez-Blanco (1990: 70-1).
11. Lea (2001) 207, 214, 225.
12. BL, Egerton MS 1510, fólio 74r.
13. Ibid. 75r; os mouros não batizados deviam ser persuadidos e não forçados a fazê-lo.
14. Ibid. 124v.
15. Ibid. 127r.
16. Barrios Aguilera (2002) 294.
17. Um exemplo disso é o caso de Angela Caxinçera, de Gandia (ASHN, Inquisición, Libro 937, folio 327r.
18. BL, Egerton MS 1510, folio 153v.
19. Ibid. fólio 154r.
20. Barrios Aguilera (2002) 283.
21. García Mercadal (ed.) (1999) Vol. 1 334.
22. Barrios Aguilera (2002) 283.
23. Ibid. 284.
24. Ibid. 285.
25. García Fuentes (1981) 29-30, 40, 48-54, 66.
26. Cardaillac e Dedieu (1990: 21-2).
27. García Fuentes (1981) 70-6.
28. Cardaillac e Dedieu (1990) 22.
29. García-Arenal (1996) 65.
30. Ibid. 66.
31. Cardaillac e Dedieu (1990) 23.
32. Epalza (1992) 79-82.
33. Ibid. 56-7.
34. AHN, Inquisición, Libro 938, fólio 219r.
35. AHN, Inquisición, Legajo 2105, Expediente 27; um caso de Toledo de 1519.
36. Esta é a tese de García-Arenal (1978: 10).
37. Domínguez Ortiz e Vincent (1978) 31.
38. AHN, Inquisición, Libro 937, folio 18r.
39. Ibid. folio 18v.
40. Ibid. folio 19r.
41. Ibid. folio 19v.
42. Domínguez Ortiz e Vincent (1978) 99.
43. Lea (2001) 144.
44. Gracia Boix (ed.) (1982) 227-8.
45. Monter (1990) 190.
46. Gracia Boix (ed.) (1982: 207. 210-11) transcreve dois casos da Inquisição de Córdoba de 1578.
47. Ibid. 207.

48. Carrasco (1983) 175.
49. Ibid. 181.
50. García-Arenal (1978) 43.
51. AHN, Inquisición, Legajo 2022, Expediente 8, folio 9r.
52. Para Dedieu e Vincent (1990: 82), essa é a principal origem do medo dos mouros.
53. Lea (2001) 177-8; ver também García-Arenal (1978: 25) para outros exemplos de famílias inteiras sendo perseguidas na região de Cuenca.
54. Valência (1977) 77.
55. Fonseca (1612) 110.
56. AHN, Inquisición, Libro 936, folios 151r-v, um caso de 1577 em Valência; Vidal (1986: 20), um caso de 1578 em Saragoça.
57. AHN, Inquisición, Libro 936, folio 14r — esta é a opinião dos inquisidores de Valência, em 1566, sobre a atitude dos mouros diante dos sambenitos; Fonseca (1612) 125.
58. Cardaillac (1977: 117-18) observa que o medo e o ódio eram as emoções principais dos mouros com relação à Inquisição.
59. Ibid. 101.
60. Lea (2001) 240.
61. Ibid. 240-1.
62. Ibid. 264.
63. Cardaillac (1977) 14; Domínguez Ortiz e Vincent (1978) 130.
64. Cardaillac (1977) 18-19.
65. Valência (1997) 73.
66. Cardaillac (1977: 20-1) é excelente para o desenvolvimento desse processo.
67. IAN/TT, CGSO, Livro 100, folios 15r, 17r.
68. IAN/TT, Inquisição de Lisboa, Livro 211, folios 192r-193r.
69. AHN, Inquisición, Libro 936, folio 16v (1566); ibid. folio 50v (1570).
70. Ibid. folio 40v (1568).
71. Por exemplo, AHN, Inquisición, Libro 937, folios 10v-11r — Miguel Gil na região de Valência em 1587; AHN, Inquisición, Libro 938, folio 165r — o caso de Luis Mijo Mandoll, de 1602, de conversão de um cristão-velho.
72. Valência (1997) 78.
73. Epalza (1992) 39.
74. García-Arenal (1996) 268-71.
75. Essa afirmação implica claramente uma visão racial da identidade, que alguns podem considerar anacrônica para a Espanha do século XVI. Mas, como veremos, esse período assistiu também ao crescimento de uma nova doutrina de pureza do sangue que se desenvolveu principalmente segundo linhas raciais, com a consequência de que estas atitudes raciais podem ter influenciado a percepção dos mouros e sua integração à sociedade espanhola.
76. Domínguez Ortiz e Vincent (1978) 20.
77. BL, Egerton MS 1510, folio 22v.
78. Caro Baroja (1976) 123.
79. Domínguez Ortiz e Vincent (1978) 58.
80. Carrasco (1983) 187.
81. A obra clássica que demonstra esse processo é a de Perceval (1997).
82. Cardaillac (1978) 94-5.
83. Carrasco (1983) 187; ver também Dedieu (1983: 503), que observa que os cristãos-velhos muitas vezes denunciavam os mouros de Daimiel em conjunto.
84. AHN, Inquisición, Libro 937, folio 343r — de 1590.
85. Reglà (1974) 65.
86. Isto é, estamos aqui na teoria freudiana clássica da projeção; para uma ampla discussão sobre a validade do uso desse conceito em textos históricos, ver Green (2007) Apêndice A.
87. AHN, Inquisición, Libro 938, folios 69r, 69v (dois casos); ibid. 221r (um caso de 1604).
88. AHN, Inquisición, Legajo 2015, Expediente 32.
89. AHN, Inquisición, Libro 938, folio 165v.
90. Ibid. Folio 40r ff. — os demais detalhes desse caso provêm dessa fonte.
91. Fonseca (1612) 106.
92. Ibid. 113.

93. Ibid. 95.
94. Ver, por exemplo, diversos casos em Valência de 1588 em AHN, Inquisición, Libro 937, folios 70v, 71r, 76v, 88r.
95. Vidal (1986) 200.
96. García Fuentes (1981) 221, 223.
97. AHN, Inquisición, Legajo 1786, Expediente 11.
98. Vidal (1986) 62.
99. AHN, Inquisición, Libro 937, folio 360r.
100. Lea (2001) 242-3.
101. Ibid. 483-7.
102. Carrasco (1983) 172.
103. Fonseca (1612) 219.
104. Domínguez Ortiz e Vincent (1978) 17, 71-2.
105. Lea (2001) 347-59.
106. Ibid. 362.
107. Perceval (1997) 126, 173-8.
108. Regal (1974) 57-8.
109. Ibid. 172.
110. Ibid.
111. Ibid. 186.
112. Epalza (1992) 129.
113. Ibid. 146-8, 218-19.
114. Barrios Aguilera (2002) 413.
115. Fonseca (1612) 255.
116. García-Arenal (1996) 235.
117. Ibid.
118. Cardaillac e Dedieu (1990) 19.
119. Epalza (1992) 48; Cardaillac e Dedieu (1990) 15-16.
120. Isso foi apontado por Pedro de Valência, quando insistiu em que a Inquisição não podia ser encarregada de fazer os mouros renunciarem a seus trajes e costumes, pois "com esse procedimento rigoroso eles se tornam mais pertinazes e começam a tramar para não entregarem uns aos outros" (Valência (1997: 131)).
121. Em Daimiel, nos anos 1530, havia uma extraordinária carência de conhecimento sobre os rituais muçulmanos entre a comunidade moura (Dedieu (1983: 498)); ao final do século XVI isso havia mudado.
122. Marques (1972) Vol. 1, 80.
123. Essa compreensão deriva de Douglas (1984). Deve-se notar que a própria Douglas modificou o uso do conceito de anomalia na teoria cognitiva geral, particularmente ao sugerir que estranhos não necessariamente percebem o que é anômalo em uma cultura determinada (*Journal of Ritual Studies*, 2004). No entanto, nesse caso o anômalo é percebido não de fora de uma dada cultura, mas de dentro dela.
124. Reglà (1974) 113.
125. Ver, por exemplo, em García-Arenal (1978) 141-4 um caso fascinante.
126. Perceval (1997) 116.
127. Ibid.

Oito — Pureza a qualquer custo

1. AHN, Inquisición, Legajo 1198, Expediente 32; esse documento não traz número de folio. Toda a informação subsequente sobre Costa foi extraída daí.
2. Graizbord (2004) 34.
3. Ibid. 37.
4. García Mercadal (1999) Vol. 2, 757.
5. Gil (2000-2001) Vol. 3, 37. Ver também Schirsch (2004) e Fredrickson (2002) 40. Ainda se debate se o racismo foi inventado na Antiguidade clássica — a tese de Isaac (2004) — ou se foi uma invenção moderna da Europa ocidental. Devemos recordar que o racismo contra os africanos era comum no período medieval no mundo islâmico. No entanto, as evidências sugerem que na Europa a questão era mais complexa e que, até o século XVI, originalmente o preconceito tinha uma perspectiva religiosa e não racial; ver Green (2007) para uma discussão sobre isso.

6. Netanyahu (1997) 6, n. 30. Deve-se considerar que não havia algo como "raça" dos judeus, como fica claro nos exemplos de Netanyahu e de Patai e Patai (1989).
7. Agradeço ao professor Francisco Bethencourt por formular assim a questão na Conferência do Centenário de C. R. Boxer no King's College de Londres, em 2004.
8. Para uma discussão mais ampla dos acontecimentos em Toledo e de suas implicações, ver Sicroff (1985: 54-85) e Netanyahu (1995a: 356-82).
9. Sicroff (1985) 84.
10. Ibid. 57-81; um deles, Alonso Díaz de Montalvo, era aliado e amigo do rei João II de Castela.
11. Netanyahu (1995a) 584.
12. Blázquez Miguel (1988) 139.
13. Sicroff (1985) 117.
14. Ibid. 105-12; o estatuto foi ratificado pelo papa em 1495.
15. Blázquez Miguel (1988) 139.
16. O relato clássico da pugna para conseguir a aprovação do estatuto na sé de Toledo é o de Sicroff (1985: 125-72). Sobre o estatuto de 1555, ver Yerushalmi (1981: 15).
17. Sicroff (1985) 131.
18. Ver acima, n. 8.
19. O principal trabalho sobre a doutrina do biologismo que se espalhou entre os teóricos da limpeza do sangue no século XVI é o de Gracia Guillén (1987). Sobre o vínculo entre as ideias do biologismo e as formulações clássicas do racismo, ver Isaac (2004). Existe, de fato, uma comparação direta aqui como tipo de ideologia associado ao tráfico de escravos pelo Atlântico, segundo a qual os escravos foram descritos e embarcados como qualquer "bem" material — isto é, desumanizados — e a lenda da maldição hamítica justificaria sua escravidão, sendo a maldição hamítica a punição que Deus teria imposto aos filhos de Ham, filho de Noé.
20. Blázquez Miguel (1988), 139.
21. Sicroff (1985) 315.
22. Ibid. 330-4; ver também Domínguez Ortiz (1993: 48) sobre a natureza especificamente ibérica da ideia.
23. A Península Ibérica estava mais preparada para esse desenvolvimento, pois, como observou Saraiva (1985: 25), tratava-se de uma sociedade na qual a identificação de grupos fechados ou de castas com ocupações específicas havia persistido; portanto, era uma sociedade em que havia a noção latente de uma pureza de casta que podia ser convertida em uma doutrina racial.
24. Kamen (1965) 125; contudo, ainda que em seu primeiro trabalho esse autor tenha enfatizado o papel da Inquisição na propagação da limpeza, em seu livro mais recente ele descarta a conexão (1997: 242-253) e trata das tentativas de reforma de 1623 para argumentar que a Inquisição defendia a diluição desse princípio.
25. Bethencourt (1994) 363.
26. Sicroff (1985) 326.
27. AHN, Inquisición, Legajo 2015, Expediente 23.
28. Ibid.
29. Isso se aproxima da argumentação de Dedieu (1989: 341-2) de que se a Inquisição não inventou o mito da limpeza, expandiu-a para obter lucros materiais e morais.
30. AHN, Inquisición, Legajo 2105, Expediente 23; o caso de Hernando de Villareal, de 1587, que tentou colocar um filho em um monastério e outro como escrivão público.
31. Baião (1921), Apêndice documental, 3.
32. Caro Baroja (1978) Vol. 2, 324.
33. Remedios (1895-1928) Vol. 2, 64.
34. Green (2004) 24. O bisavô materno de Quiroga tinha o sobrenome De la Cárcel; os convertidos muitas vezes adotavam sobrenomes de fenômenos urbanos — os sobrenomes Mercado e De la Rua são exemplos famosos, e é grande a possibilidade de que esse indivíduo fosse um convertido.
35. Lipiner (1977) 17.
36. Isaac (2004) duvida da modernidade do racismo; mas a obra clássica sobre essa questão é a de Comas (1951); ver também Green (2007: Parte 4, Capítulo 4).
37. Douglas (1984); a obra de Freud é obviamente significativa nesse ponto.
38. García-Arenal (1978) 50-1.
39. García Fuentes (1981) 217, 251, 308-9, 311.
40. García-Arenal (1978) 51.
41. AHN, Inquisición, Libro 928, folio 173r.

42. García-Arenal (1978) 51.
43. García Mercadal (ed.) (1999) Vol. 2, 693.
44. Sicroff (1985) 346-7.
45. Valência (1997) 137.
46. Isso foi após a morte de Sebastião I no campo de batalha no Marrocos, em 1578, e da morte de seu tio, o ancião cardeal Henrique, em 1580.
47. Liebman (1970) 183.
48. Saraiva (1985) 114-16; Lea (1906-1907) Vol. 3, 276-7.
49. Salvador (1978) 126.
50. Carneiro (1983) 124.
51. Saraiva (1985) 128-9.
52. Lea (1906-1907) Vol. 3, 276.
53. Oliveira (1887-1910)
54. Ibid. Vol. 1, 568-9; ibid. Vol. 2, 63.
55. IAN/TT, Inquisição d'Évora, Livro 90, folio 173r-v.
56. Oliveira (1887-1910)Vol. 2, 94.
57. Lipiner (1977) 123.
58. Há inúmeros exemplos disso nos arquivos — ver, por exemplo, IAN/TT, CGSO, Livro 434, folio 45v para uma pessoa 1/8 cristã-nova, condenada por judaizante; e ibid. folio 126v.
59. IAN/TT, CGSO, Livro 184 folio 13v.
60. Gonçalves Salvador (1976) 7.
61. BL, Egerton Ms. 1134, folios 153r-v.
62. Coelho (!987) Vol. 1, 343 3 420-1.
63. Lea (1906-1907) Vol. 3, 273.
64. AHN, Inquisición, Legajo 1198, Expediente 10. Não há folios neste documento.
65. AHN, Inquisición, Legajo 1198, Expediente 2.
66. Ibid. Expediente 22.
67. Ibid. Expediente 16.
68. Ibid. Expediente 18.
69. Por exemplo, ibid. Expediente 28 (de 1722) e 30 (de 1723); isso parece sugerir ser necessária uma mudança na visão (Kamen (1997) 253) de que no século XVIII só havia ecos da ideia de pureza na Espanha.
70. Domínguez Ortiz (1993) 167.
71. Llorente (1818) lançou a teoria de que a Inquisição teve motivação econômica. Alguns historiadores contemporâneos ainda têm essa visão, como Carneiro, (1983: 49), por exemplo, embora em geral se reconheça que a realidade era muito mais complicada. Ver, por exemplo, Blázquez Miguel (1988: 83-4), que demonstra a precariedade financeira da Inquisição mesmo nos primeiros anos de sua fundação nos anos 1480, quando a Coroa só obteve 2% de todos os confiscos feitos entre 1488 e 1497. Alpert (2001: 23-4) ressalta que mesmo as grandes somas confiscadas no início do século XVI não eram suficientes para financiar inteiramente as atividades do tribunal; a obra clássica que demonstra a pobreza da interpretação exclusivamente econômica é a de Martínez Millán (1984).
72. Isso se aproxima da análise de García Cárcel (1976: 141-74) das finanças da Inquisição de Valência; ele aponta que o que importava financeiramente para a Inquisição era ser solvente para a Coroa, e que isso foi ditado por sua posição como uma instituição do Estado, que flutuava junto com ele.
73. Sicroff (1985) 221.
74. Domínguez Ortiz (1993) 81: Pérez Villanueva (1984) 1038.
75. Pérez Villanueva (1984) 1040.
76. Ibid. 1041.
77. Ibid. 1039.
78. Ibid. 1041.
79. AHN, Inquisición, Legajo 1198, Expediente 26, folio 6v; todos os demais detalhes do caso Angulo foram extraídos desse processo.
80. Todo o material desse caso provém de AHN, Inquisición, Legajo 265, Expediente 5.
81. AHN, Inquisición, Legajo 1962.
82. Comunicação pessoal de Ian L. Rakoff, aluno na escola pública da África do Sul na década de 1950.
83. Mann (2005) 340.

84. Ver, por exemplo, em AHN, Inquisición, Legajo 265, Expediente 14 para um caso de 1628-1633 que gastou muito tempo e energia investigando inúmeras cidades pequenas perto de Palencia e Castrogeriz até decidir que as pessoas investigadas tinham sangue puro.
85. AHN, Inquisición, Legajo 2962 traz um caso desses.
86. Gil (2000-2001) Vol. 3, 33.
87. Rêgo (1983) 77.
88. De fato, pode-se argumentar que a Península Ibérica, onde a religião estava aliada à obsessão com a higiene social, revelou uma sociedade na qual a psicologia coletiva estava em conflito consigo mesma, tentando se adaptar ao mundo moderno. Douglas (1984: 35) sugere que há uma "especialização de ideias que separa nossas noções de sujeira da religião". A vinculação da ideia religiosa à noção de limpeza ressaltou o fato de que a Inquisição era uma instituição em pugna com a modernidade e, portanto, disposta a combatê-la sempre que possível.

Nove — TODOS OS ASPECTOS DA VIDA

1. As informações sobre Galván foram extraídas de Toro (1944: Vol. 2, 201-1).
2. Lewin (1967) 171.
3. O melhor resumo recente do debate sobre o número de mortes por doença após a conquista da América está em Mann (2005).
4. IAN/TT CGSO, Livro 100, folio 37r.
5. IAN/TT, Inquisição de Lisboa, Livro 205, folios 231r-v.
6. O número de naus que faziam a travessia anualmente entre Portugal e Goa, no que era conhecido como a carreira da Índia, diminuiu de uma média de sete entre 1500-1599 para duas entre 1650-1700 (Disney (1981) 152).
7. Pyrard de Laval (1619) Vol. 2, 94.
8. Souza (1987) 210-15.
9. Ibid. 217-18.
10. Ibid. 239.
11. Ibid.
12. Palmer (1976) 158.
13. PV, 311-12 — o caso de uma mulher, Margarida Carneira, acusada por um amante que ela desprezou.
14. Vainfas (1989).
15. Sweet (2003).
16. AHN, Inquisición, Legajo 1602, Expediente 7.
17. Ibid. 34r-v.
18. Sweet (2003) 74-5.
19. Ibid. 69-70.
20. Para Cartagena, ver Splendiani (1997) Vol. 2, 41; Sánchez B. (1966) 41 e Toríbio Medina (1899) 103; ver também idem. (1887) Vol. 1, 258 para um caso de Lima. Para diversos casos no México, ver Palmer (1976) 150.
21. Cervantes (1994) 79-80.
22. Ibid. 79.
23. Palmer (1976) 94.
24. A melhor análise contemporânea desses eventos está em Wachtel (2001a).
25. Todo o material sobre Silva provém de IAN/TT, Inquisição de Lisboa, Livro 221, folios 518r-v.
26. Ver, por exemplo, em IAN/TT, Inquisição de Lisboa, Livro 208, folios 494r-v um caso de 1622.
27. IAN/TT, Inquisição de Lisboa, Livro 240, folios 250r-251v.
28. Paiva (1997) 84-6. Essa atitude com o tempo chegou também às colônias do Novo Mundo e, após 1650, a Inquisição de Cartagena passou a transferir os casos de bruxaria às autoridades civis (Ceballos Gómez (1994) 95) e ignorou diversos supostos casos de "bruxaria" no México a partir do final do século XVII (Cervantes (1994) 125-41).
29. Paiva (1997) 86.
30. Esse argumento é formulado de maneira brilhante em Trevor-Roper (1984) 113; ver também Paiva (1997) 347-9.
31. Contreras (1987) 58.
32. Pérez Villanueva e Escandell Bonet (eds) (1984) 703-5.
33. Martínez Millán (1984) 32-3.
34. Deve-se recordar o argumento de Moore (1987) de que o auge das sociedades persecutórias na Europa medieval foi um resultado da disseminação da alfabetização e de uma classe letrada.

35. Griffiths (1997) 95. O Concílio de Trento (1545-63) é considerado o mais importante na história da Igreja católica. Ele foi convocado para discutir as respostas católicas ao protestantismo. Os teólogos mais importantes da Europa católica compareceram para elaborar doutrinas claras sobre uma grande variedade de questões, que iam da missa e do cânone bíblico ao conceito de salvação.
36. García Cárcel e Moreno Martínez (2000) 58.
37. Dedieu (1989) 12-13, 139, 152.
38. É óbvio que isso foi antes do desenvolvimento da teoria freudiana do "retorno do reprimido" — o qual eu sugiro que tenha sido um fator inconsciente nessa mudança de tática da Inquisição.
39. IT, folio 14r.
40. García Fuentes (1981) 17.
41. Gracia Boix (1982) 151.
42. AHN, Inquisición, Libro 938, folio 229v.
43. Ver, por exemplo, o caso de Pedro Cabrera, de Múrcia, em 1579; AHN, Inquisición, Legajo 2022, Expediente 8, folio 2v.
44. IAN/TT, CGSO, Livro 433, folio 22r.
45. Sánchez Ortega (1992) 24.
46. Gracia Boix (1982) 152.
47. IAN/TT, Inquisicão d'Évora, Livro 86, folios 52v-53r.
48. Ver, por exemplo, Dedieu (1989: 281).
49. Selke (1986) 67-8.
50. García Mercadal (ed.) (1999) Vol. 2, 371.
51. AHN, Inquisición, Libro 936, folio 171v.
52. Ibid. folio 168r.
53. Ortega-Costa (ed.) (1978) 49.
54. García Fuentes (1981) 58.
55. AHN, Inquisición, Legajo 2022, Expediente 8, folio 7r.
56. AHN, Inquisición, Libro 938, folio 163r.
57. Mariana (1751) Vol. 8, 506.
58. IT, folio 4r; publicado em Jiménez Monteserín (ed.) (1980) 89-90.
59. IT, folio 11r.
60. AHN, Inquisición, Legajo 2022, Expediente 18.
61. AHN, Inquisición, Legajo 4442, Expediente 18.
62. Oliveira (1887-1910) Vol. 2, 69-78.
63. La Mantia (1977) 60, 130.

Dez — A administração do medo

1. AHN, Inquisición, Legajo 1601, Expediente 18, folio 1v.
2. Ibid. folios 19r-v.
3. Ibid. 19v.
4. Ibid. folio 4r.
5. Ibid. folio 5r.
6. Ibid. folios 5r-6r.
7. Ibid. folios 7r-v.
8. Ibid. folio 8r.
9. Ibid. folios 8v-9r, 13r.
10. Dedieu (1989) 161.
11. García Cárcel e Moreno Martínez (2000) 131.
12. BL, Egerton MS 1134, folio 170r.
13. Baião (1942) 57-70.
14. Contreras (1982) 320-1. O promotor mais tarde foi repreendido por essa exigência não sancionada.
15. Caro Baroja (1968) 30-1.
16. Para uma excelente análise da Inquisição como carreira, ver Bethencourt (1994: 119). Sobre como isso funcionava na Sicília e como o papel de inquisidor podia levar ao bispado, ver La Mantia (1977) 36.
17. Contreras (1982) 328-33.

18. Ibid. 333-37.
19. Ibid. 339.
20. Blázquez Miguel (1990) 90.
21. Contreras (1982) 340.
22. Blázquez Miguel (1990) 90.
23. Barrios (1991) 31-2.
24. Um bom exemplo disto é Lithgow (1640) 480.
25. Márquez (1980) 129.
26. IT, folio 8r; publicado em Jiménez Monteserín (ed.) (1980: 83-105).
27. IT, folio 12v; publicado em Jiménez Monteserín (ed.) (1980: 116-21).
28. Ver, por exemplo, o caso de Pedro de Guiral, inquisidor de Ávila e Córdoba, de 1499 (Gracia Boix (1982) 30-1). Lucero é outro exemplo óbvio.
29. Bethencourt (1994) 65, 71.
30. Baião (1942) 17.
31. Ibid.; Novalín (1968-71) Vol. 1, 231.
32. Contreras e Henningsen (1986) 116.
33. Ruiz de Pablos (ed. e trad.) (1997) 209.
34. Jiménez Monteserín (ed.) (1980) 366-70; ver também Contreras (1982) 73.
35. Ibid.
36. Blázquez Miguel (1990) 104.
37. Chinchilla Aguilar (1952) 120-1.
38. Bethencourt (1994) 51.
39. Russell-Wood (1998) 24-5.
40. IAN/TT, Inquisição de Lisboa, Livro 217 folios 170r-190v.
41. Ibid. folio 171r.
42. Ibid. folio 172v.
43. Ibid.
44. Ibid. folio 184v.
45. Ibid. folio 190v.
46. Ver, por exemplo, Blázquez Miguel (1990: 105) sobre como na Catalunha os familiares foram proibidos de exercer cargos públicos.
47. Contreras (1982) 87, n. 46.
48. *Regimento dos familiares do Santo Ofício* (1739). As páginas dessa publicação não estão numeradas.
49. Contreras (1982) 130.
50. AHN, Inquisición, Libro 936, folio 32r.
51. BL, Egerton MS 1832, folios 105v-108v.
52. Contreras (1982) 51-2.
53. IAN/TT, CGSO, Livro 433, folio 196r. Muitas pessoas se fizeram passar por familiares; em um caso, Bartolomé Gómez de Quesada foi processado por esse delito em dois autos de fé no mesmo ano e, mais tarde, condenado a dois anos nas galés (García Fuentes (1981: 20-35).
54. Blázquez Miguel (1985) 37.
55. Lea (1908) 335-7.
56. Blázquez Miguel (1990) 91.
57. Barrios (1991) 30-1.
58. AHN, Inquisición, Legajo 2105, Expediente 28.
59. TA, folio i.
60. Blázquez Miguel (1990) 122.
61. Lea (1906-1907) Vol. 1, 381-98.
62. García Mercadal (ed.) (1999) Vol. 2, 358.
63. Fernández Vargas (1980) 931-2.
64. Marques (1972) Vol. 1, 288-92.
65. BL, Egerton MS 1832: Segovia, 1575.
66. BL, Add. MS 21447, folios 137r-143v.
67. Ver, por exemplo, Toro (1932), doc. 3: *Diligencias sobre los sanbenitos antiguos y renovación de ellos...*
68. Paz y Melia (1947) 452.

69. AHN, Inquisición, Legajo 4822, Expediente 3.
70. Aqui é relevante o argumento de Moore (1987) de que o desenvolvimento de uma classe letrada é um dos aspectos cruciais na formação das sociedades perseguidoras.
71. Martínez Millán (1984) 287-91.
72. Dedieu (1989) 273-7.
73. Ibid. 275.
74. Lea (2001) 159.
75. Ver, por exemplo, em AHN, Inquisición, Legajo 4529, Expediente 2, de 29 de março de 1588, o caso de Martín Vendicho, um mouro de Saragoça.
76. Reglà (1974) 186.
77. Biarnés i Biarnés (1981) 112, 146.
78. Reglà (1974) 61, 142.
79. Biarnés i Biarnés (1981) 150.
80. Reglà (1974) 138-9.
81. Domínguez Ortiz e Vincent (1978) 203.
82. Casey (1999) 21.
83. Ibid.
84. Lithgow (1640) 451.
85. Ibid. 453.
86. Fromm (1951) 67.
87. Escandell Bonet (1980) 450.
88. Todo o material citado sobre o caso de Gutiérrez Ulloa provém de Toribio Medina (1887) Vol. 1, 265-82.
89. Benassar (1987) 183.

Onze — A ameaça do conhecimento

1. Newitt (1995) 175-6.
2. Jama (2001) 35, 60-1. O bisavô de Pierre (Pedro) e o tataravô de Antoinette, Meyer Paçagon, foram os primeiros membros da família a se converterem do judaísmo ao cristianismo por volta de 1412, na época da famosa disputa entre teólogos cristãos e judeus em Tortosa (Ibid. 34-5).
3. Popkin (1960) 43, 55. Claro que havia muitos passos intermediários, mas ainda assim as ideias de Montaigne foram fundamentais nesse processo.
4. Ibid. ix.
5. Fernández Santamaría (1990) 17. O ceticismo pirrônico derivou dos escritos do filósofo grego Pirron de Elis (*c.* 360-270 d.C.), para quem a razão sozinha não permitia conhecer o universo e, como os sentidos só permitiam conhecer a aparência das coisas — mais do que como eram na realidade —, todo o conhecimento humano não passava de opinião.
6. Montaigne (1998) 66.
7. Ibid. 19: "*Chacun appelle barbarie ce qui n'est pas de son usage*"; ver também sua aformação em *Apologie de Raymond Sebond*, de que "*tout ce qui nous semble estrange, nous le condammons*" (condenamos tudo o que nos parece estranho): Rat (ed.) (1941) Vol. 2, 151.
8. Jama (2001) 60.
9. Popkin (1960) 44.
10. Montaigne (1998) 93.
11. Ibid. 221.
12. Rat (ed.) (1941) Vol. 2, 122.
13. Ibid. 123.
14. Ibid. 176.
15. Ibid. 223.
16. Ibid. 268.
17. Popkin (1960) 69-82.
18. Ibid. 86-112.
19. Rat (ed.) (1941) 47-68: "*Que le goust des biens et des maux depend en bonne partie de l'opinion que nous en avons*" (Que o gosto sobre o bem e o mal depende em grande parte de nossa opinião) — o trecho relevante está nas páginas 50-2.

20. Jama (2001) 23-24.: "*une date, intentionellement choisie, que permettait justement aux compagnons d'entendre son message dissimulé*" (uma data escolhida intencionalmente, cuja mensagem oculta os amigos podiam compreender).
21. Rat (ed.) (1941) Vol. 2, 176.
22. Yovel (1989), x.
23. Jama (2001: 182-8) também crê que, no que concerne à ideia de Deus, há traços evidentes de aprendizagem teológica judaica nos *Ensaios*. Ver também López Fanego (1983: 371) sobre como os autores inseriam devotas profissões de fé e submissão ao dogma eclesiástico em obras que, em conjunto, criticavam o dogma.
24. Essa é a opinião de diversos especialistas em Montaigne (ver, por exemplo, Malvezin (1875: 106-22, 128) e de especialistas nas realidades ibéricas (Castro: (1972: 15), Faur (1992: 105-6)).
25. Dedieu (1983) 498.
26. Ver, por exemplo, Baião (1921) 122 — um caso de 1541, em Lisboa. Mas deve-se levar em conta que isso é um ditado de origem rural muito antigo na península. Agradeço ao professor Francisco Bethencourt por essa observação.
27. Salvador (1969), xx.
28. Blázquez Miguel (1988) 50.
29. Para um exemplo de como isso funcionava na prática, é interessante ler a análise de Wachtel (2001a: 85-89) da biblioteca de Manuel Bautista Pérez, um criptojudeu de Lima excepcionalmente viajado dos anos 1630, que viveu um tempo na Guiné e na América do Sul; a biblioteca sugere que o dono tinha inclinações céticas.
30. Lithgow (1640) 486.
31. A noção dos convertidos como protótipos do indivíduo moderno não é nova, e foi proposta por Novisnky (1972: 162), Rivkin (1995: 408), Wachtel (2001: 13), para citar apenas três autores. É examinada mais detalhadamente em Green (2007).
32. Faur (1992) 108-9.
33. Sanches (1988) 4-19.
34. Ibid. 172.
35. Faur (1992) 96.
36. Sanches (1988) 168.
37. Ibid. 81; palavras de Elaine Limbrick.
38. Ibid. 79; palavras de Elaine Limbrick.
39. Ibid. 28-36.
40. González González (1998: 25-6) apresenta um bom resumo da biografia de Vives.
41. Garcia (1987) 91.
42. Ibid. 187; o processo Blanquina March, mãe de Vives, está publicado em Pinta Llorente e Palacio y Palacio (1964). Em 1491 ela confessou durante o período de graça e foi reconciliada, mas foi condenada postumamente em 1529.
43. Kamen (1997) 130; Révah (1959) 38.
44. Fernández Santamaría (1900) 72, 104.
45. Ibid. 72.
46. Ibid. 123.
47. Ibid. 71.
48. Bataillon (1937) 166-7.
49. Gouthier (1958) 116 nº 59.
50. Sanches (1988) 83-4.
51. Klever (1996) 20.
52. Yovel (1989), x, 28-36.
53. Rojas (1985) 22.
54. Ibid. 23.
55. Ibid. 59.
56. Ibid. 130.
57. Ibid. 129.
58. Esse foi o equívoco no trabalho clássico de Gilman sobre a peça e as origens convertidas do autor (1972). Yovel (1989: 97) propõe que a interpretação convertida deve ser só uma dentre as interpretações de *La Celestina*.
59. Existem debates acadêmicos longos e envolventes quanto às origens de Rojas. Salvador Miguel (2001) defende sua origem convertida, junto com Marquez (1980: 47-8), para quem a defesa de Rojas pelo sogro Álvaro de Montalbán, que o teria apontado como convertido em um processo inquisitorial em 1525-1526, não passava de um rumor atribuído a Rojas pelo promotor da Inquisição. Ainda assim, como assinala Yovel (1989: 94, n. 29), o promotor só podia estar repetindo um fato conhecido, e não há provas de que se tratava unicamente de um rumor. Os temas convertidos evidentes

em toda a peça sustentam a ideia de que Rojas era de fato um convertido, como declarou o sogro. Outros argumentam que *La Celestina* foi composta por diversos autores, mas isso tem sido refutado recentemente por alguns especialistas (Aguirre Bellver (1994)).

60. Faur (1992) 62-9.
61. Ibid. 57.
62. Castro (1972) 15.
63. Ibid. lii.
64. Ibid. 153.
65. Ibid. "*segun eran de agudos*".
66. Bataillon (1937) 529; citado também em Kamen (1965) 75.
67. Ver as obras clássicas de Menendez y Pelayo e, mais recentemente, Kamen (1997); ver também em García Camarero e García Camarero (eds.) (1970) um resumo das opiniões sobre isso no século XVIII.
68. Cervantes (1994) 91.
69. Lewin (1967) 14-15.
70. Lea (1906-1907), Vol. 1, v.
71. Saínz Rodríguez (1962) 85.
72. Castro (1972) 36.
73. García Cárcel e Moreno Martínez (2000) 325.
74. Castro (1972) 37.
75. Alcalá Galve (1984) 812.
76. Ver, por exemplo, Novalín (1968-1971), Vol. 1, 165.
77. Baião (1921) 36-7.
78. Barrios Aguilera (2002) 81.
79. Rumeu de Armas (1940) 15.
80. BL, Additional MS 10248, folios 107v-108r.
81. Bataillon (1937) 31-5 traz uma boa elucidação desse caso.
82. Bethencourt (1994) 174.
83. Ibid.
84. AHN, Inquisición, Legajo 4470, Expediente 6.
85. AHN, Inquisición, Legajo 4442, Expediente 33 e 34.
86. AHN, Inquisición, Legajo 2963.
87. AHN, Inquisición, Legajo 4470, Expediente 12.
88. Kamen (1997) 119.
89. Novalín (1968-1971) Vol. 1, 274.
90. Pinto Crespo (1983) 67.
91. Bethencourt (1994) 173.
92. Márquez (1980) 144-45.
93. Ibid. 146-48.
94. Sierra Corella (1947) 47.
95. Bethencourt (1994) 173.
96. Ibid. 87.
97. O texto desse decreto fundamental está em Rumeu de Armas (1940: 17, n. 1).
98. Pinto Crespo (1983) 39.
99. Ibid. 91-2.
100. Ibid. 99.
101. Ibid. 42.
102. Pinto Crespo (1983) 33.
103. García Cárcel e Moreno Martínez (2000) 321-3.
104. Gracia Boix (ed.) 1982) 218.
105. Márquez (1980) 150.
106. Révah (1960) 21-2.
107. Ibid. 21-4, 29.
108. Ibid. 27.
109. Ibid. 67-8.
110. Bethencourt (1994) 177.

111. Cohen (1995) 446; idem, (2000) 74; Chinchilla Aguiar (1952) 187: a *cédula* de 29 de setembro de 1543 que proibiu a circulação de livros profanos está em Sierra Corella (1947: 196-7).
112. Chinchilla Aguilar (1952) 189-90.
113. Jiménez Rueda (1946) 237.
114. Greenleaf (1969) 183.
115. Ibid. 184-5.
116. AHN, Inquisición, Libro 285, folio 200r.
117. Defourneaux (1963) 15.
118. Alcalá Galve (1983) 63-6.
119. Pinto Crespo (1983) 63-6.
120. Ibid. e idem (1987) 185.
121. AHN, Inquisición, Legajo 4816, Expediente 22, folios 4v-9r; para uma análise mais detalhada do barco e de Diogo Barassa, ver Green (2007) Parte III: Capítulo 3.
122. AHN, Inquisición, Legajo 4816, Expediente 22, folio 45v; atualizei a pontuação ao traduzir esse trecho [para o inglês].
123. Ibid. folio 11v.
124. Defourneaux (1963) 24-5.
125. AHN, Inquisición, Legajo 4436, Expediente 4.
126. AHN, Inquisición, Legajo 4480, Expediente 21, folio 2r.
127. Ibid. folio 4r.
128. Ibid.
129. Defourneaux (1963) 24-5; as edições expurgadas têm início em Sevilha, em 1539.
130. Ibid. 25.
131. Ibid.
132. AHN, Inquisición, Legajo 4469, Expediente 31.
133. Baião (1972) 222-69; Subrahmanyan (1993) 186. Isso foi após pressão do famoso pregador Antônio Vieira (ele próprio preso pela Inquisição em 1665) e dos convertidos em Roma.
134. ACE, 36, 51, 62-3.
135. Selke (1986) 9, 189.
136. Jiménez Monteserín (ed.) (1980) 656, 688.
137. Paz y Melia (ed.) (1947) 135-7.
138. AHN, Inquisición, Legajo 4465, Expediente 30.
139. Paz y Melia (ed.) (1947), nº 392. A fonte não nomeia essas pinturas: uma delas é uma Vênus adormecida com uma marca dourada, a segunda um nu adormecido e a terceira uma mulher pobre deitada em uma cama.

Doze — A SOCIEDADE NEURÓTICA

1. AHN, Inquisición, Legajo 1808, Expediente 11, folio 13r.
2. Ibid.
3. Ibid. folio 14r.
4. Ibid. folio 16r.
5. Ibid.
6. Ibid. 17r, 18r.
7. Ibid. 19v-21v.
8. Ibid. 14v.
9. Ibid. 15r.
10. Ibid. folios 24r-29r.
11. Ibid. folios 30v-32v.
12. Freud (1961a).
13. Sarrión Mora (2003) 45.
14. Perry (1987) 152-4.
15. Ibid. 158.
16. Ibid. 151.
17. Essa história extraordinária está em Gracia Boix (ed.) (1982: 281-3).
18. Essa história foi resumida em Sánchez Ortega (1992: 69-78).

19. Ver, por exemplo, o caso de Eugenia de las Heras, presa pela Inquisição de Madri por simular visões, em 1802 — AHN, Inquisición, Legajo 3730, Expediente 21.
20. Huerga (1978-1988) Vol. 1, 332.
21. Ibid. 333.
22. Ibid.
23. Ibid. 335.
24. Llorca (1980) 1107.
25. Huerga (1978-1988) Vol. 1, 467.
26. Ibid.
27. Ibid. 468.
28. Ibid.
29. Ibid. Vol. 4, 179-313, 389, 485-6; AHN, Inquisición, Legajo 2962.
30. A relevância disso para a natureza sexual da neurose dos alumbrados da Extremadura foi comentada por Menéndez y Pelayo (1945: Vol. 5, 262).
31. Fernández (2003) 12-13.
32. Foucault (1976) 110-11.
33. Monter (1990) 279.
34. Vainfas (1989) 206.
35. Mott (1988) 14; ver IAN/TT, CGSO, Livro 100, folio 43r para mais detalhes sobre a confirmação dos poderes outorgados pelo papa Gregório III ao cardeal Henrique para julgar a sodomia.
36. IAN/TT, CGSO, Livro, folio.
37. Bellini (1989) 17-29.
38. Vainfas (1989) 207-9, 209, n. 65. Todavia, a ofensa foi mencionada no regimento da Inquisição de Goa até 1774 (Rêgo (1983: 115)).
39. Vassberg (1996) 129.
40. Fernández (2003) 271-3.
41. IAN/TT, Inquisição de Évora, Livro 29, folios 34v-35r.
42. Ibid. folios 31v-34r.
43. Vainfas (1989) 205.
44. Fernández (2003) 80.
45. Mott (1992) 704.
46. Palmer (1976) 58-9.
47. IAN/TT, Inquisição de Lisboa, Livro 243, folio 62r.
48. IAN/TT, Inquisição de Lisboa, Livro 246, folio 3r-v, de onde foi extraída essa história.
49. Ver, por exemplo, o caso de Francisco Barradas em Ian/TT, Inquisição de Lisboa, Livro 212, folio 127v.
50. IAN/TT, Inquisição de Lisboa, Livro 236, folio 381r-v.
51. Rêgo (ed.) (1971) 191.
52. Dellon (1815) 13.
53. AHN, Inquisición, Legajo 5345, Expediente 4. Isso ocorreu também na Espanha; há diversos exemplos em AHN, Inquisición, Libro 1153.
54. Cervantes (1994) 102-5; essa é a fonte para o restante das informações sobre as atividades da irmã Margarita.
55. Freud (1961b) 72.
56. BL, Additional MS 23726, folio 85r.
57. Questão colocada por Bernardo de Iriarte a Ana Farina em 1775 (Pinta Llorente (1961) 130).
58. Isso provém de Cervantes (1994: 114-24).
59. Esse material está em Huerga (1978-1988) Vol. 3, 85-94.
60. Ibid. 447-8.
61. Ibid. 352-3.
62. Ibid. 354.
63. Ibid. 358-9.
64. Ibid. 360.
65. Ibid. 139.
66. Sarrión Mora (2003) 145-53 e 208.
67. Ibid. 284, 288.
68. Ibid. 295.

69. Ibid. 297-8.
70. Huerga (1978-1988) Vol. 1, 468.
71. BL, Additional MS 23726, folios 9r, 15r.
72. Ibid. folio 82v.
73. Ibid. folio 83r-v.
74. Ibid. folios 90r-v.
75. Ibid. folio 91r.
76. Benassar (1979b) 85-6.
77. Ibid. 86.
78. Ibid.
79. García Mercadal (ed.) (1999) Vol. 1, 292.
80. Ibid. Vol. 2, 200.
81. Fernández (2003) 14.
82. Fernández-Armesto (1982) 181-3.
83. Ibid. 273.
84. Ibid. 14.
85. IAN/TT, CGSO, Livro 433, folio 106v; o caso de Catarina Galves, da sé de Porto, de 1625.
86. Fernández Vargas (1980) 934.
87. Menéndez y Pelayo (1945) Vol. 6, 118.
88. Essas informações foram extraídas de CA: *Relacion de los Reos que Salieron en el Auto Particular de Fe que el Santo Oficio de la Inquisición de Cuenca Celebró en la Iglesia del Convento de San Pablo (1721); Relacion del Auto Particular de Fe que Celebró el Santo Oficio de la Inquisición de Valladolid (1722); Relacion del Auto Particular de Fe que celebró el Santo Oficio de la Inquisición de la Ciudad y Reyno de Granada, el día 31 de Enero de este Presente Año de 1723.*
89. Ibid. folio 305v.
90. Ibid.; diversos prisioneiros brasileiros foram levados para Lisboa na primeira metade do século XVIII, muitos deles acusados de crimes de bruxaria e adivinhação, além de criptojudaísmo, este último na rica cidade do Rio de Janeiro, por onde escoava o ouro de Minas Gerais: Souza (1987: 158-65 e 323).
91. PD.
92. Marti Gilabert (1975) 22-3.
93. AHN, Inquisición, Legajo 3727, expediente 159; atualizei a pontuação desse trecho.
94. Ibid.
95. Ibid.
96. Ibid.
97. Sánchez Ortega (1992) 48-9.
98. Ibid. 48.
99. IAN/TT, Inquisição de Lisboa, Livro 792, folios 409-17, 453.
100. Toribio Medina (1887) Vol. 1, 313.
101. Millar Carvacho (1997) 347.
102. AHN, Inquisición, Legajo 4518, Expediente 14.
103. AHN, Inquisición, Legajo 1808, Expediente 12, folio 33r.

Treze — Paranoia

1. AHN, Inquisición, Legajo 3730, Expediente 7, para todos os detalhes deste caso.
2. Blázquez Miguel (1990) 285. Para uma análise completa das circunstâncias que envolviam a bula *In Eminenti* e seu impacto no mundo católico, ver Ferrer Benimeli (1976-1977) Vol. 1, 178-236.
3. Ferrer Benimeli (1976-1977) Vol. 1, 54-70.
4. Ferrer Benimeli (1984) 83-90.
5. Ferrer Benimeli (1976-1977) Vol. 12, 137, 189.
6. Ibid. 189; Coustos (1803) 19-21, 63-72, 78.
7. Ferrer Benimeli (1984) 84.
8. Ibid. 85
9. Ibid. 86.
10. Ferrer Benimeli (1976-1977) Vol. 1, 213.

11. Ferrer Benimeli (1976-1977) Vol. 3, 22-3.
12. Ibid. 409; "*per cuanto si dice*".
13. Ibid. 52, n. 193 e 56.
14. Ibid. 79.
15. Ibid.
16. Ibid. 80.
17. Ibid. 98.
18. Ibid. 124.
19. Ibid. 86-7, 139-40.
20. Ibid. 320-6, 351-61.
21. Kamen (1965).
22. Ferrer Benimeli (1976-1977) Vol. 3, 57.
23. Eles são demasiado numerosos para citá-los nas passagens relevantes do Capítulo Sete; para outro exemplo, ver AHN, Inquisición, Legajo 4529, Expediente 2, ou Valencia (1997: 74): "[os mouriscos] conspiram e acordam a maldade entre si".
24. Saraiva (1985) 128-9.
25. Pinto Crespo (1983) 107.
26. Delumeau (1978) 22-3.
27. Deve-se reconhecer que isso contraria a visão acadêmica predominante de que convém estudar a Inquisição com base em cada tribunal individual. Este livro deve e pode ser visto como um contraponto a essa tese em voga.
28. Jiménez Monteserín (ed.) 760.
29. Ibid. 760-1.
30. Ibid.761-2.
31. Ibid. 762-5.
32. Ibid. 769-70.
33. Ibid. 770-2.
34. Ibid. 772-3.
35. Henningsen (1980) 32-6, 51.
36. Ibid. 54, 57, 108-112.
37. Ibid. 136.
38. Ibid. 150, 185-6.
39. Ibid. 232-307.
40. Saugnieux (1975) 10.
41. Mestre (1984) 1247-8.
42. Tomsich (1972) 25-7.
43. Saugnieux (1975) 10.
44. Ibid.
45. Ibid. 31; Tomsich (1972) 72.
46. Ibid. 65-72.
47. Saugnieux (1975) 23.
48. Ibid. 26, 55; Tomsich (1972) 45.
49. Saugnieux (1975) 59; Tomsich (1972) 31-2; Menéndez y Pelayo (1954: Vol. 6, 40-61, 148-150) relaciona, ainda que de maneira exagerada, os jansenistas aos regalistas.
50. Ibid. 78.
51. Defourneaux (1963) 27.
52. Ibid. 28.
53. Ibid. 32-3; trata-se do padre José Casani.
54. Ibid. 33, n. 4.
55. Ibid. 34.
56. Poliakov (2003) 243, n. 3.
57. Oliveira (ed.) (1887-1910) Vol. 16, 139.
58. Ibid.
59. Ibid. Vol. 16, 140.
60. Maxwell (1995) 24; Serrão (1982) 27-8.
61. Oliveira (ed.) (1887-1910) Vol. 16,141.

62. Pageaux (1971) 83; o ponto de vista do francês Etienne de Silhouette 1729-30.
63. Oliveira (ed.) (1887-1910) Vol. 16, 140.
64. Serrão (1982) 31-2.
65. Ibid. 46-7; as comemorações ocorreram em junho por todo o reino, e em julho Francisco Xavier Mendonça Furtado, irmão de Pombal, se tornou secretário de Estado.
66. Fleches (1982-1983) 300-8.
67. Ibid. 314. Não se pode desculpar Pombal por se autopromover nesse caso, pois o reino jesuíta do Paraguai impedia os negócios da companhia comercial do Grão-Pará e Maranhão, que ele fundara em 1755 como uma companhia estatal monopolista para explorar aquelas regiões do Brasil e na qual ele e alguns parentes tinham fortes interesses (Ibid. 300).
68. Ibid. 312.
69. Pereira (1982-1983) 368-70.
70. Santos (1982-1983) 118.
71. Ibid. 313.
72. Maxwell (1995) 91.
73. Rêgo (1984) 335; o texto completo do decreto está publicado em ibid. 330-6.
74. Ibid 311.
75. Baião (1945) 284-5; as estatísticas esclarecem essa ênfase, e a grande maioria dos casos no século XVIII deveu-se a esse delito.
76. Ibid. 285.
77. Essa ideia se origina da noção freudiana do "retorno do reprimido".
78. Moreno Mancebo (1984) 1265-6.
79. AHN, Inquisición, Legajo 1866, Expediente 1, folio 2v.
80. Ibid. folio 5v.
81. Ibid. folios 6v, 10r.
82. Ibid. folio 10v.
83. Ibid. folios 153v-154r.
84. Ibid. Folio 30r.
85. Ibid. Folios 30r, 38v, 45v, 54v, 78r, 83v.
86. Saínz Rodrígez 91962) 97.
87. AHN, Inquisición, Legajo 1866, Expediente 1, folios 151r, 157v.
88. AHN, Inquisición, Legajo 1866, Expediente 9. Documento sem páginas numeradas.
89. Ibid.
90. AHN, Inquisición, Legajo 1866, Expediente 2, folio 568v.
91. Moreno Mancebo (1984) 1275.
92. AHN, Inquisición, Legajo 1866, Expediente 1, folio 153v.
93. Moreno Mancebo (1984) 1274; *Olavide es luterano / es francmasón, es ateísta /es gentil, es calvinista / es judío, es arriano.*
94. AHN, Inquisición, Legajo 1866, Expediente 5.
95. Mestre (1984) 1250.
96. AHN, Inquisición, Legajo 4465, Expediente 5.
97. AHN, Inquisición, Legajo 4465, Expediente 17.
98. Ibid. Folio 2r.
99. Mestre (1984) 1251.
100. Defourneaux (1963) 46.
101. Marti Gilabert (1975) 44-5.
102. Defourneaux (1963) 43 nº 1.
103. Mestre (1984) 1252.
104. Bethencourt (1994) 174.
105. Saugnieux (1975) 1975) 40-1.
106. Pinta Llorente (1961) 123.
107. Ibid. 130-1.
108. Ibid. 125.
109. Ibid. 126.
110. Ibid. 131-2.
111. Ibid. 137.
112. Ferrer Benimeli (1976-1977) Vol. 3, 81.

113. Ibid. 330-1.
114. Rêgo (1971) 125

Catorze - O fracasso do medo e o medo do fracasso

1. Defourneaux (1963) 100.
2. AHN, Inquisición, Legajo 4493, Expediente 8.
3. AHN, Inquisición, Legajo 4518, Expediente 3.
4. AHN, Inquisición, Legajo 4469, Expediente 33.
5. AHN, Inquisición, Legajo 4492, Expediente 12.
6. Paz y Melia (1947) 141.
7. Ibid. 143
8. AHN, Inquisición, Legajo 4506, Expediente 7.
9. García Camarero e García Camarero (eds.) (1970) 48.
10. Ibid. 49.
11. Ibid. 51.
12. Ibid. 52.
13. Ibid. 114.
14. Ibid.
15. Cirac Estopañán (1942) 68-9.
16. Ibid. 80.
17. AHN, Inquisición, Legajo 3730, Expediente 15.
18. Cirac Estopañán (1942) 250; Menéndez y Paleyo (1945) Vol. 3, 352.
19. Trevor-Roper (1984) 115.
20. Boyajian (1993) 172-4; Ruiz (1987) 39.
21. Blázquez Miguel (1990) 34.
22. Saínz Rodríguez (1962) 96.
23. García Cárcel e Moreno Martínez (200) 38.
24. Ibid. 64-5.
25. Souza (1987) 101.
26. Lithgow (1640) 484-5.
27. IAN/TT, CGSO, Livro 433: o caso de Manuel Fernandes no auto de fé de 24 de julho de 1569.
28. Ibid. folio 22v (2 casos); folios 83r-84r, um total de sete cristãos-velhos de Coimbra ocultaram convertidos ou os advertiram para fugir a partir de 1619.
29. O caso de Pimienta não foi o único. Há outros em ibid. folio 72r e também em IAN/TT, CGSO, Livro 435, folio 29r (o caso de Diogo de Asumpção, de Lisboa, que em 1603 foi queimado vivo). Muitos que adotaram o criptojudaísmo na África ocidental e na América Latina naqueles anos também eram cristãos-velhos — ver Green (2007) Parte III, Capítulo 3.
30. Os detalhes do caso de Pimienta estão em Gottheil (1971).
31. Jiménez Lozano (1987).
32. Bernáldez (1962) 96-7. Os casos inquisitoriais subsequentes confirmam que isso permanecia associado aos judeus; ver, por exemplo, em IAN/TT, Inquisição d'Évora, Livro 89, folio 184r, o caso de alguém acusado de preparar uma "refeição de carne com cebola frita em óleo [...] à maneira dos convertidos nas cerimônias judaicas".
33. Amílcar Paulo (s/d), 43-4; Wachtel (2001a) 331ff.
34. Egido (1986); Marti Gilabert (1975) 22-3.
35. Sobre essas diversas tentativas de reforma, ver Jiménez Monteserín (1984) 1430-54.
36. Marti Gilabert (1975) 14.
37. Ibid. 81.
38. Ibid. 59, 86.
39. Ibid. 63.
40. Ibid. 19.
41. Ibid. 14.
42. Ibid. 35.
43. Blázquez Miguel (1990) 133.

44. Menéndez y Pelayo (1945) Vol. 5, 443.
45. Mirsky (2006) 37.
46. Uma das exceções nobres e brilhantes à regra é Piccini (1992). No entanto, a profundidade do problema se revela no fato de que a própria Piccini é psicanalista.
47. Marti Gilabert (1975) 150.
48. DP, 227.
49. Marti Gilabert (1975) 169.
50. González Obregón (ed.) (s/d) 167, 169.
51. Ibid. 170.
52. Ibid. 171.
53. Ibid. 208.
54. Ibid.
55. Jiménez Monteserín (1984) 1476-7.
56. Rêgo (ed.) (1971) 7.
57. Rêgo (ed.) (1983) 18.
58. Mendonça e Moreira (1980) 128.
59. Marti Gilabert (1975) 297-308; Alonso Tejada (1969) 23.
60. Alonso Tejada (1969) 24-5.
61. Ibid. 28.
62. Blázquez Miguel (1990) 135,

BIBLIOGRAFIA

Abreviaturas

ACE *An Account of the Cruelties Exercis'd by the Inquisition in Portugal* (1708) [Um relato das crueldades perpetradas pela Inquisição em Portugal]
AG *As Gavetas da Torre do Tombo*, Rêgo, A. (1960-75)
AGI *Archivo General de las Indias*, Sevilha [Arquivo Geral das Índias]
AHN Archivo Histórico Nacional, Madri [Arquivo Histórico Nacional]
ASV Archivio Segreto Vaticano, Estado do Vaticano [Arquivo Secreto Vaticano]
BA Biblioteca da Ajuda, Lisboa
BAGN *Boletín del Archivo General de la Nación de México* [Boletim do Arquivo Geral da Nação do México]
BL British Library Manuscripts Collection, Londres [Coleção de Manuscritos da Biblioteca Britânica]
CA *Colección de Autos, 1723-1724*. Código 4071.i.3(30) da Biblioteca Britânica [Coleção de Autos]
CDIHE *Colección de Documentos Históricos para la Historia de España, Colección Fernández Navarrete* [Coleção de Documentos Históricos para a História da Espanha, Coleção Fernández Navarrete]
CGSO *Conselho Geral do Santo Officio*, coleção arquivística em IAN/TT
CRP *Crônica de Rui de Pina*, Almeida (1977)
DH *Fray Bartolomé Carranza: Documentos Históricos*, Tellechea Idigoras (1962-6)
DP *Discusión del Proyecto de Decreto sobre el Tribunal de la Inquisición* [Discussão do Projeto de Decreto sobre o Tribunal da Inquisição]
ENE *Epistolario de la Nueva España*, Pasoty Troncoso (1934) [Epistolário da Nova Espanha]
HGCV *História Geral de Cabo Verde*, Albuquerque e Santos (1988-1990)
IAN/TT Instituto dos Arquivos Nacionais da Torre do Tombo, Lisboa
IT *Copilación de las Instrucciones del Officio de la Sancta Inquisición, Hechas por el Muy Reverendo Señor Fray Thomas de Torquemada* (1576) [Compilação das Instruções do Santo Ofício da Inquisição, feitas pelo Mui Reverendo Senhor Tomás de Torquemada]
MMA *Monumenta Misionária Africana, Segunda Serie*, Brásio (1960-2004)
PD *Concordias Hechas y Firmadas Entre la Jurisdicción Real y el Santo Oficio de la Inquisición*. Código 4625.g.i da Biblioteca Britânica [Acordos feitos e assinados entre a Jurisdição Real e o Santo Ofício da Inquisição.]
PV *Primeira Visitação do Santo Officio às Partes do Brasil: Denunciações da Bahia, 1591-1593* (1925)
TA *Traslado Autentico de Todos os Privilegios Concedidos pelos Reis destes Reinos, e Senhorios de Portugal e officiaes, e a Familiares do Santo Officio* (1768)

FONTES MANUSCRITAS

Não listei todos os manuscritos consultados. Para os que desejam conhecê-los, as notas revelam fontes, quando apropriado. Consultei coleções nos seguintes arquivos para escrever este livro:

Archivio Segreto Vaticano, Estado do Vaticano
Archivo General de las Indias, Sevilha

Archivo Histórico Nacional, Madri
Biblioteca da Ajuda, Lisboa
British Library Manuscripts Collection, Londres
Instituto dos Arquivos Nacionais da Torre do Tombo, Lisboa

Por razões de espaço, incluí apenas os livros que cito nas notas ou os mais relevantes para o tema.

FONTES PRIMÁRIAS (MATERIAL PUBLICADO)

Alberti, L. de e Wallis Chapman, A.B. (eds.) *English Merchants and the Spanish Inquisition in the Canaries: Extracts from the Archives in Possession of the Most Hon. The Marquess of Bute.* [Mercadores ingleses e a Inquisição espanhola nas Canárias. excertos dos arquivos de propriedade do Mui Honorável Marquês de Bute]. Londres: Offices of the Royal Historical Society, 1912.

Albuquerque, Luis de e Santos, Maria Emília Madeira (eds.) *História Geral de Cabo Verde: Corpo Documental,* 2 vols. Lisboa: Instituto de Investigação Científica Tropical, 1988-1990.

Almeida, M. Lopes de (ed.) *Crónicas de Rui de Pina.* Porto: Lello & Irmão Editores, 1977.

An Account of the Cruelties Exercis'd by the Inquisition in Portugal — Written by One of the Secretaries of the Inquisition. [Um relato das crueldades perpetradas pela Inquisição em Portugal — escrito por um dos secretários da Inquisição]. Londres: R. Burrough and J. Beker, 1708.

Anônimo (ed.) (1551-2?) "Navegação de Lisboa à Ilha de S. Thome, escrita por um Piloto Portugues" em *Colecção de Noticias...* Vol. II, nº II, 1812.

Anônimo (ed.) *Documentos de la época de los Reis Católicos,* Vol. 8, [Documentos da época dos reis católicos] Vaduz: Kraus Reimpressão de CDIHE, 1964.

Azpilcueta Navarro, Martim de. *Manual de confessores e penitentes, que clara e brevemente contem a universal decisam de quasi todas as duvidas q em as confissões soem ocorrer dos pecados, absoluições, restituyções, censuras e irregularidades.* Coimbra: Joan de Barreyra, 1560.

Barrios, Manuel. *El Tribunal de la Inquisición en Andalucía: Selección de textos y documentos.* [O tribunal da Inquisição em Andaluzia: seleção de textos e documentos]. Sevilha: J. Rodríguez Castillejo, 1991.

Beinart, Haim (ed.) *Records of the Trial of the Spanish Inquisition in Ciudad Real,* 4 vols. [Documentos do tribunal da Inquisição espanhola em Ciudad Real]. Jerusalém: Israel National Academy of Sciences and Humanities, 1975-1985.

Bernáldez, Andrés. *Memorias del reinado de los Reyes Católicos.* [Memórias do reinado dos reis católicos]. Madri: Real Academia de Historia, 1962.

Biarnés i Biarnés, Carmen (ed.) *Els moriscos a Catalunya: Apunts d'historia d'Asco: Documents inèdits* [Os mouros na Catalunha: anotações sobre a história de Asco]. Asco: Gràfiques Moncunill, 1981.

Boletín del Archivo General de la Nación, vols 6-8. Cidade do México: Archivo General de la Nación, 1935-1937.

Brásio, António (ed.) *Monumenta Misionaria Africana: África Ocidental: Segunda Série* — Vol. 1 (1958), Vol. 2 (1963), Vol. 3 (1964), Vol. 4 (1979), Vol. 6 (1989), Vol. 7 (2004). Lisboa: Agência Geral de Ultramar, 1960-2004.

Camões, Luis de. *Os Lusíadas.* Oxford: Clarendon Press, 1973 [Rio de Janeiro: Editora Nova Fronteira, 1993].

Carletti, Francesco. *My Voyage Around the World* [Minha viagem ao redor do mundo]. Londres: Methuen & Co., 1965.

Cohen, Martin A. (ed. e trad.) The Autobiography of Luis de Carvajal, the younger, [A autobiografia de Luis de Carvajal, o moço] em Cohen, Martin A. (ed.), Vol. I, p 201-42, 1971b.

Colección de documentos inéditos para la historia de España [Coleção de documentos inéditos para a história da Espanha]. Madri: Imprenta de la Viúda de Calero, 1847.

Colección de Autos, 1723-1724. Código da Biblioteca Britânica 4071.i.3 (30).

Concordias Hechas y Firmadas Entre la Jurisdicción Real y el Santo Oficio de la Inquisición. Código 4625.g.1 da Biblioteca Britânica [Acordos feitos e assinados entre a jurisdição real e o Santo Ofício da Inquisição].

Conway, G.R.G. (ed.) *An Englishman and the Mexican Inquisition 1556-1560 — Being an Account of the Voyage of Robert Tomson to New Spain, His Trial for Heresy in the city of Mexico and Other Contemporary Historical Documents* [Um inglês e a Inquisição mexicana 1556-1560 — um relato da viagem de Robert Tomson à Nova Espanha, seu julgamento por heresia na Cidade do México e outros documentos históricos contemporâneos]. Cidade do México: impressão particular, 1927.

Copilación de las Instrucciones del Officio de la Sancta Inquisición, Hechas por el Muy Reverendo Señor Fray Thomas de Torquemada [Compilação das instruções do Santo Ofício da Inquisição, feitas pelo mui reverendo senhor Tomás de Torquemada]. Madri: Alonso Gómez, 1576.

Coustos, John. *Procedures curieuses de l'Inquisition de Portugal contre les Francs-maçons* [Procedimentos curiosos da Inquisição de Portugal contra os franco-maçons]. Vallée de Josephat: L.T.V.I.L.R.D.M., 1803.

Dellon, Charles. *A Voyage to the East Indies* [Uma viagem às Índias orientais]. Londres: D. Browne, A. Roper e T. Leigh, 1698.

Dellon's Account of the Inquisition in Goa [O relato de Dellon sobre a Inquisição de Goa]. Londres: Baldwin, Craddock e Joy, 1815.

Discusión del Proyecto de Decreto sobre el Tribunal de la Inquisición [Discussão do projeto de decreto sobre o tribunal da Inquisição]. Cádiz, 1813.

Eymeric, Nicolas. *Manual de los inquisidores* [Manual dos inquisidores]. Buenos Aires: Rodolfo Afonso Editor, 1972.

Fernández Álvarez, Manuel. *Corpus documental de Carlos V*, 5 vols. Salamanca: Ediciones Universidad de Salamanca, 1971-1983.

Fleckno, Richard. *A Relation of Ten Years Travels in Europe, Asia, Affrique and America* [Um relato de dez anos de viagens pela Europa, Ásia, África e América]. Londres: edição particular, *c.* 1660.

Fonseca, Damián. *Iusta expulsión de los moriscos de España* [Justa expulsão dos mouriscos da Espanha]. Roma: Iacomo Mascardo, 1612.

Ford, J.D.M (ed. e trad.). *Letters of John III, King of Portugal* [Cartas de João III, rei de Portugal]. Cambridge, Mass.: Harvard University Press, 1931.

Freire, Anselmo Bramcamp et al. (eds.) *Archivo Histórico Portuguez*, 11 vols. Lisboa: Of. Tip., 1903-1918.

Gandavo, Pero de Magalhães. *Historia da Província Santa Cruz, a que vulgarmente chamamos Brasil.* Lisboa: Na Typographia da Academia das Sciencias, 1858 [São Paulo: Editora Obelisco, 1964].

García Fuentes, José Maria. *La Inquisición en Granada en el siglo XVI: Fuentes para su estudio* [A Inquisição em Granada no século XVI: fontes para o seu estudo]. Granada: Talleres Gráficos Arte de Maracena, 1981.

García Mercadal, (ed.) *Viajes de extranjeros por España y Portugal*, 5 vols. [Viagens de estrangeiros pela Espanha e Portugal]. Salamanca: Junta de Castilla y León, 1999.

Góis, Damião de. *Crónica do felicíssimo Rei D. Manuel*, 2 vols. Coimbra: Por Ordem da Universidade, 1949, 1ª edição em 1566.

González Obregon, Luis (ed.) *Procesos de Luis de Carvajal (El Mozo)* [Processos de Luis de Carvajal, o moço]. Cidade do México: Talleres Gráficos de la Nación, s/d.

Gracia Boix, Rafael (ed.) *Colección de documentos para la historia de la Inquisición de Córdoba* [Coleção de documentos para a história da Inquisição de Córdoba]. Córdoba: Publicaciones del Monte de Piedad y Caja de Ahorros de Córdoba, 1982.

Hakluyt, Richard (ed.) *The Third and Last Volume of the Voyages, Navigations, Traffiques and Discoveries of the English Nation* [Terceiro e último volume das viagens, navegações, tráficos e descobrimentos da nação inglesa] Londres: George Bishop, Ralph Newberie e Robert Barker, 1600.

Hawkins, John. A True Declaration of the Troublesome Voyage of M. John Hawkins to the Parties of Guinea and the West Indies, in the Yeares of Our Lord 1567, and 1568 [Uma declaração verdadeira da dificultosa viagem do sr. John Hawkins às partes da Guiné e das Índias ocidentais, nos anos de Nosso Senhor de 1567 e 1568]. Londres: Thomas Purfoote, 1569.

Jiménez Monteserín, Miguel (ed.) *Introducción a la Inquisición española* [Introdução à Inquisição espanhola]. Madri: Editora Nacional, 1980.

Jiménez Rueda, Julio (ed.) *Corsarios franceses e ingleses en la Inquisición de la Nueva España, siglo XVI* [Corsários franceses e ingleses na Inquisição da Nova Espanha, século XVI]. Cidade do México: Archivo General de la Nación, Imprenta Universitaria, 1945.

Kagan, Richard L. e Dyer, Abigail (eds. e trad.). *Inquisitorial Inquiries: Brief Lives of Secret Jews and Other Heretics* [Investigações inquisitoriais: breves biografias de judeus secretos e outros hereges]. Baltimore e Londres: Johns Hopkins University, 2004.

Léry, Jean de. *Histoire d'une voyage fait en la terre du Brésil.* Genebra: Librairie Droz, 1975 [Belo Horizonte: Editora Itatiaia, 2007].

Liebman, Seymour B. (ed. e trad.). *Jews and the Inquisition of Mexico: The Great Auto de Fé of 1649* [Os judeus e a Inquisição do México: o grande auto de fé de 1649]. Lawrence: Coronado Press, 1974.

Lithgow, William. *The Total Discourse, Of the Rare Adventures, and painefull Peregrinations of long nineteen years Travailes from Scotland, to the most famous Kingdomes in Europe, Asia and Affrica* [O discurso completo das estranhas aventuras e penosas peregrinações por longos 19 anos de viagens da Escócia aos mais famosos reinos da Europa, Ásia e África]. Londres: I. Okes, 1640.

Llorca, Bernardino (ed.) *Bulario pontificio de la Inquisición española — En su periodo constitucional (1478-1525)* [Bulário pontifício da Inquisição espanhola no período de sua constituição, 1478-1525]. Roma: Pontificia Università Gregoriana, 1949.

López, Don Fray Joan. *Tercera parte de la historia general de Sancto Domingo y de su orden de predicadores* [Terceira parte da história geral de São Domingos e de sua ordem de pregadores]. Valladolid: Francisco Fernández de Córdova, 1613.

Mariana, Juan de. *Historia general de España*, Vol. 8 [História geral da Espanha]. Antuérpia: Marcos-Miguel Bousquet y Compañía, 1751.

Maunhy, R., Monod, Th. e Teixeira da Mota, A. (eds.) *Description de la côte occidentale d'Afrique (Sénegal au Cap de Monte, Archipels) par Valentim Fernandes (1506-1510)* [Descrição da costa ocidental da África (do Senegal ao Cabo de Monte, arquipélagos), por Valentim Fernandes (1506-1510)]. Bissau: Centro de Estudos da Guiné Portuguesa, 1951.

Mello, José Antônio Gonçalves de (ed.) *Confissões de Pernambuco, 1594-1595*. Recife: Universidade Federal de Pernambuco, 1970.

Montaigne, Michel de. *Essais*. Paris: Pocket, 1998 [*Ensaios*. São Paulo: Abril Cultural, 1972].

Monteiro, Pedro. *História da Santa Inquisição do reino de Portugal e suas conquistas*, 2 vols. Lisboa: Na Regia Officina Sylviana e da Academia Real, 1750.

Monterroso y Alvarado, Gabriel de. *Práctica civil y criminal & instrucción de escrivanos* [Prática civil e criminal e instrução dos escrivãos]. Alcalá de Henares: Casa de Andrés Angulo, 1571.

Oliveira, Eduardo Freire de (ed.) *Elementos para a história do município de Lisboa*, 17 vols. Lisboa: Typographia Universal, 1887-1910.

Ortega-Costa, Milagros (ed.) *Proceso de la Inquisición contra María de Cazalla* [Processo da Inquisição contra María de Cazalla]. Madri: Fundación Universitaria Española, 1978.

Osorio, Jerónimo. *Da vida e feitos de el-Rei D. Manuel*, 2 vols. Porto: Livraria Civilização Editora, 1944, 1ª edição em 1571.

Pageaux, David-Henry. *Images du Portugal dans les lettres françaises* [Imagens de Portugal na literatura francesa]. Paris: Fundação Calouste Gulbenkian, 1971.

Paso y Troncoso, Francisco (ed.) *Espistolario de la Nueva España*, 24 vols. [Epistolário da Nova Espanha]. Cidade do México: Antigua Librería Robredo, de José Porrúa e Hijos, 1934.

Pereira, Isaías da Rosa (ed.) *Documentos para a história da Inquisição em Portugal (Século XVI)*. Lisboa, 1987.

Pérez de Guzmán, Fernán. *Generaciones y semblanzas* [Gerações e semelhanças]. Londres: Tauris Books Limited, R.B. Tate (ed.), 1965.

Pinta Llorente, Miguel de la e Palacio y Palacio, José María de (eds.) *Procesos inquisitoriales contra la familia judía de Juan Lluis Vives* [Processos inquisitoriais contra a família judia de Juan Lluis Vives]. Madri-Barcelona: Instituto Arias Montano, 1964.

Pitta, Sebastião da Rocha. *História da América portugueza desde o anno 1500 até o de 1724*. Lisboa: Editor Francisco Arthur da Silva, 1880 [Livraria Progresso, 1950].

Primeira visitação do Santo Officio ás partes do Brasil: Denunciações da Bahia, 1591-1593. São Paulo: Homenagem a Paulo Prado, 1925.

Pulgar, Fernando del. *Crónica de los Reyes Católicos por su secretario Fernando del Pulgar*, 2 vols. [Crônica dos Reis Católicos por seu secretário Fernando del Pulgar]. Madri: Espasa-Calpe, 1943.

Pyrard de Laval, François. *Voyage de François Pyrard de Laval*, 2 vols. [Viagem de François Pyrard de Laval]. Paris: Samuel Thibost et la Veuve Remy Dallin, 1619.

Rat, Maurice (ed.) *Montaigne: Essais* [Montaigne: Ensaios]. Paris: Librairie Gamier Frères, 1941.

Regimento dos familiares do Santo Officio. Lisboa: Officina de Manuel Fernandes da Costa, 1739.

Rêgo, A. da Silva (ed.) *As gavetas da Torre do Tombo*, 11 vols. Lisboa: Centro de Estudos Históricos Ultramarinos da Junta de Investigações Científicas do Ultramar, 1960-1975.

Rêgo, Raul (ed.) *O último Regimento da Inquisição portuguesa*. Lisboa: Edições Excelsior, 1971.

Rêgo, Raul (ed.) *O último Regimento e o Regimento da Economia da Inquisição de Goa*. Lisboa: Biblioteca Nacional, 1983.

Rojas, Fernando de. *Celestina: Tragicomedia de Calisto y Melibea*. Urbana: University of Illinois Press, 1985 [Porto Alegre: L & PM, 2008].

Ruiz de Pablos, Francisco (Ed. e tradutor). *Artes de la Santa Inquisición española por Reinaldo González Montes*. [As artes da santa Inquisição espanhola por Reinaldo González Montes].

Salazar de Miranda. *Vida y sucesos prósperos y adversos de Don Bartolomé de Carranza y Miranda* [Vida e acontecimentos auspiciosos e adversos de dom Bartolomé de Carranza y Miranda]. Madri: Joseph Doblado, 1788.

Sanches, Francisco. *'That Nothing is Known' (Quod Nihil Scitur)* [Que nada se sabe]. Cambridge: Cambridge University Press, 1988.

Splendiani, Anna Maria. *Cincuenta años de Inquisición en el tribunal de Cartagena de las Indias, 1610-1660*, 4 vols. [Cinquenta anos de Inquisição no tribunal de Cartagena das Índias, 1610-1660]. Bogotá: Centro Editorial Javeriano CEJA, 1997.

Suárez Fernández, Luis (ed.) *Documentos acerca de la expulsión de los judíos* [Documentos sobre a expulsão dos judeus]. Valladolid: Ediciones Aldecoa, 1964.

Tellechea Idigoras, José Ignacio. *Fray Bartolomé de Carranza: Documentos históricos*. Madri: Archivo Documental Español, 1962-1966.

Toro, Alfonso (ed.) Los judíos de la Nueva España: Selección de documentos del siglo XVI, correspondientes al ramo de la Inquisición [Os judeus na Nova Espanha: coletânea de documentos do século XVI correspondentes à Inquisição]. Cidade do México: Talleres Gráficos de la Nación, 1932.

Traslado autentico de todos los privilegios concedidos pelos reis destes reinos, e senhorios de Portugal aos officiaes, e familiares do Santo officio da Inquisição, impressos por comissão, e mandado dos senhores do Supremo Conselho da Santa, e Geral Inquisição. Lisboa: Na Officina de Miguel Manescal da Costa, Impressor do Santo Officio, 1768.

Trasmiera, Garcia de. *Epítome de la sancta vida y relación de la gloriosa muerte del venerable Pedro de Arbues, inquisidor apostólico de Aragón a quien la obstinación hebrea dio muerte temporal, y la liberalidad divina, vida eterna* [Epítome da santa vida e relato da gloriosa morte do venerável Pedro de Arbues, inquisidor apostólico de Aragão, a quem a obstinação hebreia deu morte temporal e a liberalidade divina vida eterna]. Madri: Diego Díaz de la Carrera, 1664.

Usque, Samuel. *Consolação às tribulações de Israel,* 2 vols. Lisboa: Fundação Calouste Gulbenkian, 1989.

Valencia, Pedro de. *Tratado acerca de los moriscos de España* [Tratado sobre os mouros da Espanha]. Málaga: Editorial Algazara, 1997.

Valera, Mosén Diego de. *Crónica de los Reyes Católicos* [Crônica dos Reis Católicos]. Madri: José Molina, 1927.

Wadsworth, James. *The English Spanish Pilgrime* [O peregrino hispano-inglês]. Londres: T. Cotes, 1630.

Wolf, Lucien (ed. e tradutor). Jews in the Canary Islands, Being a Calendar of Jewish Cases Extracted From the Records of the Canariote Inquisition of the Marquess of Bute [Judeus nas ilhas Canárias, um calendário dos casos judaicos extraídos dos documentos da Inquisição nas Canárias do marquês de Butte]. Londres: Jewish Historical Society of England, 1926.

Zurita, Jerónimo de. *Anales de la corona de Aragón* [Anais da Coroa de Aragão]. Zaragoza: Colegio de San Vicente Ferrer, 1610.

REFERÊNCIA

Farinha, Maria do Carmo Jasmins Dias. *Os arquivos da Inquisição.* Lisboa: Arquivo Nacional da Torre do Tombo, 1990.

Guerra, Luis de Bivar. *Inventário dos processos da Inquisição de Coimbra (1541-1820),* 2 vols. Paris: Fundação Calouste Gulbenkian, 1972.

Liebman, Seymour B. A Guide to Jewish References in the Mexican Colonial Era 1521-1821 [Guia de referências judaicas no México colonial 1521-1821]. Philadelphia: University of Pennsylvania Press, 1964.

Llamas Martínez, Henrique. *Documentación inquisitorial: Manuscritos españoles del siglo XVI existentes en el Museo Británico* [Documentação inquisitorial: manuscritos espanhóis do século XVI existentes no Museu Britânico]. Madri: Fundación Universitaria Española, 1975.

Martínez Bara, José Antonio. *Catálogo de informaciones genealógicas de la Inquisición de Córdoba conservados en el Archivo Histórico Nacional,* 2 vols. [Catálogo de informações genealógicas da Inquisição de Córdoba conservados no Arquivo Histórico Nacional]. Madri: Dirección General de Archivos y Bibliotecas, Diputación Provincial de Jaén, 1970.

Paz y Melia, A. (ed.) *Papeles de la Inquisición: Catálogo y extractos* [Papéis da Inquisição: catálogo e extratos]. Madri: Patronato del Archivo Histórico Nacional, 1947.

Roncancio Parra, Andrés (ed.) *Índice de documentos de la Inquisición de Cartagena de Indias: Programa de recuperación, sistematización y divulgación de archivos.* [Índice de documentos da Inquisição de Cartagena das Índias: programa de recuperação, sistematização e divulgação de arquivos]. Bogotá: Instituto Colombiano de Cultura Hispánica, 2000.

Singerman, Robert. *The Jews in Spain and Portugal: A Bibliography* [Os judeus na Espanha e em Portugal: uma bibliografia]. Nova York: Garland Publishing, 1975.

Tovar, Conde do. *Catálogo de manuscritos portugueses existentes no Museu Británico.* Lisboa: Academia das Ciências, 1932.

GERAL

Abellán, José Luis. Función cultural de la presencia judía en España antes y después de la expulsión [Função cultural da presença judaica na Espanha antes e depois da expulsão], em Alcalá, Ángel (ed.), 1995, p. 395-407.

Ackerman, Nathan W. e Jahoda, Marie. *Anti-Semitism and Emotional Disorder: A Psychoanalytic Interpretation.* Nova York: Harper and Brothers, 1950 [*Distúrbios emocionais e antissemitismo,* São Paulo: Editora Perspectiva, 1969].

Ackroyd, Peter. *The Life of Thomas More* [A vida de Thomas More]. Londres: Chatto & Windus, 1998.

Adorno, Theodor W. et al. *The Authoritarian Personality* [A personalidade autoritária]. Nova York: Harper & Row, 1950.

Aguirre Bellver, Joaquín. *Los secretos de La Celestina* [Os segredos da Celestina]. Madri: Jafuibel, 1994.

Albuquerque, Luis de e Santos, Maria Emília Madeira (eds.) *História Geral de Cabo Verde*, Vol. I. Coimbra: Imprensa de Coimbra, 1991.

Alcalá, Ángel (ed.) *The Spanish Inquisition and the Inquisitorial Mind* [A Inquisição espanhola e a mente inquisitorial]. Boulder: Columbia University Press, 1987.

Alcalá, Ángel (ed.) *Judíos. Serfarditos. Convertidos — La expulsión de 1492 y sus consecuencias* [Judeus. Sefardis. Convertidos — A expulsão de 1492 e suas consequências]. Valladolid: Ámbito Ediciones, 1995.

Alcalá Galve, A. Los hechos y las actividades inquisitoriales en España: Control de espirituales [Os fatos e as atividades inquisitoriais na Espanha: controle dos esprituais], em Pérez Villaneuva, Joaquín e Escandell Bonet, Bartolomé (eds.), 1984, p. 780-841.

Almeida, Fortunato de. *A história da Igreja em Portugal*, 4 vols. Porto: Portucalense Editora, 1967.

Alonso Tejada, Luis. *Ocaso de la Inquisición en los últimos años del reinado de Fernando VII: Juntas de fe, juntas apostólicas, conspiraciones realistas* [Ocaso da Inquisição dos últimos anos do reinado de Fernando VII: juntas de fé, juntas apostólicas, conspirações realistas]. Algorta: Zero, 1969.

Alpert, Michael. *Cryptojudaism and the Spanish Inquisition* [O criptojudaísmo e a Inquisição espanhola]. Basingstoke: Palgrave, 2001.

Álvarez Alonso, Fermina. *La Inquisición en Cartagena de Indias durante el siglo XVII* [A inquisição em Cartagena das Índias no século XVII]. Madri: Fundación Universitaria española, 1999.

Amador de los Ríos, José. *Historia social, política y religiosa de los judíos de España y Portugal* [História social, política e religiosa dos judeus da Espanha e Portugal]. Madri: Aguilar S.A. de Ediciones, 1960, 1ª ed. 1875.

Anderson, Benedict. *Imagined Communities: Reflections on the Origin and Spread of Nationalism*. Londres: Verso, 1991 [*Comunidades imaginadas*. São Paulo: Companhia das Letras, 2008].

Arbell, Mordechai. *The Jewish Nation of the Caribbean: The Spanish Portuguese Jewish Settlement in the Caribbean and the Guianas* [A nação judaica do Caribe: O assentamento hispano-português no Caribe e nas Guianas]. Jerusalém: Gegen Publishing House, 2002.

Arendt, Hannah. *The Origins of Totalitarism*. Londres: André Deutsch, 1986 [*Origens do totalitarismo*, São Paulo: Companhia das Letras, 1989].

Arzona, Tarcisio de. La Inquisición española procesada por la congregación general de 1508 [A Inquisição espanhola processada pela congregação geral de 1508], em Pérez Villanueva, Joaquín (ed.), 1980, p. 89-163.

Avilés Fernández, M. Los acontecimientos: El Santo Oficio en la primera etapa carolina [Os acontecimentos: O Santo Ofício na primeira etapa carolina], em Pérez Villanueva, Joaquín, Escandell Bonet, Bartolomé (eds.), 1984, p. 443-72.

Azevedo, Elvira Cunha. *O sefardismo na cultura portuguesa*. Porto: Paisagem, 1974.

Aznar Vallejo, Eduardo. The Conquest of the Canary Islands [A conquista das Ilhas Canárias], em Schwartz, Stuart B. (ed.), 1994, p. 134-56.

Baer, Yitzahk. *A History of the Jews in Christian Spain*, 2 vols. [Uma história dos judeus na Espanha cristã]. Philadelphia: Jewish Publication Society of America, 1966.

Baião, António. *A Inquisição em Portugal e no Brasil: Subsídios para sua história*. Lisboa: Of. Tip., 1921.

Baião, António. *El Rei D. João IV e a Inquisição*. Lisboa: Academia Portuguesa de História, 1942.

Baião, António. *A Inquisição em Goa: Tentativa de história da sua origem, estabelecimento, evolução e extinção*. Lisboa: Academia das Ciências, 1945.

Baião, António. *Episódios dramáticos da Inquisição portuguesa*. Lisboa: Seara Nova, 1972.

Baião, António et al. (eds.) *História da expansão portuguesa no mundo*, 3 vols. Lisboa: Editorial Ática, 1937.

Baleno, Ilídio Cabral. Pressões externas: Reassões ao Corso e à Piratarí, em HGCV, Vol. II, 1991, p. 125-88.

Barrios Aguilera, Manuel. *Granada Morisca: La convivencia negada*. [A Granada moura: a convivência negada]. Granada: Editorial Comares, 2002.

Bataillon, Marcel. *Études sur Le Portugal au temps de l'humanisme* [Estudos sobre Portugal à época do humanismo]. Coimbra: Por Ordem da Universidade, 1952.

Beinart, Haim. 1971a, The Convertido Community in 15th Century Spain [A comunidade conversa na Espanha do século XV], em Barnett, R.D. (ed.), 1971, Vol. I, p. 425-56.

Beinart, Haim. 1971b, The Convertido Community in 16th and 17th Century Spain [A comunidade convertida na Espanha do século XV], em Barnett, R.D. (ed.), 1971, Vol. I, p. 457-478.

Beinart, Haim. *Trujillo: A Jewish Community in Extremadura on the Eve of the Expulsion from Spain*. [Trujillo: uma comunidade judaica na Extremadura às vésperas da expulsão da Espanha]. Jerusalém: Magnes Press, 1980.

Beinart, Haim. *Convertidos on Trial: The Inquisition in Ciudad Real*. [Convertidos em julgamento: A Inquisição em Ciudad Real]. Jerusalém: Magnes Press, 1981.

(ed.) *Moreshet Sepharad: The Sephardi Legacy*, 2 vols. [Moreshet sefardis: O legado safardi]. Jerusalém: Magnes Press, 1992a.

Beinart, Haim. Vuelta de judíos a España después de la expulsión [O regresso dos judeus à Espanha após a expulsão], em Alcalá, Ángel (ed.), 1995, p. 181-94.

Bellini, Ligia. *A coisa obscura: Mulher, sodomia e Inquisição no Brasil colonial.* São Paulo: Editora Brasiliense, 1989.

Benassar, Bartolomé. *L'Inquisition Espagnole: XVIe-XIXe siècles* [A Inquisição espanhola: séculos XVI a XIX]. Paris: Hachette, 1979a.

Benassar, Bartolomé. *The Spanish Character: Attitudes and Mentality from the Sixteenth to the Nineteenth Century* [O caráter espanhol: atitudes e mentalidade entre os séculos XVI e XIX]. Berkeley: University of California Press, 1979b.

Benassar, Bartolomé. Patterns of the Inquisitorial Mind as the basis for a Pedagogy of Fear [Padrões da mente inquisitorial e a base de uma pedagogia do medo], em Alcalá, Ángel (ed.), 1987, p. 177-84.

Benítez Sánchez-Blanco, Rafael. Un plan para la aculturación de los moriscos valencianos: 'Les ordinacions' de Ramírez de Haro (1540) [Um plano para a aculturação dos mouros valencianos: as ordenanças de Ramírez de Haro], em Cardaillac, Louis, (ed.), 1983, p. 127-57.

Benito Ruano, Eloy. *Toledo en el siglo XV: Vida política* [Toledo no século XV: vida política]. Madri: Consejo Superior de Investigaciones Científicas, Escuela de Estudios Medievales, 1961.

Benito Ruano, Eloy. *Los orígenes del problema convertido* [As origens do problema convertido]. Madri: Real Academia de Historia, 2001.

Bernardini, Paolo e Fiering, Norman (eds.) *The Jews and the Expansion of Europe to the West, 1450-1800* [Os judeus e a expansão da Europa em direção ao Ocidente, 1450-1800]. Nova York: Berghahn Books, 2001.

Bernis, Carmen. Trajes y modas en la España de los Reyes Católicos, 2 vols. [Vestimentas e modas na Espanha dos Reis Católicos]. Madri: Instituto Diego Velázquez del Consejo Superior de Investigaciones Científicas, 1978.

Bethencourt, Francisco. *História das inquisições: Portugal, Espanha e Itália.* Lisboa: Círculo de Leitores, 1994 [São Paulo: Cia. das Letras, 2000].

Bethencourt, Francisco e Chaudhuri, Kirti (eds.) *História da expansão portuguesa: Vol. 1, A formação do império (1415-1570).* Navarra: Temas e Debates e Autores, 1998a.

Bethencourt, Francisco e Chaudhuri, Kirti (eds.) *História da expansão portuguesa: Vol. 2: Do Índico ao Atlântico (1570-1697).* Lisboa: Círculo de Leitores, 1994.

Bethencourt, Francisco e Havik, Philip. A África e a Inquisição portuguesa: Novas perspectivas, em *Revista Lusófona de Ciência das Religiões,* Ano III, 2004, n. 5-6, p. 21-7. Disponível em: http://cienciareligioes.ulusofona.pt.

Blázquez Miguel, Juan. *La Inquisición en Albacete* [A Inquisição em Albacete]. Albacete: Instituto de Estudios Alobacetenses, 1985.

Blázquez Miguel, Juan. *El tribunal de la Inquisición en Murcia* [O tribunal da Inquisição em Múrcia]. Múrcia: Academia Alfonso X El Sabio, 1986a.

Blázquez Miguel, Juan. *La Inquisición en Castilla-La Mancha* [A Inquisição em Castela-La Mancha]. Madri: Librería Anticuaria Jerez y Servicios de Publicaciones Universidad de Córdoba, 1986b.

Blázquez Miguel, Juan. *Inquisición y criptojudaísmo* [Inquisição e criptojudaísmo]. Madri: Ediciones Kaydeda, 1988.

Blázquez Miguel, Juan. *Toledo: Historia del Toledo judío* [Toledo: história da Toledo judaica]. Toledo: Editorial Arcano, 1989.

Blázquez Miguel, Juan. *La Inquisición en Cataluña: El tribunal del Santo Oficio de Barcelona* [A Inquisição na Catalunha: o tribunal do Santo Ofício de Barcelona]. Toledo: Editorial Arcano, 1990.

Böhm, Günther. Los judíos en Chile durante la colonia [Os judeus no Chile durante a colônia], em *Boletín de la Academia Chilena de Historia,* n. 38, p. 21-100.

Böhm, Günther. *Nuevos antecedentes para una historia de los judíos em Chile colonial* [Novos antecedentes para uma história dos judeus no Chile colonial]. Santiago de Chile: Editorial Universitaria, 1963.

Böhm, Günther. *Historia de los judíos en Chile: Volumen I: Periodo colonial: Judíos y judíos convertidos en Chile colonial durante los siglos XVI y XVII* [História dos judeus no Chile: Volume I: Período colonial: Judeus e judeus convertidos no Chile colonial nos séculos XVI e XVII]. Santiago de Chile: Editorial Andrés Bello, Editorial Universitaria, 1984.

Böhm, Günther. Crypto-Jews and New Christians in Colonial Peru and Chile [Criptojudeus e cristãos-novos no Peru e no Chile coloniais], em Bernardini, Paolo e Fiering, Norman (eds.), 2001, p. 203-12.

Borja Gómez, Jaime Humberto et al. (eds.) *Inquisición, muerte y sexualidad en el Nuevo Reino de Granada* [Inquisição, morte e sexualidade no Novo Reino de Granada]. Bogotá: Editorial Ariel, 1996.

Bostos, José Timóteo da Silva, *História de censura intelectual em Portugal.* Lisboa: Moraes Editores, 1983.

Bouchard, Ahmed. Specificité du problème Morisque au Portugal: Une colonie étrangère refusant l'assimilation et souffrant d'un sentiment de déracinement et de nostalgie [A especificidade do problema mouro em Portugal: uma colônia estrangeira que recusa a assimilação e sofre o sentimento de desenraizamento e nostalgia], em Cardaillac, Louis, (ed.), 1983, p. 219-33.

Boxer, C.R. *Fidalgos in the Far-East: Fact and Fancy in the History of Macao* [Fidalgos no Extremo Oriente: fato e fantasia na história de Macau]. Haia: Martinus Nijhoff, 1948.

Boxer, C.R. *The Portuguese Seaborne Empire 1415-1825* [*O império marítimo português*]. Londres: Hutchinson, 1969 [São Paulo: Cia. das Letras, 2002].

Boyajian, James C. *Portuguese Bankers at the Court of Spain, 1626-1650* [Banqueiros portugueses na corte espanhola, 1626-1650]. New Brunswick: Rutgers University press, 1983.

Boyajian, James C. *Portuguese Trade in Asia Under the Habsburgs, 1580-1640* [O comércio português na Ásia sob os Habsburgos, 1580-1640]. Baltimore: Johns Hopkins University Press, 1993.

Bradley, Edward Sculley. *Henry Charles Lea: A Biography* [Henry Charles Lea: uma biografia]. Philadelphia: University of Pennsylvania Press, 1931.

Braudel, Fernand. *La Méditérranée et le monde méditérranéan à l'époque de Philippe II*, 2 vols. Paris: Librairie Armand Colin, 1966 [*O Mediterrâneo*, 2 vols. São Paulo: Martins Fontes Editora, 1983].

Braudel, Fernand. *Civilisation matérielle et capitalisme (XVe-XVIIIe siècle)*. Paris: Librairie Armand Colin, 1967 [*Civilização material, economia e capitalismo*. São Paulo: Martins Fontes Editora, 1996].

Canabrava, Alicia. O comércio português no Rio da Prata (1580-1640). São Paulo: Faculdade de Filosofia, Ciências e Letras, 1944.

Cardaillac, Louis. *Morisques et Chrétiens: Un affrontement polémique (1492-1640)* [Mouros e cristãos: Um enfrentamento polêmico, 1492-1640]. Paris: Klincksieck, 1978.

Cardaillac, Louis (ed.) *Les Morisques et leur temps* [Os mouros e seu tempo]. Paris: Éditions du Centre Nacional de la Récherche Scientifique, 1983.

Cardaillac, Louis. *Les Morisques et l'Inquisition* [Os mouros e a Inquisição]. Paris: Published, 1990.

Cardaillac, Louis e Dedieu, Jean-Pierre. Introduction à l'histoire des Morisques [Introdução à história dos mouros], em Cardaillac, Louis (ed.), 1990, p. 11-28.

Carneiro, Maria Luiza Tucci. *Preconceito racial no Brasil colonial. os cristãos-novos*. São Paulo: Editora Brasiliense, 1983.

Caro Baroja, Julio. *El señor inquisidor y otras vidas por oficio* [O senhor inquisidor e outras vidas de ofício]. Madri: Alianza Editorial, 1968.

Caro Baroja, Julio. *Inquisición, brujería y criptojudaísmo* [Inquisição, bruxaria e criptojudaísmo]. Barcelona: Editorial Ariel, 1970.

Caro Baroja, Julio. *Los moriscos del Reino de Granada* [Os mouros do reino de Granada]. Madri: Ediciones Istmo, 1976.

Caro Baroja, Julio. *Los judíos en la España moderna y contemporánea* [Os judeus na Espanha moderna e contemporânea] 3 vols. Madri: Taurus Ediciones, 1978.

Carrasco, Rafael. Le refus d'assimilation des morisques: aspects politiques et culturels d'après les sources inquisitoriales [A recusa dos mouros à assimilação segundo as fontes inquisitoriais], em Cardillac, Louis (ed.), 1983, p. 171-216.

Carvalho, Joaquim Barradas de. *Portugal e as origens do pensamento moderno*. Lisboa: Livros Horizonte, 1981.

Casey, James. *Early Modern Spain: A Social History* [O início da Espanha moderna: uma história social]. Londres: Routledge, 1999.

Castañeda Delgado, Paulino e Hernández Aparicio, Pilar. *La Inquisición de Lima (1570-1635)* [A Inquisição de Lima, 1570-1635]. Madri: Editorial Deimos, 1995.

Castro, Américo. *La realidad histórica de España* [A realidade histórica da Espanha]. Cidade do México: Editorial Porrúa, 1954.

Castro, Américo. *De la edad conflictiva: crisis de la cultura española en el siglo XVII* [Da idade conflitiva: a crise da cultura espanhola no século XVII]. Madri: Taurus ediciones, 1972.

Ceballos Gómez, Diana Luz. *Hechicería, brujería e Inquisición en el Nuevo Reino de Granada* [Feitiçaria, bruxaria e Inquisição no Novo Reino de Granada]. Medellín: Editorial Universidad Nacional, 1994.

Cervantes, Fernando. *The Devil in the New World: The Impact of Diabolism in New Spain* [O diabo no Novo Mundo: o impacto do satanismo na Nova Espanha]. New Haven e Londres: Yale University Press, 1994.

Chinchilla Agular, Ernesto. *La Inquisición en Guatemala* [A Inquisição na Guatemala]. Cidade da Guatemala: Editorial del Ministerio de Educación Pública, 1952.

Cirac Estopañán, Sebastián. Los procesos de hechicerías en la Inquisición de Castilla la Nueva (Tribunales de Toledo y Cuenca) [Os processos de feitiçaria na Inquisição de Castela a Nova (Tribunais de Toledo e Cuenca)]. Madri: Consejo Superior de Investigaciones Científicas, Instituto Jerónimo Zurita, 1942.

Coates, Timothy J. *Convicts and Orphans: Forced and State-Sponsored Colonizers in the Portuguese Empire, 1550-1755* [Condenados e órfãos: colonos forçados e patrocinados pelo Estado no império português, 1550-1755]. Stanford: Stanford University Press, 2001.

Coelho, António Borges. *Inquisição de Évora*. Lisboa: Editorial Caminho, 1987.

Cohen, Mario. Lo que hispanoamérica perdió: El impacto de la expulsión en su atraso cultural y económico [O que a América hispânica perdeu: o impacto da expulsão em seu atraso cultural e econômico], em Alcalá, Ángel (ed.), 1995, p. 434-54.

Cohen, Martin A. *The Jewish Experience in Latin America* [A experiência judaica na América Latina]. Waltham: American Jewish Historical Association, 1971a.

Cohen, Martin A. The Letters and Last Will and Testament of Luis de Carvajal, the Younger [Cartas, último desejo e testamento de Luis de Carvajal, o moço], em Cohen, Martin A. (ed.), 1971a, p. 243-312.

Cohen, Martin A. *Martyr: Luis de Carvajal, a Secret Jew in Sixteenth Century Mexico* [Mártir: Luis de Carvajal, um judeu secreto no México do século XVI]. Albuquerque: University of New Mexico Press, 2001.

Cohen, Martin A. e Peck, Abraham J. (eds.) *Sephardim in the Americas: Studies in Culture and History* [Sefardis nas Américas: estudos sobre cultura e história]. Tuscaloosa: University of Alabama Press, 1993.

Cohen, Norman. *Europe's Inner Demons: An Enquiry Inspired by the Great Witch-Hunt* [Os demônios internos da Europa: uma pesquisa inspirada na grande caça às bruxas]. Londres: Sussex University Press, 1975.

Collantes de Terán, Antonio. *Sevilla en la baja Edad Media* [Sevilha na baixa Idade Média]. Sevilha: Sección de Publicaciones del Excmo. Ayuntamiento, 1977.

Comas, Juan. *Racial Myths* [Mitos raciais]. Paris: Unesco, 1951.

Contreras, Jaime. *El Santo Oficio de la Inquisición en Galicia 1560-1700: Poder, sociedad y cultura* [O Santo Ofício da Inquisição na Galícia 1560-1700: Poder, sociedade e cultura]. Madri: Akal Editor, 1982.

Contreras, Jaime. El sentido de la coyuntura: la fase conversa y morisca [O sentido da conjuntura: a fase convertida e moura], em Pérez Villanueva, Joaquín y Escandell Bonet, Bartolomé (eds.), 1984, p. 427-33.

Contreras, Jaime. The Impact of Protestantism in Spain 1520-1600 [O impacto do protestantismo na Espanha 1520-1600], em Haliczer, Stephen P. (ed.), 1987, p. 47-66.

Contreras, Jaime e Henningsen, Gustav. Fourty-four Thousand Cases of the Spanish Inquisition (1540-1700): Analysis of a Historical Data Bank [44.000 casos da Inquisição espanhola (1540-1700): análise de um banco de dados histórico], em Henningsen, Gustav e Tedeschi, John (eds.), 1986, p. 100-29.

Correia e Silva, António Leão. *Histórias de um Sahel insular*. Praia: Spleen Edições, 1996.

Correia-Afonso, John (ed.) *Indo-Portuguese History: Sources and Problems* [História indo-portuguesa: fontes e problemas]. Bombaim: Oxford University Press, 1981.

Crews, Frederick. The Unknown Freud, em *New York Review of Books*, Vol. 40, n. 19, p. 55-66.

Croitoru Rotbaum, Itic. *De sefarad al neosefardismo: contribución a la historia de Colombia* [Do sefardi ao neossefardismo: contribuição à história da Colômbia]. Bogotá: Editorial Kelly, 1967.

David, Maurice. *Who Was 'Columbus'? His Real Name and Fatherland. A Sensational Discovery Among the Archives of Spain* [Quem foi Colombo? Seu verdadeiro nome e terra natal. Uma descoberta sensacional nos arquivos da Espanha]. Nova York: Research Publishing Company, 1933.

Davis, David Brion. The Slave Trade and the Jews [Os judeus e o tráfico de escravos], em *New York Review of Books*, Vol. 41, n. 21, 22 de dezembro de 1994, p. 14-16.

d'Azevedo, João Lucio. *História dos christãos-novos portugueses*. Lisboa: Livraria Clássica Editora, 1922.

d'Azevedo, João Lucio. *Épocas de Portugal econômico: Esboços da história*. Lisboa: Livraria Clássica Editora, 1929.

Dedieu, Jean-Pierre. Les morisques de Daimiel et l'Inquisition, 1502-1526 [Os mouros de Daimiel e a Inquisição, 1502-1526], em Cardaillac, Louis (ed.), 1983, p. 495-522.

Dedieu, Jean-Pierre. *L'administration de la foi: l'Inquisition de Tolède (XVIe-XVIIIe siècles)* [A administração da fé: a Inquisição de Toledo (séculos XVI ao XVIII)]. Madri: Casa de Velázquez, 1989.

Defourneaux, Marcelin. *L'Inquisition espagnole et les livres Français au XVIII siècle* [A Inquisição espanhola e os livros franceses no século XVIII]. Paris: Presses Universitaires de France, 1963.

Delumeau, Jean. *La peur en Occident (XIVe-XVIIIe siècles): Une cité assiegée*. Paris: Fayard, 1978 [*História do medo no Ocidente, 1300-1800*. São Paulo: Companhia das Letras, 1989].

Dias, Manuel Nunes. *O capitalismo monárquico português: contribuição para o estudo das origens do capitalismo moderno*, 2 vols. Coimbra: Faculdade de Letras da Universidade de Coimbra, Instituto de Estudos Históricos Dr. António de Vasconcelos, 1963-1964.

Dias, J.S. da Silva. *O erasmismo e a Inquisição em Portugal: o processo de Fr. Valentim da Luz*. Coimbra: Universidade de Coimbra, 1975.

Diffie, Bailey W. e Winius, George D. *Foundations of the Portuguese Empire 1415-1580* [Os fundamentos do império português 1415-1580]. Minneapolis: University of Minnesota Press, 1977.

Disney, Anthony. The Portuguese Empire in India, *c.* 1550-1650 [O império português na Índia, *c.* 1550-1650], em Correia--Afonso, John (ed.), 1981, p. 148-62.

Domínguez Ortiz, Antonio. *Los judeoconversos en España y América* [Os judeus convertidos na Espanha e na América]. Madri: Ediciones Istmo, 1971.

Domínguez Ortiz, Antonio. *Los judeoconversos en la España moderna.* [Os convertidos judeus na Espanha moderna]. Madri: Editorial Mafre, 1993.

Domínguez Ortiz, Antonio e Vincent, Bernard. *Historia de los moriscos: vida y tragedia de una minoría* [História dos mouros: vida e tragédia de uma minoria]. Madri: Editorial Revista de Occidente, 1978.

Douglas, Mary. *Purity and Danger: An Analysis of the Concepts do Pollution and Taboo.* Londres: Routledge, 1984 [*Pureza e perigo.* São Paulo: Perspectiva, 1976].

Drescher, Seymour. Jews and New Christians in the Atlantic Slave Trade [Judeus e cristãos-novos no tráfico de escravos no Atlântico], em Varnardini, Paolo e Fiering, Norman (eds.), 2001, p. 439-70.

Dufourcq, Ch.-E. e Gauthier Dalché, J. *Histoire économique et sociale de l'Espagne chrétienne au Moyen Âge* [História econômica e social da Espanha cristã na Idade média]. Paris: Armand Colin, 1976.

Edwards, John. *The Spanish Inquisition* [A Inquisição espanhola]. Stroud: Tempus Publishing, 1999.

Egido, T. La España del siglo XVIII [A Espanha do século XVIII], em Pérez Villanueva, Joaquín e Escandell Bonet, Bartolomé (eds.), 1984, p. 1204-10.

Egido, T. Los hechos y las actividades inquisitoriales [Os fatos e atividades inquisitoriais], em Pérez Villanueva, Joaquín e Escandell Bonet, Bartolomé (eds.), 1984, p. 1227-47.

Epalza, Mikel de. *Los moriscos antes y después de la expulsión* [Os mouros antes e depois da expulsão]. Madri: Editorial Mapfre, 1992.

Epalza, Mikel de. *Le léxique religieux des Morisques et la litérature Aljamiado-Morisque* [O léxico religioso dos mouros e a literatura aljamiada-moura], em Cardaillac, Louis (ed.), 1990, p. 51-64.

Escandell Bonet, Bartolomé. Una lectura psicosocial de los papeles del Santo Oficio: Inquisición y sociedad peruana en el siglo XVI [Uma leitura psicossocial dos papéis do Santo Ofício: Inquisição e sociedade peruana no século XVI], em Pérez Villanueva (ed.), 1980, P. 437-67.

Escandell Bonet, Bartolomé. El 'fenómeno inquisitorial': naturaleza sociológica e infraestructura histórica [O 'fenômeno inquisitorial': natureza sociológica e infraestrutura histórica], em Pérez Villanueva, Joaquín y Escandell Bonet, Bartolomé (eds.), 1984, p. 220-7.

Escandell Bonet, Bartolomé. El tribunal peruano en la época de Felipe II [O tribunal peruano na época de Felipe II], em Pérez Villanueva, Joaquín y Escandell Bonet, Bartolomé (eds.), 1984, p. 919-37.

Escandell Bonet, Bartolomé. Las adecuaciones estructurales: establecimiento de la Inquisición en Indias [As adequações estruturais: estabelecimento da Inquisição nas Índias], em Pérez Villanueva, Joaquín y Escandell Bonet, Bartolomé (eds.), 1984, p. 713-29.

Espejo, Cristóbal e Paz, Julián. *Las antiguas ferias de Medina del Campo* [As antigas feiras de Medina del Campo]. Valladolid: La Nueva Pincia, 1908.

Eysenck, Hans. *Decline and Fall of the Freudian Empire* [Declínio e queda do império freudiano]. Harmondsworth: Penguin, 1985 [*Decadência e queda do império freudiano.* São Paulo: Editora Civilização Brasileira, 1985].

Faur, José. *In the Shadow of modernity: Jews and Convertidos at the Dawn of Modernity* [À sombra da modernidade: judeus e convertidos no advento da modernidade]. Albany: State University of New York Press, 1992.

Fernández, André. *Au nom du sexe: inquisition et répression sexuelle en Aragon (1560-1700)* [Em nome do sexo: Inquisição e repressão sexual em Aragão (1560-1700)]. Paris: Éditions l'Harmattan, 2003.

Fernández-Armesto, Felipe. *The Canary Islands After the Conquest: The Making of a Colonial Society in the Early Sixteenth Century* [As ilhas Canárias após a conquista: a formação de uma sociedade colonial no início do século XVI]. Oxford: Clarendon Press, 1982.

Fernández-Armesto, Felipe. *Medieval Atlantic Exploration: The Evidence of Maps* [Exploração atlântica medieval: a evidência dos mapas], em Winius, George D. (ed.), 1995, p. 41-70.

Fernández García, María de los Ángeles. Criterios inquisitoriales para detectar al marrano: Los criptojudíos en Andalucía en los siglos XVI y XVII [Critérios inquisitoriais para detectar o marrano: os criptojudeus na Andaluzia nos séculos XVI e XVII], em Alcalá, Ángel (ed.), 1995, p. 478-502.

Fernández Nieto, F.J. et al (eds.) *Luis Vives y el humanismo europeo* [Luis Vives e o humanismo europeu]. Valência: Universitat de València, 1998.

Fernández Santamaria, José A. *Juan Luis Vives: escepticismo y prudencia en el Renacimiento* [Juan Luis Vives: ceticismo e prudência no Renascimento]. Salamanca: Ediciones Universidad de Salamanca, 1990.

Fernández Vargas, Valentina. Dos noticias sobre la Inquisición española: Una primera aproximación sobre ciertos aspectos de la incidencia del Santo Oficio en la vida cotidiana de España en el siglo XVII [Duas notícias sobre a Inquisição espanhola: uma primeira aproximação sobre certos aspectos da incidência do Santo Ofício na vida cotidiana da Espanha no século XVII], em Pérez Villanueva, Joaquín (ed.), 1980, p. 931-5.

Ferrer Benimeli, José A. *Masonería, Iglesia e Ilustración: Un conflicto ideológico-político-religioso* [Maçonaria, Igreja e Ilustração: Um conflito ideológico-político-religioso]. Madri: Fundación Universitaria Española, Seminario Cisneros, 1976-1977.

Ferrer Benimeli, José a. Pombal y la masonería [Pombal e a maçonaria], em Santos, Maria Helena Carvalho dos (ed.), 1984, Vol. 1, p. 75-95.

Fleches, Claude-Henri. Pombal et la Compagnie de Jésus: La campagne de pamphlets [Pombal e a Companhia de Jesus: a campanha dos panfletos], em Torgal, Luis Reis e Vargues, Isabel (eds.), 1982-1983, Vol. 1, p. 299-327.

Fletcher, Richard. *Moorish Spain* [A Espanha moura]. Londres: Weidenfeld & Nicolson, 1992.

Fonseca, Luis Adão da. The Discovery of the Atlantic Space [O descobrimento do espaço atlântico], em Winius, George D. (ed.), 1995, p. 5-18.

Foucault, Michel. *Histoire de la séxualité* [História da sexualidade]. Paris: Gallimard, 1976 [*História da sexualidade*, 3 vols. Rio de Janeiro: Graal, 1980-2003].

Fredrickson, George M. *Racism: A Short History* [Racismo: uma breve história]. Princeton: Princeton University Press, 2002.

Freud, Sigmund. The Loss of Reality in Neurosis and Psychosis, em *The Standard Edition of the Complete Psychological Works of Sigmund Freud*, Strachey, James (ed.). Londres: Hogarth Press, Vol. 19, p 72-105 [*Sigmund Freud, Coleção Completa*. Rio de Janeiro: Imago Editora, 2006].

Fromm, Erich. *Psychoanalysis and Religion*. Londres: Victor Gollancz, 1951 [*Psicanálise e religião*]. Ibero-Americana, 1956].

Garcái, Angelina. *Els Vives: Una familia de jueus valencians* [Os Vives: uma família de judeus valencianos]. Valência: Edifeu Climent Editor, 1987.

García-Arenal, Mercedes. *Inquisición y moriscos: los procesos del tribunal de Cuenca* [A Inquisição e os mouros: os processos do tribunal de Cuenca]. Madri: Siglo XXI, 1978.

García-Arenal, Mercedes. *Los moriscos* [Os mouriscos]. Granada: Universidad de Granada, 1996.

García Cárcel, Ricardo. *Orígenes de la Inquisición española: El tribunal de Valencia, 1478-1530* [Origens da Inquisição espanhola: o tribunal de Valência, 1478-1530]. Barcelona: Ediciones Península, 1976.

García Cárcel, Ricardo. L'Inquisition de Valence [A Inquisição de Valência], em Cardaillac, Louis 9ed.), 1990, p. 153-70.

García Cárcel, Ricardo e Moreno Martínez, Doris. *Inquisición: Historia crítica* [Inquisição: história crítica]. Madri: Ediciones Temas de Hoy, 2000.

Garrett, Don (ed.) *The Cambridge Companion to Spinoza* [Guia de Spinoza de Cambridge]. Cambridge: Cambridge University Press, 1996.

Gil, Juan. *Los convertidos y la Inquisición sevillana* [Os convertidos e a Inquisição de Sevilha], 5 vols. Sevilha: Universidad de Sevilla — Fundación El Monte, 2000-2001.

Gilman, Stephen. *The Spain of Fernando de Rojas: The Intellectual and Social Landscape of La Celestina* [A Espanha de Fernando de Rojas: o panorama intelectual e social de A Celestina]. Princeton: Princeton University Press, 1972.

Gitlitz, David M. *Secrecy and Deceit: The Religion of the Crypto-Jews* [Segredo e engano: a religião dos criptojudeus]. Philadelphia e Jerusalém: Jewish Publication Society, 1996.

Godinho, Vitorino Magalhães. *L'économie de l'empire Portugais au XVe et XVIe siècles* [A economia do império português nos séculos XV e XVI]. Paris: S.E.V.R.E.N., 1969.

Godinho, Vitorino Magalhães. *Os descobrimentos e a economia mundial*, 4 vols. Lisboa: Editorial Presença, 1981.

Gómez-Menor, José Carlos. *Linaje judio de los escritores religiosos y místicos españoles del siglo XVI* [A linhagem judaica dos escritores espanhóis religiosos e místicos do século XVI], em Alcalá, Ángel (ed.), 1995, p. 587-600.

Gonsalves de Mello, José Antonio. *Gente da nação: Cristãos-novos e judeus em Pernambuco, 1542-1654*. Recife: Fundação Joaquim Nabuco, Editora Massangana, 1996.

González González, Enrique. La crítica de los humanistas a las universidades. El caso de Vives [A crítica dos humanistas às universidades. O caso de Vives], em F. J. Fernández Nieto et al. (eds.), 1998, p. 13-40.

Gottheil, Richard. *Fray Joseph Díaz Pimienta, Alias Abraham Díaz Pimienta, and the Auto-da-Fé Held at Seville, July 25, 1720* [Frei Joseph Díaz Pimienta, vulgo Abraham Díaz Pimienta, e o auto de fé de Sevilha de 25 de julho de 1720], em Cohen, Martin A. (ed.), 1971a, Vol. II, p. 56-65.

Gouhier, Henri. *Les premières pensées de Descartes: Contribution à l'histoire de l'anti-renaissance* [Os primeiros pensamentos de Descartes: Contribuição à história do antirrenascimento]. Paris: Librairie Philosophique J. Vrin, 1958.

Gracia Guillén, Diego. *Judaism, Medicine and the Inquisitorial Mind em Sixteenth-Century Spain* [Judaísmo, medicina e a mente inquisitorial na Espanha do século XVI], em Alcalá, Ángel (ed.), 1987, p. 375-400.

Graizbord, David L. *Souls in Dispute: Convertido Identities in Iberia and the Jewish Diaspora, 1580-1700* [Almas que brigam: identidades convertidas na Ibéria e a diáspora judaica, 1580-1700]. Philadelphia: University of Pennsylvania Press, 2004.

Green Tobias. Further Considerations on the Sephardim of the Petite Cote [Novas considerações sobre os sefardis da Petite Côte], em *History of Africa* 32 (2005) p. 165-83.

Green, Tobias. Fear and Atlantic History: Some Observations Derived from The Cape Verde Islands and the African Atlantic [O medo e a história atlântica: observações a partir de Cabo Verde e do Atlântico africano], em *Journal of Atlantic Studies* 3, Vol. 1, p. 25-43.

Green, Tobias. *Masters of Difference: Creolization and the Jewish Presence in Cabo Verde, 1497-1672* [Senhores da diferença: creolização e presença judaica em Cabo Verde, 1497-1672]. Birmingham: University of Birmingham (Tese de Doutorado inédita).

Green, Toby. *Thomas More's Magician: A Novel Account of Utopia in Mexico* [O mágico de Thomas More: um novo relato da utopia no México]. Londres: Weidenfeld & Nicolson, 2004.

Greenleaf, Richard E. *The Mexican Inquisition of the Sixteenth Century* [A Inquisição Mexicana do século XVI]. Albuquerque: University of New Mexico Press, 1969.

Grendler, Paul F. *The Roman Inquisition and the Venetian Press, 1540-1605* [A Inquisição romana e a imprensa veneziana, 1540-1605]. Princeton: Princeton University Press, 1977.

Griffiths, Nicholas. Popular Religious Scepticism in Post-Tridentine Cuenca [O ceticismo religioso popular na Cuenca pós-tridentista], em Twomey Leslie (ed.), 1977, p. 95-126.

Guibovich Pérez, Pedro. En defensa de Dios: Estudios y documentos sobre la Inquisición en el Perú [Em defesa de Deus: estudos e documentos sobre a Inquisição no Peru]. Lima: Ediciones del Congreso del Perú, 1998.

Guibovich Pérez, Pedro. *Las Inquisición y la censura de libros en el Perú virreinal (1570-1813)* [A Inquisição e a censura de livros no vice-reinado do Peru (1570-1813)]. Lima: Ediciones del Congreso del Perú, 2000.

Gutwirth, Eleazar. *Towards Expulsion: 1391-1492*, em Kedourie, Elie (ed.), 1992, p. 51-75.

Haliczer, Stephen (ed. e trad.) *Inquisition and Society in Early Modern Europe* [Inquisição e sociedade nos primeiros anos da Europa moderna]. Londres: Croom Helm, 1987.

Hall, Trevor P. The Role of Cape Verde Islanders in Organizing and Operating Maritime Trade Between West Africa and Iberian Territories, 1441-1616 [O papel dos cabo-verdianos na organização e operação do comércio marítimo entre a África ocidental e os territórios ibéricos, 1441-1616], 2 vols. Baltimore: Johns Hopkins University, (Tese de Doutorado inédita), 1992.

Hamilton, Alastair. *Heresy and Mysticism in the Sixteenth-Century Spain: The Alumbrados* [Heresia e misticismo na Espanha do século XVI: os alumbrados]. Cambridge: James Clarke & Co., 1992.

Havik, Philip. La sorcellerie, l'acculturation et le genre: la persécution religieuse de l'Inquisition Portugaise contre les femmes Africaines converties en Haut Guinée (XVIIe siècle) [Bruxaria, aculturação e gênero: a perseguição religiosa da Inquisição portuguesa contra as mulheres africanas convertidas na Alta Guiné (século XVII)], em *Revista Lusófona de Ciênia das Religiões*, Ano III, 2004, n. 5 6, p. 99-116. Disponível em http://cienciareligioes.ulusofona.pt.

Havik, Philip. *Silences and Soundbytes: The Gendered Dynamics of Trade and Brokerage in the pre-Colonial Guinea Bissau Region* [Silêncios e bytes de som: a dinâmica de gênero do comércio e da corretagem na região da Guiné-Bissau pré-colonial]. Muenster/Nova York: Lit Verlag/Transaction Publishers, 2004b.

Henningsen, Gustav. *The Witches' Advocate: Basque Witchcraft and the Spanish Inquisition (1609-1614)* [O advogado dos bruxos: a bruxaria vasca e a Inquisição espanhola (1609-1614)]. Reno: University of Nevada Press, 1980.

Henningsen, Gustav e Tedeschi, John (eds.) *The Inquisition in Early Modern Europe: Studies and Sources on Methods* [A Inquisição nos primeiros anos da Europa moderna: estudos e fontes sobre métodos]. Dekalb: Northern Illinois University Press, 1986.

Herculano, A. *Da origem e estabelecimento da Inquisição em Portugal: Tentativas históricas*, 2 vols. Lisboa: Imprensa Nacional, 1854.

Hirschberg, H.Z. (J.W.) *A History of the Jews in North Africa* [Uma história dos judeus na África do Norte]. Leiden: E.J. Brill, 1974.

Huerga, Ávaro. *Historia de los alumbrados (1570-1630)* [História dos alumbrados (1570-1630)]. Madri: Fundación Universitaria Española, 1978-1988.

Huerga, Álvaro. El tribunal de México en la época de Felipe II [O tribunal do México na época de Felipe II], em Pérez Villanueva, Joaquín y Escandell Bonet, Bartolomé (eds.), 1984, p. 937-69.

Isaac, Benjamin. *The Invention of Racism in Classical Antiquity* [A invenção do racismo na Antiguidade clássica]. Princeton: Princeton University Press, 2004.

Israel, Jonathan I. *The Dutch Republic and the Hispanic World, 1606-1661* [A república holandesa e o mundo hispânico, 1606-1661]. Oxford: Oxford University Press.

Israel, Jonathan I. *Empires and Entrepots: The Dutch, the Spanish Monarchy and the Jews, 1585-1713* [Impérios e trapiches: os holandeses, a monarquia espanhola e os judeus, 1585-1713]. Londres e Ronceverte: Hambledon Press, 1990.

Israel, Jonathan. The Sephardi Contribution to economic Life and Colonization in Europe and the New World (16th-18th centuries) [A contribuição sefardi para a vida econômica e a colonização do Novo Mundo (séculos XVI a XVIII)], em Bainart, Haim, 1992a, Vol. II, p. 365-98.

Israel, Jonathan. The Sephardim in the Netherlands [Os sefardis na Holanda], em Kedourie, Elie (ed.), 1992, p. 189-212.

Israel, Jonathan. *European Jewry and the Age of Mercantilism, 1550-1750* [Os judeus europeus e a era mercantilista, 1550-1750]. Londres e Portland: Littman Library of Jewish Civilization, 1998a.

Israel, Jonathan. *The Dutch Republic: Its Rise, Its Greatness, Its Fall* [A república holandesa: ascensão, grandeza e declínio]. Oxford: Oxford University Press, 1998b.

Israel, Jonathan. *Diasporas Within a Diaspora: Jews, Crypto-Jews and the World Maritime Empires (1540-1740)* [Diáspora na diáspora: judeus, criptojudeus e os impérios marítimos mundiais (1540-1740)]. Leiden: Brill, 2002.

Jama, Sophie. *L'histoire juive de Montaigne* [A história judaica de Montaigne]. Paris : Flammarion, 2001.

Jiménez Lozano, José. The Persistence of Judaic and Islamic Cultures in Spanish Society, or the Failure of the Inquisition [A persistência das culturas judaica e islâmica na sociedade espanhola, ou o fracasso da Inquisição], em Alcalá, Ángel (ed.), 1987, p. 401-18.

Jiménez Monteserín, M. La abolición del Tribunal (1808-1834) [A abolição do tribunal (1808-1834)], em Pérez Villanueva, Joaquín e Escandell Bonet, Bartolomé (eds.), 1984, p. 1424-86.

Jiménez Rueda, Julio. Herejías y supersticiones en la Nueva España (los heterodoxos en México) [Heresias e superstições na Nova Espanha (os heterodoxos no México)]. Cidade do México: Imprenta Universitaria, 1946.

Kamen, Henry. *The Spanish Inquisition* [A Inquisição espanhola]. Londres: Weidenfeld & Nicolson, 1965.

Kamen, Henry. Notes on Witchcraft, Sexuality and the Inquisition [Notas sobre bruxaria, sexualidade e a Inquisição], em Alcalá, Ángel (ed.), 1987, p. 237-48.

Kamen, Henry. The Expulsion: Purpose and Consequence [A expulsão: propósito e consequência], em Kedourie, Elie (ed.) 1992, p. 74-91.

Kamen, Henry. *The Spanish Inquisition: An Historical Revision* [A Inquisição espanhola: uma revisão histórica]. Londres: Weidenfeld & Nicolson, 1997.

Kaplan, Yosef (ed.) *Jews and Convertidos: Studies in Society and the Inquisition* [Judeus e convertidos: estudos sobre sociedade e Inquisição]. Jerusalém: Magnes Press, 1985.

Kaplan, Yosef. *Judíos nuevos en Amsterdam: Estudio sobre la historia social e intelectual del judaísmo sefardí en el siglo XVII* [Judeus novos em Amsterdã: Estudo sobre a história social e intelectual do judaísmo sefardi no século XVII]. Barcelona: Editorial Gedisa, 1996.

Kedourie, Elie (ed.) *Spain and the Jews: The Sephardi Experience 1492 and After* [A Espanha e os judeus: a experiência sefardi em 1492 e depois]. Londres: Thames & Hudson, 1992.

Kinder, A. Gordon. Spain's Little-Known 'Noble Army of Martyrs' and the Black Legend [O desconhecido 'pequeno exército de mártires' espanhol e a Lenda Negra], em Twomey, Lesley K (ed.), 1997, p. 61-83.

Klever, W.N.A. Spinoza's Life and Works [Vida e obra de Spinoza], Don (ed.), em Garret 1996, p. 13-60.

Kohut, George Alexander. Jewish Martyrs of the Inquisition in South America [Mártires judeus da Inquisição na América do Sul], em Cohen, Martin A. (ed.) 1971a, Vol. I, p. 1-87.

Kriegel, Maurice. El edicto de expulsión: Motivos, fines, contexto [O édito de expulsão: motivos, objetivos, contexto], em Alcalá, Ángel (ed.), 1955, p. 134-49.

La Mantia, Vito. *Origine e vicende dell'Inquisizione in Sicilia*. Palermo: Sellerio Editore, 1977.

Ladero Quesada, Miguel Ángel. *La ciudad medieval (1248-1492)* [A cidade medieval (1248-1492)]. Sevilha: Secretaría de Publicaciones de la Universidad de Sevilla, 1976.

Ladero Quesada, Miguel Ángel. Los judeoconversos de Castilla del siglo XV [Os judeus convertidos de Castela no século XV], em *Historia* 16 (1992), p. 42-33.

Ladero Quesada, Miguel Ángel. El número de judíos en la España de 1492: los que se fueron [O número de judeus na Espanha de 1492: os que se foram], em Alcalá, Ángel (ed.), 1995, p. 170-80.

Ladero Quesada, Miguel Ángel. *La España de los Reyes Católicos* [A Espanha dos Reis Católicos]. Madri: Alianza Editorial, 1999.

Lea, H.C. *History of the Inquisition of Spain*, 3 vols. [História da Inquisição da Espanha]. Nova York: Macmillan, 1906-1907.

Lea, H.C. *The Inquisition in the Spanish Dependencies: Sicily, Naples, Sardinia, Milan, the Canaries, Mexico, Peru, New Granada* [A Inquisição nos territórios espanhóis: Sicília, Nápoles, Sardenha, Milão, Canárias, México, Peru, Nova Granada]. Nova York: Macmillan, 1908.

Lea, H.C. *The Inquisition in the Middle Ages: Its Organization and Operation* [A Inquisição na Idade Média: sua organização e funcionamento]. Londres: Eyre and Spottiswoode, 1963.

Lea, H.C. *Los moriscos españoles: su conversión y expulsión* [Os mouros espanhóis: sua conversão e expulsão]. Alicante: Publicaciones de la Universidad de Alicante, 2001.

León Tello, Pilar. *Judíos de Toledo*, 2 vols. [Os judeus de Toledo]. Madri: Consejo Superior de Investigaciones Científicas, Instituto B Arias Montano, 1979.

Lewin, Boleslao. *Los judíos bajo la Inquisición en Hispanoamérica* [Os judeus sob a Inquisição na América hispânica]. Buenos Aires: Editorial Dedalo, 1960.

Lewin, Boleslao. *La Inquisición en Hispanoamérica: judíos, protestantes y patriotas* [A Inquisição na América hispânica: judeus, protestantes e patriotas]. Buenos Aires: Editorial Paidós, 1967.

Liebman, Seymour B. *The Jews in New Spain: Faith, Flame and Inquisition* [Os judeus na Nova Espanha: fé, chamas e Inquisição]. Coral Gables: University of Miami Press, 1970.

Liebman, Seymour B. The Secret Jewry in the Spanish New World Colonies: 1500-1820 [A judaria secreta nas colônias do Novo Mundo hispânico: 1500-1820], em Barnett, R.D. (ed.), 1971, Vol. II, p. 474-96.

Liebman, Seymour B. The Religions and Mores of the colonial New World Marranos [Religião e costumes dos marranos no Novo Mundo colonial], em Novinsky, Anita e Carneiro, Maria Luiza Tucci (eds.), 1992, p. 49-71.

Lipiner, Elias. *Os judaizantes nas capitanias da Cima (Estudos sobre os cristãos-novos do Brasil nos séculos XVI e XVII).* São Paulo: Editora Brasiliense, 1969.

Lipiner, Elias. *Santa Inquisição: Terror e linguagem.* Rio de Janeiro: Editora Documentário, 1977.

Lipiner, Elias. O cristão-novo: Mito ou realidade, em Kaplan, Yosef (ed.), 1985, p. 124-38.

Llamas Martínez, Enrique. *Santa Teresa de Jesús y la Inquisición española* [Santa Teresa de Jesus e a Inquisição espanhola]. Madri: Consejo Superior de Investigaciones Científicas, 1972.

Llorca, Bernardino. *La Inquisición española y los alumbrados (1509-1667)* [A Inquisição espanhola e os alumbrados (1509-1667)]. Salamanca: Universidad Pontificia, 1980.

Llorente, J.-A. *Histoire critique de l'Inquisition: depuis l'époque de son établissement par Fernando V, jusq'au règne de Fernando VII: tirée des pièces originales des archives du Conseil de la Suprême et de celles des tribunaux subalternes du Saint-Office*, 4 vols. [História crítica da Inquisição: da época de seu estabelecimento por Fernando V ao reino de Fernando VII: extraída de peças originais dos arquivos do Conselho da Suprema e dos tribunais subalternos do Santo Ofício]. Paris: Truettel et Wurtz, 1818.

Llorente, J.-A. *Anales de la Inquisición: Desde que fue instituído aqyel tribunal hasta su total extinción en el año 1834* [Anais da Inquisição: Desde a instituição daquele tribunal até sua total extinção em 1834]. Madri: Imp. Calle Angosta de S. Bernardo, n. 22, 1841.

Lobo, António de Souza Silva Costa. *História da Sociedade em Portugal no século XV e outros estudos históricos.* Lisboa: Cooperativa Editora, 1979.

Loeb, I. Le nombre des juifs de Castille et d'Espagne [O número de judeus em Castela e na Espanha], em *Revue des Études Juifs*, 1887, Vol. 14, p. 161-83.

Lopes, Edmundo Correia. *Escravatura: Subsídios para a sua história.* Lisboa: Agência Geral do Ultramar, 1944.

López Martínez, Nicolás. *Los judaizantes castellanos y la Inquisición em tiempo de Isabel la Católica* [Os judaizantes castelhanos e a Inquisição no tempo de Isabel a Católica]. Burgos: Publicaciones del Seminario Metropolitano de Burgos, 1954.

Malvezin, Théophile. *Michel de Montaigne: Son origine, sa famille* [Michel de Montaigne: sua origem, sua família]. Bordeaux: Carles Lefebvre, Librairie-Editeur, 1875.

Mann, Charles C. *Ancient Americans: Rewriting the History of the New World* [Antigos americanos: reescrever a história do Novo Mundo]. Londres: Granta, 2005.

Marañón, Gregorio. *Expulsión y diáspora de los moriscos españoles* [Expulsão e diáspora dos mouros espanhóis]. Madri: Santillana, 2004.

Marques, A.H. de Oliveira. *History of Portugal*, 2 vols [História de Portugal]. Nova York: Columbia University Press, 1972.

Marquez, Antonio. *Literatura e Inquisición em España (1478-1834)* [Literatura e Inquisição na Espanha (1478-1834)]. Madri: Taurus Ediciones, 1980.

Marti Gilabert, Francisco. *La abolición de la Inquisición en España* [A abolição da Inquisição na Espanha]. Pamplona: Ediciones Universidad de Navarra, 1975.

Martín, Melquiades Andres. *Los recogidos: Nueva visión de la mística española* [Os *recogidos*: Nova visão da mística espanhola]. Madri: Fundación Universitaria Española, 1975.

Martínez de Bujanda, Jesús. Literatura e Inquisición en España en el siglo XVI [Literatura e Inquisição na Espanha no século XVI], em Pérez Villanueva, Joaquín (ed.), 1980, p. 579-92.

Martínez Millán, José. *La hacienda de la Inquisición (1478-1700)* [O tesouro da Inquisição (1478-1700)]. Madri: Consejo Superior de Investigaciones Científicas — Instituto Enrique Flores, 1984.

Martínez Millán, José e Dedieu, Jean-Pierre. Les Morisques et les finances inquisitoriales [Os mouros e as finanças inquisitoriais], em Cardaillac, Louis (ed.), 1990, p. 128-48.

Masson, Jeffrey. *Against Therapy* [Contra a terapia]. Londres: Fontana, 1990.

Mauro, Frédéric. *O império luso-brasileiro 1620-1750.* Lisboa: Editorial Estampa, 1991.

Maxwell, Kenneth. Pombal: Paradox of the Enlightenment. Cambridge: Cambridge University Press, 1995 [*Marquês de Pombal.* São Paulo: Paz e Terra, 1996].

Mea, Elvia Cunha de Azevedo. *A Inquisição de Coimbra no século XVI: A instituição, os homens e a sociedade.* Porto; Fundação Eng. António de Almeida, 1997.

Mello, José Antônio Gonsalves de. *Gente da nação: cristãos-novos e judeus em Pernambuco, 1542-1654.* Recife: Fundação Joaquim Nabuco, Editora Massangana, 1996.

Mendes, António de Almeida. Le rôle de l'Inquisition en Guinée: Vicissitudes des présences juives sur la petite côte (XVe-XVIIe siècles) [O papel da Inquisição na Guiné: vicissitudes da presença judaica na pequena costa (séculos XV-XVII)] em *Revista Lusófona de Ciência das Religiões*, Ano III, 2004, n. 5-6, p. 137-55.

Mendonça, José Lourenço D. e Moreira, António Joaquim. *História dos principais actos e procedimentos da Inquisição em Portugal.* Lisboa: Imprensa Nacional, Cadsa da Moeda, 1980.

Menéndez y Pelayo, Marcelino. *Historia de los heterodoxos españoles*, 8 vols. [História dos heterodoxos espanhóis]. Buenos Aires: Emecé Editores, 1945.

Mesa Bernal, Daniel. *De los judíos en la historia de Colombia.* [Sobre os judeus na história da Colômbia]. Bogotá: Planeta Editorial, 1996.

Meseguer Fernández, Juan. Fernando de Talavera, Cisneros y la Inquisición en Granada [Fernando de Talavera, Cisneros e a Inquisição em Granada], em Pérez Villanueva, Joaquín (ed.), 1980, p. 371-400.

Meseguer Fernández, Juan. El periodo fundacional (1478-1517): Los hechos [O período de fundação (1478-1517): os fatos], em Pérez Villanueva, Joaquín e Escandell Bonet, Bartolomé (eds.), 1984, p. 281-370.

Mestre, A. Inquisición y corrientes ilustradas [A Inquisição e as correntes ilustradas], em Pérez Villanueva, Joaquín e Escandell Bonet, Bartolomé (eds.), 1984, p. 1247-65.

Millar Carvacho, René. *Inquisición y sociedad en el virreinato peruano: Estudios sobre el tribunal de la Inquisición en Lima* [Inquisição e sociedade no vice-reinado peruano: estudos sobre o tribunal da Inquisição em Lima]. Santiago do Chile: Ediciones Universidad Católica de Chile, 1997.

Millares Torres, Agustín. *Historia de la Inquisición en las Islas Canarias* [História da Inquisição nas Ilhas Canárias]. Santa Cruz de Tenerife: Editorial Benchoma, 1981.

Mirsky, Jonathan. China: The Shame of the Villages [China: a vergonha nos vilarejos], em *New York Review of Books*, Vol. 53, n. 8, p. 37-9.

Monín, José. *Los judíos en la América española, 1492-1810* [Os judeus na América espanhola, 1492-1810]. Buenos Aires: Biblioteca Yavne, 1939.

Monteiro, Yara Nogueira. Os portugueses e a ação inquisitorial no Peru: Aspectos de uma perseguição política, em Novinsky, Anita e Carneiro, Maria Luiza Tucci (eds.), 1992, p. 337-54.

Monter, William. *Frontiers of Heresy: The Spanish Inquisition from the Basque Lands to Sicily* [Fronteiras da heresia: a Inquisição espanhola das terras bascas à Sicília]. Cambridge: Cambridge University Press, 1990.

Moore, R.I. *The Formation of a Persecution Society: Power and Deviance in Western Europe, 950-1250* [A formação de uma sociedade persecutória: poder e desvio na Europa ocidental, 950-1250]. Oxford and Cambridge: Blackwell, 1987.

Moreno, Humberto Baquero. Movimentos sociais antijudaicos em Portugal no século XV, em Kaplan, Yosef (ed.), 1985, p. 62-73.

Moreno Mancebo, M. Más sobre el proceso inquisitorial de Pablo de Olavide [Mais sobre o processo inquisitorial de Pablo de Olavide], em Pérez Villanueva, Joaquín e Escandell Bonet, Bartolomé (eds.), 1984, p. 1265-76.

Mota, Avelino Teixeira de. *Some Aspects of Portuguese Colonization and Sea Trade in West Africa in the 15th and 16th Centuries* [Alguns aspectos da colonização e do comércio marítimo português nos séculos XV e XVI]. Bloomington: Indiana University, 1978.

Mott, Luiz. Justitia et misericordia: A Inquisição portuguesa e a repressão ao nefando pecado da sodomia, em Novinsky, Anita e Carneiro, Maria Luiza Tucci (eds.), 1992, p. 703-38.

Mott, Luiz. *O sexo proibido: virgens, gays e escravos nas garras da Inquisição.* Campinas: Papyrus Editora, 1988.

Netanyahu, B. *The Marranos of Spain: From the Late XIVth to the early XVIth Century, According to Contemporary Hebrew Sources* [Os marranos da Espanha: Do final do século XIV ao princípio do século XVI, segundo fontes hebraicas contemporâneas]. Nova York: American Academy of Jewish Research, 1966.

Netanyahu, B. *The Origins of the Inquisition in Fifteenth Century Spain* [As origens da Inquisição na Espanha do século XV]. Nova York: Random House, 1995a.

Netanyahu, B. *Towards the Inquisition: Essays on Jewish and Convertido History in Late Medieval Spain* [Em direção à Inquisição: Ensaios sobre história judaica e convertida na Espanha ao final da Idade Média]. Ithaca: Cornell University Press, 1997.

Newitt, Malyn. *A History of Mozambique* [Uma história de Moçambique]. Londres: Hurst & Company, 1995.

Newitt, Malyn. *A History of Portuguese Overseas Expansion, 1400-1668* [Uma história da expansão marítima portuguesa, 1400-1668]. Abingdon: Routledge, 2005.

Nieto, José C. *Juan de Valdés and the Origins of the Spanish and Italian Reformation* [Juan de Valdés e a origem das Reformas espanhola e italiana]. Genebra: Librairie Droz, 1970.

Nirenberg, David. *Communities of violence: Persecution of Minorities in the Middle Ages* [Comunidades de violência: Perseguição de minorias na Idade Média]. Princeton: Princeton University Press, 1998.

Novalín, José Luis G. *El inquisidor general Fernando de Valdés (1483-1568)*, 2 vols [O inquisidor-geral Fernando de Valdés (1483-1568)]. Oviedo: Universidad de Oviedo, 1968-1971.

Novinsky, Anita. Sephardim in Brazil: The new Christians [Sefardis no Brasil: os cristãos-novos], em Barnett, R.D. (ed.), 1971, Vol. 2, p. 431-44.

Novinsky, Anita. *Cristãos novos na Bahia*. São Paulo: Editora Perspectiva, 1972.

Novinsky, Anita. Consideraciones sobre los criptojudíos hispano-portugeses: El caso de Brasil [Considerações sobre os criptojudeus hispano-portugeses: o caso do Brasil], em Alcalá, Ángel (ed.), 1995, p. 513-22.

Novinsky, Anita e Carneiro, Maria Luiza Tucci (eds.) *Inquisição: Ensaios sobre mentalidade, heresias e arte*. São Paulo: Editora expressão e cultura, 1992.

Osório Osorio, Alberto. *Judaísmo e Inquisición en Panamá colonial* [Judaísmo e Inquisição no Panamá colonial]. Panamá: Litho-Impresora Panamá, 1980.

Paiva, José Pedro. *Bruxaria e superstição num país sem 'caça às bruxas', 1600-1774*. Lisboa: Editorial Notícias, 1997.

Palmer, Colin A. *Slaves of the White God: Blacks in Mexico, 1570-1650* [Escravos do deus branco: os negros no México, 1570-1650. Cambridge, Mass.: Harvard University Press, 1976.

Patai, Raphael e Jennifer. *The Myth of the Jewish Race* [O mito da raça judia]. Detroit: Wayne State University Press, 1989.

Paulo, Amílcar. *Os criptojudeus*. Porto: Livraria Athena, s/d.

Pedraza Jiménez, Felipe B. et al. *La Celestina: V Centenario (1499-1999)*. Cuenca: Ediciones de la Universidad Cstilla La Mancha, 2001.

Perceval, José María. *Todos son uno: Arquetipos, xenofobia y racismo. La imagen del morisco en la monarquía española durante los siglos XVI y XVII* [Todos são um: arquétipos, xenofobia e racismo. A imagem do mouro na monarquia espanhola durante os séculos XVI e XVII]. Almería: Instituto de Estudios Almerienses, 1997.

Pereira, Isaías da Rosa. O auto de fé de 1761, em Torgal, Luís Reis e Vargues, Isabel (eds.), 1982-1983, Vol. 1, p. 367-376.

Pereira, Isaías da Rosa. *A Inquisição em Portugal: Séculos XVI-XVII. Período filipino*. Lisboa: Veja Gabinete de Edições, 1993.

Pérez Castro, Federico. España y los judíos españoles [A Espanha e os judeus espanhóis], em Barnett, R.D. (ed.), 1971, Vol. I, p. 275-313.

Pérez Canto, P. Tribunal de Lima, em Pérez Villanueva, Joaquín e Escandell Bonet, Bartolomé (eds.), 1984, p. 1133-41.

Pérez Villanueva, Joaquín. *La Inquisición española: Nueva visión, nuevos horizontes* [A Inquisição espanhola: nova visão, novos horizontes]. Madri: Siglo XXI, 1980.

Pérez Villanueva, Joaquín. Felipe II y su política [Felipe II e sua política], em Pérez Villanueva, Joaquín e Escandell Bonet, Bartolomé (eds.), 1984, p. 1006-79.

Pérez Villanueva, Joaquín e Escandell Bonet, Bartolomé (eds.) *Historia de la Inquisición en España y América* [História da Inquisição na Espanha e na América]. Madri: Biblioteca de Autores Cristianos, 1984.

Perry, Mary Elizabeth. *Beatas and the Inquisition in Early Modern Seville* [As beatas e a Inquisição no início da era moderna em Sevilha], em Haliczer, Stephen P., 1987, p. 147-68.

Piccina, Amina Maggi. Visão psicanalítica do imaginário dos inquisidores e das bruxas, em Novinsky, Anita e Carneiro, Maria Luiza Tucci (eds.), 1992, p. 72-93.

Pieroni, Geraldo. Banidos: *A Inquisição e a lista dos cristãos-novos condenados a viver no Brasil*. Rio de Janeiro: Bertrand Brasil, 2003.

Pinta Llorente, Miguel de la. *La Inquisición española y los problemas de la cultura y de la intolerancia*, 2 vols. [A Inquisição espanhola e os problemas da cultura e da intolerância]. Madri: Ediciones Cultura Hispánica, 1953-1958.

Pinta Llorente, Miguel de la. *Aspectos históricos del sentimiento religioso en España: Ortodoxía y heterodoxía* [Aspectos históricos do sentimento religioso na Espanha: ortodoxia e heterodoxia]. Madri: Consejo Superior de Investigaciones Científicas, Escuela de Historia Moderna, 1961.

Pinto Crespo, Virgilio. *Inquisición y control ideológico en la España del siglo XVI* [Inquisição e controle ideológico na Espanha do século XVI]. Madri: Taurus Ediciones, 1983.

Pinto Crespo, Virgilio. Thought control in Spain [Controle do pensamento na Espanha], em Haliczer, Stephen P. (ed.), 1987, p. 171-88.

Poliakov, Léon. *The History of Anti-Semitism, Volume III: From Mohammed to Marranos* [A história do antissemitismo, Volume III: de Maomé aos Marranos]. Philadelphia: University of Pennsylvania Press, 2003.

Popkin, Richard H. *The History of Scepticism from Erasmus to Descartes* Assen: Van Gorcum & Co., 1960. [*A história do ceticismo de Erasmo a Spinoza*, Rio de Janeiro: Francisco Alves Editora, 2000].

Rawlings, Helen. *The Spanish Inquisition* [A Inquisição espanhola]. Oxford: Blackwell, 2006.

Reglà, Joan. *Estudios sobre los moriscos* [Estudos sobre os mouros]. Barcelona: Ariel Quincenal, 1974.

Rêgo, Raul. O marquês de Pombal, os cristãos novos e a Inquisição, em Santos, Maria Helena Carvalho dos (ed.), 1984, Vol. 1, p. 307-35.

Remedios, J. Mendes dos. *Os judeus em Portugal*, 2 vols. Coimbra: F. França Amado Editor, 1895-1928.

Remedios, J. Mendes dos. *Os judeus portugueses em Amsterdam*. Coimbra: Atlântida Editora, 1911.

Reparaz, Gonçalo de. *Os portugueses no vice-reinado do Peru (séculos XVI e XVII)*. Lisboa: Instituto de Alta Cultura, 1976.

Révah, I.S. Une famille de nouveaux-chrétiens: les Bocarro-Francês [Uma família de cristãos-novos: os Bocarros-Francês], em *Revue des Études Juives*, n. 116, 1957, p. 73-86.

Révah, I.S. Les marranes [Os marranos], em *Revue des Études Juives*, n. 118, p. 29-77.

Révah, I.S. *La censure inquisitoriale portugaise au XVIe siècle* [A censura inquisitorial portuguesa no século XVI]. Lisboa: Instituto de Alta Cultura, 1960.

Révah, I.S. Les marranes portugais et l'Inquisition au XVIe siècle [Os marranos portugueses e a Inquisição no século XVI], em Barnett, R.D. (ed.), 1971, p Vol. I, p. 479-526.

Ribenboim, José Alexandre. *Senhores de engenho: Judeus em Pernambuco colonial 1542-1654*. Recife: 20-20 Comunicação e Editora, 1995.

Riley, Carlos. Ilhas atlânticas e costa africana, em Bethencourt, Francisco e Chaudhuri, Kirti (eds.), 1998a, p. 137-62.

Rivkin, Ellis. Los cristianos nuevos portugueses y la formación del mundo moderno [Os cristãos-novos portugueses e a formação do mundo moderno], em Alcalá, Ángel (ed.), 1995, p. 409-19.

Roth, Cecil. *A History of the Marranos* [Uma história dos marranos]. Nova York: Meridian Books, 1959.

Roth, Norman. *Jews, Visigoths and Muslims in Medieval Spain: Cooperation and Conflict* [Judeus, visigodos e muçulmanos na Espanha medieval: cooperação e conflito]. Leiden: E.J. Bril, 1994.

Rowland, Robert. New Christian, Marrano, Jew [Cristão-novo, marrano, judeu], em Bernardini, Paolo e Fiering, Norman (eds.), 2001, p. 129-48.

Ruiz, Teófilo. The Holy Office in Medieval France and in the Late Medieval Castile: Origins and Contrasts [O Santo Ofício na França medieval e no fim da Idade Média em Castela: Origens e contrastes], em Alcalá, Angel, (ed.), 1987, p. 33-52.

Rumeu de Armas, Antonio. *Historia de la censura literaria gubernativa en España* [História da censura literária governamental na Espanha]. Madri: M. Aguikar Editor, 1940.

Rumeu de Armas, Antonio. *España en el África atlántica* [A Espanha na África atlântica]. Madri: Instituto de Estudios Africanos, Consejo Superior de Investigaciones Científicas, 1956.

Russell-Wood, A.J.R. Iberian Expansion and the Issue of Black Slavery: Changing Portuguese Attitudes, 1440-1770 [A expansão ibérica e a questão da escravidão negra: mudanças de atitude em Portugal, 1440-1770], em *American Historical Review*, Vol. 83, n. 1, p. 16-42.

Russell-Wood, A.J.R. *The Portuguese Empire, 1415-1808: A World on the Move* [O império português, 1415-1808: Um mundo em movimento]. Baltimore: Johns Hopkins University Press, 1998.

Sabatini, Rafael. *Torquemada and the Spanish Inquisition* [Torquemada e a Inquisição espanhola]. Londres: Stanley Paul & Co, 1928.

Saínz Rodríguez, Pedro. *Evolución de las ideas sobre la decadencia española* [A evolução das ideias sobre a decadência espanhola]. Madri; Ediciones Rialp. 1962.

Salvador, José Gonçalves. *Cristãos-novos, jesuítas e Inquisição: Aspectos de sua atuação nas capitanias do sul, 1530-1680*. São Paulo: Editora da Universidade de São Paulo, 1969.

Salvador, José Gonçalves. *Os cristãos-novos: povoamento e conquista do solo brasileiro (1530-1680)*. São Paulo: Livraria Pioneira Editora, 1976.

Salvador, José Gonçalves. *Os cristãos-novos e o comércio no Atlântico meridional (com enfoque nas capitanias do sul 1530-1680)*. São Paulo: Livraria Pioneira Editora, 1978.

Salvador Miguel, Nicasio. La identidad de Fernando de Rojas [A identidade de Fernando de Rojas], em Pedraza Jiménez, Felipe B. et al. (eds.), 2001, p. 23-47.

Samuel, Edgar R. The Trade of the 'New Christians' of Portugal in the 17th Century [O comércio dos cristãos-novos de Portugal no século XVII], em Barnett, R.D. (ed.), 1971, Vol. II, p. 100-14.

Samuel, Edgar R. *At the Ends of the Earth: Essays on the History of the Jews in England and Portugal* [Nos confins da Terra: ensaios sobre os judeus na Inglatera e em Portugal]. Londres: Jewish Historical Society of England, 2004.

Sánchez, B., José Enrique. La herejía: Una forma de resistencia del negro contra la estructura social colonial (1610-1636) [A heresia: uma forma de resistência do negro contra a estrutura social colonial (1610-1636)], em Borja Gómez, Jaime Humberto et al. (eds.), 1996, p. 42-67.

Sánchez Ortega, Maria Helena. Un sondeo en la historia de la sexualidad sobre fuentes inquisitoriales [Uma sondagem na história da sexualidade baseada nas fontes inquisitoriais], em Pérez Villanueva, Joaquín (ed.), 1980, p. 917-30.

Sánchez Ortega, Maria Helena. *La mujer y la sexualidad en el antiguo régimen: La perspectiva inquisitorial* [A mulher e a sexualidade no antigo regime: a perspectiva inquisitorial]. Madri: Ediciones Akal, 1992.

Sanmartín Bastida, Rebeca e Vidal Doval, Rosa (eds.) *Las metamorfosis de la alegoría: discurso y sociedad en la Península Ibérica desde la Edad Media hasta la Edad Contemporánea* [As metamorfoses da alegoria: discurso e sociedade na Península Ibérica da Idade Média à Idade Contemporânea]. Vervuert: Iberoamericana, 2005.

Santos, Maria Helena Carvalho dos. *Pombal revisitado*, 2 vols. Lisboa: Editorial estampa, 1984.

Santos, Maria Emília Madeira (ed.) *História geral de Cabo Verde (1560-1650)*, Vol. II. Lisboa: Instituto de Investigação Científica Tropical, 1995.

Saraiva, António. *Inquisição e cristãos-novos*. Lisboa: Editorial Estampa, 1985.

Sarrión Mora, Adelina. *Beatas y endemoniadas: mujeres heterodoxas ante la Inquisición, siglos XVI a XIX* [Beatas e endemoniadas: mulheres heterodoxas diante da Inquisição, séculos XVI ao XIX]. Madri: Alianza Editorial, 2003.

Saugnieux, Joël. *Le Jansenisme espagnol du XVIIIe siècle: Ses composants et ses sources* [O jansenismo espanhol do século XVIII: elementos e fontes]. Oviedo: Catedra Feijoo, 1975.

Saunders, A.C. de C.M. *A Social History of Black Slaves and Freedmen in Portugal, 1441-1555* [Uma história social dos negros escravos e libertos em Portugal, 1441-1555. Cambridge: Cambridge University Press, 1982.

Scammell, G.V. Indigenous Assistance in the Establishment of Portuguese Power in the Indian Ocean [O apoio indígena ao estabelecimento do poder português no oceano Índico], em Correia-Afonso, John (ed.), 1981, p. 163-73.

Schorsch, Jonathan. *Jews and Blacks in the Early Modern World* [Judeus e negros no início da era moderna]. Cambridge: Cambridge University Press, 2004.

Schwartz, Stuart B. *Sugar Plantations in the Formation of Brazilian Society: Bahia, 1550-1835*. Cambridge: Cambridge University Press, 1985 [*Segredos internos: engenhos e escravos na sociedade colonial.* São Paulo: Companhia das Letras, 1988].

Schwartz, Stuart B. (ed.) *Implicit Understandings: Observing, Reporting, and Reflecting on the Encounters Between Europeans and Other Peoples in the Early Modern Era.* [Entendimentos implícitos: observação, informe e reflexão sobre os encontros entre europeus e outros povos no início da era moderna]. Cambridge: Cambridge University Press, 1994.

Selke, Angela. El Iluminismo de los convertidos y la Inquisición: Cristianismo interior de los alumbrados: Resentimiento y sublimación [O Iluminismo dos convertidos e a Inquisição: O cristianismo interior dos alumbrados: ressentimento e sublimação], em Pérez Villanueva, Joaquín (ed.), 1980, p. 617-36.

Selke, Angela. *The Convertidos of Majorca: Life and Death in a Crypto-Jewish Community in XVII Century Spain* [Os convertidos de Maiorca: vida e morte em uma comunidade criptojudaica na Espanha do século XVII]. Jerusalém: Magnes Press, 1986.

Serrão, Joaquim Veríssimo. *História de Portugal, Vol. 6: O despotismo iluminado (1750-1807)*. Lisboa: Editorial Verbo, 1982.

Shastry, B.S. *Studies in Indo-Portuguese History* [Estudos de história indo-portuguesa]. Bangalore: Ibh Prakashana, 1981.

Shaw, L.M.E. Trade, *Inquisition and the English Nation in Portugal* [Comércio, Inquisição e a nação inglesa em Portugal]. Manchester: Carcanet, 1989.

Sicroff, Albert A. *Los estatutos de limpieza de sangre: Controversias entre los siglos XV y XVII* [Os estatutos de limpeza do sangue: controvérsias entre os séculos XV e XVII]. Madri: Taurus Ediciones, 1985.

Sierra Corella, Antonio. *La censura de libros y papeles en España y los índices y catálogos españoles de los prohibidos y expurgados* [A censura de livros e papéis na Espanha e os índices e catálogos espanhóis dos proibidos e expurgados]. Madri: Cuerpo Facultativo de Archiveros, Bibliotecarios y Arqueólogos, 1947.

Silva, Filipa Ribeiro da. A Inquisição na Guiné, nas ilhas de Cabo Verde e São Tomé e Príncipe (1536-1821): contributo para o estudo da política do Santo Ofício nos territórios africanos. Lisboa: Universidade Nova de Lisboa, Dissertação de Mestrado inédita, 2002.

Silva, Filipa Ribeiro da. A Inquisição na Guiné, nas ilhas de Cabo Verde e São Tomé e Príncipe, em *Revista Lusófona de Ciência das Religiões*, Ano III, 2004, n. 5-6, p. 157-73. Disponível em: http://cienciareligioes.ulusofona.pt.

Silva, José Gentil da. A situação feminina em Portugal na segunda metade do século XVIII, em Torgal, Luís Reis e Vargues, Isabel (eds.), 1982-1983, Vol. 1, p. 143-68.

Souza, George B. *The Survival of Empire: Portuguese Trade and Society in China and the South China Sea, 1630-1754* [A sobrevivência do império: comércio e sociedade portuguesa na China e no sul do Mar da China, 1630-1754]. Cambridge: Cambridge University Press, 1986.

Souza, Laura de Mello e. *O diabo e a terra de Santa Cruz: Feitiçaria e religiosidade popular no Brasil colonial.* São Paulo: Companhia das Letras, 1987.

Stannard, David E. *Shrinking History: On Freud and the Failure of Psychohistory* [Encolher a história: sobre Freud e o fracasso da psico-história]. Nova York e Oxford: Oxford University Press, 1980.

Suárez Fernández, Luis. *Judíos españoles en la Edad Media* [Judeus espanhóis na Idade Média]. Madri: Ediciones Rialp, 1980.

Subrahmanyan, Sanjay. *The Portuguese Empire in Asia, 1500-1700* [O império português na Ásia, 1500-1700]. Londres e Nova York: Longman, 1993.

Sweet, James H. *Recreating Africa: Culture, Kinship and Religion in the African-Portuguese World, 1441-1770* [Recriando a África: cultura, parentesco e religião no mundo afro-português]. Chapel Hill: University of North Carolina Press, 2003.

Tavares, Célia Cristina da Silva. *Jesuítas e inquisidores em Goa: a Cristandade insular*. Lisboa: Roma Editora, 2004.

Tavares, Maria José Pimenta Ferro. *Os judeus em Portugal no século XV*, 2 vols. Lisboa: Universidade Nova de Lisboa, 1982.

Tavim, José Alberto Rodrigues da Silva. *Os judeus na expansão portuguesa em Marrocos durante o século XVI: Origens e atividades duma comunidade*. Braga: Edições APPACDM Distrital de Braga, 1997.

Tavares, Maria José Pimenta Ferro. *Judaísmo e Inquisição: Estudos*. Lisboa: Editorial Presença, 1987.

Tellechea Idigoras, José Ignacio. *El arzobispo Carranza y su tiempo*, 2 vols. [O arcebispo Carranza e seu tempo]. Madri: Ediciones Guadarrama, 1968.

Tellechea Idigoras, José Ignacio. *Tiempos recios: Inquisición y heterodoxos* [Tempos intensos: Inquisição e heterodoxos]. Salamanca: Ediciones Sígueme, 1977.

Thomas, Hugh. *The Conquest of Mexico* [A conquista do México]. Londres: Hutchinson, 1993.

Thomas, Hugh. *The Slave Trade* [O tráfico negreiro]. Londres: Picador, 1997.

Tinhorão, José Ramos. *Os negros em Portugal: uma presença silenciosa*. Lisboa: Editorial Caminho, 1998.

Todorov, Tzvetan. *La conquête de l'Amérique: La question de l'autre*. Paris: Éditions Du Seuil, 1982 [*A conquista da América*. São Paulo: Martins Fontes Editora, 2003].

Tomás y Valiente, Francisco. Relaciones de la Inquisición con el aparato institucional del Estado [Relações da Inquisição com o aparato institucional do Estado], em Pérez Villanueva, Joaquín (ed.), 1980, p. 41-60.

Tomsich, María Giovanna. *El jansenismo en España: Estudio sobre ideas religiosas en la segunda mitad del siglo XVIII* [O jansenismo na Espanha: estudo sobre ideias religiosas na segunda metade do século XVIII]. Madri: Siglo XXI, 1972.

Torgal, Luís Reis e Vargues, Isabel (eds.) *O marquês de Pombal e o seu tempo*, 2 vols. Coimbra: Universidade de Coimbra, 1982-1983.

Toribio Medina, José. *Historia del Santo Oficio de la Inquisición de Lima*, 2 vols. [História do Santo Ofício da Inquisição de Lima]. Santigo de Chile: Imprenta Gutenberg, 1887.

Toribio Medina, José. *El tribunal del Santo Oficio de la Inquisición en las provincias del Plata* [O tribunal do Santo Ofício da Inquisição nas províncias do Prata]. Santigo de Chile: Imprenta Elzeviriana, 1889.

Toribio Medina, José. *Historia del Santo Oficio de la Inquisición en Chile* [História do Santo Ofício da Inquisição no Chile]. Santigo de Chile: Imprenta Ercilla, 1890.

Toribio Medina, José. *Historia del Santo Oficio de la Inquisición en Cartagena de Indias* [História do Santo Ofício da Inquisição em Cartagena das Índias]. Santigo de Chile: Imprenta Elzeviriana, 1899.

Toribio Medina, José. *Historia del Santo Oficio de la Inquisición en México.* [História do Santo Ofício da Inquisição no México]. Santigo de Chile: Imprenta Elzeviriana, 1905.

Toro, Alfonso. *La familia Carvajal: Estudio histórico sobre los judíos y la Inquisición de la Nueva España en el siglo XVI, basado en documentos originales y en su mayor parte inéditos, que se conservan en el Archivo General de la Nación de la Ciudad de México*, 2 vols. [A família Carvajal: Estudo histórico sobre os judeus e a Inquisição da Nova Espanha no século XVI, baseado em documentos originais em sua maior parte inéditos, que se conservam no Arquivo Geral da Nação da Cidade do México]. Cidade do México: Editorial Pátria, 1944.

Trevor-Roper, Hugh. *Religion, the Reformation and Change*. Londres: Secker & Warburg, 1984 [*A crise no século XVII: Religião, Reforma e mudança social.* Rio de Janeiro: Topbooks, 2007].

Twomey, Lesley K. (ed.) *Faith and Fanaticism: Religious Fervour in Early Modern Spain* [Fé e fanatismo: fervor religioso no início da Espanha moderna]. Aldershot: Ashgate, 1997.

Vainfas, Ronaldo. *Trópico dos pecados: Moral, sexualidade e Inquisição no Brasil.* Rio de Janeiro, Editora Campus, 1989.

Valdeón Buruque, Julio. *El chivo expiatorio: Judíos, revueltos y le revolución trastámara* [O bode expiatório: judeus, revoltosos e a revolução *trastámara*]. Valladolid: Ámbito Ediciones, 1995.

Vassberg, David E. *The Village and the Outside World in Golden Age Castille* [O vilarejo e o mundo exterior na Castela da Idade de Ouro]. Cambridge: Cambridge University Press, 1996.

Ventura, Maria da Graça Mateus. *Negreiros portugueses na rota das Índias de Castela (1541-1555)*. Lisboa: Edições Colibri, 1999.

Vidal, Jeanne. *Quand on brûlait les morisques 1544-1621* [Quando queimávamos os mouros 1544-1621]. Nîmes: Imprimerie Barnier, 1986.

Vidal Doval, Rosa. El muro en el oeste y la fortaleza de la fe: alegorías de la excusión de minorías en la castilla del siglo XV [O muro no oeste e a fortaleza da fé: alegorias da exclusão de minorias na região de Castela do século XV], em Sanmartín Bastida, Rebeca e Vidal Doval, Rosa (eds.), 2005, p. 143-68.

Vincent, Bernard. Le tribunal de Grenade [O tribunal de Granada], em Cardaillac, Louis (ed.), 1990, p. 199-220.

Vogt, James L. The Lisbon Slave House and African Trade, 1486-1521 [A casa dos escravos de Lisboa e o tráfico africano, 1486-1521], em *Proceedings of the American Philosophical Society*, Vol. 117, n. 1, 1973, p. 1-16.

Wachtel, Nathan. *La foi du souvenir: Labyrinthes marranes* [A fé da lembrança: labirintos marranos]. Paris: Éditions du Seuil, 2001a.

Wachtel, Nathan. Marrano Religiosity in Hispanic America in the Seventeenth Century [Religiosidade marrana na América hispânica no século XVII], em Bernardini, Paolo e Fiering, Norman (eds.), 2001, p. 149-71.

Winius, George D. (ed.) *Portugal the Pathfinder: Journeys from the Medieval Toward the Modern World 1300 — ca. 1600.* [Portugal o desbravador: jornadas do mundo medieval ao mundo moderno 1300 — *ca.* 1600]. Madison: Hispanic Seminar of Medieval Studies, 1995.

Wittmayer, Baron Salo. *A Social and Religious History of the Jews*, Vol. 13 [Uma história social e religiosa dos judeus]. Nova York: Columbia University Press, 1969.

Wiznitzer, Arnold. *The records of the Earliest Jewish Community in the New World* [Os registros da primeira comunidade judaica no Novo Mundo]. Nova York: American Jewish Historical Society, 1954.

Wiznitzer, Arnold. *Jews in Colonial Brazil.* Nova York: Columbia University Press, 1960 [*Os judeus no Brasil colonial.* Pioneira, 1966].

Wiznitzer, Arnold. Crypto-Jews in Mexico During the Sixteenth Century [Criptojudeus no México durante o século XVI], em Cohen, Martin A. (ed.), 1971a, Vol. I, p. 88-133.

Wiznitzer, Arnold. Crypto-Jews in Mexico During the Seventeenth Century [Criptojudeus no México durante o século XVII], em Cohen, Martin A. (ed.), 1971a, Vol. I, p. 133-77.

Wolff, Egon e Freida. *Judaizantes e judeus no Brasil: 1500-1808: Dicionário biográfico.* Rio de Janeiro: Cemitério Comunal Israelita, 1986.

Wolff, Egon e Freida. *Judeus em Amsterdã: Seu relacionamento com o Brasil 1600-1620.* Rio de Janeiro: ERCA Editora, 1989.

Yerushalmi, Yosef Haim. *From Spanish Court to Italian Ghetto: Isaac Cardoso — A Study in Seventeenth-Century Marranism and Jewish Apologetics* [Da corte espanhola ao gueto italiano: Isaac Cardoso — um estudo do marranismo e dos judeus apologéticos no século XVII]. Seattle: University of Washington Press, 1981.

Yovel, Yirmiyahu. *Spinoza and Other Heretics: The Marrano of Reason* [Spinoza e outros heréticos: o marrano de razão]. Princeton: Princeton University Press, 1989.

ÍNDICE REMISSIVO

Conheça mais sobre nossos livros e autores no site
www.objetiva.com.br

Disque-Objetiva: (21) 2233-1388

Este livro foi impresso na
LIS GRÁFICA E EDITORA LTDA.
Rua Felício Antônio Alves, 370 – Bonsucesso
CEP 07175-450 – Guarulhos – SP
Fone: (11) 3382-0777 – Fax: (11) 3382-0778
lisgrafica@lisgrafica.com.br – www.lisgrafica.com.br